Angemessene Entgelte im Krankenhaus

Europäische Hochschulschriften
Publications Universitaires Européennes
European University Studies

Reihe II
Rechtswissenschaft

Série II Series II
Droit
Law

Bd./Vol. 4416

PETER LANG
Frankfurt am Main · Berlin · Bern · Bruxelles · New York · Oxford · Wien

Natascha Rittner

Angemessene Entgelte im Krankenhaus

Dargestellt am Beispiel der Wahlleistung „Unterkunft“

PETER LANG
Europäischer Verlag der Wissenschaften

Bibliografische Information Der Deutschen Bibliothek
Die Deutsche Bibliothek verzeichnet diese Publikation in der Deutschen Nationalbibliografie; detaillierte bibliografische Daten sind im Internet über <http://dnb.ddb.de> abrufbar.

Zugl.: Mannheim, Univ., Diss., 2006

D 180
ISSN 0531-7312
ISBN 3-631-55370-6

www.peterlang.de

Meinen Eltern

Vorwort

Die vorliegende Arbeit wurde im Wintersemester 2005/06 von der Fakultät für Rechtswissenschaft der Universität Mannheim als Dissertation angenommen. Das Manuskript ist auf dem Stand von April 2005.

Mein besonderer Dank gilt meinem Doktorvater, Herrn Prof. Dr. Jochen Taupitz, der mir im Rahmen meiner Tätigkeit als wissenschaftliche Mitarbeiterin am Institut für Deutsches, Europäisches und Internationales Medizinrecht, Gesundheitsrecht und Bioethik der Universitäten Heidelberg und Mannheim die Gelegenheit zur Erarbeitung der vorliegenden Dissertation gegeben hat. Durch die Mitarbeit in seinem »Team« war es mir jederzeit möglich, durch Gespräche mit Kollegen wertvolle Anregungen für meine Arbeit zu erhalten. Danken möchte ich des Weiteren dem Zweitgutachter, Herrn Prof. Dr. Helmut Heiss, für seine freundliche und fachkundige Unterstützung insbesondere hinsichtlich der Vorbereitung der mündlichen Verteidigung meiner Arbeit.

Darüber hinaus möchte ich mich bei meinem Ehemann, Herrn Dr. Wolfgang Popp, ganz herzlich bedanken, der mir mit seiner unerschütterlichen Ruhe und unermüdlichen Bereitschaft zur Diskussion schwieriger Einzelfragen der Arbeit den erfolgreichen Abschluss derselben erst ermöglicht hat. Außerdem gilt mein Dank in ganz besonderem Maße meinen lieben Eltern, die die Arbeit von Beginn an unterstützt und mich immer in meinem Vorhaben bestärkt haben, auch wenn die Fertigstellung mitunter ungewiss erschien.

Ein ganz besonderer Dank gilt des Weiteren Herrn Dr. Moritz Moeller-Herrmann und Sven Bodenmüller, die mir bei der unerlässlichen Formatierung der Arbeit mit Rat und Tat zur Seite gestanden haben.

Schließlich möchte ich allen Kollegen und Freunden ganz herzlich danken, die während der Erstellung der Arbeit durch ihre Anregungen und Verbesserungsvorschläge zu deren Gelingen beigetragen haben. Abschließend gilt mein besonderer Dank Herrn Dr. Thomas Fetzer und Frau Ute Rudat, die die mühevolle Endkorrektur des nicht immer leicht lesbaren Werkes übernommen haben.

Mannheim, März 2006

Natascha Rittner

Inhaltsverzeichnis

Teil A

Einleitung

Die Angemessenheit von Entgelten für Krankenhausleistungen ist in Zeiten steigender Gesundheitskosten, ungünstiger demographischer Entwicklungen und knapper Kassen in den vergangenen Jahren zu einem viel diskutierten Thema geworden. Die hier vorliegende Arbeit hat es sich zum Ziel gesetzt, einen kleinen Bereich der Krankenhausleistungen, nämlich die nicht-medizinischen Wahlleistungen und in diesem Zusammenhang insbesondere die Ein- und Zweitbettzimmerzuschläge, näher zu beleuchten. Diese Leistungen sind nicht Bestandteil des Leistungskatalogs der gesetzlichen Krankenversicherung. Vielmehr werden sie privatautonom zwischen Patient und Krankenhaus vereinbart und können über eine private Krankenversicherung abgesichert werden. Außerdem werden sie teilweise durch die beamtenrechtliche Beihilfe abgedeckt.

Obwohl die Erbringung von Wahlleistungen dem Privatrecht unterfällt, sind Besonderheiten zu beachten, die den Patienten schutzbedürftig erscheinen lassen. So überlagern krankenhaus- und sozialrechtliche Regelungen, z. B. des Krankenhausentgelt- und des Krankenhausfinanzierungsgesetzes sowie des Sozialgesetzbuchs V, teilweise die Regelungen des bürgerlichen Rechts. Hinzu kommt, dass die Krankenhäuser dem Patienten bei Abschluss von Wahlleistungsvereinbarungen als überlegene Vertragspartner mit Allgemeinen Geschäftsbedingungen gegenübertreten, die der einzelne Patient in seiner krankenheitsbedingt ohnehin geschwächten Situation nicht ohne weiteres voll überblickt. Hier kommt den in letzter Zeit immer stärker konkretisierten und verschärften Aufklärungspflichten des Krankenhauses gegenüber dem Patienten eine besondere Bedeutung zu. Darüber hinaus fragt es sich allerdings, ob auch ein inhaltlicher Eingriff in die Vertragsfreiheit, hier vor allem die Preissetzungsfreiheit, der Krankenhäuser in Betracht kommen kann.

Der Gesetzgeber hat sich dazu entschlossen, die Höhe der Entgelte für Wahlleistungen im Krankenhaus an das Kriterium der Angemessenheit zu binden (§ 17 I 3 Krankenhausentgeltgesetz (KHEntgG) und bereits vorher § 22 I 3 Bundespflegesatzverordnung (BPflV) a. F.). Fraglich ist allerdings seit der Einführung der Regelung im Jahr 1985, wie der unbestimmte Rechtsbegriff der »Angemessenheit« im Einzelnen auszulegen ist. Eine bahnbrechende Leitentscheidung des BGH vom 4.8.2000 führte zu einer Klärung zumindest eines Teils der durch die Regelung aufgeworfenen Fragen.[1] Im Einzelnen entwickelte der BGH in der genannten Entscheidung ein zwei-stufiges Bemessungsmodell für nicht-ärztliche Wahlleistungen, also vor allem die Unterbringung im Ein- oder Zweibettzimmer, das trotz vielfacher Kritik[2] seitdem für die Entgeltgestaltung der Krankenhäuser maßgeblich gewesen ist. Jedoch verwendete das Berechnungs-

[1] BGH NJW 2001, 892 ff.

[2] So liegen die geschätzten Auswirkungen des BGH-Urteils nach überschlägigen Berechnungen aus dem Jahr 2001 bei 1,1 Mrd. Euro Belastung für die Krankenhäuser; außerdem sei es noch keinem Krankenhaus gelungen, die vom BGH zugelassene »maßvolle Überschreitung« der unteren Angemessenheitsgrenze gerichtlich durchzusetzen (QUAAS MedR 2002, S. 276). In der Literatur wird außerdem angemerkt, dass die Rechtsprechung des BGH über die Angemessenheit der Entgelte für die Wahlleistung Unterkunft bei einer Vielzahl von Krankenhäusern zu einem Rückgang von Erlösen im Wahlleistungsbereich geführt habe. Hinzu komme auch eine reduzierte Nachfrage nach Wahlleistungen durch die vom *BVerfG* für verfassungsgemäß erklärte Einschränkung beihilferechtlicher Tatbestände (TREFZ das Krankenhaus

modell des BGH Bezugsgrößen aus dem damals geltenden Krankenhausfinanzierungsrecht, insbesondere der Bundespflegesatzverordnung a. F., die nunmehr aufgrund der Umstellung der Krankenhausentgelte auf diagnose-orientierte Fallpauschalen, die so genannten DRGs, entfallen sind. Es stellt sich somit die Frage, wie künftig die Bemessung angemessener Wahlleistungsentgelte gestaltet werden soll.

Die hier vorliegende Arbeit hat es sich zum Ziel gesetzt, eine Bestandsaufnahme der Regelungen zu nicht-medizinischen Wahlleistungen sowie der umfangreichen hierzu ergangenen Rechtsprechung und Literatur vorzunehmen, um den Bereich der Erbringung und der Inanspruchnahme nicht-medizinischer Wahlleistungen umfassend darzustellen. Anschließend werden Wege aufgezeigt, wie die geltenden Regelungen in Zukunft weiter entwickelt werden könnten, um insbesondere dem Ziel des Patientenschutzes noch effektiver nachzukommen. Die Arbeit richtet sich sowohl an die mit der Erbringung von nicht-medizinischen Wahlleistungen befassten Verkehrskreise, also die Krankenhäuser, die Patienten, die privaten Krankenversicherungen und die Beihilfeträger sowie deren Verbände. Außerdem wendet sie sich an den Gesetzgeber, der gegebenenfalls durch Änderung, Ergänzung oder Weiterentwicklung der geltenden Regelungen zu Wahlleistungen im Krankenhaus bestehende Rechtsunsicherheiten beseitigen könnte.

Zu diesem Zweck widmet sich das erste Kapitel zunächst der Frage, welche Krankenhausleistungen unter den Begriff der Wahlleistungen fallen sowie welchen formellen Voraussetzungen Wahlleistungsvereinbarungen unterliegen. Sodann werden im zweiten Kapitel die einzelnen Vertragsverhältnisse näher beleuchtet, die bei der Inanspruchnahme von nicht-ärztlichen Wahlleistungen und der entsprechenden Entgeltzahlung von Bedeutung seien können. In diesem Rahmen sollen vor allem die Besonderheiten der Leistungserbringung und Inanspruchnahme aufgezeigt werden, die eine Schutzbedürftigkeit des Wahlleistungspatienten begründen. Im Anschluss wird im dritten Kapitel das für die Arbeit maßgebliche Kriterium der »Angemessenheit« im Einzelnen analysiert, wobei nach einer kurzen Darstellung der Entwicklung der Regelungen zu nicht-ärztlichen Wahlleistungen eine rechtliche Einordnung der Angemessenheitsregelung des Krankenhausentgeltgesetzes vorgenommen wird, um dann eine detaillierte Analyse der inhaltlichen Auslegungsmöglichkeiten des Angemessenheitskriteriums durchzuführen. Den Abschnitt abschließend wird erörtert, ob und inwieweit die durch die geltenden gesetzlichen Regelungen und deren Auslegung durch die Recht-

---

2003, S. 628). Zu den Auswirkungen der BGH-Entscheidung und den tatsächlichen und möglichen Folgen siehe auch: MÜNZEL, S. 57 ff.

Im Laufe des Jahres 2001 hat in Umsetzung des BGH-Urteils zudem eine zunehmende Anzahl von Mitgliedsunternehmen des PKV-Verbands eine vorläufige Erstattungsobergrenze für Ein-Bett-Zimmer-Zuschläge (Zweibettzimmer-Zuschläge) für den Fall auf 180 DM (120 DM) festgesetzt, dass die Krankenhäuser über das Alleinliegen hinaus weitere Komfortvorteile nachgewiesen haben (VERBAND DER PRIVATEN KRANKENVERSICHERUNG E. V. Rechenschaftsbericht 2001, S. 73).

sprechung verursachten Eingriffe in die Preissetzungsfreiheit der Krankenhäuser mit dem Grundgesetz im Einklang stehen.

Es folgt eine Analyse des geltenden Verfahrens zur Sicherstellung angemessener Wahlleistungsentgelte im Krankenhausentgeltgesetz (siehe § 17 I 4 und 5 KHEntgG). Hier ist die vom Gesetzgeber im Jahr 1997 eingeführte Verbandsklage des Verbands der privaten Krankenversicherer e. V. (PKV-Verband) von erheblicher praktischer Bedeutung. Allerdings fehlt es bislang an Verfahrensvorschriften, die die rechtlichen Auswirkungen einer im Verbandsklageprozess ergangenen Entscheidung im Einzelnen regeln. Dies führt zu Rechtsunsicherheiten, die nur der Gesetzgeber beheben kann. Auch erscheint fraglich, ob das Ziel eines effektiven Patientenschutzes mit der Verbandsklage allein erreicht werden kann. Die Verfasserin widmet sich daher der Frage, ob gegebenenfalls andere Formen der Entgeltfestsetzung, entweder im Rahmen einer (staatlichen) Verordnung oder als Entgeltfestsetzung durch die beteiligten Verkehrskreise, in Betracht kommen kann und gegenüber dem geltenden Modell vorzugswürdig erscheint. Es wird insofern am Schluss der Arbeit ein Regelungsvorschlag unterbreitet, der die geltende Regelung weiter entwickelt und den Patientenschutz im Bereich nichtärztlicher Wahlleistungen verbessern soll.

Aufgrund umfassender Gesetzesänderungen im Bereich der Bundespflegesatzverordnung (BPflV), des Krankenhausentgeltgesetzes (KHEntgG) und des Krankenhausfinanzierungsgesetzes (KHG), die für den Bereich der Erbringung und Inanspruchnahme von (nicht-ärztlichen) Wahlleistungen zum 1.1.2005 in Kraft getreten sind, werden in der vorliegenden Arbeit sowohl die Bestimmungen der bis dahin geltenden BPflV zitiert als auch die neuen Regelungen des KHEntgG. Dies berücksichtigt einerseits die geltende Gesetzesfassung des neuen KHEntgG und andererseits, dass sich die zitierte Literatur und Rechtsprechung noch nahezu ausschließlich auf die Regelungen der BPflV von 1995 bezieht.[3]

[3] In der Literatur wird zudem darauf hingewiesen, dass die bis dahin geltenden Kommentierungen, insbesondere des § 22 BPflV a. F., weiterhin anwendbar seien: DIETZ/BOFINGER, § 16 KHEntgG S. 188 und § 17 KHEntgG S. 196.

Teil B

Die Wahlleistung »Unterkunft«

I. Inhalt von Wahlleistungen

Im ersten Kapitel der Arbeit werden zunächst die gesetzlichen und tatsächlichen Rahmenbedingungen der Erbringung nicht-ärztlicher Wahlleistungen dargestellt, um so den Untersuchungsgegenstand der »(Nicht-ärztlichen) Wahlleistungen im Krankenhaus« näher einzugrenzen und zu umschreiben. Für die Erbringung nicht-ärztlicher Wahlleistungen ist insbesondere das Krankenhausentgeltgesetz (siehe § 17 KHEntgG) sowie das Krankenhausfinanzierungsgesetz (KHG) und die früher geltende Bundespflegesatzverordnung (vor allem § 22 BPflV a. F.) von Bedeutung.

1. Anwendungsbereich des KHEntgG

Den Anwendungsbereich des KHEntgG bestimmt § 1 KHEntgG. Danach werden die voll- und teilstationären Leistungen der Krankenhäuser nach dem KHEntgG und dem Krankenhausfinanzierungsgesetz vergütet (§ 1 I KHEntgG). Absatz 2 bezieht auch die Bundeswehrkrankenhäuser in den Anwendungsbereich mit ein, soweit sie Zivilpatienten behandeln, und die Krankenhäuser der Träger der gesetzlichen Unfallversicherung, falls nicht die gesetzliche Unfallversicherung die Kosten trägt. Vom Anwendungsbereich ausgenommen werden hingegen einige spezielle in § 3 und 5 Krankenhausfinanzierungsgesetz (KHG) genannte Krankenhäuser, wie z. B. Polizeikrankenhäuser, sowie Vorsorge- und Rehabilitationseinrichtungen nach § 107 II SGB V.

Zu berücksichtigen ist außerdem, dass sich der Anwendungsbereich der früheren BPflV durch das Fallpauschalengesetz[1] entscheidend geändert hat. Die Vorschriften der BPflV gelten seit dem 1.1.2004 nur noch für psychiatrische Krankenhäuser und psychiatrische Abteilungen an Akutkrankenhäusern.[2] Auf die voll- und teilstationären Leistungen und damit auch die Wahlleistungen der übrigen unter das Pflegesatzrecht fallenden Krankenhäuser, welche nunmehr nach dem neuen Fallpauschalensystem (sog. DRG-System)[3] abrechnen, finden die Vorschriften des neu geschaffenen KHEntgG Anwendung. Die Regelung des § 17 KHEntgG, die den Bereich der Erbringung und Berechnung von Wahlleistungen betrifft, ist am 1.1.2005 in Kraft getreten (siehe § 16 KHEntgG).

[1] G vom 23.4.2002 (BGBl. I S. 1412 ff.).

[2] DIETZ/BOFINGER, Einl. KHEntgG S. 6.

[3] Siehe hierzu die Erläuterungen in Kapitel b) ab Seite 121.

2. Die Regelung der Erbringung von Wahlleistungen im KHEntgG (in der BPflV a. F.)

Ab dem 1.1.2005 wird die Erbringung von (nicht-ärztlichen) Wahlleistungen durch § 17 KHEntgG geregelt. Diese Vorschrift bestimmt, dass »neben den *Entgelten für die voll- und teilstationäre Behandlung* andere als die allgemeinen Krankenhausleistungen als Wahlleistungen gesondert berechnet werden dürfen, wenn die allgemeinen Krankenhausleistungen durch die Wahlleistungen nicht beeinträchtigt werden und die gesonderte Berechnung mit dem Krankenhaus vereinbart ist« (§ 17 I 1 KHEntgG).

Damit wird die bisherige Regelung des § 22 Bundespflegesatzverordnung (BPflV) inhaltlich nahezu unverändert übernommen, die lautete, »neben den *Pflegesätzen* dürfen andere als die allgemeinen Krankenhausleistungen als Wahlleistungen gesondert berechnet werden, wenn die allgemeinen Krankenhausleistungen durch die Wahlleistungen nicht beeinträchtigt werden und die gesonderte Berechnung mit dem Krankenhaus vereinbart ist« (§ 22 I 1 BPflV). Der Gesetzgeber bezweckte mit der Überführung der Regelung in das neue KHEntgG ausdrücklich keine wesentlichen Änderungen.[4]

3. Abgrenzung allgemeiner Krankenhausleistungen von Wahlleistungen

a) Legaldefinition der allgemeinen Krankenhausleistungen

Als (voll- oder teilstationäre) Krankenhausleistungen sind gemäß § 2 I KHEntgG (§ 2 I BPflV a. F.) Leistungen aus den Bereichen der ärztlichen Behandlung, der Krankenpflege, der Versorgung mit Heil- und Hilfsmitteln sowie die Unterkunft und Verpflegung des Patienten anzusehen. Diese Krankenhausleistungen lassen sich differenzieren nach allgemeinen Regelleistungen und Wahlleistungen, zu deren Abgrenzung der Verordnungsgeber gemäß § 16 S. 1 Nr. 2 KHG ermächtigt worden ist.

Die für die Abgrenzung der allgemeinen Regelleistungen von den Wahlleistungen entscheidende Vorschrift ist § 2 II KHEntgG (§ 2 II BPflV a. F.).[5] Danach sind als allgemeine Regelleistungen alle diejenigen Leistungen anzusehen, die unter Berücksichtigung der Leistungsfähigkeit des Krankenhauses im Einzelfall nach Art und Schwere der Krankheit für die medizinisch zweckmäßige und ausreichende Versorgung des Patienten notwendig sind sowie die während des Krankenhausaufenthalts durchgeführten

[4] BT-Drs. 14/6893, S. 46.

[5] Diese Vorschrift entspricht inhaltlich nahezu der Regelung des § 39 I 3 SGB V (DIETZ/BOFINGER, § 2 BPflV S. 28; TUSCHEN/QUAAS, § 2 BPflV S. 175).

Maßnahmen zur Früherkennung von Krankheiten im Sinne des SGB V, die vom Krankenhaus veranlassten Leistungen Dritter[6], die aus medizinischen Gründen notwendige Mitaufnahme einer Begleitperson des Patienten und die besonderen Leistungen von Tumorzentren und onkologischen Schwerpunkten für die stationäre Versorgung von krebskranken Patienten.[7] Das Krankenhaus ist damit verpflichtet, dem Patienten im Rahmen der Erbringung der allgemeinen Regelleistungen eine umfassende und einheitliche Gesamtleistung anzubieten.[8]

b) Über allgemeine Krankenhausleistungen hinausgehende Leistungen

Wahlleistungen sind nur darüber hinaus gehende Krankenhausleistungen, die gesondert mit dem Patienten vereinbart werden müssen (§ 17 I KHEntgG (§ 22 I 1 BPflV a. F.)). Nur dann ist deren besondere Berechnung zulässig.[9] Die für die allgemeinen Regelleistungen anfallenden Entgelte werden nämlich bereits durch die Zahlung der allgemeinen Pflegesätze bzw. der neuen Fallpauschalen vollständig und abschließend abgegolten (§ 7 S. 1 und 2 KHEntgG (§ 10 II 1 BPflV a. F.)). Sie dürfen, da es sich nicht um Wahlleistungen handelt, gemäß § 17 I 1 KHEntgG (§ 22 I 1 BPflV a. F.) nicht zum Gegenstand von Wahlleistungsvereinbarungen gemacht werden.[10] Daher sind Wahlleistungsvereinbarungen, die sich auf die Erbringung ohnehin geschuldeter allgemeiner Krankenhausleistungen beziehen, wegen Gesetzesverstoßes nichtig (§ 134 BGB).[11]

Im Rahmen der gesetzlichen Vorschriften bestimmt der Krankenhausträger Art und Umfang der von ihm angebotenen Wahlleistungen kraft seiner Autonomie.[12] Allerdings besteht kein Rechtsanspruch des Patienten auf die Erbringung von Wahlleistungen, so dass das Krankenhaus nicht verpflichtet werden kann, Wahlleistungsvereinbarungen abzuschließen.[13]

Auch ist zu beachten, dass Wahlleistungen nur angeboten werden dürfen, wenn dadurch die Erbringung der allgemeinen Krankenhausleistungen, zu denen der Kran-

---

[6] BGH NJW 2002, 2948, 2949.

[7] Nach Auffassung von ULEER/MIEBACH/PATT, § 2 BPflV S. 177 handelt es sich hierbei um eine nicht abschließende Aufzählung.

[8] DIETZ/BOFINGER, § 2 BPflV S. 26 f., 29; TUSCHEN/QUAAS, § 2 BPflV S. 175, 177 (Rechtsanspruch des Patienten auf umfassende stationäre Behandlung); BREITMEIER et al./WAGENER Düsseldorfer Kommentar, 3. Auflage, § 2 BPflV S. 41, der den Bezug zum Sachleistungsanspruch des gesetzlich versicherten Patienten herstellt.

[9] LAUFS/UHLENBRUCK/GENZEL, § 86 Rdnr. 156; ULEER/MIEBACH/PATT, § 22 BPflV S. 234.

[10] ULEER/MIEBACH/PATT, § 22 BPflV S. 238 f.; DIETZ/BOFINGER, § 22 BPflV S. 357.

[11] BACH/MOSER/BÜSKEN, Nach § 1 MBKK Rdnr. 113.

[12] AG Kiel MedR 2001, 369, 370; siehe auch BACH/MOSER/BÜSKEN, Nach § 1 MBKK Rdnr. 107.

[13] DIETZ/BOFINGER, § 22 BPflV S. 357; ULEER/MIEBACH/PATT, § 22 BPflV S. 234; so auch der BGH in seinem Urteil vom 9.11.1989 (NJW 1990, 761 ff.), der feststellt, dass kein öffentliches, gesundheitliches Interesse an der Erbringung von Wahlleistungen bestehe und daher das Krankenhaus lediglich dazu verpflichtet sei, seinen Versorgungsauftrag im Rahmen der Erbringung der medizinisch notwendigen Leistungen zu erfüllen.

kenhausträger aufgrund seines Versorgungsauftrags verpflichtet ist, nicht beeinträchtigt wird (§ 17 I 1, 2. Hs. KHEntgG (§ 22 I 1, 2. Hs. BPflV a. F.)). Demnach kann es beispielsweise im Einzelfall erforderlich sein, einen Wahlleistungspatienten in ein Mehrbett-Zimmer zu verlegen, wenn das Wahlleistungs-Zimmer für einen medizinischen Notfall gebraucht wird.[14] Allerdings ist dann auch kein Wahlleistungsentgelt zu entrichten.[15] Aus der Vorrangigkeit der allgemeinen Krankenhausleistungen ergibt sich des Weiteren, dass Wahlleistungsverträge vom Krankenhausträger jederzeit aus wichtigem Grund gekündigt werden können, wenn ansonsten die Erbringung der allgemeinen Krankenhausleistungen nicht mehr sichergestellt werden kann.[16]

Welche Wahlleistungen ein Krankenhaus unter diesen Voraussetzungen anzubieten gedenkt, ist der zuständigen Landesbehörde gemeinsam mit dem Genehmigungsantrag nach § 14 KHEntgG (§ 20 I BPflV a. F.) bezüglich der allgemeinen Regelleistungen mitzuteilen (§ 17 II 2 KHEntgG (§ 22 II 2 BPflV a. F.)).

c) Berücksichtigung des Standards bzw. der Leistungsfähigkeit des einzelnen Krankenhauses

Des Weiteren ist zu berücksichtigen, dass die Abgrenzung von allgemeinen Regelleistungen und Wahlleistungen vom individuellen Standard des jeweiligen Krankenhauses abhängt.[17] Ist beispielsweise in einem Krankenhaus ein Dreibett-Zimmer allgemeine Regelleistung, so können sowohl Ein- als auch Zweibettzimmer als Wahlleistung angeboten werden. Nicht möglich ist die Offerte Wahlleistung »Zweibettzimmer«, wenn diese bereits eine allgemeine Regelleistung des Krankenhauses darstellt. Das ist dann der Fall, wenn die überwiegende Anzahl der Zimmer des Krankenhauses Zweibettzimmer sind. Ebenso ist auch bei sonstigen nicht-ärztlichen Leistungen, wie zum Beispiel einem Fernseher oder Radio, zu beachten, welches Angebot schon dem allgemeinen Standard des Krankenhauses entspricht.[18]

Gerade das Angebot eines Zweibettzimmers als allgemeine Krankenhausleistung ist in der Literatur umstritten. Einerseits wird behauptet, das Angebot eines Zweibettzimmers als allgemeine Regelleistung überschreite das medizinisch Notwendige, so dass die Kosten auszugliedern seien und von den gesetzlichen Kassen nicht mitfinanziert werden müssten. Dies spreche dafür, dass Zweibettzimmer als nicht-ärztliche Wahlleistungen abgerechnet werden dürften.[19] Die Gegenansicht wendet jedoch ein,

---

[14] Zu den Voraussetzungen im Einzelnen: DIETZ/BOFINGER, § 22 BPflV S. 362 f.

[15] Vgl. ULEER/MIEBACH/PATT, § 22 BPflV S. 242; a. A. DIETZ/BOFINGER, § 22 BPflV S. 366.

[16] ULEER/MIEBACH/PATT, § 22 BPflV S. 240.

[17] DIETZ/BOFINGER, § 22 BPflV S. 360; vgl. auch BACH/MOSER/BÜSKEN, Nach § 1 MBKK Rdnr. 89.

[18] Siehe zu diesem Vergleich auch die unterschiedliche Berücksichtigung der individuellen Regelleistung im Rahmen der Kostenausgliederung der Wahlleistung nach § 7 II Nr. 7 BPflV und DIETZ/BOFINGER, § 2 BPflV S. 31.

[19] PKV-Publik 1987, Heft 1.

bereits die Regelung des § 7 II Nr. 7 b) BPflV a. F. habe für eine Anerkennung des Zweibettzimmers als allgemeine Regelleistung gesprochen, weil hier ein niedrigerer Kostenausgliederungssatz für Einbettzimmer vorgesehen ist, soweit Zweibettzimmer allgemeine Regelleistungen sind.[20]

Vorzugswürdig erscheint es, von einer grundsätzlichen Zulässigkeit der Abrechnung eines Zweibettzimmers als nicht-ärztliche Wahlleistung auszugehen, die Abrechnung aber vom allgemeinen Standard des Krankenhauses abhängig zu machen. Denn auch durch die Bereitstellung eines Zweibettzimmers, das im Regelfall mit drei Betten ausgestattet würde, entstehen dem Krankenhaus zusätzliche Kosten bzw. entgeht dem Krankenhaus das Entgelt für ein belegtes Bett. Dass das Zweibettzimmer noch nicht zum allgemeinen Standard des speziellen Krankenhauses geworden ist, hat der Krankenhausträger im Prozess darzulegen.

d) Keine Wahlleistung bei medizinischer Notwendigkeit der Leistung

Auch kann nicht als Wahlleistung erbracht werden, was im Einzelfall für die Heilbehandlung medizinisch notwendig ist.[21] So kann, zum Beispiel, die Unterbringung im Einzelzimmer für den Heilungserfolg von entscheidender Bedeutung sein und daher im Einzelfall der allgemeinen Regelleistung zugerechnet werden.[22]

Hierzu hat das LG Bonn in einem Urteil vom 13.2.1995 die Auffassung vertreten, dass die Unterbringung in einem Zweibettzimmer auch dann gesondert berechnet werden könne, wenn es Fälle gebe, in denen auch Regelleistungspatienten im Zweibettzimmer untergebracht würden. Dies gelte allerdings nur für die Fälle, in denen aufgrund von Kapazitätsproblemen des Krankenhauses bereits alle Regelleistungszimmer belegt seien, so dass auf Zweibettzimmer in einem besonderen »Wahlleistungstrakt« zurückgegriffen werden müsse. Eine solche Verfahrensweise mache die Zweibettzimmer-Belegung nicht zur allgemeinen Regelleistung im Sinne von § 2 II BPflV a. F. (§ 2 II KHEntgG) und es sei daher zulässig, für die Wahlleistung »Zweibettzimmer« einen gesonderten Zuschlag zu erheben.[23] Der Meinung des LG Bonn kann dann gefolgt werden, wenn trotz der Belegung von »Zweibett-Wahlleistungszimmern« mit Regelleistungspatienten wie oben dargestellt, das Zweibettzimmer noch nicht zum allgemeinen Standard des Krankenhauses zu rechnen ist. Sind Zweibettzimmer in dem betroffenen Krankenhaus schon als Standard anzusehen, so ist eine gesonderte Berechnung ausgeschlossen.

---

[20] DIETZ/BOFINGER, § 22 BPflV S. 361; im Ergebnis ähnlich: SUMMER, S. 207.

[21] DIETZ/BOFINGER, § 22 BPflV S. 362.

[22] LAUFS/UHLENBRUCK/GENZEL, § 86 Rdnr. 157; ULEER/MIEBACH/PATT, § 22 BPflV S. 241 f., 280; TREFZ das Krankenhaus 2003, S. 629.

[23] LG Bonn ArztR 1996, 46, 47.

e) Zwischenergebnis

Zu beachten ist demnach gemäß § 17 I KHEntgG (§ 22 I BPflV a. F.), dass Wahlleistungen von einem Krankenhaus nur in dem Umfang erbracht werden dürfen, in dem sie die Erbringung der allgemeinen Regelleistungen nicht beeinträchtigen. Dies bedeutet, dass Wahlleistungen nur angeboten werden dürfen, soweit die medizinisch notwendige Versorgung aller Patienten sichergestellt ist und dass als Wahlleistung nur Leistungen abgerechnet werden dürfen, die über allgemeine Regelleistungen hinausgehen. Welche Leistungen dabei als allgemeine Regelleistungen und welche als Wahlleistungen anzusehen sind, ergibt sich aus dem individuellen Standard des einzelnen Krankenhauses. Schließlich verbietet sich eine Abrechnung als Wahlleistung auch in den Fällen, in denen eine vom Krankenhaus erbrachte Leistung im Einzelfall für die Heilbehandlung medizinisch notwendig gewesen ist.

4. Ärztliche und nicht-ärztliche Wahlleistungen

a) Grundsatz

Welche Leistungen als Wahlleistungen angeboten werden können, lässt sich vorrangig den Regelungen des § 17 KHEntgG (§§ 7 und 22 BPflV a. F.) entnehmen. Danach ergibt sich vor allem die Unterteilung in ärztliche (§ 17 III KHEntgG (§§ 7 II Nr. 6; 22 III BPflV a. F.)) und in nicht-ärztliche Wahlleistungen (§ 17 I KHEntgG (§§ 7 II Nr. 7, 8; 22 I 3-5 BPflV a. F.)). Im Einzelnen können vom Wahlleistungsangebot vor allem erfasst sein: wahlärztliche Leistungen, Unterbringung in einem Ein- oder Zweibettzimmer, (nicht medizinisch notwendige) Unterbringung einer Begleitperson, die Zur-Verfügung-Stellung einer medizinisch nicht gebotenen Sonderwache und die Bereitstellung von besonderer Verpflegung, einem Fernseher, Telefon oder Radio.[24] Hinzu treten eine Vielzahl »neuer« sonstiger Wahlleistungen, unter anderem im medizinischen Bereich, durch deren Erbringung zusätzliche Einnahmequellen erschlossen werden sollen.[25]

---

[24] Aufzählung nach: DIETZ/BOFINGER, § 22 BPflV S. 365.

[25] Z. B. im Bereich kosmetischer Operationen, Einsatz hochwertiger Medizinprodukte und Arzneimittel sowie neuer Behandlungsmethoden (siehe TREFZ das Krankenhaus 2003, S. 628).

b) Die nicht-ärztlichen Wahlleistungen

Sowohl in der Literatur[26] als auch in der Rechtsprechung[27] ist der Begriff der Wahlleistung »Unterkunft« gebräuchlich, den das KHEntgG allerdings nur im Zusammenhang mit dem Koppelungsverbot verwendet (»eine Vereinbarung über gesondert berechenbare Unterkunft darf nicht von einer Vereinbarung über sonstige Wahlleistungen abhängig gemacht werden«, § 17 IV KHEntG (§ 22 IV BPflV a. F.)). Fraglich ist, welche Leistungen von diesem Begriff umfasst und welche Leistungen als »sonstige nicht-ärztliche« Wahlleistungen angesehen werden sollen. Die Unterscheidung spielt insbesondere eine Rolle, soweit sich der Wahlleistungspatient für die Inanspruchnahme der Wahlleistung »Unterkunft« privat versichert hat. Denn in vielen privaten Krankenversicherungsverträgen wird nur die Abdeckung der Wahlleistung »Ein- oder Zweibettzimmer«, also der Unterbringung des Patienten vereinbart, nicht jedoch die Inanspruchnahme sonstiger nicht-ärztlicher Wahlleistungen des Krankenhauses wie z. B. einer Tageszeitung.

In der BPflV 1997 fand sich in § 7 II Nr. 7 und 8 BPflV a. F. insofern noch die Unterteilung der nicht-ärztlichen Wahlleistungen in die Wahlleistung »Ein- oder Zweibettzimmer« und die »sonstigen nicht-ärztlichen« Wahlleistungen. Diese Vorschrift ist allerdings durch die Änderungen des Fallpauschalengesetzes ersatzlos entfallen. Jedoch bietet die Gesetzesbegründung keinerlei Anhaltspunkte dazu, ob der Gesetzgeber die Unterscheidung bewusst aufgeben wollte.[28]

Die Entscheidung des BGH vom 4.8.2000[29] legt ebenfalls nahe, dass mit der Wahlleistung »Unterkunft« lediglich die mit dem Ein- oder Zweibettzimmer direkt zusammen hängenden Komfortvorteile gemeint sein sollen. Die gesonderte Berechnung eines Wahlleistungsentgelts »Unterkunft« soll sich demnach zunächst durch den bloßen Umstand rechtfertigen, dass der Patient allein oder nur mit einer weiteren Person in einem Zimmer untergebracht wird. Dies rechtfertige bereits die Geltendmachung eines Wahlleistungsentgelts. Des Weiteren soll die Lage, Größe und Ausstattung des Zimmers berücksichtigt werden.[30] Schließlich sollen so genannte Komfortvorteile, die das Unterkunftsniveau gegenüber den Mehrbettzimmern des Krankenhauses erhöhen, preissteigernd in die Entgeltgestaltung einfließen können. Einige Autoren in der Literatur wollen einen höheren Unterkunftsstandard einzelner Zimmer hingegen bereits aus der Wahlleistung »Unterkunft« ausnehmen und als »sonstige nicht-ärztliche« Wahlleistung gesondert vereinbaren und berechnen.[31]

---

[26] Vgl. exemplarisch QUAAS/DIETZ f & w 2003, S. 289; WAGENER et al., S. 683.
[27] BGH NJW 2001, 892.
[28] Vgl. BT-Drs. 14/6893, S. 46.
[29] BGH NJW 2001, 892 ff.
[30] BGH NJW 2001, 892, 895; ebenso DIETZ/BOFINGER, § 22 BPflV S. 367; ULEER/MIEBACH/PATT, § 22 BPflV S. 282.
[31] DIETZ/BOFINGER, § 22 BPflV S. 367.

Auf Seiten der Krankenhäuser scheint nach wie vor eine große Unsicherheit zu herrschen, welche Leistungen der Wahlleistung »Unterkunft« zuzurechnen sind. So werden nach wie vor Leistungen der Wahlleistung »Unterkunft« zugerechnet, bei denen viel dafür spricht, sie als »sonstige nicht-ärztliche Wahlleistungen« gesondert zu vereinbaren. Dies zeigt sich zum Beispiel beim Angebot besonderer Verpflegungselemente wie einem zusätzlichen Wahlmenü[32] sowie hinsichtlich besonderer Ausstattungsgegenstände wie Telefon, Fernsehen, Fax oder Internetanschlüssen.[33] Derartige Zusatzangebote eines Krankenhauses sind nicht von der Inanspruchnahme eines Wahlleistungszimmers abhängig, sondern können auch in Regelleistungszimmern angeboten werden, soweit es die krankenhausindividuelle Organisation zulässt. So können entsprechende Angebote auch Patienten zugängig gemacht werden, die kein Ein- oder Zweibettzimmer gewählt haben. Dies spricht dafür, auf eine genauere Differenzierung der einzelnen Angebote hinzuwirken, wie sie bespielsweise durch die erste Gemeinsame Empfehlung des PKV-Verbands und der Deutschen Krankenhausgesellschaft vom 26.7.2002[34] erreicht werden soll.

Diese Auffassung ist allerdings nicht unumstritten. So hatte sich das OLG München mit der Frage auseinander zu setzen, ob ein erweitertes Angebot hinsichtlich der Verpflegung ein Komfortelement im Rahmen der Wahlleistung Unterkunft darstellen könnte. Der Senat berücksichtigte das zusätzliche Angebot eines weiteren Essens im Rahmen der Wahlleistung »Unterkunft«, da sich das Unterkunftsniveau der Ein- und Zweibettzimmer durch die bessere Verpflegung erhöht habe.[35] Warum eine verbesserte Verpflegung allerdings das Unterkunftsniveau erhöhen soll, wird nicht deutlich. Vielmehr sollte eine derartige Leistung des Krankenhauses als »sonstige nicht-ärztliche« Wahlleistung vereinbart werden, da sie mit dem Zimmer selbst in keinerlei Zusammenhang steht. Eine gesonderte Abrechnung besonderer Verpflegungsangebote würde darüber hinaus der Leistungs- und Preistransparenz dienen.

Bemerkenswert an der Entscheidung des OLG München ist allerdings, dass das Gericht bezüglich weiterer geltend gemachter »Komfortvorteile« eine Prüfung vornimmt, ob diese Leistungen überhaupt eine »krankenhaustypische Leistung« darstellen, also mit der Behandlung im Krankenhaus in Zusammenhang stehen. Soweit das beklagte

---

[32] Siehe hierzu die Überlegungen des OLG München in: MedR 2003, 48 ff.; auch ULEER/MIEBACH/PATT, § 22 BPflV S. 285 halten die Verpflegung noch für ein im Rahmen der Wahlleistung »Unterkunft« berücksichtigungsfähiges Qualitätskriterium; a. A. aber nunmehr GALUSZKA/PATT, S. 51.

[33] So hat sich auch das LG Nürnberg-Fürth für eine enge Auslegung der Wahlleistung »Unterkunft« entschieden und die Angebote von zusätzlichen Kopfhörern sowie Tages- oder Sonntagszeitungen und Service-Leistungen wie besonderem Zimmer-, Koffer- und Handtuch-Service und intensivere Betreuung für nicht berücksichtigungsfähig gehalten: LG Nürnberg-Fürth vom 20.11.2001 (Akz. 13 O 9878/98) (unveröffentlicht), S. 46 und 49. In der Literatur wird daraus die Schlussfolgerung gezogen, dass den Krankenhäusern dringend anzuraten sei, Komfortvorteile und die darauf entfallenden Aufwendungen so detailliert wie nur möglich darzustellen (QUAAS/DIETZ f & w 2002, S. 77; wie eine solche Aufschlüsselung des Wahlleistungsangebots aussehen könnte, haben BORGES/SCHMIDT, S. 236 ff. untersucht).

[34] Siehe hierzu Kapitel d) ab Seite 95.

[35] OLG München MedR 2003, 48, 49; a. A. GALUSZKA/PATT, S. 51.

Krankenhaus einen besonderen Büroservice oder die Ausstattung mit Kommunikationsgeräten im Rahmen der Wahlleistung Unterkunft berücksichtigen möchte, stellt der Senat überzeugend fest, dass dies keine typischen Krankenhausleistungen sind und diese somit auch nicht über die (private) Krankenversicherung und damit über die Versichertengemeinschaft zu finanzieren sind. Vielmehr können entsprechende Angebote des Krankenhauses auch von Patienten in Mehrbettzimmern in Anspruch genommen werden und bedürfen einer Wahlleistungsvereinbarung über »sonstige nicht-ärztliche Wahlleistungen«.[36]

An einer genaueren Differenzierung der Wahlleistung »Unterkunft« und »sonstiger nicht-ärztlicher Wahlleistungen« könnte allenfalls problematisch sein, dass private Krankenversicherungen »sonstige nicht-ärztliche Wahlleistungen« häufig nicht umfassen. Zwar stellt sich der Wahlleistungspatient eine Wahlleistung »Unterkunft« nach herkömmlicher Ansicht als Gesamtpaket einer bequemen, hotelähnlichen Unterbringung mit gehobenem Standard und besonderem Service vor. Daher sind diese entsprechenden Leistungen klassischerweise der Wahlleistung »Unterkunft« zugerechnet worden. Soweit die Versicherung zusätzlichen Komfort ohnehin abdeckt, ist der Patient schließlich auch nicht durch »aufgedrängte« Leistungen belastet, da er sie nicht selbst bezahlen muss. Allerdings ist im Sinne der Klarheit und Transparenz des Leistung-Entgelt-Verhältnisses darauf hinzuwirken, dass trotzdem eine deutliche Differenzierung durch das Krankenhaus stattfindet. Diese kommt nämlich denjenigen Patienten zugute, die sich für die Inanspruchnahme von Wahlleistungen nicht zusätzlich versichert haben (sog. Selbstzahler). Sind dadurch dann Leistungen, die der versicherte Patient nach traditioneller Auffassung von seiner Versicherung erstattet bekommen hat, nicht mehr abgedeckt, so ist gegebenenfalls über eine Anpassung der entsprechenden Versicherungsverträge, zumindest bei Neuverträgen, nachzudenken. Hier bleibt dann allerdings klärungsbedürftig, ob besondere Angebote wie eine aktuelle Tageszeitung, die Möglichkeit Videofilme auszuleihen, o. ä. überhaupt von der Versichertengemeinschaft getragen werden sollen.

c) Wahlärztliche Leistungen

Außer den Wahlleistungen des Krankenhauses im Bereich der Unterkunft und Verpflegung kann der Patient gemäß § 17 KHEntgG (§ 22 BPflV a. F.) auch in der medizinischen Versorgung Wahlleistungen in Anspruch nehmen (sog. Chefarztbehandlung), deren gesonderte Berechnung ebenfalls nur dann zulässig ist, wenn mit dem Patienten

[36] OLG München MedR 2003, 48, 50.

eine wirksame Vereinbarung gemäß § 17 II KHEntgG (§ 22 II BPflV a. F.) abgeschlossen worden ist.[37]

Außerdem findet wie im Rahmen der nicht-ärztlichen Wahlleistungen die Vorschrift des § 17 I 1 KHEntgG (§ 22 I 1 BPflV a. F.) Anwendung, welche besagt, dass eine gesonderte Berechnung nur dann stattfinden darf, wenn es sich um andere als die allgemeinen Regelleistungen handelt, zu deren Erbringung das Krankenhaus bereits durch den Abschluss des Krankenhausvertrags verpflichtet ist.[38] Der Inhalt der Wahlarztvereinbarung kann daher nicht lediglich darin gesehen werden, dass eine allgemeine Regelleistung aufgrund der Vereinbarung gesondert in Rechnung gestellt wird.[39]

Der Patient möchte sich vielmehr durch die Vereinbarung wahlärztlicher Leistungen die zusätzliche persönliche Zuwendung und besondere fachliche Qualifikation und Erfahrung des Wahlarztes »hinzukaufen«, von dem er sich eine besonders sorgfältige Behandlung erhofft.[40] Denn im Rahmen der allgemeinen Krankenhausbehandlung wird grundsätzlich, abgesehen von besonderen Ausnahmefällen, die Behandlung durch den Chefarzt nicht geschuldet.[41]

Der genaue Inhalt einer Wahlarztvereinbarung war früher in Literatur und Rechtsprechung höchst umstritten.[42] Durch die 4. Verordnung zur Änderung der Gebührenordnung für Ärzte (GOÄ)[43] ist dieser Streit nunmehr weitgehend geklärt worden[44], auch wenn zu beachten ist, dass der gebührenrechtliche Begriff mit dem (hier untersuchten) pflegesatzrechtlichen Begriff der wahlärztlichen Leistungen nicht vollständig übereinstimmt.[45] Im Wortlaut der Vorschriften des KHEntgG stellt der Begriff der »wahlärztlichen Leistung« gegenüber dem in früheren Fassungen der BPflV gebräuchlichen Begriff der »ärztlichen Wahlleistung« nunmehr klar, dass es sich hier nicht um die Wahl

---

[37] Hierbei handelt es sich um einen Dienstvertrag im Sinne von § 611 ff. BGB: ULEER/MIEBACH/PATT, § 22 BPflV S. 304; siehe außerdem zu den Veränderungen, die sich im Bereich der wahlärztlichen Leistungen durch die anstehenden Gesetzesänderungen ergeben werden: BUNDESMINISTERIUM FÜR GESUNDHEIT, S. 118.

[38] Vgl. zur Ausgestaltung von Wahlarztvereinbarungen insbesondere die Patienteninformationen, die die Deutsche Krankenhausgesellschaft zur Verfügung stellt: DEUTSCHE KRANKENHAUSGESELLSCHAFT, S. 52 ff. und zu den Entgelten nach der Umstellung auf DRGs: DEUTSCHE KRANKENHAUSGESELLSCHAFT, S. 38.

Siehe hierzu des Weiteren die obigen Ausführungen zu den über allgemeine Regelleistungen hinausgehenden Leistungen in Kapitel b) auf Seite 11.

[39] MIEBACH/PATT, S. 3379; a. A. LG Bremen NJW 1986, 785, 786.

[40] BGH NJW 1985, 2189, 2190; KUHLMANN, S. 6.

[41] MIEBACH/PATT, S. 3378 f.

[42] Siehe zur Darstellung des Meinungsstreits: DIETZ/BOFINGER, § 22 BPflV S. 374 ff. und 379.

[43] VO vom 18.12.1995 (BGBl. I S. 1861).

[44] Durch die genannte Verordnung wurden insbesondere auch die Vorgaben des BGH aus seiner Entscheidung vom 30.10.1991 (Akz. VIII ZR 51/91; veröffentlicht in: NJW 1992, 746 f.) hinsichtlich der Anforderungen an (wahl)ärztliche Honorarvereinbarungen umgesetzt (BR-Drs. 211/94, S. 92, 94); siehe zur Verfassungsmäßigkeit der Neuregelungen ausführlich: TAUPITZ MedR 1996, S. 533 ff.

[45] Zu den Auswirkungen: MIEBACH/PATT, S. 3379; vgl. auch DIETZ/BOFINGER, § 22 BPflV S. 386 ff.; BRÜCK et al., § 6 a GOÄ S. 178.

einer ärztlichen *Leistung*, sondern um die Wahl des *Arztes* handelt.[46] Hiermit wird verdeutlicht, dass es sich bei den genannten Leistungen auch um medizinisch notwendige Leistungen handeln kann. Die wahlärztliche Leistung wird daher vorrangig dadurch bestimmt, dass der Patient sich vertraglich von vornherein die persönliche Behandlung durch den besonders qualifizierten Arzt, meist den Chefarzt, sichert, unabhängig von der Art und Schwere seiner Erkrankung.[47]

Festzuhalten ist des Weiteren, dass auch die Entgelte für wahlärztliche Leistungen dem Angemessenheitsgebot des § 17 I 3 KHEntgG (§ 22 I 3 BPflV a. F.) unterliegen. Allerdings werden diese Leistungen laut § 17 III 7 KHEntgG (§ 22 III 7 BPflV a. F.) nach den Vorschriften der Gebührenordnung für Ärzte (GOÄ) vergütet, so dass das sich aus diesen Vorschriften ergebende Entgelt das angemessene Entgelt im Sinne von § 17 I 3 KHEntgG (§ 22 I 3 BPflV a. F.) darstellt.[48] Hier gelten daher feste, vom Verordnungsgeber vorgegebene Vergütungssätze. Da somit keine individual- oder kollektivvertragliche Vereinbarung des zu leistenden Entgelts stattfindet, sind die Regelungen hinsichtlich der Abgabe Gemeinsamer Empfehlungen der Deutschen Krankenhausgesellschaft und des PKV-Verbands sowie die Verbandsklagemöglichkeit des PKV-Verbands auf die Erbringung wahlärztlicher Leistungen nicht anwendbar.[49]

d) Ergebnis

Im Ergebnis bleibt somit festzuhalten, dass sich die Erbringung von Wahlleistungen in die Leistungsbereiche »Unterkunft«, »sonstige nicht-ärztliche Wahlleistungen« und »wahlärztliche Leistungen« aufteilen lässt.

Im Rahmen der Unterbringung im Ein- oder Zweibettzimmer werden lediglich der Komfort des Allein- oder des Zu-Zweit-Seins und etwaige besondere Komfortelemente, die direkt mit dem Zimmer selbst zusammenhängen, gesondert berechnet, während

[46] Vgl. insofern auch: BR-Drs. 224/85, S. 66; ULEER/MIEBACH/PATT, § 22 BPflV S. 305; DIETZ/BOFINGER, § 22 BPflV S. 379; HABERSTROH VersR 1999, S. 9 zur Vorgängerregelung in § 22 BPflV a. F.

[47] BGH NJW 1998, 1778, 1779; DIETZ/BOFINGER, § 22 BPflV S. 380; ULEER/MIEBACH/PATT, § 22 BPflV S. 305; anders noch LG Bremen NJW 1986, 785, 787, das allein auf den Gegenstand der Leistung und gerade nicht auf die Person des Handelnden abstellte.

[48] ULEER/MIEBACH/PATT, § 22 BPflV S. 313. Hierbei ist das Verbot der Doppelberechnung in § 4 II a GOÄ zu beachten, das eine Doppelbelastung des Patienten durch die Verpflichtung zur Zahlung des Pflegesatzes einerseits und des ärztlichen Honorars andererseits vermeiden will, wenn die ärztliche Leistung bereits im Pflegesatz enthalten ist (siehe hierzu: BGH NJW 2002, 2948 ff.). Nach § 6 a GOÄ wird daher bei stationären und teilstationären privatärztlichen Leistungen die nach dieser Verordnung berechnete Gebühr um 25 % ermäßigt; der Minderungsbetrag ist in der Rechnung anzugeben (§ 12 II 1 Nr. 5 GOÄ). Mit der Minderung der Gebühr für wahlärztliche Leistungen wird auch dem Umstand Rechnung getragen, dass der Wahlarzt regelmäßig Personal und Sachmittel des Krankenhauses in Anspruch nimmt (BGH NJW 2002, 2948, 2949 (insbesondere hinsichtlich der Frage, wann eine stationäre Leistung im Sinne der GOÄ bei Erbringung von Leistungen durch einen externen Arzt vorliegt); AG Kiel MedR 2001, 369, 370; PATT NJW 2002, S. 2929; BRÜCK et al., § 6 a GOÄ S. 172 ff.; SCHLARMANN/SCHIEFERDECKER, S. 220 ff.).

[49] Dies ergibt sich auch aus dem Wortlaut der Vorschrift des § 17 I 4 und 5 KHEntgG (§ 22 I 4 und 5 BPflV a. F.) »nichtärztliche Leistungen«.

weitere Angebote des Krankenhauses im Rahmen der Verpflegung, Betreuung, etc. als »sonstige nicht-ärztliche Wahlleistungen« der besonderen Vereinbarung mit dem Patienten unterliegen.

Auch die Behandlung durch den Wahlarzt ist gesondert zu vereinbaren und umfasst insbesondere die sog. Chefarztbehandlung. In diesem Zusammenhang sind die gesetzlichen Vorschriften der GOÄ zu beachten.

5. Formelle Voraussetzungen einer wirksamen Wahlleistungsvereinbarung

Zum Schutz des Patienten vor übermäßigen finanziellen Belastungen unterliegen Wahlleistungsvereinbarungen besonderen formellen Voraussetzungen, die sicherstellen sollen, dass der Patient vor Inanspruchnahme von Wahlleistungen im Einzelnen über das Leistungsangebot des jeweiligen Krankenhauses aufgeklärt wird und ihm auch die dafür von ihm zu zahlenden Entgelte mitgeteilt werden. Diesem Zweck dienen insbesondere das Schriftformerfordernis sowie die Mitteilungspflichten gegenüber dem Patienten. Darüber hinaus besteht ein sog. Koppelungsverbot, das den Patienten davor schützen soll, dass ihm Leistungen aufgedrängt werden, die er selbst gar nicht erhalten wollte.[50]

a) Schriftformerfordernis

Nach § 17 II 1, 1. Hs. KHEntgG (§ 22 II 1, 1. Hs. BPflV a. F.) sind Wahlleistungen zum Schutz des Patienten[51] *vor* der Erbringung schriftlich mit dem Krankenhaus zu vereinbaren.[52] Zudem finden die Voraussetzungen der Vorschrift des § 126 BGB auf Wahlleistungsvereinbarungen Anwendung.[53] Gemäß § 126 II BGB ist die Vereinbarung sowohl vom Patienten als auch von einem Vertreter des Krankenhauses[54] eigenhändig zu unterzeichnen, ein allein vom Patienten unterzeichneter Antrag genügt

[50] Muster für Wahlleistungsvereinbarungen bzw. Patienteninformationen finden sich bei *Debong* (DEBONG ArztR 2003, S. 13 ff.); auch die Deutsche Krankenhausgesellschaft hat ein Muster für eine Patienteninformation vorgelegt (Abgedruckt bei: MEISTER das Krankenhaus 2002, S. 221) und DEUTSCHE KRANKENHAUSGESELLSCHAFT, S. 47 ff. (Wahlleistungsvereinbarung) sowie S. 52 ff. (Patienteninformation bei wahlärztlichen Leistungen).

[51] ULEER/MIEBACH/PATT, § 22 BPflV S. 246.

[52] BGH NJW 2002, 3772; OLG München vom 12.10.1999, Akz. 5 U 3314/99 (unveröffentlicht), S. 5; AG/LG Kiel MedR 2001, 369, 370; LG Bielefeld VersR 1998, 1516, ein Entgelt für die Wahlleistung »Zweibettzimmer« kann erst ab Unterzeichnung der Wahlleistungsvereinbarung erhoben werden; BACH/MOSER/BÜSKEN, Nach § 1 MBKK Rdnr. 115.

[53] MIEBACH/PATT, S. 3378; ULEER/MIEBACH/PATT, § 22 BPflV S. 247; vgl. auch LAUFS/UHLENBRUCK/GENZEL, § 86 Rdnr. 156.

[54] Strittig ist, ob die Unterschrift eines zur Liquidation berechtigten Arztes auch ohne Vertreterzusatz den Anforderungen des Schriftformerfordernisses genügt: dafür: LG Hamburg MedR 2001, 46, da das Handeln als Vertreter »offenkundig« sei.

nicht.[55] Soweit also der Patient lediglich einen einseitigen Antrag an das Krankenhaus richtet und dieses stillschweigend den Antrag annimmt, ist das Schriftformerfordernis nicht erfüllt.[56] Handelt es sich nämlich um den Abschluss eines Vertrags und schreibt das Gesetz die Schriftform für den Vertrag in seiner Gesamtheit vor, dann müssen entweder beide Vertragspartner dieselbe Urkunde unterzeichnen, oder es müssen gleichlautende Urkunden hergestellt werden, von denen jede, und zwar jeweils die für die andere Partei bestimmte, von einer Partei unterzeichnet wird.[57] Unzulässig ist wegen des Erfordernisses der eigenhändigen Unterschrift zudem die Unterzeichnung durch Stempel, Maschinenschrift, Faksimile, elektronische Signatur (siehe § 126 III BGB) oder sonstige mechanische Hilfsmittel.[58]

Der Sinn und Zweck des Schriftformerfordernisses ist darin zu sehen, den Patienten vor Abschluss einer gegebenenfalls für ihn finanziell sehr belastenden Wahlleistungsvereinbarung zu warnen. Darüber hinaus wird durch die Schriftform zu Beweiszwecken klargestellt, mit welchem Inhalt die Wahlleistungsvereinbarung zustande gekommen ist.[59] Diesem Zweck wird nur dann entsprochen, wenn die Wahlleistungsvereinbarung vor Inanspruchnahme der entsprechenden Zusatzleistungen des Krankenhauses abgeschlossen wird. Der rückwirkende Abschluss einer Wahlleistungsvereinbarung ist demnach wegen Verstoßes gegen diese Warnfunktion der Schriftform nicht zulässig.[60]

Nach der Regelung des § 22 II 1, 1. Hs. BPflV a. F. war die Schriftform nur für die Wahlleistungsvereinbarung selbst erforderlich, nicht jedoch für die vorher bereits abgeschlossene Unterrichtung des Patienten.[61] Die neue Vorschrift des § 17 II 1, 1. Hs. KHEntgG verlangt hingegen nun auch eine schriftliche Unterrichtung.

---

[55] OLG Hamm NJW 2000, 3437, 3438; OVG Koblenz NVwZ-RR 1999, 389, 390; LG Tübingen MedR 1998, 473, 474; BACH/MOSER/BÜSKEN, Nach § 1 MBKK Rdnr. 109; HABERSTROH VersR 1999, S. 9; a. A. LG Flensburg MedR 1993, 200, 201, das eine Unterschrift durch einen Vertreter des Krankenhauses nicht für erforderlich hält, da die von diesem gegebene schematische Unterschrift ohnehin den eigentlich mit der beidseitigen Unterzeichnung verfolgten Zweck nicht erfülle.

[56] BGH NJW 1998, 1778; OLG Düsseldorf VersR 1999, 496, 497; DIETZ/BOFINGER, § 22 BPflV S. 371; TUSCHEN/QUAAS, § 22 BPflV S. 411; BIERMANN/ULSENHEIMER/WEISSAUER, S. 108.

[57] PALANDT/HEINRICHS, § 126 BGB Rdnr. 12; BGH NJW 2002, 3772; NJW 1998, 1778; OLG Hamm NJW 2000, 3437, 3438; OVG Koblenz NVwZ-RR 1999, 389, 390; LG Berlin VersR 2001, 1546; LG Tübingen MedR 1998, 473, 475; AG Mölln RuS 1999, 342, 343; AG Kerpen RuS 2000, 32, 33.

[58] PALANDT/HEINRICHS, § 126 BGB Rdnr. 7; ULEER/MIEBACH/PATT, § 22 BPflV S. 247; BREITMEIER et al./WAGENER Düsseldorfer Kommentar, 3. Auflage, § 22 BPflV S. 330; zur Ersetzung der Schriftform durch die elektronische Form siehe §§ 126 III und 126 a BGB.

[59] BREITMEIER et al./WAGENER Düsseldorfer Kommentar, 3. Auflage, § 22 BPflV S. 330; LG Tübingen MedR 1998, 473, 475.

[60] Vgl. MIEBACH/PATT, S. 3378.

[61] LG Kiel MedR 2001, 369, 372.

b) Mitteilungspflichten gegenüber dem Patienten

aa) Wortlaut der Regelung zur Mitteilungsplicht bei der Vereinbarung von Wahlleistungen

Nach der zwingenden Bestimmung des § 17 II 1, 2. Hs. KHEntgG besteht zudem eine Mitteilungspflicht gegenüber dem Patienten. Die geltende Fassung lautet: »... ; der Patient ist vor Abschluss der Vereinbarung *schriftlich* über die Entgelte der Wahlleistungen und deren Inhalt im Einzelnen zu unterrichten.« Dies stellt gegenüber der Vorgängervorschrift des § 22 II 1, 2. Hs. BPflV 1997 eine Verschärfung dar, da auch für die Unterrichtung selbst das Schriftformerfordernis eingeführt worden ist.[62] Damit kann die früher in der Literatur bestehende Auffassung, eine schriftliche Unterrichtung[63] sei nicht erforderlich, weil die Unterrichtung selbst nicht in die Wahlleistungsurkunde aufgenommen werden müsse, nicht mehr aufrecht erhalten werden.[64]

Zudem ist zu berücksichtigen, dass bereits die Vorschrift des § 22 II 1, 2. Hs. BPflV 1995 gegenüber der früheren Fassung der Regelung in § 7 II 1, 2. Hs. BPflV 1985 die Verschärfung enthielt, dass nunmehr über »die Entgelte der Wahlleistungen und deren Inhalt *im Einzelnen* zu unterrichten« war. Daraus ließ sich bereits ableiten, dass nach der damaligen Neufassung einerseits über den Inhalt der Wahlleistung und andererseits über die dafür erhobenen Entgelte zu unterrichten war.[65] Ein Teil der zitierten Urteile bezieht sich jedoch noch auf die Fassung der BPflV von 1985, so dass die Änderungen noch keinen Eingang in die Entscheidungen finden konnten. Außerdem zeigt eine nähere Analyse der entsprechenden Urteile und Literaturmeinungen, dass nur selten direkt auf die Wahlleistung »Unterkunft« eingegangen wird; die meisten Stellungnahmen betreffen vielmehr die ärztliche Wahlleistung. Allerdings lässt sich auch aus diesen Auffassungen zumindest eine Tendenz bezüglich des Umfangs der geforderten Unterrichtungspflicht ableiten.

bb) Grundsatz und Zweck der Mitteilungspflicht

Die Unterrichtungspflicht gilt sowohl für die ärztliche als auch für die nicht-ärztliche Wahlleistung.[66] Dabei hat die Vorschrift des § 17 II KHEntgG (§ 22 II BPflV a. F.) als

[62] Bereits zu der früheren Fassung wurde allerdings die Auffassung vertreten, dass sich aus Beweisgründen eine unterschriftliche Bestätigung über die Unterrichtung empfehle (ANDREAS, S. 241).

[63] Zu unterscheiden ist hiervon allerdings die Schriftlichkeit der Wahlleistungsvereinbarung selbst gemäß § 17 II 1, 1. Hs. KHEntgG (§ 22 II 1, 1. Hs. BPflV a. F.).

[64] MEISTER/WAGENER/BEUME/WAGENER, II B S. 66; BREITMEIER et al./WAGENER Düsseldorfer Kommentar, 3. Auflage, § 22 BPflV S. 332.

[65] KUHLA, S. 281.

[66] In der Literatur wird diesbezüglich vorgeschlagen, die Entgelte für die Wahlleistungen in der Wahlleistungsvereinbarung selbst aufzuführen, um sicher zu stellen, dass der Patient bereits beim Durchlesen des Vertragstextes über die Entgel-

lex specialis Vorrang gegenüber den Regelungen zu allgemeinen Geschäftsbedingungen (§§ 305 ff. BGB).[67]

Sie dient dem Zweck, den Patienten in einer vielfach gesundheitlich bedingten Ausnahmesituation vor vermögensmäßiger Ausnutzung und Überforderung zu schützen, indem sein wirtschaftliches Selbstbestimmungsrecht gewährleistet bleibt (sog. wirtschaftliche Aufklärungspflicht).[68] Der Patient soll durch die Aufklärung selbst in die Lage versetzt werden, abzuwägen, ob und in welchem Umfang er Zusatzleistungen in Anspruch nehmen will und zu welchem Preis.[69] Eine detaillierte Unterrichtung des Patienten ist unumgänglich, um dessen Informationsdefizit gegenüber dem Krankenhaus auszugleichen.[70] Insbesondere im Regelfall der Verwendung von Krankenhaustarifen durch das Krankenhaus kann der Patient in der Kürze der ihm zur Entscheidung gewöhnlich zur Verfügung stehenden Zeit die auf ihn zukommenden finanziellen Belastungen nur dann ausreichend aufnehmen und mit den Vorteilen der Unterbringung im Ein- oder Zweibettzimmer und etwaiger sonstiger Wahlleistungen abwägen, wenn er über die Leistungen und die dafür zu entrichtenden Entgelte im Einzelnen aufgeklärt wird. Hierfür ist es erforderlich, dass er sich nicht nur im Klaren darüber ist, dass er überhaupt selbst zusätzliche Entgelte über die Leistungen seiner Krankenversicherung hinaus zu erbringen hat. Vielmehr muss ihm deren Umfang im Einzelnen dargelegt werden.

Wie das BVerfG nämlich zutreffend in seiner Entscheidung zu den Arzneimittelfestbeträgen[71] ausgeführt hat, erfordert die »Funktionsfähigkeit des Wettbewerbs als Grundbedingung für die Entscheidungsfreiheit bei den Teilnehmern am Markt ein hohes Maß an Informationen über marktrelevante Faktoren. Solche Informationen greifen selbst dann nicht in den Schutzbereich der Berufsfreiheit der Marktteilnehmer (also hier der Leistungsanbieter – *Anm. der Verfasserin*) ein, wenn diese zuvor einen wirtschaftlichen Vorteil aus fehlender Transparenz im Hinblick auf marktrelevante Faktoren ziehen konnten. Vielmehr ermöglicht die durch Information bewirkte Transparenz einen Preisvergleich zwischen den Produkten. Insbesondere Versicherte erhalten somit die Möglichkeit, einen Leistungs- und Kostenvergleich vorzunehmen und ihr Nachfrageverhalten darauf einzustellen«.

---

te informiert wird (MEISTER/WAGENER/BEUME/WAGENER, II B S. 67; BREITMEIER et al./WAGENER Düsseldorfer Kommentar, 3. Auflage, § 22 BPflV S. 332).

[67] LAUFS/UHLENBRUCK/GENZEL, § 86 Rdnr. 156.; siehe auch die Anlage 1 zu den AVB (Krankenhaus) in: DEUTSCHE KRANKENHAUSGESELLSCHAFT, S. 25 ff.

[68] AG/LG Kiel MedR 2001, 369 ff.; LG Tübingen MedR 1998, 473, 474; AG Pforzheim MedR 2003, 234; GENZEL, S. 369; BACH/MOSER/BÜSKEN, Nach § 1 MBKK Rdnr. 110; LAUFS/UHLENBRUCK/GENZEL, § 86 Rdnr. 156; ; TEUBNER/HENZE, S. 83; ULEER/MIEBACH/PATT, Einl. BPflV S. 155 befürworten eine wirtschaftliche Aufklärungspflicht allerdings nur mit Einschränkungen.

[69] AG Kiel MedR 2001, 369, 370.

[70] Siehe ausführlich zur Berücksichtigung der Neuerungen bei der Unterrichtungspflicht über die voraussichtlich abzurechenden Entgelte gem. § 8 VIII KHEntgG (für Selbstzahler) die Mustervertragsbedingungen der DKG: DEUTSCHE KRANKENHAUSGESELLSCHAFT, S. 32 ff. und 86 Anm. 30.

[71] BGH NJW 2003, 1232, 1234.

Die Unterrichtungs- und Aufklärungspflicht erstreckt sich insofern auf die nähere Ausgestaltung der einzelnen Wahlleistung und das entsprechende Entgelt[72], wobei sich der genaue Umfang der Informations- und Aufklärungspflichten nach deren Zweck, also vornehmlich der Warnfunktion für den Patienten, bestimmt.[73] Wie die Aufklärung allerdings im Detail zu erfolgen hat, ist in Literatur und Rechtsprechung umstritten.[74]

cc) Umfang der Mitteilungspflicht

(1) Allgemeine Voraussetzungen der Unterrichtung

Einigkeit besteht zunächst darin, dass das bloße Aushängen der Allgemeinen Vertragsbedingungen (AVB) bzw. die Vorlage des Pflegekostentarifs des Krankenhauses zur Einsichtnahme nicht ausreichen kann.[75] Die AVB enthalten nämlich keinerlei Vergütungssätze. Erforderlich ist es vielmehr, den Patienten möglichst detailliert über den Inhalt der einzelnen Wahlleistungsangebote und die dafür anfallenden Entgelte zu unterrichten, zu deren Begleichung er sich erst einmal selbst verpflichtet, auch wenn gegebenenfalls später eine private Zusatz-Krankenversicherung den Rechnungsbetrag erstattet. Die Mitteilungspflicht dient nämlich dem Zweck, dem Patienten *vor* Abschluss einer Wahlleistungsvereinbarung möglichst genaue Informationen zu den Belastungen zu geben, die auf ihn zukommen werden und bei längerem Krankenhausaufenthalt eine beträchtliche Höhe erreichen können.[76]

Nicht ausreichen kann es insofern entgegen einer Auffassung in der Literatur[77], wenn in der Aufklärung lediglich auf den Unterschied zwischen allgemeinen Regelleistungen und Wahlleistungen hingewiesen wird.[78] Vielmehr verlangt die Vorschrift ausdrücklich, dass der Patient vor Abschluss der Wahlleistungsvereinbarung über die »Entgelte« für die Wahlleistungen, nicht nur über die »Entgeltlichkeit« unterrichtet wird.[79]

Inwieweit das Krankenhaus dazu verpflichtet ist, den Patienten darüber aufzuklären, ob und in welchem Umfang Wahlleistungsentgelte durch die private Zusatzversicherung bzw. Beihilfe erstattet werden, ist hingegen umstritten. Teilweise wird vertreten, dass die Aufklärungspflicht nicht erfordere, explizit darüber zu informieren, inwieweit

[72] Vgl. AG Pforzheim MedR 2003, 234.

[73] OLG Köln NJW-RR 1999, 228; OLG München vom 12.10.1999, Akz. 5 U 3314/99 (unveröffentlicht), S. 8; AG/LG Kiel MedR 2001, 369, 370; GENZEL, S. 370; LAUFS/UHLENBRUCK/GENZEL, § 86 Rdnr. 156.

[74] Ausführliche Darstellung des Meinungsstreits auch bei KUHLA, S. 280 ff.

[75] Siehe z. B. OLG München vom 12.10.1999, Akz. 5 U 3314/99 (unveröffentlicht), S. 6.

[76] LG Duisburg MedR 2001, 213 ff.; MIEBACH/PATT, S. 3378.

[77] So allerdings BIERMANN/ULSENHEIMER/WEISSAUER, S. 109, die bei der ärztlichen Wahlleistung bereits diese Voraussetzungen anzweifeln.

[78] BGH NJW 1996, 781, die Entscheidung bezieht sich allerdings noch auf die Vorgängervorschrift des § 7 II 1 BPflV 1985.

[79] BGH NJW 1996, 781.

eine gegebenenfalls bestehende private Krankenversicherung die Kosten der Wahlleistung »Unterkunft« decke.[80] Vielmehr gehöre die Frage der Kostenerstattung durch eine Krankenversicherung bei Selbstzahlern (vgl. § 8 AVB (Krankenhaus)) in deren Verantwortungsbereich. Sie müssten sich in ihrem eigenen Interesse selbst vergewissern, in welchem Umfang Kosten von Wahlleistungen von ihrer Krankenversicherung übernommen würden. Das Krankenhaus treffe insoweit auch dann keine weiter gehende Hinweis-, Warn- oder Nachfragepflicht, wenn es den Unterlagen des Patienten entnehmen könne, dass von ihm (zusätzlich) gewählte Leistungen voraussichtlich nicht von der – grundsätzlich erstattungspflichtigen – Versicherung getragen würden.[81] In diesem Sinn hat auch der BGH[82] eine Klausel für wirksam gehalten, die dem Patienten lediglich seine »Verpflichtung zur Entrichtung des Entgelts ... ungeachtet einer Übernahme oder Zuzahlung Dritter, z. B. einer privaten Krankenversicherung« verdeutlichte.[83] Allerdings kann dann eine gesteigerte Aufklärungs- und Hinweispflicht bestehen, wenn das Krankenhaus bereits einen ablehnenden Bescheid der privaten Krankenversicherung erhalten hat und trotzdem die Unterrichtung des Patienten versäumt. In diesem Fall steht dem Patienten ein Schadensersatzanspruch aus *culpa in contrahendo* (§§ 311 II i. V. m. 241 II BGB) zu.[84] Eine Aufklärungspflicht über die Erstattungsfähigkeit besteht somit im Grundsatz nicht, im Einzelfall kann jedoch eine Unterrichtungspflicht in Betracht kommen, wenn es für das in dieser Frage gegenüber dem Patienten weit erfahrenere Krankenhauspersonal offensichtlich ist, dass eine Abdeckung durch eine private Zusatzversicherung nicht gegeben ist.

Zu Recht wird in der Literatur auch angeführt, dass in Fällen der Direktabrechnung nach dem sog. Klinik-Card-Verfahren (bzw. Card für Privatversicherte) eine Aufklärung über den Umfang des Versicherungsschutzes erforderlich ist. Widersprüchlich ist nämlich, dass das Krankenhaus ansonsten nur die unter Liquidationsgesichtspunkten attraktive direkte Abrechnungsmöglichkeit nutzt, den Patienten aber nicht darauf hinweist, dass er mehr Leistungen »einkauft«, als er nach den Angaben auf dieser Karte (z. B. »Zweibettzimmer 100 %«, »ärztliche Wahlleistungen«) erstattet verlangen kann. In diesen Fällen liegt somit eine besondere Warn- und Hinweispflicht des Krankenhauses vor.[85]

---

[80] Dies kann bei wahlärztlichen Leistungen anders zu beurteilen sein, wenn diese auf der Grundlage der GOÄ erbracht werden. Gemäß § 2 II 2 GOÄ muss der Arzt den Patienten bei Honorarvereinbarungen darüber aufklären, dass gegebenenfalls keine Erstattungsfähigkeit durch die bestehende Krankenversicherung besteht; siehe hierzu ausführlich: HABERSTROH VersR 2000, S. 543 und 545.

[81] DEBONG ArztR 1996, S. 76; KUHLA, S. 283; AG/LG Kiel MedR 2001, 369, 371; a. A. ULEER/MIEBACH/PATT, § 22 BPflV S. 287.

[82] BGH NJW 1995, 781.

[83] BGH NJW 1996, 781.

[84] LG Bielefeld VersR 1998, 1516.

[85] KUHLA, S. 283.

(2) Besonderheiten bei der Wahlarztvereinbarung

Der Patient ist zunächst über den Inhalt der Wahlarztleistungen zu informieren. Die Aufklärung umfasst insbesondere Hinweise darauf, worin die (besonderen) Leistungen des Chefarztes bestehen, in welchem Umfang die Leistungen vom Wahlarzt selbst erbracht werden und wie sich der Unterschied zu den ohnehin im Rahmen der allgemeinen Krankenhausleistungen geschuldeten ärztlichen Leistungen darstellt.[86] Nach Auffassung des BGH ist außerdem darauf hinzuweisen, dass sich bei bei der Inanspruchnahme wahlärztlicher Leistungen die Vereinbarung zwingend auf alle an der Behandlung des Patienten beteiligten liquidationsberechtigten Ärzte erstreckt.[87]

Des Weiteren ist über die Entgelte für die Wahlarztleistungen aufzuklären. Hierzu wird teilweise vertreten, der Patient könne nach einem Hinweis darauf, dass die wahlärztlichen Leistungen nach der GOÄ abgerechnet würden, die Vorlage der GOÄ erbitten oder sie sich selbst beschaffen. Der Hinweis auf die Abrechnung nach der GOÄ sei für eine Unterrichtung im Sinne von § 17 II KHEntgG ausreichend. Bei der GOÄ handele es sich schließlich um gesetzliche Vorschriften und die seien, im Gegensatz zu Allgemeinen Geschäftsbedingungen, nicht mit Überraschungen oder inhaltlichen Fallstricken versehen. Entsprechend dem normativen Zweck der Informationspflicht sei diese als ausreichend erfüllt anzusehen, wenn der Wahlleistungspatient mündlich über die Berechnungsgrundlagen, also (hier) die Grundstrukturen der GOÄ und die voraussichtliche Höhe der Gebühren allgemein unterrichtet werde.[88]

Gegen diese Auffassung spricht jedoch bereits der Wortlaut der Vorschrift, der ausdrücklich eine Unterrichtung »im Einzelnen« verlangt. Nicht ausreichend ist es insoweit, wenn der Patient lediglich auf die Tatsache hingewiesen wird, dass die Abrechnung des selbst liquidierenden Chefarztes nach der GOÄ erfolgt.[89] Denn die GOÄ stellt eine auch für den Experten höchst komplizierte Rechtsmaterie dar, die für den Laien ohne eine umfassende Erläuterung allein nur schwer verständlich ist. So bezweifelt das AG Kiel zu Recht, dass der durchschnittliche Patient überhaupt über ausreichende Kenntnisse im Gebührenrecht verfügt, so dass die Aushändigung eines Preisverzeichnisses, wie hier der GOÄ, allein gar nicht zu seiner weiteren Aufklärung beitragen kann. Allerdings kann das nicht dazu führen, dass dem Patienten lediglich ein Informationsblatt des Krankenhauses ausgehändigt wird, das ihn darauf aufmerksam macht, dass Wahlleistungsvereinbarungen eine nicht unerhebliche Belastung bedeuten können und er sich daher über seinen Versicherungsschutz beziehungsweise die Abdeckung

---

[86] ULEER/MIEBACH/PATT, § 22 BPflV S. 253; siehe hierzu auch: MIEBACH/PATT, S. 3378.
[87] BGH NJW 2004, 684.
[88] OLG Köln NJW-RR 1999, 228, 229; so auch GENZEL, S. 370; TUSCHEN/QUAAS, § 22 BPflV S. 411; BIERMANN/ULSENHEIMER/WEISSAUER, S. 109.
[89] BGH NJW 2004, 684.

durch die Beihilfe informieren sollte.[90] Ob hingegen eine Unterrichtung über die (genaue) Höhe der Pflegesätze, den Wahlarztabschlag, das System der GOÄ sowie die von der GOÄ abweichenden Steigerungssätze erforderlich ist[91], kann eher bezweifelt werden.[92] Vielmehr ist entscheidend, dass der Patient, bevor er eine für ihn finanziell unter Umständen sehr belastende Vereinbarung abschließt, darüber informiert wird, welche Kosten (zumindest überschlagsmäßig) auf ihn zukommen werden. Hierfür ist ein detailliertes Verständnis der GOÄ zudem gar nicht entscheidend[93], sondern nur der Kostenvoranschlag hinsichtlich der endgültig ungefähr anzusetzenden Kosten. Nur so kann der Patient eine autonome Entscheidung darüber fällen, ob er diese Belastung auf sich nehmen will. In der Literatur wird deshalb der unterstützenswerte Vorschlag gemacht, dass dem Patienten ein Kostenvoranschlag unter Bezugnahme auf § 650 BGB unterbreitet werden sollte, auch wenn sich die Kosten im Bereich der ärztlichen Wahlleistungen häufig vorab nur schwer abschätzen ließen.[94] Hilfreich kann es insofern sein, wenn das Krankenhaus Hinweise darauf gibt, welche Gebührenziffern mutmaßlich in Ansatz gebracht werden, ob die Regelhöchstsätze der GOÄ überschritten werden und welche Höhe der Arztrechnung sich hieraus für den Patienten voraussichtlich ergibt.[95] Hierbei ist zwar zu berücksichtigen, dass bei Aufnahme des Patienten ins Krankenhaus der genaue Behandlungs- und Operationsverlauf, die notwendigen diagnostischen Untersuchungen, therapeutischen Maßnahmen und Folgebehandlungen häufig noch nicht in vollem Umfang bekannt sind. Jedoch kann dies nicht dazu führen, dass der Patient bloß allgemein gehaltene und nicht individualisierte Informationen erhält.[96] Unrealistisch erscheint der Ansatz des OLG Jena[97], das verlangt, dass der Patient sukzessiv während des Behandlungsverlaufs detailliertere Informationen erhalten soll, sobald

---

[90] AG Kiel MedR 2001, 369, 371; ebenso MEISTER das Krankenhaus 2002, S. 222; mit ähnlichen Bedenken MEISTER/WAGENER/BEUME/WAGENER, II B S. 68, der allerdings unter Hinweis auf die bislang noch ausstehende höchstrichterliche Klärung der genauen Anforderungen an die Unterrichtung des Patienten vorschlägt, einen Unterrichtungsbogen zu entwerfen, der den Patienten über die Besonderheiten der Abrechnung der wahlärztlichen Leistungen aufklärt und diese gegebenenfalls auch anhand eines Berechnungsbeispiels erläutert.

[91] So OLG Düsseldorf VersR 1999, 496, 497; ebenso OLG Zweibrücken NJW-RR 2003, 56; OLG Jena VersR 2002, 1499, 1501; vgl. auch AG Winsen MedR 2002, 355.

[92] Ähnlich KUHLA, S. 282; BIERMANN/ULSENHEIMER/WEISSAUER, S. 109.

[93] Zu Recht weisen DIETZ/BOFINGER, § 22 BPflV S. 373 insofern darauf hin, dass der Patient »andere Sorgen (habe), als kurz vor einer lebenswichtigen Operation die Geheimnisse der GOÄ kennenzulernen.«

[94] HABERSTROH VersR 1999, S. 14; a. A. OLG Jena VersR 2002, 1499, 1501; mit Bedenken auch KUHLA, S. 282, der meint, dass dem Patienten nur ein verlässlicher Kostenvorschlag nütze. Ein solcher sei zumindest bei ärztlichen Wahlleistungen allerdings nicht zu erbringen, da bei Aufnahme ins Krankenhaus noch unbekannt sei, welche Behandlungen im Einzelnen vorzunehmen seien. Das »Prognoserisiko« könne weder dem Patienten aufgebürdet werden, da die Verletzung der Unterrichtungspflicht dann nahezu sanktionslos würde, noch dem Krankenhaus, da die dadurch entstehenden Organisationslasten nicht zu bewältigen wären.

[95] Vgl. hierzu auch AG Pforzheim MedR 2003, 234.

[96] So allerdings OLG Jena VersR 2002, 1499, 1501; vgl. auch LG Braunschweig vom 3.3.1999, Akz. 2 O 299/98 (unveröffentlicht), S. 6; ähnlich auch OLG Köln NJW-RR 1999, 228, 229; AG/LG Kiel MedR 2001, 369, 371; GENZEL, S. 370; MEISTER das Krankenhaus 2002, S. 222.

[97] OLG Jena VersR 2002, 1499, 1500; a. A.

sich die im Einzelfall in Ansatz zu bringenden Entgelte genauer abzeichnen.[98] Denn ein solches Vorgehen würde zu einem immensen Aufwand für die Krankenhäuser führen. Allerdings kann verlangt werden, dass eine im Wesentlichen zutreffende Angabe erfolgt.[99]

Hierfür ist überdies nicht von maßgeblicher Bedeutung, ob eine Versicherung die Kosten ganz oder teilweise übernimmt, da der Patient zumindest mittelbar über seine Prämien die Ausgaben der Versicherung mitträgt.[100] Schon allein aus diesem Umstand heraus, hat er auch ein Interesse an der Höhe der anfallenden Entgelte.[101] Zudem ist nicht jeder Patient, der Wahlleistungen im Krankenhaus in Anspruch nimmt, privat für diesen Bereich versichert.

(3) Besonderheiten bei der nicht-ärztlichen Wahlleistungsvereinbarung

Bei den nicht-ärztlichen Wahlleistungen, ob Wahlleistung »Unterkunft« oder »sonstige nicht-ärztliche« Wahlleistungen, stellt sich das Problem des unvorhersehbaren Behandlungs- oder Operationsverlaufs hingegen nicht. Hier kann und sollte daher eine weit genauere Kostenschätzung erfolgen, wozu die Bezugnahme auf entsprechende »Zuschlagsverzeichnisse« der einzelnen Krankenhäuser sicher hilfreich ist, für sich allein genommen allerdings noch nicht genügt.[102] Vielmehr müssen die Leistungen und die dafür anfallenden Entgelte sowie deren Bestandteile genau bezeichnet werden. Wiederum sollten zunächst die Unterschiede zu den allgemeinen Leistungen im Bereich der Unterbringung erläutert und sodann die Vorteile dargestellt werden, die die Wahlleistung im Einzelnen bietet. Dafür weisen *Uleer / Miebach / Patt* zutreffend darauf hin, dass nicht lediglich die Entgelte selbst, sondern auch die Wahlleistungen im Einzelnen darzulegen sind. Dies wurde bereits durch die Gesetzesneufassung von 1995 ausdrücklich in die Vorschrift des § 22 II 1, 2. Hs. BPflV a. F. integriert. Es ist also erforderlich, auf die Größe, Lage und die Ausstattung der Ein- und Zweibettzimmer sowie weitere Leistungsmerkmale einzugehen. Hinsichtlich der Unterrichtung über die Entgelte bedarf es im Bereich der Wahlleistung »Unterkunft« der Angabe der Ein- und Zweibettzimmer-Zuschläge, die pro Tag anfallen, beziehungsweise der Angabe der weiteren Kosten, etwa der täglich für den Telefonanschluss etc. erhobenen

---

[98] So auch der BGH in: NJW 2004, 684; TEUBNER/HENZE, S. 83 f., die eine sukzessive Aufklärung aus tatsächlichen Gründen für undurchführbar halten.

[99] LG Duisburg MedR 2001, 213, 214 unter Bezugnahme auf: MIEBACH/PATT, S. 3378.

[100] A. A. KUHLA, S. 283, der sich auf statistische Daten beruft, dass die meisten Patienten privat für die Inanspruchnahme von Wahlleistungen versichert seien und daher gar kein Interesse an ausführlichen Informationen hätten, da sie sich bereits im Vorfeld bei Abschluss der Versicherung dazu bereit erklärt hätten, durch höhere Prämien die Wahlleistungen zu finanzieren.

[101] A. A. z. B. DIETZ/BOFINGER, § 22 BPflV S. 373.

[102] Ähnlich zum Beispiel KUHLA, S. 281 f., der von einer Unterrichtung über nicht-ärztliche Wahlleistungen anhand eines »Katalogs« spricht.

Entgelte, wenn diese in den Zimmerzuschlägen nicht enthalten sind. Über vom Patienten nicht zu erwartende Besonderheiten ist dabei besonders intensiv zu informieren.[103] Abzulehnen ist hingegen die Auffassung, die sich darauf beruft, dass es nicht klar sei, wie nähere Leistungsbeschreibungen bei Wahlleistungen auszusehen hätten. Bei diesen seien Leistungsbeschreibungen entweder aus sich heraus verständlich oder eine nähere Definition nicht möglich.[104] Sollten derartige Unklarheiten bestehen, so ist vielmehr auf deren Beseitigung hinzuwirken, wie es beispielsweise auch im Rahmen der Ersten Gemeinsamen Empfehlung des PKV-Verbands und der Deutschen Krankenhausgesellschaft vom 26.7.2002[105] geschehen ist.

c) Koppelungsverbot

Das sog. Koppelungsverbot des § 17 IV KHEntgG (§ 22 IV BPflV a. F.) besagt, dass die Vereinbarung einer Wahlleistung »Unterkunft« nicht von der Vereinbarung sonstiger Wahlleistungen abhängig gemacht werden darf. Insbesondere soll die Vereinbarung über die Unterbringung in einem Ein- und Zweibettzimmer nicht an den Abschluss einer Wahlarztvereinbarung gekoppelt werden.[106] Hierbei handelt es sich um eine so genannte kleine oder einseitige Entkoppelung, da die Wahlleistung »Ein- oder Zweibettzimmer« gesondert angeboten werden muss, d. h. nicht von der gleichzeitigen Vereinbarung wahlärztlicher Leistungen oder sonstiger nicht-ärztlicher Leistungen abhängig gemacht werden darf.[107] Andererseits ist der umgekehrte Fall, dass die Erbringung ärztlicher oder sonstiger nicht-ärztlicher Wahlleistungen von der Inanspruchnahme der Wahlleistung »Ein- oder Zweibettzimmer« abhängig gemacht wird, zulässig. Zum Teil wird allerdings durch die Landesgesetze eine weitere Entkoppelung angeordnet.[108]

Dass die Vereinbarung wahlärztlicher Leistungen an die gleichzeitige Inanspruchnahme der Wahlleistung »Unterkunft« gekoppelt werden kann, wird zu Recht damit begründet, dass es bei intensiver Betreuung eines Wahlarztpatienten durch den Chefarzt im Mehrbettzimmer zu einer unerwünschten Diskriminierung der anderen in diesem Zimmer untergebrachten Patienten kommt.[109]

---

[103] ULEER/MIEBACH/PATT, § 22 BPflV S. 252; ähnlich argumentiert auch HABERSTROH VersR 1999, S. 13, der die Meinung vertritt, dass in einem Formular für Wahlleistungsvereinbarungen unproblematisch auch feste Vergütungssätze für die Wahlleistung »Unterkunft« angegeben sowie der Inhalt der Wahlleistung dargelegt werden könne.

[104] BREITMEIER et al./WAGENER Düsseldorfer Kommentar, 3. Auflage, § 22 BPflV S. 335.

[105] Siehe hierzu die Ausführungen in Kapitel c) ab Seite 157.

[106] Siehe hierzu auch die Entscheidung des OLG Düsseldorf in: VersR 1999, 496, 497.

[107] ULEER/MIEBACH/PATT, § 22 BPflV S. 277; BREITMEIER et al./WAGENER Düsseldorfer Kommentar, 3. Auflage, § 22 BPflV S. 342; TUSCHEN/QUAAS, § 22 BPflV S. 418; DIETZ/BOFINGER, § 22 BPflV S. 389 f. hält die Entkoppelung von sonstigen nicht-ärztlichen Wahlleistungen für ein Versehen des Verordnungsgebers und daher deren Koppelung an die Wahlleistung »Unterkunft« für zulässig.

[108] Siehe die Nachweise bei: ULEER/MIEBACH/PATT, § 22 BPflV S. 277.

[109] DIETZ/BOFINGER, § 22 BPflV S. 390.

d) Folgen eines Verstoßes gegen die Formvorschriften bzw. das Koppelungsverbot des § 17 KHEntgG (§ 22 BPflV a. F.)

Da sowohl die Formvorschriften des § 17 II KHEntgG (§ 22 II BPflV a. F.) als auch das Koppelungsverbot unabdingbar sind, führen Formverstöße grundsätzlich[110] zur Nichtigkeit der Wahlleistungsvereinbarung.[111] Dies ergibt sich hinsichtlich der Verletzung des Schriftformerfordernisses bzw. der Mitteilungspflichten bereits aus § 125 S. 1 BGB.[112] Auch erscheint es vertretbar, die Unwirksamkeit der Vereinbarung mit einer Mindermeinung in der Literatur auf § 154 BGB zu stützen, da hier über einen wesentlichen Bestandteil der Wahlleistungsvereinbarung keine Einigung zustande gekommen ist.[113] Dabei ergibt sich die Folge der Nichtigkeit der Vereinbarung gemäß § 125 BGB aus dem Schutzcharakter der Vorschrift, deren Warnfunktion für den Patienten nicht erfüllt würde, wenn die formwidrige Entgeltvereinbarung aufrecht erhalten werden könnte[114] sowie daraus, dass es sich um gesetzliche Verbote im Sinne von § 134 BGB handelt.[115] So dienen die Schriftformerfordernisse und die Mitteilungspflichten ausdrücklich dem Schutz des Patienten, der in der Kürze der ihm zur Verfügung stehenden Zeit bei der Aufnahme im Krankenhaus häufig die auf ihn zukommenden Kosten ohne die gesetzlich geforderte besondere Aufklärung nicht überschauen wird.

Daher haben derartige Formverstöße zur Folge, dass von dem Patienten keinerlei Wahlleistungsentgelte, insbesondere auch keine Unterkunftszuschläge für die Unterbringung im Ein- oder Zweibettzimmer, gefordert werden können, weil hierfür die vertragliche Grundlage fehlt.[116] Dies gilt auch für diejenigen Fälle, in denen eine allgemeine Regelleistung fälschlich als Wahlleistung eingeordnet worden ist.[117] Ebenfalls scheidet eine Inanspruchnahme des Patienten nach bereicherungsrechtlichen Grundsätzen aus, da ansonsten der Schutzcharakter der Vorschrift des § 17 I, II KHEntgG (§ 22 I, II BPflV a. F.) unterlaufen würde.[118]

---

[110] Siehe zu möglichen Ausnahmen unter dem Gesichtspunkt von Treu und Glauben gemäß § 242 BGB: ULEER/MIEBACH/PATT, § 22 BPflV S. 236 f.

[111] A. A. KUHLA, S. 283 f.; OLG Celle OLGZ 85, 373, 375 (Koppelungsverbot); vgl. AG Pforzheim MedR 2003, 234.

[112] BGH NJW 2002, 3772.

[113] BGH NJW 2002, 3772; NJW 1998, 1778; NJW 1996, 781; OLG Zweibrücken NJW-RR 2003, 56; OLG Hamm NJW 2000, 3437; OLG Düsseldorf VersR 1999, 496, 497; LG Duisburg MedR 2001, 213; LG Braunschweig vom 3.3.1999, Akz. 2 O 299/98 (unveröffentlicht), S. 6; LG Tübingen MedR 1998, 473, 474, 476; TUSCHEN/QUAAS, § 22 BPflV S. 411; ULEER/MIEBACH/PATT, § 22 BPflV S. 236; BACH/MOSER/BÜSKEN, Nach § 1 MBKK Rdnr. 110; LAUFS/UHLENBRUCK/GENZEL, § 86 Rdnr. 156; a. A. KUHLA, S. 284.

[114] Z. B. OLG Köln NJW-RR 1999, 228.

[115] Siehe für das Koppelungsverbot DIETZ/BOFINGER, § 22 BPflV S. 390; ULEER/MIEBACH/PATT, § 22 BPflV S. 236, 278; BACH/MOSER/BÜSKEN, Nach § 1 MBKK Rdnr. 114; OLG Celle OLGZ 85, 373, 374; OLG Düsseldorf VersR 1999, 496, 497 f.

[116] BGH NJW 1998, 1778, 1780; OLG München vom 12.10.1999, Akz. 5 U 3314/99 (unveröffentlicht), S. 9; BACH/MOSER/BÜSKEN, Nach § 1 MBKK Rdnr. 110; ULEER/MIEBACH/PATT, § 22 BPflV S. 236.

[117] Siehe zu den unterschiedlichen Begründungsansätzen: ULEER/MIEBACH/PATT, § 22 BPflV S. 244 ff.

[118] BGH NJW 1996, 781, 782; OLG Jena VersR 2002, 1499, 1500; KUHLA, S. 281.

Ist die Wahlleistungsvereinbarung nicht wirksam, hat der liquidationsberechtigte Arzt zudem auch dann keinen Honoraranspruch, wenn er einen zusätzlichen Vertrag mit dem Patienten (sog. Arzt-Zusatzvertrag) abgeschlossen und alle Leistungen höchstpersönlich erbracht hat. Dies ergibt sich aus der rechtlichen Verknüpfung des Arzt-Zusatzvertrags mit dem Krankenhausvertrag (inklusive Wahlleistungsabrede) i. S. v. § 139 BGB. Demnach bilden der Wahlarztvertrag (mit dem Krankenhaus) sowie der mit dem Wahlarzt abgeschlossene Arzt-Zusatzvertrag eine derartige rechtliche Einheit, dass sie miteinander »stehen und fallen«.[119] In diesen Fällen kann allerdings unter Umständen ein Schadensersatzanspruch des liquidationsberechtigten Arztes gegen den Krankenhausträger in Betracht kommen, wenn er nur deshalb seinen Honoraranspruch verloren hat, weil die vom Krankenhausträger abgeschlossene Wahlleistungsvereinbarung unwirksam gewesen ist.[120]

Von erheblicher Bedeutung für den Patienten ist die Einhaltung der Wirksamkeitsvoraussetzungen auch im Hinblick auf eine etwaige Erstattungsmöglichkeit von Wahlleistungsentgelten über die (Beamten)Beihilfe.[121] Denn eine Verletzung von Formvorschriften kann auch den Verlust von Beihilfeansprüchen nach den dort gleichlautenden Voraussetzungen zur Folge haben. Der Beamte wird daher darauf verwiesen, die Erfüllung einer derartig unwirksamen Forderung zu verweigern und bereits geleistete Zahlungen zurückzufordern.[122]

---

[119] BGH NJW 2002, 3772; NJW 1998, 1778, 1780; LG Berlin VersR 2001, 1546; BIERMANN/ULSENHEIMER/WEISSAUER, S. 108; ULEER/MIEBACH/PATT, § 22 BPflV S. 249; TUSCHEN/QUAAS, § 22 BPflV S. 411.

[120] BIERMANN/ULSENHEIMER/WEISSAUER, S. 109; TUSCHEN/QUAAS, § 22 BPflV S. 412; ausführlich zum Regressrecht des Chefarztes auch: HABERSTROH VersR 1999, S. 10 ff.

[121] Vgl. hierzu die Ausführungen in Kapitel 3. auf Seite 62.

[122] OVG Koblenz NVwZ-RR 1999, 389, 390.

II. Die an der Entgeltzahlung beteiligten Parteien

Das nun folgende Kapitel widmet sich den Vertragsverhältnissen, die bei der Erbringung und Inanspruchnahme von Wahlleistungen sowie der Erstattung der entstehenden Kosten zwischen Patient und Krankenhaus bzw. privater Krankenversicherung eingegangen werden. Außerdem wird erläutert, inwieweit eine Erstattung von Wahlleistungskosten für Beamte durch die Beihilfeträger, also Bund und Länder, in Betracht kommt.

Denn um die in die Entgelte einfließenden gegenläufigen Interessen besser beurteilen zu können, ist es zunächst erforderlich zu analysieren, welche Personen an der Begleichung der Entgelte mitwirken und wie deren Interessen berührt sein können, wenn im Einzelfall überhöhte Entgelte verlangt werden, die insbesondere dem Angemessenheitsgebot des § 17 I 3 KHEntgG (§ 22 I 3 BPflV a. F.) nicht entsprechen. Des Weiteren ist zu erörtern, welche Besonderheiten sich gegebenenfalls durch die Konstellation der Begleichung von Entgelten im »Drei-Personen-Verhältnis« Patient – Krankenhaus – private Krankenversicherung (bzw. Beihilfeträger) ergeben können.

Hierbei ist zunächst das vertragliche Verhältnis von Krankenhaus und Patient darzustellen und daraufhin zu untersuchen, welche Besonderheiten im Bereich der Privatautonomie der beteiligten Personen durch das strukturelle Ungleichgewicht von Patient und Krankenhaus zu berücksichtigen sind und welche Konsequenzen sich daraus für den Abschluss von Wahlleistungsvereinbarungen sowie deren gerichtliche Kontrollierbarkeit ergeben. Darüber hinaus ist zu klären, wie Wahlleistungsvereinbarungen rechtlich zu qualifizieren sind und ob ihnen neben dem Krankenhausvertrag eine rechtliche Selbständigkeit zukommt.

Da die Entgelte für Wahlleistungen häufig durch eine private Zusatzversicherung abgedeckt sind bzw. (teilweise) durch die beamtenrechtliche Beihilfe übernommen werden, schließt sich hieran eine Analyse der Vertragsverhältnisse zwischen Versicherung und Patient sowie zwischen Patient und Beihilfeträger an.

1. Vertragsverhältnis: Patient – Krankenhausträger

a) Eingeschränkte Privatautonomie im Bereich des Krankenhausrechts

aa) Grundsätzlich privatrechtliche Rechtsbeziehung zwischen Patient und Krankenhaus

Die Rechtsbeziehungen zwischen Krankenhaus und Patient sind nach absolut herrschender Lehre und ständiger Rechtsprechung privatrechtlicher Natur und richten sich ganz überwiegend nach den Regelungen des Bürgerlichen Gesetzbuchs.[1] Eine Ausnahme stellt lediglich die Zwangsbehandlung dar.[2]

Bei Aufnahme in ein Krankenhaus schließt der Patient mit dem Krankenhausträger daher einen privatrechtlichen[3] Krankenhausvertrag (häufig unter Verwendung der Allgemeinen Vertragsbedingungen für Krankenhäuser[4]) ab, der in seiner Hauptsache die Verpflichtung des Krankenhauses auf Leistung der medizinisch notwendigen Heilbehandlung zum Inhalt hat. Daneben enthält die vertragliche Vereinbarung allerdings auch bereits Unterkunfts- und Verpflegungselemente, wenn die Behandlung stationär durchgeführt wird. Darüber hinaus steht es dem Patienten frei, (ebenfalls zivilrechtliche[5]) Wahlleistungsvereinbarungen mit dem Krankenhaus zu treffen, die sowohl ärztliche als auch nicht-ärztliche Wahlleistungen enthalten können. Hierbei fällt die Erbringung von Wahlleistungen nicht mehr in den Versorgungsauftrag des Krankenhauses, da sie kein Bestandteil der »notwendigen medizinischen Heilbehandlung« ist und somit nicht der Daseinsvorsorge unterfällt. Damit sind Wahlleistungen lediglich zusätzliche Komfortleistungen des Krankenhauses, auf deren Bereitstellung der Patient im Einzelfall keinen konkreten Anspruch hat.[6]

Den Leistungen des Krankenhauses steht auf der anderen Seite die Entgeltzahlungspflicht des Patienten gegenüber, der zunächst selbst aufgrund des Krankenhausvertrags und der Wahlleistungsvereinbarung dazu verpflichtet ist, das vereinbarte Entgelt an das Krankenhaus zu leisten.[7] Es steht dem Patienten allerdings frei, das Risiko »Wahlleis-

---

[1] Herrschende Meinung: BGH NJW 1990, 761, 766; BACH/MOSER/BÜSKEN, Nach § 1 MBKK Rdnr. 79; ULEER/MIEBACH/PATT, Einl. BPflV S. 146 f.; HERBOLD/FISCHBACH/KISSENKÖTTER, S. 492; MEISTER/WAGENER/BEUME/MEISTER, B I S. 15.

[2] BACH/MOSER/BÜSKEN, Nach § 1 MBKK Rdnr. 80; vgl. BGH NJW 1990, 760/761 und vorhergehende Fußnote.

[3] Vgl. § 2 I AVB (Krankenhaus).

[4] Muster für entsprechende Krankenhausaufnahmeverträge hat die Deutsche Krankenhausgesellschaft herausgegeben: DEUTSCHE KRANKENHAUSGESELLSCHAFT, Muster Allgemeiner Vertragsbedingungen für Krankenhäuser, 2003.

[5] Siehe z. B. HERBOLD/FISCHBACH/KISSENKÖTTER, S. 492; ELFES das Krankenhaus 1983, S. 386.

[6] BGH NJW 1990, 761, 762.

[7] Hierbei ist jedoch zu berücksichtigen, dass die Leistungen, die im Rahmen einer stationären, »medizinisch notwendigen Heilbehandlung« erbracht werden, im Normalfall durch eine gesetzliche Krankenversicherung beziehungsweise eine (dieser vom Deckungsumfang entsprechenden) privaten Standardkrankenversicherung abgedeckt sind. Diese Leistungspflicht der jeweiligen Krankenkasse erstreckt sich jedoch nicht auf die Begleichung von Rechnungen im Bereich der

tungen im Krankenhaus« durch eine private Krankenversicherung abzusichern. Von einer gesetzlichen Krankenversicherung sowie dieser vergleichbaren privaten »Basiskrankenversicherung« werden die Kosten hingegen nicht übernommen.[8]

bb) Einschränkungen durch krankenhaus- und sozialrechtliche Regelungen

Zwar finden grundsätzlich im Vertragsverhältnis zwischen Patient und Krankenhaus wie dargestellt die Vorschriften des Zivilrechts Anwendung. Jedoch unterliegt die Privatautonomie im Bereich des Krankenhausrechts, über die generellen Grenzen zwingender zivilrechtlicher Bestimmungen wie beispielsweise §§ 138, 242 BGB[9] hinaus, Beschränkungen, die sich aus gesetzlichen Vorschriften wie den krankenhausrechtlichen Regelungen des Krankenhausfinanzierungsgesetzes und des KHEntgG (der BPflV a. F.) sowie aus sozialrechtlichen Vorschriften und Grundsätzen ergeben können.[10]

Die Beschränkung der Privatautonomie wird gerade im Hinblick auf die Entgeltbemessung für Wahlleistungsentgelte dadurch deutlich, dass der Krankenhausträger einseitig die Entgelte festsetzt, ohne dass der Patient Einfluss auf deren Höhe nehmen kann. Ein Aushandeln der Entgelte ist somit nicht vorgesehen. Zwar regelt das KHEntgG (die BPflV a. F.) in den Vorschriften über Wahlleistungen (insbesondere § 17 KHEntgG (§ 22 BPflV a. F.)) nicht, wer das Entgelt für die Wahlleistung »Unterkunft« festlegt; § 17 I 3 KHEntgG (§ 22 I 3 BPflV a. F.) äußert sich nur zu dessen Höhe. Es fehlen auch andere gesetzliche Regelungen, die bestimmen könnten, wer die Entgeltbemessung vorzunehmen hat. Die Entgelte werden insbesondere auch nicht durch die Vereinbarungen gem. §§ 3-6 KHEntgG bzw. durch die Pflegesatzvereinbarungen zwischen Kostenträgern und Leistungserbringern nach § 17 I BPflV a. F. mitbestimmt. Diese umfassen nur Gegenleistungen für allgemeine Krankenhausleistungen. Auch liegen bisher keine Durchführungsvorschriften für die Berechnung von Entgelten vor.

Vielmehr verbietet sich eine Einzelvereinbarung der Entgelte zwischen dem einzelnen Patienten und dem Krankenhausträger, weil § 17 I KHG bzw. § 8 I KHEntgG (§ 7 BPflV a. F.) vorgibt, dass für alle Benutzer des Krankenhauses die Entgelte gleich zu bemessen sind. Dieses Gleichbehandlungsgebot bzw. der Grundsatz der Einheitlichkeit der Entgelte findet auch auf die Wahlleistung »Unterkunft« gemäß § 2 Nr. 4 KHG

Erbringung von Wahlleistungen, deren Kosten allerdings durch eine private Zusatz-Krankenversicherung abgesichert werden können (siehe dazu ausführlich die Ausführungen in Kapitel 95 auf Seite 51).

[8] Siehe zu den Einzelheiten des Versicherungsverhältnisses die Ausführungen in Kapitel a) ab Seite 51.

[9] Zu generellen Grenzen der vertraglichen Gestaltungsfreiheit siehe: MÜNCHENER KOMMENTAR/KRAMER zum Bürgerlichen Gesetzbuch, *Vor § 145 BGB Rdnr. 18 ff.*

[10] Siehe hierzu z. B.: MEISTER das Krankenhaus 2003, S. 476.

Anwendung, so dass die Entgelte für die Wahlleistung »Unterkunft« bei gleichem Angebot für alle Patienten gleich hoch sein müssen.[11] Teilweise wird hieraus sogar eine zwingende Pflicht der Krankenhäuser gefolgert, die Entgelte im Sinne eines privaten Krankenhaustarifs einseitig festzusetzen.[12] In der Praxis werden daher die Entgelte unter »Beachtung der Konkurrenzlage«[13] durch den Krankenhausträger einseitig festgelegt[14] und dem Patienten bleibt lediglich die Möglichkeit, diese Bedingungen zu akzeptieren oder auf eine Inanspruchnahme von (nicht-ärztlichen) Wahlleistungen zu verzichten.

Allerdings ist zu beachten, dass die Vertragsfreiheit der Krankenhäuser hinsichtlich der Preisgestaltung bei Wahlleistungen durch das Gebot der Angemessenheit der Wahlleistungsentgelte in § 17 I 3 KHEntgG (§ 22 I 3 BPflV a. F.) nach dem Willen des Gesetzgebers eingeschränkt wird. Hierdurch soll ein Gegengewicht zur einseitigen Festsetzung der Entgelte durch das Krankenhaus geschaffen und die Angemessenheit derselben zum Schutz des Patienten sichergestellt werden.[15]

cc) Nur eingeschränkte Wahlfreiheit des gesetzlich krankenversicherten Patienten hinsichtlich des Krankenhauses

Zu untersuchen ist im folgenden Abschnitt, ob der einzelne Patient sich über unterschiedliche Wahlleistungs-Angebote von Krankenhäusern informieren und davon die Entscheidung für oder gegen eine Behandlung in einer bestimmten Klinik abhängig machen kann, so dass er einem gegebenenfalls überhöhten Preisniveau in einem Krankenhaus durch Wahl einer anderen Einrichtung entgehen könnte.

(1) Eingeschränkte Wahlfreiheit im Rahmen der gesetzlichen Krankenversicherung

Eine Wahlfreiheit des Patienten hinsichtlich des Krankenhauses besteht grundsätzlich dann, wenn der Patient privat krankenversichert ist. Denn hier gilt im Regelfall Wahlfreiheit bezüglich des in Anspruch zu nehmenden Krankenhauses (vgl. § 4 IV MBKK).[16]

---

[11] GALUSZKA/PATT, S. 52; ULEER/MIEBACH/PATT, § 22 BPflV S. 235; DIETZ/BOFINGER, § 2 BPflV S. 26.

[12] DIETZ/BOFINGER, § 22 BPflV S. 368.

[13] HILDEBRANDT et al., S. 1111.

[14] Siehe als einen von vielen: BACH/MOSER/BÜSKEN, Nach § 1 MBKK Rdnr. 116.

[15] BACH/MOSER/BÜSKEN, Nach § 1 MBKK Rdnr. 120.

[16] Siehe ausführlich zur freien Krankenhauswahl im Bereich der privaten Krankenversicherung: BACH/MOSER/SCHOENFELDT/KALIS, § 4 MBKK Rdnr. 48 ff.

Fraglich ist allerdings, ob auch für den gesetzlich versicherten Patienten Wahlfreiheit besteht. Für diese Patienten könnte die Wahlfreiheit zumindest eingeschränkt sein[17], da man in der Regel davon ausgehen kann, dass ein Patient vom Vertragsarzt gemäß § 73 IV SGB V zur stationären Heilbehandlung in ein bestimmtes Krankenhaus eingewiesen wird, wenn eine ambulante Behandlung im Einzelfall nicht ausreicht. Bei der Überweisung ins Krankenhaus hat der Vertragsarzt die Notwendigkeit der Krankenhausbehandlung zu begründen, wobei aus Gründen der Wirtschaftlichkeit in allen geeigneten Fällen die nächsterreichbaren, für die vorgesehene Krankenhausbehandlung geeigneten, Krankenhäuser anzugeben sind. Hierbei hat der Vertragsarzt das Verzeichnis stationärer Leistungen und Entgelte[18] im Sinne von § 39 III SGB V zu berücksichtigen.

Andere als die in der Überweisung angegebenen Krankenhäuser können nicht ohne weiteres in Anspruch genommen werden. Vielmehr können dem Patienten bei der Wahl eines anderen als des in der Einweisung angegebenen Krankenhauses die gegebenenfalls anfallenden Mehrkosten ganz oder teilweise auferlegt werden (vgl. § 39 II SGB V).[19] Diese Verpflichtung zur Selbstzahlung der Mehrkosten kann im Einzelfall nur dann entfallen, wenn ein »zwingender Grund« im Sinne der Vorschrift für die Inanspruchnahme des anderen Krankenhauses geltend gemacht werden kann.[20] Es erscheint allerdings sehr zweifelhaft, ob in der Höhe der Entgelte für die Wahlleistung »Unterkunft« ein solcher zwingender Grund gesehen werden kann.

(2) Eingeschränkte Wahlfreiheit aufgrund der medizinischen Angebote des Krankenhauses

Hinzu kommt, dass die Entscheidung für oder gegen ein bestimmtes Krankenhaus in der überwiegenden Zahl der Fälle nicht von dem Angebot an Wahlleistungen abhängig gemacht werden wird, sondern von den medizinischen Möglichkeiten, die eine bestimmte Klinik bereit stellt.

Dies hat auch der BGH in seiner Entscheidung vom 04.08.2000 anerkannt, indem er feststellt, dass die »Zahl der Krankenhäuser, die einem behandlungsbedürftigen Patien-

[17]SCHULIN/SCHNEIDER Hdb. d. SozVersR – Bd. 1, § 22 Rdnr. 383 ff.; KASSELER KOMMENTAR/HÖFLER Sozialversicherungsrecht, § 39 SGB V Rdnr. 31.

[18]Hierbei handelt es sich um ein Verzeichnis, das von den Landesverbänden der Krankenkassen, den Verbänden der Ersatzkassen, der Bundesknappschaft und der See-Krankenkasse gemeinsam unter Mitwirkung der Landeskrankenhausgesellschaft und der jeweiligen Kassenärztlichen Vereinigung erstellt wird und vorrangig die Wirtschaftlichkeit der Behandlung im Krankenhaus sicher stellen soll; Leistungs- und Kostentransparenz sollen hergestellt werden. Es soll ein rascher Überblick über im Einzelfall in Betracht kommende Krankenhäuser geschaffen werden, so dass verstärkt preisgünstige Krankenhäuser in Anspruch genommen werden (SCHULIN/SCHNEIDER Hdb. d. SozVersR – Bd. 1, § 22 Rdnr. 391).

[19]Siehe hierzu SCHULIN/SCHNEIDER Hdb. d. SozVersR – Bd. 1, § 22 Rdnr. 395; KASSELER KOMMENTAR/HÖFLER Sozialversicherungsrecht, § 39 SGB V Rdnr. 32.

[20]Dies wird teilweise anerkannt, wenn einschlägige Erfahrungen des Patienten mit einem bestimmten Krankenhaus vorliegen oder religiöse Gründe für die Wahl des Patienten Ausschlag gebend sind (SCHULIN/SCHNEIDER Hdb. d. SozVersR – Bd. 1, § 22 Rdnr. 397).

ten zur Verfügung stehen, aus medizinischen (Dringlichkeit des Behandlungsbedarfs, Behandlungsmöglichkeiten) und persönlichen Gründen (Nähe zum Wohnort, etc.) regelmäßig begrenzt ist. Die wenigsten Patienten haben (daher) eine echte Wahl; vielfach bleibt dem Patienten nur die Möglichkeit, die angebotenen Wahlleistungen zu den einseitig vom Krankenhaus festgelegten Bedingungen in Anspruch zu nehmen oder darauf zu verzichten«.[21]

dd) Strukturelle Unterlegenheit des (Wahlleistungs-)Patienten

Des Weiteren ist für das Vertragsverhältnis zwischen Patient und Krankenhaus kennzeichnend, dass ein Kräfteungleichgewicht zwischen den Vertragspartnern besteht, welches sich dadurch auszeichnet, dass das Krankenhaus dem Patienten im Regelfall einen (vorformulierten) Behandlungsvertrag mit Wahlleistungsvereinbarung unterbreitet, der Patient jedoch unter anderem aufgrund seiner krankheitsbedingt schwachen Verhandlungsposition[22] auf die Gestaltung keinen Einfluss nehmen kann. Der BGH hat zwar zu Recht entschieden, dass dieser krankheitsbedingt geschwächte Zustand des Patienten nicht per se zu einer Geschäftsunfähigkeit im Sinne von § 104 Nr. 2 BGB führt[23], wonach geschäftsunfähig ist, wer sich in einem die freie Willensbildung ausschließenden Zustand krankhafter Störung der Geistestätigkeit befindet, sofern nicht der Zustand seiner Natur nach ein vorübergehender ist. Fraglich ist jedoch, ob das Kräfteungleichgewicht zwischen Patient und Krankenhaus einen Fall des so genannten strukturellen Ungleichgewichts bzw. der gestörten Vertragsparität[24] darstellt und welche Konsequenzen sich daraus ergeben.

(1) Die strukturelle Unterlegenheit oder gestörte Vertragsparität

Mit den Begriffen der »strukturellen Unterlegenheit« bzw. der »gestörten Vertragsparität« werden Vertragskonstellationen bezeichnet, in denen kein Machtgleichgewicht zwischen den Vertragspartnern vorhanden ist, das nach liberalistischem Verständnis als elementare Voraussetzung für das Zustandekommen eines gerechten Vertrags angesehen wird (sog. Richtigkeitsgewähr des Vertrags). Der Prozess des wechselseitigen Gebens und Nehmens, der dazu führen soll, dass für beide Seiten eine akzeptable,

---

[21] BGH NJW 2001, 892, 893; so auch DIETZ/BOFINGER, § 22 BPflV S. 370.

[22] Das OLG München spricht in seiner Entscheidung vom 25.6.2002 von »besonderen, mit einer Krankheit zusammenhängenden Umständen«, die den Patienten besonderes schutzbedürftig machen: MedR 2003, 48, 49.

[23] BGH NJW 2004, 684.

[24] Einen besonders instruktiven Überblick zur Problematik der sog. gestörten Vertragsparität oder dem strukturellen Ungleichgewicht bietet die Darstellung von MÜNCHENER KOMMENTAR/KRAMER zum Bürgerlichen Gesetzbuch, Vor § 145 BGB Rdnr. 2 ff.; siehe zu den Einzelheiten der Problematik auch die umfassenden Darstellungen insbesondere von: HÖNN und FASTRICH.

selbstbestimmte Lösung gefunden wird, wird gestört. Daher kann die soziale Harmonie, die durch den Vertragsschluss zwischen den Vertragspartnern herbeigeführt werden soll, nicht erreicht werden und die Interessen des unterlegenen Vertragspartners spiegeln sich im Vertragswerk nur noch in eingeschränktem Maße wieder. Das Kräfteungleichgewicht kann dabei durch die besondere Abschlusssituation des Vertrags verursacht werden. Dies ist zum Beispiel dann der Fall, wenn feste Tarife und Allgemeine Geschäftsbedingungen, also Massenverträge, durch einen Vertragspartner verwendet werden, auf die der andere keinen oder nur geringen Einfluss nehmen kann (vgl. die sog. »take-it-or-leave-it-contracts«[25]). Es kommt hier demnach nicht mehr zu einem Aushandeln der Vertragsbedingungen, so dass der individuelle Wille der einen Vertragspartei bei diesen Verträgen nur noch unvollkommen abgebildet wird. Die angebotene Leistung kann nur unter den Bedingungen der anderen Partei angenommen werden oder der Vertragspartner verzichtet ganz auf die Inanspruchnahme der Leistung. Zudem ist zu berücksichtigen, dass der schwächere Vertragspartner die für ihn belastende Vertragsgestaltung häufig nicht »freiwillig« in Kauf nimmt (vgl. z. B. Daseinsvorsorgeleistungen, auf die der Nachfrager angewiesen ist).[26] Außerdem kann eine Unterlegenheit durch Gründe verursacht werden, die in der Person eines der beiden Vertragspartner liegen. Letzteres kann dann der Fall sein, wenn es an einer intellektuellen Waffengleichheit oder einer wirtschaftlichen Äquivalenz fehlt.

Allerdings ist nicht jedes Kräfteungleichgewicht zwischen Vertragspartnern ein Anlass für die Rechtsordnung, in das privatautonome Rechtsverhältnis einzugreifen.[27] Vielmehr lässt grundsätzlich der in einem Vertrag zum Ausdruck kommende übereinstimmende Wille der Vertragsparteien auf einen durch den Vertrag hergestellten sachgerechten Interessenausgleich schließen, den der Staat grundsätzlich zu respektieren hat. Zu beachten ist dabei, dass prinzipiell auch solche vertraglichen Vereinbarungen getroffen werden können, die grundrechtlich geschützte Rechtspositionen des Einzelnen beeinträchtigen, soweit der Betroffene diese Beschränkungen eigenverantwortlich vereinbart und ihm ein angemessener Betätigungsraum verbleibt. Diese im Rahmen der Privatautonomie getroffenen Regelungen hat der Staat grundsätzlich zu respektieren.[28] Die durch die Privatautonomie garantierte Selbstbestimmung eröffnet demnach nicht nur die Freiheit, überhaupt Verträge abzuschließen, sondern ebenso die Freiheit, deren Inhalt zu bestimmen. Dieser Inhalt muss von der Rechtsordnung auch dann akzeptiert werden, wenn er objektiv unvernünftig oder unrichtig sei.[29] Daher geht

---

[25] Diese Verträge sind dadurch gekennzeichnet, dass der Verbraucher auf die angebotenen Güter oder Dienstleistungen angewiesen ist und sie daher zu den Bedingungen in Anspruch nehmen muss, zu denen sie der Unternehmer anbietet. Einige Autoren bestreiten allerdings, dass diese Vertragsabschlussituation zum Eingriff in die Vertragsfreiheit berechtigt (siehe z. B. ZÖLLNER, S. 31 ff.).

[26] MÜNCHENER KOMMENTAR/KRAMER zum Bürgerlichen Gesetzbuch, Vor § 145 BGB Rdnr. 5; LOOSCHELDERS, Rdnr. 52.

[27] Siehe z.B. BVerfG NJW 1994, 2749, 2750; NJW 1994, 36, 38; NJW 1986, 1859, 1860.

[28] BVerfG NJW 1994, 36, 38; NJW 1990, 1469, 1470.

[29] EILFORT, S. 9 f.

eine Meinung in der Literatur davon aus, dass eine Schutzbedürftigkeit des angeblich unterlegenen Vertragsteils daher nicht erkennbar sei. Denn ein wesentliches Merkmal der freien Marktwirtschaft sei eben der Vertrag, für dessen Richtigkeit allerdings das Vertragsrecht nicht bürge, ebenso wenig wie für die Risikofreiheit der vertraglichen Vereinbarung. Auch die fehlende Einflussnahmemöglichkeit des Verbrauchers auf die Preise sei nicht ungewöhnlich, so könnten Preise im Supermarkt ebenfalls nicht ausgehandelt werden.[30] Zudem gebe es eine Vielzahl von evidenten Bedrohungen unseres Lebens und unserer Gesundheit, unserer Persönlichkeit und unseres Eigentums, gegen die etwas getan werden könnte und müsste, ohne dass nur der Schatten einer Aussicht auf sinnvolle staatliche Aktivität bestehe. Dass dem gegenüber der Schutz vor der Bedrohung durch unangemessene Vertragsgestaltung, der sich ja in aller Regel nur als Vermögensminderung auswirke, eine auch nur annähernd gleiche Dringlichkeit aufweise, sei nicht plausibel.[31]

Dem muss allerdings entgegen gehalten werden, dass die Privatautonomie notwendigerweise begrenzt ist und der rechtlichen Ausgestaltung bedarf.[32] Der Gesetzgeber hat die Pflicht, rechtsgeschäftliche Gestaltungsmittel zur Verfügung zu stellen, die als rechtsverbindlich zu behandeln sind und auch im Streitfall durchsetzbare Rechtspositionen begründen.[33] So ist bei einer besonders einseitigen Aufbürdung von vertraglichen Lasten und einer erheblich ungleichen Verhandlungsposition der Vertragspartner ersichtlich, dass in einem Vertragsverhältnis ein Partner solches Gewicht hat, dass er den Vertragsinhalt faktisch einseitig bestimmen kann. Daher ist es Aufgabe des Rechts, auf die Wahrung der Grundrechtspositionen beider Vertragspartner hinzuwirken, um zu verhindern, dass sich für einen Vertragsteil die Selbstbestimmung in eine Fremdbestimmung verkehrt (sog. Recht auf Schutz vor unangemessener Benachteiligung).[34] Es gilt nicht das Recht des Stärkeren.[35] Im Privatrechtsverkehr entfalten die Grundrechte ihre Wirkkraft hingegen vor allem durch die zivilrechtlichen Generalklauseln. Die *staatliche Schutzpflicht* besteht daher zunächst darin, dass die Gerichte den grundrechtlichen Schutz durch Auslegung und Anwendung des Rechts gewährleisten und im Einzelfall konkretisieren. In Fällen gestörter Vertragsparität ist es also Aufgabe der Gerichte, über die zivilrechtlichen Generalklauseln zur Wahrung beeinträchtigter Grundrechtspositionen den Inhalt des Vertrags einer Kontrolle zu unterziehen und gegebenenfalls zu korrigieren.[36] Des Weiteren bedarf es der Etablierung eines Verfahrens, das die Wahrung der Rechte der unterlegenen Partei sicher stellt.

---

[30] ADOMEIT, S. 2468.

[31] ZÖLLNER, S. 11.

[32] BVerfG NJW 1994, 36, 38.

[33] BVerfG NJW 1994, 36, 38.

[34] BVerfG NJW 2001, 2248; NJW 2001, 957, 958; NJW 1994, 2749, 2750; NJW 1994, 36, 38; NJW 1990, 1469, 1470; zu den Besonderheiten im Rahmen des Minderjährigenschutzes bei Fremdbestimmung von Kindern durch ihre Eltern siehe: BVerfG NJW 1986, 1859, 1860.

[35] BVerfG NJW 1996, 2021; NJW 1994, 2749, 2750.

[36] BVerfG NJW 2001, 2248; NJW 2001, 957, 958.

Allerdings darf ein Vertrag schon aus Gründen der Rechtssicherheit nicht bei jeder Störung des Verhandlungsgleichgewichts nachträglich in Frage gestellt oder korrigiert werden. Vielmehr ist der Auffassung des BVerfG folgend zu verlangen, dass eine *typisierbare Fallgestaltung* vorliegen muss, die eine strukturelle Unterlegenheit des einen Vertragsteils erkennen lässt, und die Folgen des Vertrags für den unterlegenen Vertragsteil ungewöhnlich belastend sind. Sind diese Voraussetzungen gegeben, so muss die Zivilrechtsordnung darauf reagieren und Korrekturen ermöglichen. Das folgt aus der grundrechtlichen Gewährleistung der Privatautonomie (Art. 2 I GG) und dem Sozialstaatsprinzip (Art. 20 I und 28 I GG).[37] Es ist deshalb zu Recht heutzutage weitgehend einhellige Meinung, dass die Vertragsfreiheit nur im Falle eines annähernd ausgewogenen Kräftegleichgewichts der Partner als Mittel eines angemessenen Interessenausgleichs taugt und dass der Ausgleich gestörter Vertragsparität daher zu den Hauptaufgaben des geltenden Zivilrechts gehört.[38] Daher verwirklichen gesetzliche Vorschriften, die sozialem und wirtschaftlichem Ungleichgewicht entgegen wirken, hier die objektiven Grundentscheidungen des Grundrechtsabschnitts und damit zugleich das grundgesetzliche Sozialstaatsprinzip (Art. 20 I und 28 I GG).[39] Allerdings steht dem Gesetzgeber ein weiter Beurteilungs- und Gestaltungsspielraum zur Verfügung, in dessen Rahmen er den konkurrierenden Grundrechtspositionen ausgewogen Rechnung tragen muss.[40] Wie dieser weite Beurteilungs- und Gestaltungsspielraum auszufüllen ist, ist allerdings auch in der dem BVerfG grundsätzlich zustimmenden Literatur noch höchst umstritten.[41] Hier reichen die Auffassungen von der Forderung, ausreichende Aufklärungspflichten[42] zu etablieren oder bereits vorhandene zivilrecht-

[37] BVerfG NJW 1996, 2021; NJW 1994, 2749, 2750; NJW 1994, 36, 38; die vom BVerfG gewählten Abgrenzungskriterien der »ungewöhnlich starken Belastung« und der »strukturell ungleichen Verhandlungsstärke« werden allerdings in der Literatur teilweise für uferlos und somit in der Praxis unbrauchbar gehalten. Es fehle an konkreten Kriterien zur Feststellung einer Ungleichgewichtslage. Hier sei noch erheblicher Klärungsbedarf vorhanden (LORITZ, S. 544 ff.; BENGELSDORF, S. 981; ZÖLLNER, S. 22).

[38] BVerfG NJW 1994, 36, 38 f.

[39] So sieht bereits das BGB in vielen Bereichen den Schutz des unterlegenen oder übervorteilten Vertragspartners vor (siehe vor allem die Vorschriften zur Geschäftsfähigkeit gemäß §§ 104 ff., zur Anfechtbarkeit von Rechtsgeschäften gemäß §§ 119 ff., die Generalklauseln der §§ 138, 242, 826, diverse Widerrufsrechte §§ 355, 312, die Möglichkeit zur Vertragsauflösung wegen culpa in contrahendo §§ 311, 241 II und ganz besonders die Vorschriften zu den allgemeinen Geschäftsbedingungen der §§ 305 ff.). Hinzu treten spezialgesetzliche Regelungen vor allem des Miet-, Wettbewerbs- und Arbeitsrechts und neuerdings zunehmend des Verbraucherschutzrechts. Auch bieten Formvorschriften Schutz vor Übereilung oder verlangen eine Offenlegung wichtiger Vertragsdaten (so z. B. auch § 17 II KHEntgG (§ 22 II BPflV a. F.)).

[40] BVerfG NJW 1990, 1469, 1470.

[41] Siehe ausführlich zu den Fragen der gestörten Vertragsparität die umfassenden Darstellungen von HÖNN und FASTRICH, die in ihren Habilitationsschriften die »Theorie der gestörten Vertragsparität« und die »Modifizierte Theorie der fehlenden Richtigkeitsgewähr« entwickelt haben. Die Autoren untersuchen insbesondere die historische Entwicklung des Vertrags von der ursprünglich unbeschränkten Vertragsfreiheit im Liberalismus bis zur heutigen Zeit, wobei Ansätze entwickelt werden, wie den veränderten Marktbedingungen und den komplizierter werdenden Rechtsverhältnissen ausreichend Rechnung getragen werden kann. Hierbei werden die Ursachen und Konsequenzen einer fehlenden Interessensberücksichtigung einer Partei aufgrund ihrer wirtschaftlichen, sozialen oder intellektuellen Unterlegenheit und die sich daraus ergebenden Schutzpflichten für die Legislative und Judikative untersucht.

[42] ZÖLLNER, S. 31; GROESCHKE, S. 1313.

liche Möglichkeiten, insbesondere die Generalklauseln, effektiver zu nutzen[43] beziehungsweise eine Transparenz von Leistung und Gegenleistung herzustellen, bis zu einer mehr oder weniger umfassenden richterlichen Inhaltskontrolle[44] von geschlossenen Verträgen mit der Konsequenz der Anpassung der entsprechenden Klauseln oder sogar der Folge der Nichtigkeit des gesamten Vertragswerks.[45] Die Verfasserin vertritt die Auffassung, dass der Schutzbedürftigkeit des unterlegenen Vertragsteils einerseits bei der Auslegung von Generalklauseln Rechnung getragen werden und andererseits ein Verfahren vorzusehen ist, das die Rechte der unterlegenen Vertragspartei angemessen schützt.

(2) Konsequenzen für das Vertragsverhältnis zwischen Krankenhaus und Wahlleistungspatient

Der Wahlleistungspatient ist dem Krankenhaus strukturell unterlegen und somit schutzbedürftig im Sinne der obigen Ausführungen.[46] Zwar ist das Patient-Krankenhaus-Verhältnis bislang noch nicht Gegenstand einer verfassungsgerichtlichen Entscheidung gewesen und daher noch nicht als Fallgruppe anerkannt. Jedoch ist der Patient typischerweise durch seine krankheitsbedingte Verfassung nicht im gleichen Maße in der Lage, mit dem Krankenhaus in Verhandlungen zu treten, wie dies im alltäglichen Leben der Fall wäre. Außer Acht kann dabei bleiben, ob ein bestimmter Patient im Einzelfall selbstbestimmt und wohlüberlegt mit dem Krankenhaus verhandeln kann, denn es kommt lediglich auf eine typisierte Fallgestaltung an. Hinzu kommt, dass dem Patienten bei Aufnahme im Krankenhaus sowohl die Vertragsbedingungen in Form Allgemeiner Geschäftsbedingungen als auch die zu leistenden Entgelte als Tarife vorgelegt werden, die der Krankenhausträger einseitig vorgibt.[47] Der Patient kann diese Vertragsbedingungen nur akzeptieren oder auf den Vertragsschluss verzichten.

Hinzu tritt, dass die Folgen des Vertrags für den unterlegenen Vertragsteil, also den Patienten, auch »ungewöhnlich belastend« sein können. So ist es gerade dann, wenn der Patient sich zu einer länger andauernden Behandlung ins Krankenhaus begibt, nicht ausgeschlossen, dass die Zahlungsverpflichtungen für in Anspruch genommene nicht-ärztliche Wahlleistungen, also vor allem Ein- und Zweibettzimmer-Zuschläge

[43] ADOMEIT, S. 2467; vgl. auch PALANDT/HEINRICHS, Einf v § 145 BGB Rdnr. 15.

[44] Für eine möglichst umfassende Inhaltskontrolle: WIEDEMANN, S. 213.

[45] Siehe zu den Unterschieden der richtlichen Kontrollierbarkeit je nach dem, welcher Bestandteil der Vertragsfreiheit betroffen ist: MÜNCHENER KOMMENTAR/KRAMER zum Bürgerlichen Gesetzbuch, Vor § 145 Rdnr. 8 ff.; umfassend zur Kompensation gestörter Vertragsparität auch: EILFORT, S. 9.

[46] Vgl. LG Hagen VersR 2002, 879; PATT VersR 2002, S. 224; PATT NZS 2000, S. 72; die Gegenmeinung vertritt jedoch die Auffassung, dass die Inanspruchnahme von Wahlleistungen in vollem Umfang der Privatautonomie der Parteien unterfällt und der Patient daher nicht schutzbedürftig sei: HERBOLD/HORSTMANN/KISSENKÖTTER, S. 176 f.; ROBBERS/WAGENER, S. 99.

[47] Siehe hierzu z. B. DEUTSCHE KRANKENHAUSGESELLSCHAFT, Muster Allgemeiner Vertragsbedingungen; vgl. auch DEUTSCH/SPICKHOFF, Rdnr. 76.

erhebliche Beträge erreichen können, über deren Höhe der Patient sich nur dann eine Vorstellung machen kann, wenn er in vollem Umfang darüber aufgeklärt worden ist. Eine ungewöhnliche Belastung kann insbesondere dann vorliegen, wenn, wie es in der Vergangenheit häufig geschehen ist, unangemessen hohe Entgelte für Wahlleistungen verlangt werden.

Dieser Schutzbedürftigkeit des Wahlleistungspatienten ist daher einerseits bei der Auslegung des Angemessenheitsbegriffs des § 17 I 3 KHEntgG (§ 22 I 3 BPflV a. F.) Rechnung zu tragen. Des Weiteren ist sicherzustellen, dass die Rechte des Wahlleistungspatienten auch durch das einzuhaltende Verfahren der Entgeltbemessung angemessen gewahrt werden. Ob der bereits nach der derzeit geltenden Regelung bestehende Schutz des Wahlleistungspatienten hinreichend gerecht wird, wird in den entsprechenden Kapiteln untersucht werden.[48] Zu berücksichtigen ist dabei der weite Beurteilungs- und Gestaltungsspielraum des Gesetzgebers.

b) Einordnung der Wahlleistung »Unterkunft« in den Gesamtkomplex der Krankenhausbehandlung

Die folgenden Ausführungen widmen sich nun einer näheren Untersuchung des Vertragsinhalts der Wahlleistungsvereinbarung selbst. Sie dienen dem Zweck aufzuzeigen, in welchem Verhältnis die Wahlleistungsvereinbarung (insbesondere hinsichtlich des Ein- oder Zweibettzimmers) zum allgemeinen Krankenhausvertrag steht, den jeder Patient mit dem Krankenhaus abschließt, wenn er sich dort ambulant oder stationär behandeln lässt. Ein Schwerpunkt soll hier vor allem die Klärung der Frage sein, ob der Wahlleistungsvereinbarung neben dem Krankenhausvertrag rechtliche Selbständigkeit zukommen kann. Von den Ergebnissen dieser Untersuchung ist nämlich abhängig, ob und wie sich Mängel des Krankenhausvertrags auf die Wahlleistungsvereinbarung auswirken können bzw. ob auch der umgekehrte Fall denkbar ist, dass Mängel der Wahlleistungsvereinbarung die Wirksamkeit des Krankenhausvertrags beeinflussen. Des Weiteren soll die Wahlleistungsvereinbarung »Unterkunft« rechtlich eingeordnet werden, um zu klären, nach welchen rechtlichen Vorschriften sich etwaige Gewährleistungsansprüche des Patienten bei Schlechterfüllung richten.

aa) Der Krankenhausvertrag

Der Krankenhausvertrag ist regelmäßig ein aus verschiedenen Elementen des Dienstvertrags (ärztliche Behandlung), des Werkvertrags (technische Leistungen im Rahmen

---

[48] Siehe zur Auslegung des Angemessenheitsbegriffs des KHEntgG das Kapitel VI. ab Seite 91 sowie zum derzeit geltenden Verfahren das Kapitel VIII. ab Seite 155.

der Behandlung), des Miet- und Beherbergungsvertrags (Unterbringung), des Kaufvertrags (Verpflegung) und des Verwahrungsvertrags (eingebrachte Sachen des Patienten) bestehender gemischter, zivilrechtlicher Vertrag[49] zwischen dem Patienten und dem Krankenhausträger, bei welchem der Schwerpunkt regelmäßig auf dem dienstvertraglichen Element der ärztlichen Heilbehandlung liegt.[50] Daher behandelt der BGH den Krankenhausvertrag auch vorrangig unter Aspekten des Dienstvertragsrechts.[51]

Er tritt allerdings in unterschiedlichen Gestaltungsformen auf[52], die für den Patienten insbesondere dann Bedeutung erlangen können, wenn er das Krankenhaus oder gegebenenfalls den behandelnden Arzt aufgrund einer fehlerhaften Behandlung in Anspruch nehmen will. Es hängt also von der Vertragsgestaltung im Einzelfall ab, welchem Vertragstyp der jeweilige Krankenhausvertrag zuzuordnen ist und wer dem Patienten somit als Vertragspartner gegenüber tritt. Denn je nach Vertragsgestaltung werden auch eigene vertragliche Beziehungen zu den liquidationsberechtigen Ärzten begründet, was gerade bei der Inanspruchnahme von wahlärztlichen Leistungen von Bedeutung sein kann.[53]

Zu unterscheiden sind der einheitliche bzw. totale Krankenhausvertrag (gegebenenfalls mit Arztzusatzvertrag) und der gespaltene Krankenhausvertrag. Hierbei wird der totale Krankenhausvertrag als Regelfall angesehen[54]; Vertragsparteien sind der Patient und das Krankenhaus. Es wird vereinbart, dass dem Patienten gegen Leistung des *großen Pflegesatzes*[55] alle für die stationäre Behandlung erforderlichen Leistungen, auch die ärztlichen, zu erbringen sind (vgl. zum Umfang der zu erbringenden Leistungen des Krankenhauses § 3 AVB (Krankenhaus)).[56]

Im Gegensatz zum totalen Krankenhausvertrag beschränkt sich die Verpflichtung des Krankenhauses beim gespaltenen Krankenhausvertrag auf die Erbringung der nichtärztlichen personellen und sachlichen Krankenhausleistungen, während die ärztlichen Leistungen aufgrund eines besonderen Vertrags mit dem Arzt erbracht werden (Bsp. Belegarztvertrag). Als nicht-ärztliche Leistungen sind in diesem Zusammenhang insbesondere die Krankenpflege, Verwaltungsleistungen, die Bereitstellung der medizinisch-technischen Ausstattung einschließlich des Operationssaals, die Versorgung mit

[49] BACH/MOSER/BÜSKEN, Nach § 1 MBKK Rdnr. 79; ULEER/MIEBACH/PATT, Einl. BPflV S. 146; MEISTER/WAGENER/BEUME/MEISTER, B I S. 21; vergleiche zu ähnlichen Erwägungen im Rahmen des Heimvertrags auch: GITTER/SCHMITT Heimgesetz, § 5 HeimG S. 10 ff.; andere Ansicht HABERSTROH VersR 1999, S. 8 f., der der Meinung ist, es handele sich lediglich um einen Dienstvertrag.

[50] Vgl. BGHZ 2, 94, 96; LG Bielefeld VersR 1998, 1516; ebenso beim Heimvertrag: BGH NJW 2001, 2971 f.

[51] BGH NJW 1990, 761, 766.

[52] Siehe zu den Einzelheiten: BACH/MOSER/BÜSKEN, Nach § 1 MBKK Rdnr. 85 ff.

[53] BGH NJW 2001, 892; NJW 1998, 1778, 1779.

[54] GEISS/GREINER, S. 14; UHLENBRUCK, S. 1399.

[55] Siehe zu den Neuerungen in Bezug auf die Einführung des behandlungsfallbezogenen neuen Entgeltsystems (DRG) auch § 6 AVB (Krankenhaus) in: DEUTSCHE KRANKENHAUSGESELLSCHAFT, S. 16.

[56] BGH NJW 1998, 1778, 1779; BIERMANN/ULSENHEIMER/WEISSAUER, S. 107; DEUTSCH/SPICKHOFF, Rdnr. 73.

Arznei-, Heil- und Hilfsmitteln sowie die Unterbringung und Verpflegung anzusehen.[57] Hieraus wird deutlich, dass das Krankenhaus für eine Schlechtleistung der ärztlichen Dienstleistungen grundsätzlich nicht haftet.

bb) Die Vereinbarung wahlärztlicher Leistungen

(1) Wahlärztliche Leistungen beim totalen Krankenhausvertrag

Von Bedeutung ist die Unterscheidung insbesondere, soweit der Patient wahlärztliche Leistungen in Anspruch nimmt. So können im Rahmen des totalen Krankenhausvertrags im Regelfall auch wahlärztliche Leistungen vereinbart werden.[58] Diese Vertragsgestaltung entspricht den Interessen des Patienten am ehesten.[59] Der Patient erwartet bei Abschluss des Wahlarztvertrags nämlich nicht, dass die Verpflichtung des Krankenhauses zur Erbringung ärztlicher Leistungen entfällt oder sein Vertragspartner nur noch der Wahlarzt ist, sondern er wählt aus den Ärzten des Krankenhauses diejenigen aus, die ihn im konkreten Fall behandeln sollen. Hingegen entspricht es nicht der Erwartung des Patienten, dass ihm das Krankenhaus gerade bei der eigentlichen Hauptleistung des Krankenhausvertrags, nämlich der ärztlichen Heilbehandlung, nicht haftet, wie es beim gespaltenen Krankenhausvertrag der Fall wäre. Vielmehr gehören auch die wahlärztlichen Leistungen zunächst zu den Krankenhausleistungen (vgl. § 2 I 1, 2. Hs. KHEntgG (§ 2 I 1, 2. Hs. BPflV a. F.)). Der liquidationsberechtigte Arzt, der die ärztlichen Leistungen tatsächlich erbringt, fungiert hier als Erfüllungsgehilfe des Krankenhauses. Daher haftet zunächst das Krankenhaus dem Patienten als Schuldner aller ärztlichen Leistungen bei schuldhaft fehlerhafter Behandlung.[60] Dem steht nicht entgegen, dass der Chefarzt für wahlärztliche Leistungen gegenüber dem Patienten unter Umständen selbst liquidieren kann. Für die Haftung des Krankenhauses ist vielmehr entscheidend, dass es dem Patienten bei seiner Aufnahme als Vertragspartner entgegen tritt. Das Krankenhaus selbst bietet die »freie Arztwahl« als von ihm gewährte Leistung an.[61] Hinzu kommen kann der Abschluss eines Zusatzvertrags mit dem Wahlarzt selbst, der allerdings grundsätzlich[62] keine weitere Verpflichtung des Patienten

---

[57] BGH NJW 2003, 1596; BGH NJW 1998, 1778, 1779.

[58] Um seiner Verpflichtung aus der Wahlarztvereinbarung nachkommen zu können, muss der Krankenhausträger im Arbeitsvertrag mit dem Wahlarzt sicher stellen, dass dieser die wahlärztlichen Leistungen als Dienstaufgabe zu erbringen hat (KUHLMANN, S. 10 Fn. 5).

[59] BGH NJW 1998, 1778, 1779; NJW 1993, 779, 780; NJW 1985, 2189, 2190; KUHLMANN, S. 7.

[60] BGH NJW 1985, 2189, 2190; LAUFS/UHLENBRUCK/GENZEL, § 86 Rdnr. 160.

[61] BGH NJW 1993, 779, 780; NJW 1985, 2189, 2190; LAUFS/UHLENBRUCK/GENZEL, § 86 Rdnr. 159; siehe unter anderem zur Frage eines eigenen Liquidationsrechts des Krankenhauses für wahlärztliche Leistungen auch: DIETZ/BOFINGER, § 22 BPflV S. 378 f.

[62] Die Entgeltzahlungspflicht des Patienten gegenüber dem Wahlarzt hängt davon ab, wie das einzelne Krankenhaus die Vergütung des Wahlarztes im Einzelfall geregelt hat. So kann der Abschluss eines eigenen Zusatzvertrags mit dem Patienten den Vorteil haben, dass der Wahlarzt direkt aus eigenem Recht gegenüber dem Patienten liquidieren kann und nicht lediglich aus § 328 BGB als begünstigtem Dritten des Krankenhausvertrags oder als Abtretungsempfänger des Krankenhauses

zur Entgeltzahlung begründet, da der Patient weiterhin nur an das Krankenhaus zahlt und dieses mit seinen liquidationsberechtigten Ärzten abrechnet. Vielmehr gewinnt der Patient durch den Abschluss eines individuellen Zusatzvertrags nur einen weiteren Vertragspartner hinzu, der ihm bei fehlerhafter Behandlung (direkt) haftet.[63] Der zwischen Arzt und Patient abgeschlossene Zusatzvertrag bildet dabei mit der Wahlarztvereinbarung des Krankenhauses eine rechtliche Einheit im Sinne von § 139 BGB und ist daher nur dann wirksam, wenn auch die Wahlarztvereinbarung mit dem Krankenhaus wirksam zustande gekommen ist. Dies ergibt sich einerseits daraus, dass alle im Verlaufe einer stationären Behandlung erbrachten ärztlichen Leistungen gleichwohl Krankenhausleistungen sind (§ 2 I KHEntgG (§ 2 I BPflV a. F.)) und andererseits die rechtlichen Schicksale von Arztzusatzvertrag einerseits und Wahlleistungsvereinbarung andererseits derartig normativ verknüpft sind, dass sie miteinander »stehen und fallen«.[64] Daraus folgt, dass eine Vergütung chefärztlicher Zusatzleistungen nicht in Betracht kommt, soweit bereits die Wahlarztvereinbarung mit dem Krankenhausträger unwirksam ist. Keine Auswirkung hat die Nichtigkeit der Wahlarztvereinbarung und des ärztlichen Zusatzvertrags allerdings auf den Krankenhausvertrag selbst. Sie bewirkt lediglich, dass eine gesonderte Berechnung der wahlärztlichen Leistungen nicht in Betracht kommt.[65]

In der Literatur wird teilweise aus der genannten Entscheidung des BGH[66] abgeleitet, dass der Krankenhausvertrag selbst und der Behandlungsvertrag mit dem Chefarzt eine rechtliche Einheit bildeten, die beiden Vereinbarungen also miteinander »stehen und fallen« sollten.[67] Das äußere Erscheinungsbild des Vertragsabschlusses scheint diese Auslegung auf den ersten Blick zu stützen. So werden Wahlleistungsabreden häufig, wenn auch nicht zwingend, gemeinsam mit dem Krankenhausvertrag abgeschlossen, so dass auch hinsichtlich der Erbringung nicht-ärztlicher Wahlleistungen, wie der Unterbringung im Ein- oder Zweibettzimmer, lediglich von einer Ergänzung der bereits in den allgemeinen Krankenhausleistungen enthaltenen Unterkunfts- und Verpflegungselemente ausgegangen werden könnte. Gemeint war in der BGH-Entscheidung allerdings lediglich eine rechtliche Abhängigkeit der mit dem Krankenhaus abgeschlossenen Wahlleistungsvereinbarung und des mit dem Wahlarzt abgeschlossenen Zusatzvertrags. Hingegen ist ein Durchschlagen von (insbesondere Form-)Fehlern der wahlärztlichen Vereinbarungen auf den Krankenhausvertrag abzulehnen. Denn die Wahlleistungsvereinbarung unterliegt viel strengeren Formvorschriften als der Krankenhausvertrag, was den Patienten vor allem warnen soll, finanziell nachteilige Vereinbarungen

---

(BGH NJW 1998, 1778, 1779; LG Bremen NJW 1986, 785, 786; BIERMANN/ULSENHEIMER/WEISSAUER, S. 108; vgl. auch MIEBACH/PATT, S. 3377).

[63] BGH NJW 1998, 1778, 1780; HABERSTROH VersR 1999, S. 9.

[64] BGH NJW 1998, 1778, 1780; BIERMANN/ULSENHEIMER/WEISSAUER, S. 108; MIEBACH/PATT, S. 3377; HABERSTROH VersR 1999, S. 9.

[65] BGH NJW 1998, 1778, 1780.

[66] BGH NJW 1998, 1778 ff.

[67] TUSCHEN/QUAAS, § 22 BPflV S. 411; MIEBACH/PATT, S. 3377.

abzuschließen. Würde jedoch der Krankenhausvertrag von der Unwirksamkeit einer Wahlleistungsvereinbarung erfasst, so verlöre die gesamte Behandlung des Patienten im Krankenhaus ihre rechtliche Grundlage, was den Interessen der Patienten zuwiderliefe.

Die Wahlarztvereinbarung und den ärztlichen Zusatzvertrag als einheitliches Rechtsgeschäft nach § 139 BGB zu behandeln, ist allerdings in der Tat gerechtfertigt, weil ansonsten trotz einer Verletzung der strengen Formvorschriften des § 17 II KHEntgG (§ 22 II BPflV a. F.) und der daraus folgenden Nichtigkeit der Wahlarztvereinbarung mit dem Krankenhaus die Zahlungsverpflichtung des Patienten gegenüber dem Arzt aus dem zwischen diesen geschlossenen Vertrag bestehen bliebe, obwohl dieser Vertrag nach herrschender Auffassung keinen Formerfordernissen unterliegt und daher sogar mündlich abgeschlossen werden kann. Hierdurch bestünde die Gefahr, dass die ausdrücklich zum Schutz des Patienten eingeführten Regelungen umgangen und der Patient ohne ausreichende Warnung durch eine umfassende Unterrichtung erheblichen finanziellen Forderungen ausgesetzt würde.

(2) Wahlärztliche Leistungen beim gespaltenen Krankenhausvertrag

Des Weiteren besteht für den Patienten teilweise die Möglichkeit, mit dem Krankenhaus einen so genannten gespaltenen Krankenhausvertrag abzuschließen. Bei dieser vertraglichen Ausgestaltung schuldet das Krankenhaus nicht mehr die Erbringung der ärztlichen Leistungen, sondern der Arzt wird bei dieser Vertragsgestaltung allein Vertragspartner des Patienten für die Erbringung der wahlärztlichen Leistungen, soweit diese gesondert vereinbart worden sind. Dies muss aus dem Krankenhausvertrag und den mit dem Arzt abzuschließenden Zusatzverträgen deutlich hervorgehen, da der Patient im Regelfall davon ausgeht, dass das Krankenhaus ihm gegenüber zur Erbringung aller mit der stationären Behandlung zusammenhängenden Leistungen verpflichtet ist.[68] Insbesondere hat die Wahl dieser Vertragsform für den Patienten zur Folge, dass das Krankenhaus, das hier nicht Schuldner der ärztlichen Leistungen wird, ihm für etwaige ärztliche Fehlleistungen nicht haftet.[69] Daher geht der BGH davon aus, dass eine derartige Vertragsgestaltung grundsätzlich den Interessen des Patienten widerspricht, weil dieser das Krankenhaus als Schuldner verliert, weswegen er hohe Anforderungen an entsprechende Verträge stellt. Ein bloßer Verweis auf eine allgemeine Geschäftsbedingung des entsprechenden Krankenhauses genügt diesen Anforderungen im Allgemeinen nicht und ist wegen Verstoßes gegen § 305 c I BGB (Überraschende Klauseln) unwirksam. Vielmehr ist zumindest eine deutliche mündliche Erläuterung

[68] DIETZ/BOFINGER, § 22 BPflV S. 378 a; BGH NJW 1993, 779, 780; NJW 1985, 2189, 2190.
[69] BGH NJW 1993, 779.

der angestrebten Vertragsgestaltung mit ihren Konsequenzen für den Patienten sowie eine Aufnahme in den Vertragstext erforderlich.[70]

cc) Die Wahlleistungsabrede »Unterkunft«

Für den Abschluss der Wahlleistungsvereinbarung »Unterkunft« spielt es hingegen keine Rolle, ob der Krankenhausvertrag als totaler oder gespaltener Vertrag abgeschlossen wird. In beiden Fällen schuldet das Krankenhaus nämlich die Erbringung der allgemeinen Krankenhausleistungen im Bereich der Unterkunft und Verpflegung des Patienten, von denen die Wahlleistungen abgegrenzt werden müssen. Zu prüfen ist in diesem Zusammenhang, ob die Wahlleistungsabrede als spezielle Vereinbarung über die Unterbringung des Patienten in einem Ein- oder Zweibettzimmer lediglich ein Bestandteil eines der erläuterten Krankenhausaufnahmeverträge ist oder ob ihr ein eigenständiger Rechtscharakter zukommt.[71] Das Ergebnis dieser Untersuchung ist für die Geltendmachung von Mängelbeseitigungs- sowie Schadensersatzansprüchen und eventuelle Kündigungsmöglichkeiten von Bedeutung, da es bislang an einer spezialgesetzlichen Regelung des Krankenhausvertrags (ggf. mit Wahlleistungen) anders als etwa beim Heimvertrag fehlt.

(1) Bestandteil des Krankenhausaufnahmevertrags?

Die Wahlleistung »Unterkunft« könnte also lediglich als Bestandteil des Krankenhausvertrags anzusehen sein, der die Unterkunfts- und Verpflegungselemente des Vertrags abändert oder konkretisiert, da auch der Krankenhausvertrag selbst bereits Unterbringungs-Elemente im Rahmen der allgemeinen Krankenhausleistungen beinhaltet.[72] Etwaige Mängelbeseitigungs- oder Schadensersatzansprüche sowie Kündigungsmöglichkeiten wären dann nach den für gemischte Verträge entwickelten Grundsätzen zu beurteilen.[73]

---

[70] BGH NJW 1998, 1778, 1779; NJW 1993, 779, 780.

[71] Offen gelassen von LAUFS/UHLENBRUCK/GENZEL, § 93 Rdnr. 3; vgl. hierzu und zur Ausgestaltung von Wahlleistungsvereinbarungen auch: MEISTER das Krankenhaus 2003, S. 476.

[72] So z. B. HERBOLD/FISCHBACH/KISSENKÖTTER, S. 492; ELFES das Krankenhaus 1983, S. 386.

[73] Folgte man hier also der vom BGH vertretenen Apsorptionstheorie, so richteten sich die Ansprüche bei Schlechterfüllung nach dem Schwerpunkt des Krankenhausvertrags, also nach Dienstvertragsrecht (BGH NJW 1990, 761, 766; vgl. auch BGH NJW 1984, 341, 342; NJW 1981, 341; NJW 1977, 1394). Der Krankenhausvertrag enthalte zwar auch mietrechtliche Bestandteile, jedoch komme diesen nur eine ganz nebensächliche Bedeutung zu, das Wesentliche sei vielmehr die ärztliche Betreuung (BGHZ 2, 94 f.; so auch MÜNCHENER KOMMENTAR/THODE zum Bürgerlichen Gesetzbuch, § 305 Rdnr. 68.). Dieser Auffassung folgt auch ein Großteil der Literatur (s. z. B. LAUFS/UHLENBRUCK/GENZEL, § 92 Rdnr. 4; MÜNCHENER KOMMENTAR/MÜLLER-GLÖGE zum Bürgerlichen Gesetzbuch, § 611 Rdnr. 71). Nach der Kombinationstheorie geht man hingegen davon aus, dass jede Leistung nach den jeweils für den Vertragstyp geltenden Regelungen zu beurteilen ist, dem sie angehört (MEDICUS, Rdnr. 589.). Folgte man dieser Theorie, so wäre auf Leistungen im Bereich der Unterbringung grundsätzlich nur Mietvertragsrecht anwendbar (so auch LG Dortmund in seinem Urteil vom 2.11.1989 (Akz. 17 O 45/89) (unveröffentlicht), S. 7 und dem ohne nähere Begründung nachfolgend: OLG Hamm Ent-

Wie es auch bei den wahlärztlichen Leistungen angenommen wird, könnte auch die Wahlleistungsvereinbarung »Unterkunft« mit dem Krankenhausvertrag eine rechtliche Einheit im Sinne von § 139 BGB bilden. Ein einheitliches Rechtsgeschäft im Sinne von § 139 BGB liegt dann vor, wenn zwei (gegebenenfalls äußerlich getrennte) Rechtsgeschäfte nach dem Willen der Vertragsparteien derartig eng miteinander verknüpft sind, dass sie »miteinander stehen und fallen« sollen.[74] Die Folge einer solchen Verknüpfung ist es dann, dass bei Nichtigkeit des einen Teils eines Rechtsgeschäfts im Zweifel das gesamte Rechtsgeschäft nichtig ist. Entscheidend ist der Parteiwille zur Zeit der Vornahme der Rechtsgeschäfte, der durch Auslegung gemäß §§ 133, 157 BGB ermittelt werden muss.[75] Der erforderliche Verknüpfungswille der Parteien ist nach deren Erklärungen und der Interessenlage der Beteiligten mit Rücksicht auf die Verkehrssitte zu ermitteln.[76] Ein Indiz für diese erwünschte Verknüpfung der Rechtsgeschäfte kann beispielsweise die Niederschrift in einer gemeinsamen Urkunde sein.[77] Eine lediglich äußere Verbindung oder eine wirtschaftliche Einheit genügen hingegen nicht.[78]

Fraglich ist, ob eine derartige Verknüpfung von Wahlleistungsabrede »Unterkunft« und Krankenhausvertrag im Interesse der Vertragsparteien stünde. Einerseits könnte man davon ausgehen, dass die Unterbringung im Ein- oder Zweibettzimmer die im Krankenhausausnahmevertrag bereits geschuldeten Leistungen im Rahmen der Unterkunft ersetzte, so dass eine besonders enge Verbindung zwischen den beiden Verträgen vorläge. Andererseits ist der Abschluss von Wahlleistungsvereinbarungen an wesentlich strengere Formvorschriften geknüpft als der Abschluss des Krankenhausvertrags. Zweifelhaft erscheint insofern, dass von den Parteien ein »Durchschlagen« der Nichtigkeit der Wahlleistungsvereinbarung auf den Krankenhausvertrag gewollt wäre, da dann der gesamten Behandlung des Patienten im Krankenhaus die Rechtsgrundlage verloren ginge. So ist zwar das Vorhandensein eines (wirksamen) Krankenhausvertrags notwendige Voraussetzung für die Inanspruchnahme von Wahlleistungen durch den Patienten und damit auch deren Geschäftsgrundlage.[79] Der Patient hat nur dann ein Interesse an der Erbringung von Wahlleistungen, wenn er sich zu einer medizinischen Behandlung im Krankenhaus befindet. Daher ist der Auffassung von *Uleer / Miebach / Patt* zuzustimmen, dass nach dem Willen der Parteien der Patient an der Wahlleistungsabrede nicht festgehalten werden soll, wenn der Krankenhausvertrag nichtig

---

scheidung vom 5.11.1990 (Akz. 3 U 21/90) (unveröffentlicht), S. 4; vgl. für den dem Krankenhausvertrag ähnlichen Heimvertrag RYCHTER, S. 197).

[74] Z. B. BGHZ 76, 43, 49.

[75] PALANDT/HEINRICHS, § 139 BGB Rdnr. 5; MÜNCHENER KOMMENTAR/THODE zum Bürgerlichen Gesetzbuch, § 305 Rdnr. 62.

[76] BGH NJW 1998, 1778; 1990, 1473, 1474; 1976, 1931.

[77] BGH NJW 1970, 1414, 1415.

[78] PALANDT/HEINRICHS, § 139 BGB Rdnr. 5.

[79] PALANDT/HEINRICHS, Überbl v § 311 BGB Rdnr. 17 und MÜNCHENER KOMMENTAR/THODE zum Bürgerlichen Gesetzbuch, § 305 Rdnr. 41: Zwei rechtlich selbständige Verträge können in der Weise miteinander verknüpft sein, dass die Wirksamkeit und Durchführung des einen Geschäfts Geschäftsgrundlage für den anderen Vertrag ist.

ist.[80] Umgekehrt kann allerdings nicht davon ausgegangen werden, dass die Nichtigkeit der Wahlleistungsvereinbarung die Wirksamkeit des Krankenhausvertrags beeinflussen soll. Es liegt demnach im Ergebnis kein einheitliches Rechtsgeschäft im Sinne von § 139 BGB vor.

(2) Rechtlich selbständige, vertragliche Vereinbarung

Vieles spricht hingegen dafür, dass die Wahlleistungsabrede »Unterkunft« als rechtlich selbständige, vertragliche Vereinbarung angesehen werden kann. Es fänden dann die auf die jeweilige Leistung am besten passenden Vorschriften des BGB Anwendung. Dies dürften bei der Wahlleistung »Unterkunft« primär die mietvertraglichen Regelungen sein.[81]

(a) Gesonderte Vereinbarung der Wahlleistungen in einer eigenen Vertragsurkunde

Für eine rechtliche Selbständigkeit der nicht-ärztlichen Wahlleistungsabrede spricht bereits, dass diese unter Beachtung strenger Formvorschriften in einer separaten Vertragsurkunde niedergelegt werden muss. Insbesondere bedarf es einer ausdrücklichen, schriftlichen Vereinbarung, die nur dann wirksam ist, wenn der Patient zuvor in vollem Umfang über die Leistungen und Entgelte aufgeklärt worden ist. Auch muss die Wahlleistungsabrede vor der Erbringung der entsprechenden Leistungen abgeschlossen worden sein; eine rückwirkende Geltendmachung von Entgeltansprüchen ist nicht möglich.[82]

Hieraus wird deutlich, dass sich die Vereinbarung von Wahlleistungen erheblich vom Abschluss des Krankenhausvertrags selbst unterscheidet.[83] Sie unterliegt weit strengeren formellen Voraussetzungen und wird daher in einer gesonderten Urkunde schriftlich fixiert. Die eigenständige Urkunde ist sowohl von einem Vertreter des Krankenhauses als auch vom Wahlleistungspatienten selbst zu unterzeichnen (s. § 126 II BGB). Spricht nach einer zustimmungswürdigen Literaturmeinung[84] die Vereinbarung von

---

[80] Vgl. ULEER/MIEBACH/PATT, § 22 BPflV S. 238.

[81] Ohne nähere Begründung gehen *Uleer / Miebach / Patt* davon aus, dass bei Mängeln nicht-ärztlicher Wahlleistungen das Recht desjenigen BGB-Vertragstyps Anwendung findet, welches am ehesten einschlägig ist. Sei dementsprechend die Unterbringungsleistung bei der Vereinbarung der Wahlleistung Unterkunft mangelhaft, so fänden die mietvertraglichen Mängelregelungen der §§ 537 ff. BGB Anwendung (ULEER/MIEBACH/PATT, § 22 BPflV S. 276).

[82] Siehe hierzu die Ausführungen in Kapitel a) auf Seite 20.

[83] Dies berücksichtigen die Musterformulare der Deutschen Krankenhausgesellschaft; insbesondere wird darauf hingewiesen, dass sich die Wahlleistungsvereinbarung deutlich vom Behandlungsvertrag unterscheiden muss; es wird empfohlen, verschieden farbige Formulare zu verwenden (siehe DEUTSCHE KRANKENHAUSGESELLSCHAFT, S. 47 ff. und die Erläuterungen auf S. 88 Fn. 37).

[84] Siehe die Nachweise bei PALANDT/HEINRICHS, § 139 BGB Rdnr. 5.

zwei Rechtsgeschäften in einer Vertragsurkunde auch für deren inhaltliche Verknüpfung, so ist hier gerade das Gegenteil der Fall. Daraus lässt sich folgern, dass die Vereinbarung von mehreren Rechtsgeschäften in *getrennten* Urkunden ein Indiz dafür ist, dass keine inhaltliche Verknüpfung erwünscht ist.[85]

(b) Zeitpunkt des Abschlusses der Wahlleistungsvereinbarung und eigene Kündigungsmöglichkeit

Auch können der Zeitpunkt des Abschlusses des Krankenhausvertrags und der Unterzeichnung der Wahlleistungsabrede »Unterkunft« auseinander fallen. Dann fehlt es bereits am äußeren Anschein der Einheitlichkeit. Gerade in Fällen der Langzeitbehandlung von schweren Krankheiten ist der Fall nicht ausgeschlossen, dass ein Patient ins Krankenhaus eingeliefert wird, zunächst einige Zeit auf der Intensivstation verbringt und erst Tage oder Wochen später auf einer Pflegestation die Wahlleistung »Unterkunft« in Anspruch nimmt. Das zeitliche Auseinanderfallen des Abschlusses mehrerer Vereinbarungen zwischen zwei Vertragspartnern kann dabei als Indiz dafür angesehen werden, dass eine Einheitlichkeit des Rechtsgeschäfts nicht erwünscht ist.[86]

Strittig ist zwar, ob ein Patient sich während einer Krankenhausbehandlung täglich von der Wahlleistungsvereinbarung lösen kann. Doch ist im Sinne des Patientenschutzes davon auszugehen, dass es dem Patienten offen stehen muss, die getroffene Vereinbarung auch wieder zu kündigen, wenn ihm die Leistungen nicht zusagen oder er die finanzielle Belastung nicht mehr tragen kann oder möchte. Begründen lässt sich dies vor allem damit, dass es sich bei der Inanspruchnahme von Wahlleistungen um zivilrechtliche Vereinbarungen handelt, so dass es im Belieben der Parteien steht, Beginn und Ende der Erbringung von Wahlleistungen selbst festzulegen.[87] Rechtsmissbräuchlich kann es aber gegebenenfalls sein, wenn der Patient seine Entscheidung mehrfach revidiert und dadurch für das Krankenhaus einen überdimensionalen Verwaltungs- und Organisationsaufwand verursacht, weil er mehrfach in ein anderes Zimmer verlegt werden muss.

Auch das Krankenhaus ist berechtigt und unter Umständen sogar bei Auslastung der zur Verfügung stehenden Kapazitäten verplichtet, den Wahlleistungsvertrag zu kündigen.[88] Dies kommt insbesondere dann in Betracht, wenn zur Schaffung von Wahlleistungszimmern Mehrbettzimmer in Ein- oder Zweibettzimmer umgewandelt worden sind und nunmehr wegen fehlender Kapazitäten nicht mehr ausreichend viele Betten

[85] MEDICUS, Rdnr. 586; so auch der BGH in: BGHZ 78, 346, 349; 76, 43, 49.

[86] MEDICUS, Rdnr. 586.

[87] DIETZ/BOFINGER, § 22 BPflV S. 358; auch die AVB (Krankenhaus) sehen eine Kündigungsmöglichkeit (allerdings nur) aus wichtigem Grund vor: DEUTSCHE KRANKENHAUSGESELLSCHAFT, S. 49.

[88] BREITMEIER et al./WAGENER Düsseldorfer Kommentar, 3. Auflage, § 22 BPflV S. 326: Dies entspricht dem Grundsatz, dass Wahlleistungen nur in dem Umfang erbracht werden dürfen, in dem sie die Erbringung der allgemeinen Regelleistungen nicht beeinträchtigen (§ 17 I 1, 2. Hs. KHEntgG (§ 22 I 1, 2. Hs. BPflV a. F.)).

vorhanden sind, um dem Versorgungsauftrag des Krankenhauses gerecht zu werden. Von einer derartigen Kündigung bleibt allerdings die Erfüllung des Krankenhausvertrags hinsichtlich der allgemeinen Regelleistungen des Krankenhauses unberührt.

(c) Kein »Durchschlagen« von Formfehlern

Des Weiteren sprechen die besonderen Formvorschriften, denen die Wahlleistungsabrede gemäß § 17 KHEntgG (§ 22 BPflV a. F.) unterliegt, gegen eine Einheitlichkeit von Krankenhausvertrag und Wahlleistungsvereinbarung. Es wäre nämlich in keinem Fall interessengerecht, wenn der Krankenhausvertrag aufgrund eines Formfehlers der Wahlleistungsabrede als nichtig angesehen werden müsste. Es ist vielmehr nicht anzunehmen, dass der Krankenhausvertrag mit der Wahlleistungsabrede »stehen und fallen soll«. Denn die Formvorschriften des § 17 KHEntgG (§ 22 BPflV a. F.) haben nur den Sinn, den Patienten in einem Bereich, den er als Selbstzahler (vgl. § 8 AVB (Krankenhaus)) zunächst aus seinen eigenen Mitteln bestreiten muss, auf das finanzielle Risiko aufmerksam zu machen. Sie sollen hingegen nicht die Erbringung der allgemeinen Regelleistungen erschweren.

Man kann außerdem davon ausgehen, dass die stationäre, medizinisch notwendige Heilbehandlung auch bei Nichtigkeit der Wahlleistungsvereinbarung »Unterkunft« als Daseinsvorsorge-Leistung weiterhin gewährleistet sein muss und unproblematisch im Rahmen der allgemeinen Regelleistungen in einem Mehrbettzimmer stattfinden kann.[89]

(3) Ergebnis

Der Interessenlage des Patienten und des Krankenhauses entspricht es somit am ehesten, Wahlleistungsvereinbarungen und hier insbesondere die Wahlleistungsabrede »Unterkunft« als rechtlich vom Krankenhausvertrag unabhängige Vereinbarung zu betrachten. Hierbei ist zwar die Wirksamkeit des Krankenhausvertrags Geschäftsgrundlage der Wahlleistungsvereinbarung, da eine Erbringung und Inanspruchnahme von Wahlleistungen nur bei einer Heilbehandlung im Krankenhaus möglich ist. So ist es beispielsweise für den Patienten sinnlos, ihm ein Zimmer zur Unterbringung im Krankenhaus zur Verfügung zu stellen, wenn er den Behandlungsvertrag bereits wegen einer Schlechterfüllung der dienstvertraglichen, ärztlichen Leistungspflichten gekündigt und

[89] So hat das OLG München in einer Entscheidung vom 12.10.1999 (Akz. 5 U 3314/99) (unveröffentlicht), S. 9, entschieden, dass die fehlende Wirksamkeit der Wahlleistungsvereinbarung nicht zur Folge habe, dass die ärztliche Behandlung selbst auf vertragsloser Grundlage durchgeführt werde. Lediglich die gesonderte Berechnung wahlärztlicher Leistungen, die über die allgemeinen Regelleistungen hinaus erbracht würden, entbehre einer wirksamen Vertragsgrundlage und sei damit unzulässig.

das Krankenhaus verlassen hat. Vielmehr steht die Verpflichtung zur Leistung der »Unterkunft« unter der Bedingung, dass das Behandlungsverhältnis mit dem Krankenhaus fortbesteht.

Jedoch kann umgekehrt nicht davon ausgegangen werden, dass der Krankenhausvertrag mit der Wahlleistungsabrede »stehen und fallen« soll, da bei der drohenden Rechtsfolge der Nichtigkeit bei Missachtung der strengen Formerfordernisse des § 17 KHEntgG (§ 22 BPflV a. F.) die gesamte Heilbehandlung des Patienten im Krankenhaus ihre Rechtsgrundlage verlöre. Dass ein derartiges »Durchschlagen« des Formfehlers der Wahlleistungsabrede auf den Krankenhausvertrag nicht in Betracht kommen kann, hat der BGH daher bereits für die wahlärztlichen Leistungen entschieden.[90]

Überdies erscheint es auch nicht sachgerecht, gerade die Wahlleistungsabrede »Unterkunft« als bloßen Bestandteil des Krankenhausvertrags zu behandeln, da nach der herrschenden Meinung zur Behandlung gemischter Verträge sowohl Mängel bei der Leistungserbringung als auch die Möglichkeiten zur Lösung von der vertraglichen Vereinbarung nach Dienstvertragsrecht als Schwerpunkt der Gesamtleistung »Krankenhausbehandlung« zu beurteilen wären, was ebenfalls der Interessenlage der Vertragsparteien nicht entspricht.

Im Ergebnis bleibt daher festzuhalten, dass es sich bei der Wahlleistung »Unterkunft« um eine rechtlich selbständige Vereinbarung handelt, die nach mietvertraglichen Grundsätzen zu beurteilen ist.[91]

2. Versicherungsverhältnis zwischen Patient und Privater Krankenversicherung

Im Folgenden soll aufgezeigt werden, wie die im Rahmen von Wahlleistungen anfallenden Entgelte durch eine private Zusatzversicherung abgesichert werden können, wobei das Hauptaugenmerk auf den für den Patienten besonders bedeutsamen Leistungsumfang der Versicherung gerichtet wird.

a) Private Versicherung der Wahlleistung »Unterkunft«

Die Inanspruchnahme von Wahlleistungen wird von der gesetzlichen Krankenversicherung nicht abgedeckt. Vielmehr werden dem Patienten im Rahmen des Sachleis-

[90] BGH NJW 1998, 1778 ff.

[91] So im Ergebnis auch: LG Dortmund in seinem Urteil vom 2.11.1989 (Akz. 17 O 45/89) (unveröffentlicht), S. 7; OLG Hamm Entscheidung vom 5.11.1990 (Akz. 3 U 21/90) (unveröffentlicht), S. 4; ULEER/MIEBACH/PATT, § 22 BPflV S. 276.

tungsprinzips nur die allgemeinen Regelleistungen des Krankenhauses[92] verschafft. So regelt § 39 SGB V, dass nur die Kosten einer voll-, oder teilstationären, vor- und nachstationären sowie ambulanten Krankenhausbehandlung abgedeckt werden, soweit die erbrachten Leistungen im Einzelfall nach Art und Schwere der Krankheit für die medizinische Versorgung der Versicherten im Krankenhaus notwendig sind. Insbesondere sind hiervon diejenigen Leistungen erfasst, die der ärztlichen Behandlung, der Krankenpflege, der Versorgung mit Arznei-, Heil- und Hilfsmitteln, der Unterkunft und der Verpflegung dienen, nicht hingegen die Wahlleistungen.

Ist der Patient privat krankenversichert, so hängt die Abdeckung von Wahlleistungsentgelten von der individuellen Vertragsgestaltung ab. So kann auch der privat versicherte Patient eine Vertragsgestaltung wählen, die lediglich dem Leistungsumfang der gesetzlichen Krankenversicherung entspricht und damit keine Wahlleistungen beinhaltet. Insofern ist der althergebrachte Begriff des »Privatpatienten« missverständlich, weil auch eine private Krankenversicherung – zwar häufig, aber – nicht zwangsläufig eine Abdeckung der Wahlleistungen im Krankenhaus vorsieht.[93]

Die Versicherung des Kostenrisikos von Wahlleistungsentgelten bedarf vielmehr des Abschlusses einer Zusatzversicherung bei einem privaten Krankenversicherungsunternehmen. Diese kann dann entweder ein (besonders vereinbarter) Bestandteil einer privaten Krankheitskostenvollversicherung sein oder, insbesondere bei gesetzlich krankenversicherten Personen, als private Zusatzversicherung[94] abgeschlossen werden. Die Absicherung ist in beiden Fällen die gleiche.[95]

---

[92] Siehe § 2 II KHEntgG (§ 2 II BPflV a. F.).

[93] Siehe z. B. die substitutive private Krankenversicherung im Sinne von § 178 a IV VVG, die im Wesentlichen den Leistungen der gesetzlichen Krankenversicherung entspricht (vgl. hierzu PRÖLSS/MARTIN/PRÖLSS Versicherungsvertragsgesetz, § 178 a VVG Rdnr. 10 f.).

[94] Eine Versicherung für Wahlleistungen im Krankenhaus hatten im Jahr 2002 ca. 4,5 Millionen Personen abgeschlossen: siehe VERBAND DER PRIVATEN KRANKENVERSICHERUNG E. V. Zahlenbericht 2002/03, S. 17.

[95] Von Bedeutung ist diese Unterscheidung insbesondere deswegen, weil die Wahl der privaten Krankheitskostenvollversicherung (mit dem Bestandteil »Wahlleistung Unterkunft«) nicht jedermann offensteht. So ist in §§ 5 und 6 SGB V geregelt, welcher Personenkreis der Versicherungspflicht in der gesetzlichen Krankenversicherung unterliegt. Aus den genannten Vorschriften lässt sich entnehmen, dass eine Vollversicherung in der privaten Krankenversicherung hauptsächlich für Arbeiter und Angestellte in Betracht kommt, deren Jahresarbeitsentgelt die Jahresarbeitsentgeltgrenze übersteigt, sowie für Selbständige, soweit sie nicht unter die Vorschrift des § 5 I Nr. 11 a) SGB V fallen, freiberuflich Tätige, Beamte, Beamtenanwärter und andere beihilfeberechtigte Angestellte im öffentlichen Dienst, die lediglich den nicht beihilfefähigen Anteil privat krankenversichern müssen, sowie Studenten.

b) Der Versicherungsvertrag

aa) Anwendbare Rechtsvorschriften und tarifliche Ausgestaltung des Vertrags

Klärungsbedürftig ist im Folgenden, welche Rechtsvorschriften auf die Versicherung des Kostenrisikos der Wahlleistung »Unterkunft« Anwendung finden. In Betracht kommen die Vorschriften des Versicherungsvertragsgesetzes (VVG), insbesondere §§ 178 a ff. VVG, sowie die Regelungen der Musterbedingungen für die Krankheitskosten- und Krankenhaustagegeldversicherung (MBKK 94) des Verbands der Krankenversicherer, die für die meisten Allgemeinen Versicherungsbedingungen der einzelnen Krankenversicherer als Grundlage dienen.

Sowohl die Regelungen des VVG als auch der MBKK 94 gelten zunächst für diejenigen Aufwendungen, die dem Versicherungsnehmer »für medizininsch notwendige Heilbehandlung wegen Krankheit oder Unfallfolgen« entstehen (§ 178 b VVG; § 1 I 1 MBKK 94). Der Versicherer haftet allerdings außerdem für »sonstige vereinbarte Leistungen« (§ 178 b VVG). § 1 I 1 MBKK 94 spricht von »anderen im Vertrag genannten Ereignissen« sowie in Satz 2 a) ebenfalls von »sonst vereinbarten Leistungen«. Entgelte für nicht-ärztliche Wahlleistungen sind zwar kein Bestandteil der medizinisch notwendigen Heilbehandlung, da diese bereits durch die allgemeinen Regelleistungen gewährleistet ist und keine zusätzlichen Entgelte erhoben werden dürfen. Jedoch können sie als »sonstige Leistungen« im Rahmen der genannten Vorschriften zwischen dem Versicherungsnehmer und einem privaten Krankenversicherungsunternehmen vereinbart werden, so dass sowohl die Regelungen des VVG zur Krankenversicherung (§§ 178 a ff. VVG) als auch der MBKK 94 Anwendung finden können. Versicherungsfall ist dann allerdings nicht, wie § 1 II 1 MBKK bestimmt, die »medizinisch notwendige Heilbehandlung einer versicherten Person wegen Krankheit oder Unfallfolgen«, sondern die Inanspruchnahme nicht-ärztlicher Wahlleistungen anlässlich einer stationären Krankenhausbehandlung.[96] Da die Regelungen des VVG und der MBKK allerdings nur auf die medizinisch notwendige Heilbehandlung zugeschnitten sind, kommt hier jedoch lediglich eine entsprechende Anwendung der Vorschriften in Betracht.

Es gelten dann auch für die Versicherung von Wahlleistungen die allgemeinen Prinzipien des Krankenversicherungsrechts. So ist in der privaten Krankenversicherung im Ge-

[96] Unabhängig davon, ob die Versicherung als Bestandteil einer privaten Krankheitskostenvollversicherung oder als private Zusatzversicherung zur gesetzlichen Krankenversicherung abgeschlossen wird, handelt es sich dabei um eine Schadensversicherung als Passivenversicherung im Sinne des Versicherungsvertragsgesetzes, wobei im ersteren Fall eine Schadensversicherung als Teil der Krankheitskostenversicherung (PRÖLSS/MARTIN/PRÖLSS Versicherungsvertragsgesetz, § 178 a VVG Rdnr. 1; MERKENS/BIRGELEN, S. 96), im zweiten als selbständige Teilversicherung (MERKENS/BIRGELEN, S. 81) vorliegt, da der konkret durch die stationäre Krankenhausbehandlung und die damit verbundene Inanspruchnahme des Ein- oder Zweibettzimmers entstehende Schaden des Versicherungsnehmers durch die Versicherung abgedeckt werden soll.

gensatz zur gesetzlichen Krankenversicherung das Äquivalenzprinzip vorherrschend, d. h. der Grundsatz, dass die Höhe der Beiträge dem Umfang des gewählten Versicherungsschutzes entspricht.[97] Ein der gesetzlichen Krankenversicherung vergleichbares Solidaritätsprinzip, das die Höhe der Beiträge am Jahreseinkommen des Versicherten ausrichtet, kennt die private Krankenversicherung hingegen nicht. Daher besteht auch keine Möglichkeit, Ehegatten oder Kinder mit in den bestehenden Versicherungsschutz einzubeziehen. Vielmehr bedarf es für jede einzelne Person des gesonderten Abschlusses eines Versicherungsvertrages. Außerdem gilt im Bereich der privaten Krankenversicherung das Kostenerstattungsprinzip, wonach der Patient zunächst seine Arzt- oder Krankenhausrechnungen selbst begleicht und sie sodann bei seinem Versicherer zum Ersatz der vorfinanzierten Kosten einreicht.

Die Ausgestaltung des jeweiligen Versicherungsschutzes für Wahlleistungen in der privaten Krankenversicherung ist vom jeweils individuell gewählten Tarif abhängig. Die konkrete Ausgestaltung des Versicherungsschutzes ergibt sich dann entsprechend § 1 III MBKK aus dem Versicherungsschein. Die Angebote der einzelnen Versicherungsunternehmen weichen nämlich sowohl bezüglich der zur Verfügung gestellten Leistungen als auch hinsichtlich der dafür zu entrichtenden Beiträge stark voneinander ab.[98] Auch ist zu berücksichtigen, dass hinsichtlich der Begleichung von Wahlleistungsentgelten prozentuale Absicherungen angeboten werden. Art und Höhe der Versicherungsleistungen ergeben sich insofern aus dem Tarif mit Tarifbedingungen (§ 4 I MBKK analog). Diese Tarife enthalten nähere Bestimmungen darüber, welche Leistungen und welche Kostenquoten beziehungsweise Prozentsätze erstattet werden.[99] Des Weiteren kann tariflich geregelt werden, inwieweit besondere Komfortleistungen vom Versicherungsschutz umfasst sind. Gerade diese Frage kann in der Praxis zu erheblichen Abgrenzungsschwierigkeiten führen, da der sog. Privatpatient einen bestimmten (hohen) Standard erwartet, jedoch nicht jeder vom Krankenhaus gegebenenfalls angebotene Service vom Versicherungsschutz für das Ein- oder Zweibettzimmer umfasst ist.[100] Vielmehr kann es sich auch um sonstige nicht-ärztliche Wahlleistungen handeln, die gerade nicht von der Versicherung beglichen werden. In dieser Hinsicht sollte in Zukunft eine deutlichere Klarstellung in den Tarifen der privaten Krankenversicherer erfolgen, um spätere Rechtsstreitigkeiten zu vermeiden.

---

[97] Vgl. EILFORT, S. 24.

[98] MERKENS/BIRGELEN, S. 90.

[99] BACH/MOSER/SCHOENFELDT/KALIS, § 4 MBKK Rdnr. 9. Hinsichtlich im Ausland vorgenommener Heilbehandlungen kann es auch vorkommen, dass manche Tarife im Interesse einer risikogerechten Beitragskalkulation und der Vermeidung der Höhe nach nicht gerechtfertigter Abrechnungen Leistungsbegrenzungen auf die »in Deutschland üblichen Preise« vorsehen. In der Praxis orientieren sich die Versicherer dabei an den beihilfefähigen Höchstsätzen beziehungsweise für den Zahnbereich dem Bundeseinheitlichen Leistungsverzeichnis (BEL) (BACH/MOSER/SCHOENFELDT/KALIS, § 4 MBKK Rdnr. 18).

[100] Vgl. zu dieser Problematik ULEER/MIEBACH/PATT, § 22 BPflV S. 283.

bb) Leistungsumfang / -begrenzung

(1) Ausgangslage

Eine Vielzahl von Tarifen privater Krankenversicherer weist eine Deckung von Entgelten für die Wahlleistung »Unterkunft« in Höhe von »100 %« aus; dies wird auch auf den von den Versicherern ausgegebenen Chipkarten entsprechend vermerkt. Diese »Zusage« suggeriert dem rechtsunkundigen Patienten / Versicherungsnehmer, dass eine vollständige Übernahme der Kosten, insbesondere der Wahlleistung »Unterkunft«, durch die Versicherung stattfindet und er sich über die Erstattungsfähigkeit »keine Sorgen machen muss«.

Fraglich ist allerdings, inwieweit diese Erwartung der Versicherungsnehmer tatsächlich zutrifft und das entsprechende Versicherungsunternehmen aus dem Versicherungsvertrag wirklich zur Erstattung von Wahlleistungsentgelten verpflichtet ist. Im folgenden Abschnitt soll nun geklärt werden, welchen Leistungsumfang eine private Versicherung für nicht-ärztliche Wahlleistungsentgelte bietet und welchen Leistungsbeschränkungen diese unterliegt.

Um dem Patienten die Begrenzung der Erstattungsfähigkeit von Wahlleistungsentgelten besser zu verdeutlichen, wäre es daher sinnvoll, in den Versicherungstarifen oder Allgemeinen Versicherungsbedingungen ausdrücklich auf die gesetzlichen und tariflichen Begrenzungen hinzuweisen, die auf den einzelnen Versicherungsfall Anwendung finden. Des Weiteren entspräche ein derartiger Hinweis dem versicherungsrechtlichen Transparenzgebot, welches besagt, dass der Verwender Allgemeiner Versicherungsbedingungen entsprechend den Grundsätzen von Treu und Glauben gehalten ist, Rechte und Pflichten seines Vertragspartners möglichst klar und durchschaubar darzustellen. Die verwendete Klausel hat dabei insbesondere die wirtschaftlichen Nachteile und Belastungen so weit erkennen zu lassen, wie dies nach den Umständen gefordert werden kann.[101]

(2) Aufwendungsersatz

(a) Grundsatz

Im Grundsatz muss man auch für die Frage der Erstattungsfähigkeit von (ggf. überhöhten) Wahlleistungsentgelten davon ausgehen, dass der Umstand, dass der Versicherungsnehmer über einen optimalen Versicherungsschutz verfügt, nicht bedeutet, dass eine Krankenversicherung dem die Krankenhauskosten selbstzahlenden Versicherten alle Wahlleistungen erstatten muss, die dieser mit dem Krankenhaus vereinbart.[102]

[101] BGH NJW 2001, 2012, 2013.

[102] LG Stuttgart vom 17.2.2000 (Akz. 6 S 269/99) (unveröffentlicht), S. 3.

Wie soeben erörtert finden vielmehr auch auf die Versicherung für nicht-ärztliche Wahlleistungsentgelte die Vorschriften für die Krankenversicherung (§§ 178 a ff. VVG) Anwendung. Darüber hinaus wird der Leistungsumfang von den Allgemeinen Versicherungsbedingungen der einzelnen Krankenversicherungsunternehmen bestimmt, die in den meisten Fällen auf den MBKK 94 des Verbands der Krankenversicherer basieren, sowie von dem individuell gewählten Tarif.

Nach § 178 b VVG iVm. § 1 I 2 a) MBKK 94 gewährt der Versicherer dem Versicherungsnehmer insofern »Ersatz von Aufwendungen für Heilbehandlung und sonst vereinbarte Leistungen«. Unter Aufwendungen werden diejenigen Entgelte verstanden, die dem Versicherungsnehmer durch das Eingehen von Verbindlichkeiten entstehen. Der Versicherer ist gegenüber dem Versicherungsnehmer nur zum Ersatz derjenigen Aufwendungen verpflichtet, die in Bezug auf das versicherte Risiko zur Ablösung von Verpflichtungen aus *berechtigten* Ansprüchen eines Dritten, also des Krankenhauses oder des privat liquidationsberechtigten Wahlarztes, erwachsen sind.[103] Die Leistungspflicht des Versicherers setzt also immer einen entsprechenden wirksamen und fälligen Vergütungsanspruch des behandelnden Arztes oder des Krankenhauses voraus.[104] Daran fehlt es beispielsweise, wenn die Liquidation gegen gebührenrechtliche Bestimmungen wie die GOÄ, GOZ oder das KHEntgG (die BPflV a. F.) verstößt.[105] Es gilt demnach auch hier zunächst das in der privaten Krankheitskostenversicherung maßgebende Prinzip der *konkreten* Bedarfsdeckung. Da die Krankheitskostenversicherung als Schadensversicherung gemäß § 178 a II iVm. § 55 VVG dem versicherungsrechtlichen Bereicherungsverbot unterliegt, wird lediglich der tatsächlich entstandene und dem Versicherungsnehmer verbleibende Vermögensschaden ersetzt.[106] Der Versicherer ist somit nicht zu höheren Leistungen verpflichtet als der Patient gegenüber dem Arzt (oder Krankenhaus).[107]

(b) Anwendung auf die nicht-ärztlichen Wahlleistungsentgelte

Für die Entgelte der Wahlleistung »Unterkunft« bedeutet dies, dass dem Versicherungsnehmer alle tariflich vereinbarten Wahlleistungsentgelte ersetzt werden, die sich im Rahmen der Vorschriften des KHEntgG (der BPflV a. F.) halten. Sie müssen also

---

[103] BGH NJW 2003, 1596; LG Hamburg VersR 1988, 30; PRÖLSS/MARTIN/PRÖLSS Versicherungsvertragsgesetz, § 1 MBKK 94 Rdnr. 49; BACH/MOSER/SCHOENFELDT/KALIS, § 1 MBKK Rdnr. 4.

[104] OLG Hamburg VersR 1997, 1258, 1259 (insoweit bestätigt von BGH VersR 1998, 350); OLG Hamm VersR 1995, 652; OLG Hamm r + s 1999, 429; BACH/MOSER/SCHOENFELDT/KALIS, § 1 MBKK Rdnr. 4.

[105] BACH/MOSER/SCHOENFELDT/KALIS, § 1 MBKK Rdnr. 4.

[106] PRÖLSS/MARTIN/PRÖLSS Versicherungsvertragsgesetz, § 1 MBKK 94 Rdnr. 50; es handelt sich somit um eine sog. Passivenversicherung (BACH/MOSER/BACH, § 178 b VVG Rdnr. 2).

[107] BACH/MOSER/SCHOENFELDT/KALIS, § 1 MBKK Rdnr. 6; OLG Hamm VersR 1995, 652; zur daher fehlenden Erstattungsfähigkeit von sittenwidrigen Vereinbarungen zwischen Krankenhaus und Patient siehe: OLG Stuttgart VersR 2001, 491 f.

vor allem den Vorgaben von § 17 I 3 KHEntgG (§ 22 I 3 BPflV a. F.) gerecht werden.[108] Nach § 17 I 3 KHEntgG (§ 22 I 3 BPflV a. F.) dürfen die Entgelte für Wahlleistungen in keinem unangemessenen Verhältnis zu den Leistungen stehen. Der Patient schuldet demnach lediglich dasjenige Entgelt, welches diesem Angemessenheitskriterium entspricht und der Versicherer hat grundsätzlich auch nur dieses zu erstatten. Differenzbeträge zwischen der Höhe der Forderung des Krankenhauses und der genannten Abdeckung durch die Versicherung können sich allerdings dann ergeben, wenn Krankenhaus und Versicherung unterschiedliche Auffassungen zur Frage der Angemessenheit des Wahlleistungsentgelts vertreten. Dies kann zu der Situation führen, dass der Patient aufgrund seiner vertraglichen Verpflichtung gegenüber dem Krankenhaus ein höheres Entgelt begleichen soll, als seine Versicherung zu erstatten bereit ist. Er muss sich dann selbst mit dem Krankenhaus oder seiner Versicherung über die Angemessenheit des verlangten Entgelts auseinander setzen.

Problematisch ist hieran allerdings, dass es jahrelang höchst umstritten gewesen ist, wie ein angemessenes Wahlleistungsentgelt bemessen werden soll. Auch der Verband der privaten Krankenversicherer (PKV-Verband) und die Deutsche Krankenhausgesellschaft (DKG) konnten sich lange Zeit nicht auf Gemeinsame Empfehlungen im Sinne von § 17 I 4 KHEntgG (§ 22 I 4 BPflV a. F.) einigen.[109] Die Leitentscheidung des BGH vom 4.8.2000[110] hatte zunächst zwar zur Klärung einiger wichtiger Fragen der Auslegung des Angemessenheitskriteriums beigetragen. Jedoch werfen die Gesetzesänderungen durch das Fallpauschalengesetz[111] erneut Fragen auf, die auch durch die Ansätze des BGH bislang nicht hinreichend beantwortet werden können. Mit den sich hieraus ergebenden Fragestellungen wird sich das folgende Kapitel daher ausführlich auseinander setzen. Dem Versicherungsnehmer wird bis zur abschließenden Klärung der Auslegung des Angemessenheitskriteriums hingegen ein erhebliches Prozessrisiko aufgebürdet.

In der Literatur wird insofern zutreffend darauf hingewiesen, dass es misslich ist, den Versicherungsnehmer auf einen Regress gegen seinen Vertragspartner (d. h. hier das Krankenhaus) zu verweisen, wenn er dadurch einem nennenswerten Prozessrisiko ausgesetzt wird, weil das für den Regressprozess zuständige Gericht möglicherweise die Zahlungspflicht des Versicherungsnehmers bejahen könnte. Vorgeschlagen wird daher, in Anlehnung an die Auslegung der »Notwendigkeit« einer Heilbehandlung gemäß § 1 II MBKK im Sinne ihrer Vertretbarkeit auch hier Entgelte als »notwendig« anzusehen, wenn die Frage der Zahlungspflicht des Versicherungsnehmers schwer zu entschei-

[108] Siehe zur Auslegung des Angemessenheitskriteriums des KHEntgG die Ausführungen in Kapitel VI. ab Seite 91.

[109] So besteht die Möglichkeit, sog. Gemeinsame Empfehlungen abzugeben, bereits seit der Einführung der Regelung im Jahre 1997 durch das 2. GKV-Neuordnungsgesetz (BGBl. 1997, 1520 ff.) vom 30.06.1997. Eine erste Einigung auf Gemeinsame Empfehlungen konnte allerdings erstmalig am 26.07.2002 erzielt werden (siehe hierzu die Ausführungen in Kapitel c) auf Seite 157).

[110] BGH NJW 2001, 892 ff.

[111] G vom 23.04.2002 (BGBl. I S. 1412 ff.).

dende Streitfragen aufwirft und daher nicht ohne weiteres zu verneinen ist. Man werde daher den Versicherer in Grenzfällen, die schwierig zu beurteilende Zweifelsfragen aufwerfen, für eintrittspflichtig halten müssen.[112] Ähnlich argumentiert auch der BGH, der in einer neueren Entscheidung die Möglichkeiten der Versicherer zur Begrenzung ihrer Erstattungsleistungen deutlich eingeschränkt und damit den Schutz des Versicherungsnehmers ausgeweitet hat.[113] Der Versicherungsnehmer könne nämlich der Formulierung des § 1 II MBKK, dass lediglich Aufwendungen für die »medizinisch notwendige Heilbehandlung« erstattet werden, nicht entnehmen, dass der Versicherer bei der Prüfung der Erstattungsfähigkeit einer einzelnen Rechnung auch Kostenerwägungen berücksichtigen könne; eine Einbeziehung von Kostengesichtspunkten lasse sich § 1 II 1 MBKK im Wege der Auslegung nicht entnehmen.[114] Allgemeine Versicherungsbedingungen seien so auszulegen, wie ein durchschnittlicher Versicherungsnehmer sie bei verständiger Würdigung, aufmerksamer Durchsicht und Berücksichtigung des erkennbaren Sinnzusammenhangs verstehen müsse.[115] Dabei komme es auf die Verständnismöglichkeiten eines Versicherungsnehmers ohne versicherungsrechtliche Spezialkenntnisse und damit – auch – auf seine Interessen an. Mit der genannten Entscheidung hat der BGH damit seine jahrzehntelange Auffassung aufgegeben, nach welcher für die Erstattungsfähigkeit einer Arzt- oder Krankenhausrechnung nicht allein die Notwendigkeit der Behandlungsmaßnahme maßgeblich sein sollte, sondern auch die Höhe der Rechnung von den Versicherern auf ihre Notwendigkeit zu überprüfen gewesen war.[116]

Wäre die dargestellte versicherungsnehmerfreundliche Auffassung auch für die Erstattung von nicht-ärztlichen Wahlleistungsentgelten einschlägig, so könnte man zu dem Ergebnis gelangen, dass sich hieraus auch eine Erstattungsfähigkeit oder sogar eine Erstattungspflicht unangemessener Wahlleistungsentgelte ableiten ließe, da der Patient die Frage der Angemessenheit nur schwer selbst beurteilen kann. Dem lässt sich allerdings entgegen halten, dass bei der Klärung der Zahlungspflicht des Krankenversicherers nicht die Auslegung des Versicherungsvertragsgesetzes oder der MBKK 94 bzw. der Allgemeinen Versicherungsbedingungen zu Schwierigkeiten führt, sondern die Auslegung des KHEntgG (der BPflV a. F.), die das Angemessenheitskriterium für Wahlleistungsentgelte enthalten. Es geht hier also nicht, wie in der Entscheidung des BGH um die Frage, ob eine Versicherungsbedingung gesetzesähnlich oder nach dem Verständnis eines durchschnittlichen Versicherungsnehmers auszulegen ist, sondern um die Auslegung einer entgeltbegrenzenden Vorschrift im Vertragsverhältnis

---

[112] PRÖLSS/MARTIN/PRÖLSS Versicherungsvertragsgesetz, § 1 MBKK Rdnr. 50 m. w. N.

[113] BGH NJW 2003, 1596 ff.

[114] BGH NJW 2003, 1596, 1599; zustimmend PRÖLSS/MARTIN/PRÖLSS Versicherungsvertragsgesetz, § 1 MBKK 94 Rdnr. 51.

[115] Kritisch zur Entscheidung des BGH: HÜTT, S. 983.

[116] Siehe hierzu die damalige Grundsatzentscheidung des BGH in: NJW 1977, 589 (= VersR 1978, 267, 270); sowie für die früher herrschende Meinung in der Literatur beispielhaft: BACH/MOSER/SCHOENFELDT/KALIS, § 1 MBKK Rdnr. 50 f.; PRÖLSS/MARTIN/PRÖLSS Versicherungsvertragsgesetz, § 1 MBKK Rdnr. 25 ff..

zwischen Patient / Versicherungsnehmer und Krankenhaus, die ein Verbotsgesetz im Sinne von § 134 BGB darstellt.[117] Eine Erstattung unangemessener Entgelte bedeutete damit eine Umgehung dieses Verbotsgesetzes. Außerdem erscheint fraglich, ob es überhaupt den Interessen der Versicherungsnehmer entspräche, wenn auch stark überhöhte Wahlleistungsrechnungen durch private Krankenversicherer erstattet würden, da dies zu einer erheblichen Belastung der gesamten Versichertengemeinschaft führte, die schlussendlich die hohen Ausgaben durch steigende Prämien selbst zu begleichen hätte.[118] Zudem würde damit den Krankenhäusern der Druck genommen, ihre Wahlleistungsentgelte an dem Angemessenheitsgebot auszurichten, da sie auch bei überhöhten Rechnungen auf eine Erstattung durch die Krankenversicherer hoffen könnten.[119]

So bleibt es allerdings für den einzelnen Patienten / Versicherungsnehmer bei der unbefriedigenden Situation, dass er die Last der Auslegungsprobleme der Regelung des KHEntgG (der BPflV a. F.) trägt und gegebenenfalls die Angemessenheit der Rechnung und damit die Erstattungspflicht seiner Versicherung gerichtlich klären lassen muss.[120] Sollte sich im Prozess Patient – Krankenhaus sodann herausstellen, dass die vom Krankenhaus verlangten Entgelte angemessen gewesen sind, lässt sich allenfalls im Einzelfall, gestützt auf einen Anspruch aus positiver Vertragsverletzung des Versicherungsvertrags, ein Anspruch des Versicherungsnehmers gegen seine Versicherung auf Zahlung der Prozesskosten konstruieren. Dies setzt jedoch voraus, dass sich die Versicherung schuldhaft über die Angemessenheit der Forderung geirrt hat. Zudem ist dem Patienten anzuraten, die private Krankenversicherung durch Streitverkündung direkt in den Prozess mit dem Krankenhaus einzubeziehen. Dies hat den Vorteil, dass nicht nur die Wirkungen der gerichtlichen Entscheidung, die sich gewöhnlich nur auf die Prozessparteien erstrecken, nunmehr die private Krankenversicherung ebenfalls treffen, sondern die Versicherung dem Patienten auch als Streithelfer beistehen kann.[121]

Vermeiden lässt sich eine gerichtliche Auseinandersetzung mit dem Krankenhaus hingegen, wenn der Patient / Versicherungsnehmer sich im Vorfeld bei seinem Versicherer vergewissert, inwieweit dieser die Kosten der entsprechenden Wahlleistungen, insbesondere eine spezielle Komfortausstattung des Ein- oder Zweibettzimmers, übernimmt. Das LG Stuttgart geht sogar davon aus, dass der Patient zu diesem Vorge-

---

[117] ULEER/MIEBACH/PATT, § 22 BPflV S. 273; ULEER/PATT, S. 56 f.; vgl. auch MIERZWIAK/WITTIG, S. 211; ULEER, S. 384.

[118] Vgl. BGH NJW 2003, 1596, 1600; ähnlich auch PRÖLSS, S. 981.

[119] Ähnlich PRÖLSS, S. 982.

[120] Entgegen der hier vertretenen Auffassung hält Herr Dr. Patt, Justiziar des PKV-Verbands, allerdings das Prozessrisiko des Patienten für »letztlich gering«. Da bei Inanspruchnahme der Versicherungsnehmer seitens der Krankenhäuser auf Zuschläge, die die Versicherer bzw. der PKV-Verband nicht als angemessen ansehen, in jedem Fall die Erhebung einer Verbandsklage gegen das betreffende Krankenhaus erfolge, damit die Angemessenheit des Entgelts generell durch ein Zivilgericht geklärt werde. Dadurch werde sichergestellt, dass die Patienten nicht mit Rechnungen überzogen würden, bezüglich derer es zu Erstattungsschwierigkeiten kommen könnte. Streitige Differenzen würden so vermieden (Stellungnahme von Patt gegenüber der Verfasserin vom 25.7.2003).

[121] Vgl. MERKENS/BIRGELEN, S. 194.

hen verpflichtet ist.[122] Das Risiko »vorgreifender« Zahlung wird der Versicherte hingegen selbst tragen müssen. Unverschuldeter Rechts- oder Tatsachenirrtum ist keine krankenversicherungsrechtliche Kategorie. Anders als dem gesetzlichen ist dem privaten Krankenversicherungsverhältnis eine strikte Trennung des Rechtsverhältnisses des Arztes zum Patienten einerseits sowie des Patienten zu »seinem« Versicherer andererseits eigen. Es gibt keine Kongruenz zwischen den vom Patienten wirklich getragenen Honoraraufwendungen und den Erstattungsansprüchen gegen den Versicherer.[123] Allerdings ist auch dieser Weg über die vorherige Erstattungszusage des Versicherers für den Patienten nicht immer der einfachere. Stellt sich nämlich heraus, dass die private Versicherung die Wahlleistungsentgelte eines Krankenhauses für unangemessen hält und folgt der Versicherungsnehmer dieser Auffassung nicht, so kann er sich nur noch in einem Deckungsprozess mit seiner Versicherung über die Höhe der Entgeltforderung streiten. Das Ziel der Vermeidung einer gerichtlichen Auseinandersetzung wird dann ebenfalls nicht erreicht.

(3) Leistungsausschlüsse

Fraglich ist, ob neben den genannten Erstattungsbegrenzungen, die sich bereits aus § 1 II MBKK 94 ergeben, auch die Einschränkungen gemäß § 5 MBKK 94 für die Erstattung von Wahlleistungsrechnungen eine Rolle spielen können.

(a) § 5 II MBKK 94

Nach der früher herrschenden Meinung konnte sich eine Begrenzung der Erstattungspflicht des Versicherers auch aus § 5 II MBKK 94 ergeben, der die Regelung des § 1 II MBKK 94 ergänzt.[124] Diese Vorschrift bestimmt, dass der Versicherer seine Leistungen auf einen angemessenen Betrag herabsetzen kann, wenn eine Heilbehandlung oder sonstige Maßnahme, für die Leistungen vereinbart sind, das medizinisch notwendige Maß übersteigt (sog. Übermaßbehandlung[125]). Aus der Formulierung entnahm die früher herrschende Meinung gestützt auf die bereits zitierte Entscheidung des BGH aus dem Jahr 1977[126], dass nicht nur sog. Übermaßbehandlungen, sondern auch überhöhte Rechnungen für notwendige Behandlungsmaßnahmen (sog. Übermaßvergütungen) den Versicherer zur Herabsetzung seiner Erstattungsleistungen berechtigten.[127] Man

---

[122] LG Stuttgart vom 17.2.2000 (Akz. 6 S 269/99) (unveröffentlicht), S. 3 f.

[123] HABERSTROH VersR 1999, S. 12; BGH VersR 1978, 271, 272; OLG Bamberg VersR 1979, 639, 640; BACH/MOSER/BÜSKEN, § 1 MBKK Rdnr. 36 ff.

[124] BACH/MOSER/SCHOENFELDT/KALIS, § 5 MBKK Rdnr. 62.

[125] BACH/MOSER/SCHOENFELDT/KALIS, § 5 MBKK Rdnr. 62.

[126] BGH NJW 1977, 589 ff. (= VersR 1978, 267 ff.).

[127] Siehe z. B. BACH/MOSER/SCHOENFELDT/KALIS, § 5 MBKK Rdnr. 64 m. w. N.; PRÖLSS/MARTIN/PRÖLSS Versicherungsvertragsgesetz, § 1 MBKK 94 Rdnr. 51 f. m. w. N.; sowie die Nachweise bei: BGH NJW 2003, 1596, 1599.

ging davon aus, dass der Versicherer bei zwei medizinisch gleichwertigen, kostenmäßig aber um ein Vielfaches auseinander liegenden Möglichkeiten der Behandlung nur verpflichtet sei, die günstigere zu erstatten. Demnach hätte sich die Erstattungsbegrenzung einer Wahlleistungsrechnung auf ein angemessenes Maß auch aus § 5 II MBKK 94 ableiten lassen.

Diese Auffassung hat der BGH nun zu Recht ausdrücklich aufgegeben.[128] Nach dem nunmehr für maßgeblich erachteten Verständnis eines durchschnittlichen Versicherungsnehmers lässt sich dem Wortlaut von § 5 II MBKK 94 nicht entnehmen, dass mit der Überschreitung des medizinisch notwendigen Maßes auch ein wirtschaftliches Übermaß gemeint sein soll.[129] Auch wenn der Versicherungsnehmer das Ziel der Vorschrift erkennt, dass sich der Versicherer vor einer unnötigen Kostenbelastung schützen will, so bezieht er die Kürzungsbefugnis auf Heilbehandlungsmaßnahmen, die aus medizinischer Sicht nicht mehr oder nicht in dem abgerechneten Umfang notwendig gewesen sind. Ihm erhellt sich hingegen nicht, dass er trotz uneingeschränkter medizinischer Notwendigkeit der Heilbehandlung reduzierte Versicherungsleistungen erhält.[130]

Unanwendbar ist die Regelung des § 5 II MBKK 94 somit auf gegebenenfalls überhöhte Wahlleistungsrechnungen.

(b) Erstattungsausschluss nach § 5 I c MBKK

Ein Erstattungsausschluss könnte sich auch aus § 5 I c MBKK ergeben. Danach kann der Versicherer aus wichtigem Grund Rechnungen bestimmter Ärzte, Zahnärzte, Heilpraktiker und Krankenanstalten von der Erstattung ausschließen, wenn er den Versicherungsnehmer vor Eintritt des Versicherungsfalls von dem Leistungsausschluss in Kenntnis gesetzt hat. Dieser Leistungsausschluss steht dem Versicherer allerdings nur als ultima ratio zur Verfügung, um besonders schwere oder dauerhafte Störungen des versicherungsvertraglichen Vertrauensverhältnisses durch einen Arzt oder eine Krankenanstalt abstellen zu können.[131] Die Vorschrift soll unter anderem den Versicherer und die Versichertengemeinschaft vor Manipulationen bei der Abrechnung sowie sonstigem gesetzes-, verordnungs- oder standeswidrigem Verhalten schützen, das zu einem unverhältnismäßigen Prüfungsaufwand des Versicherers bei der Erstattung von Rech-

---

[128] BGH NJW 2003, 1596, 1599 f.; zustimmend PRÖLSS/MARTIN/PRÖLSS Versicherungsvertragsgesetz, § 1 MBKK 94 Rdnr. 51.

[129] So nun auch PRÖLSS/MARTIN/PRÖLSS Versicherungsvertragsgesetz, § 5 MBKK 94 Rdnr. 17; PRÖLSS, S. 982; a. A. HÜTT, S. 984.

[130] BGH NJW 2003, 1596, 1600; insofern die Begründung des BGH anzweifelnd: PRÖLSS, S. 981; a. A. auch HÜTT, S. 984.

[131] BACH/MOSER/SCHOENFELDT/KALIS, § 5 MBKK Rdnr. 33; zu weiteren Einzelheiten siehe: MERKENS/BIRGELEN, S. 215 f.

nungen führt und die Rechnungserstattung für den Versicherer unzumutbar macht.[132] Nach neuerer Rechtsprechung soll ein Krankenversicherer auch berechtigt sein, seinen Versicherungsnehmern die Empfehlung zu erteilen, Honorarrechnungen eines konkret bezeichneten Arztes (oder Krankenhauses – *Anm. der Verfasserin*) teilweise nicht oder nur nach vorheriger Prüfung durch den Versicherer zu zahlen und die Rechnung des Arztes (oder Krankenhauses) unbezahlt bei ihm, dem Versicherer, einzureichen, wenn die Voraussetzungen für einen solchen Hinweis vorliegen.[133] Der erforderliche »wichtige Grund« kann z. B. dann vorliegen, wenn es bereits wiederholt zu falschen bzw. überhöhten Abrechnungen seitens eines Arztes oder Krankenhauses gekommen ist, die auch schon mehrfach vom Kostenträger beanstandet worden sind, ohne dass der Missstand dadurch beendet werden konnte. Allerdings müssen die beanstandeten Verfehlungen von erheblicher Schwere sein.

Ein Leistungsausschluss könnte somit grundsätzlich auch für überhöhte Wahlleistungsrechnungen in Erwägung gezogen werden, soweit diese über einen längeren Zeitraum überhöht waren und dies auch zu wiederholten Beanstandungen seitens des Versicherers geführt hat. Jedoch bestand auf dem Gebiet der nicht-ärztlichen Wahlleistungsentgelte lange Zeit erhebliche Uneinigkeit darüber, wann eine überhöhte und damit unangemessen hohe Rechnung vorliegt, so dass eine eindeutige Falschabrechnung in den meisten Fällen wohl kaum angenommen werden könnte.

c) Ergebnis

Der Patient kann zur Abdeckung anfallender Wahlleistungsentgelte im Krankenhaus eine private Zusatzversicherung bei einem Krankenversicherungsunternehmen abschließen. Bei dieser Versicherung handelt es sich entweder um einen Bestandteil einer privaten Krankheitskostenvollversicherung oder um eine die gesetzliche Versicherung ergänzende private Zusatzversicherung als selbständige Teilversicherung. Anwendung finden die Vorschriften des VVG zur Krankenversicherung (§§ 178 a ff. VVG), die MBKK 94 sowie die Allgemeinen Versicherungsbedingungen des einzelnen Krankenversicherungsunternehmens und die Bedingungen des individuell gewählten Tarifs.

Von großer Bedeutung für den Patienten / Versicherungsnehmer ist allerdings, dass auch eine »100prozentige Abdeckung von Wahlleistungen« nicht in jedem Fall eine Erstattung jeglicher durch die Inanspruchnahme von Wahlleistungen entstehender Kosten nach sich zieht. Vielmehr ist die Versicherung lediglich verpflichtet, Rechnungen im Rahmen der gesetzlichen, insbesondere der versicherungsrechtlichen und

---

[132] BACH/MOSER/SCHOENFELDT/KALIS, § 5 Rdnr. 27 ff.; VAN BÜHREN/MÜLLER-STEIN, § 16 Rdnr. 146 ff.; zu weiteren Einzelheiten und besonderen Anwendungsfällen siehe KRITTER, S. 6 ff.

[133] LG München I NJW-RR 2003, 21 f.

-vertraglichen, Grenzen zu erstatten. Damit gilt auch hier das Angemessenheitskriterium des KHEntgG (der BPflV a. F.), da nach den Prinzipien der konkreten Bedarfsdeckung sowie dem versicherungsrechtlichen Bereicherungsverbot nur diejenigen Rechnungsbeträge zu erstatten sind, die der Versicherungsnehmer gegenüber seinem Vertragspartner auch tatsächlich schuldet. Darüber hinausgehende Zahlungen lassen sich allenfalls dem Bereich der Kulanzleistungen zuordnen.

Die genannte Erstattungsbegrenzung kann allerdings gerade dann zu Problemen führen, wenn die Angemessenheit eines Entgelts, wie dies bei der Wahlleistung »Unterkunft« der Fall ist, höchst umstritten ist. Das Risiko, eine überhöhte Rechnung bereits bezahlt zu haben, die von der Versicherung jedoch nicht abgedeckt wird, trägt damit der Versicherungsnehmer, der im »Dreiecksverhältnis Krankenhaus – Versicherung – Patient / Versicherungsnehmer« die geringsten Einblicke in die Abrechnungspraxis der Krankenhäuser hat. Er kann sich nur durch Einreichung unbezahlter Rechnungen bei der Versicherung oder durch eine Anfrage vor Begleichung der Rechnung davor schützen, den (gegebenenfalls tatsächlich) überhöhten Teil der Rechnung zunächst selbst tragen zu müssen.

Zwar steht dem Patienten in jedem Fall die Möglichkeit offen, entweder gegen das Krankenhaus einen Prozess auf Rückzahlung überhöhter Beträge zu führen oder seine Versicherung im Deckungsprozess auf Zahlung der Restsumme in Anspruch zu nehmen. Jedoch zeigt die Praxis, dass viele Patienten / Versicherungsnehmer vor gerichtlichen Auseinandersetzungen zurückschrecken und damit schlussendlich auch die überhöhten Rechnungsanteile selbst tragen.

3. (Beamtenrechtliche) Beihilfefähigkeit von Wahlleistungen

Wahlleistungsentgelte können nach beamtenrechtlichen Vorschriften beihilfefähig sein. So war es früher eine weit verbreitete Auffassung, dass »die Erstattungsfähigkeit von Wahlleistungen im stationären Bereich seit jeher das Verständnis des Beamten von der ihm zugewandten Fürsorge des Dienstherrn präge und ihn aus der Sicht Dritter zum Privatpatienten schlechthin« mache.[134] Aufgrund immer knapper werdender öffentlicher Mittel sind allerdings auch die öffentlich-rechtlichen Dienstherrn dazu übergegangen, Einschnitte in die herkömmlichen Beamtenversorgungsverhältnisse vorzunehmen und so auch die Beihilfefähigkeit von Wahlleistungsentgelten einzuschränken.[135]

[134] BVerwG NJW 1992, 2371.

[135] Bspw. durch Beschränkung der Beihilfe auf die Höhe des Entgelts eines Zweibettzimmers bei Inanspuchnahme eines Einbettzimmers oder durch Einführung einer Eigenbeteiligung. Vgl. in diesem Sinne die Entscheidung des BVerwG NVwZ-RR 1993, 258 f. zur Bestimmung der Höhe der Beihilfeleistung bei Inanspruchnahme eines Einbettzimmers und BVerwG ZBR 1995, 148 zu Mehraufwendungen eines Beihilfeberechtigten für ein Zweibettzimmer mit Nasszone.

Im Folgenden sollen nun die Rahmenbedingungen der Beihilfefähigkeit von Wahlleistungsentgelten dargestellt sowie die Voraussetzungen von Begrenzungen der Beihilfen aufgezeigt werden, soweit einzelne Bundesländer nicht bereits vollständig die Beihilfefähigkeit von Wahlleistungen ausgeschlossen haben.[136]

a) Verfassungsrechtlicher Rahmen für die Gewährung von Beihilfen

Die Beihilfefähigkeit von Wahlleistungsentgelten ist auf Bundesebene und in den einzelnen Bundesländern höchst unterschiedlich geregelt.[137] So wurden Wahlleistungsentgelte teilweise völlig aus dem Beihilfekatalog gestrichen. Soweit die Wahlleistung »Unterkunft« noch beihilfefähig ist, ist die Höhe der zu gewährenden Beihilfen allerdings auf die Entgelte eines Zweibettzimmers beschränkt worden. Hinzu kommen in einigen Ländern Eigenanteile und Zuzahlungen. In Baden-Württemberg können sich Beamte beispielsweise die Beihilfefähigkeit von Wahlleistungsentgelten lediglich über einen monatlichen Einbehalt von ihren Bezügen in Höhe von 13 Euro erhalten (§ 101 S. 3 Nr. 3 LBG BW; § 6 a II BhVO BW). Des Weiteren ist eine Kostendämpfungspauschale zu leisten (§ 15 I 5 BhVO BW).[138]

Daraus hat sich ein Streit entwickelt, ob die unterschiedlichen Landesregelungen und damit unter Umständen ein genereller Beihilfeausschluss von Wahlleistungsentgelten mit der Verfassung im Einklang steht.

aa) Verfassungsrechtliche Rahmenbedingungen gemäß Art. 33 IV, V GG

Aus dem öffentlich-rechtlichen Dienst- und Treueverhältnis des Dienstherrn gegenüber dem Beamten (Art. 33 IV GG) werden vorrangig zwei Hauptpflichten abgeleitet: dies ist einerseits die Alimentationspflicht und andererseits die Schutz- und Fürsorgepflicht des Dienstherrn.[139]

Die Alimentationspflicht umfasst die Pflichten des Dienstherrn zur Besoldung und Versorgung des Beamten und seiner Familie. Dies bedeutet, dass ein amtsangemessener

---

[136] Die Länder Berlin (§ 44 I LBG idF. des Haushaltsstrukturgesetzes 1998 vom 18.12.1997 (GVBl. S. 686)), Brandenburg (§ 45 III 1 LBG idF. des Haushaltsstrukturgesetzes 1999 vom 21.12.1998 (GVBl. I S. 303)), Bremen (§ 7 S. 4 LBesG idF. des Gesetzes zur Änderung dienstrechtlicher Vorschriften vom 1.3.1994 (BremGBl. S. 107)), Hamburg (§ 6 Nr. 6 BeihilfeVO idF. der 3. ÄnderungsVO vom 4.4.1995 (HambGVBl. S. 73)), Niedersachsen (§ 87 c III 1 LBG idF. des Haushaltsbegleitgesetzes 2002 vom 18.12.2001 (NdsGVBl. S. 806)), das Saarland (§ 98 S. 4 LBG idF. des Haushaltsfinanzierungsgesetzes 1995 vom 6.4.1995 (SaarlABl. S. 418)) und Schleswig-Holstein (§ 95 II 1 LBG idF. des Haushaltsbegleitgesetzes 1998 vom 23.1.1998 (GVOBl Schl.-H. S. 37) haben die Beihilfefähigkeit von Aufwendungen für stationäre Wahlleistungen ausgeschlossen.

[137] Siehe hierzu die Übersicht in Kapitel c) auf Seite 71.

[138] MÜLLER et al. bietet eine Zusammenstellung der einschlägigen Rechtsvorschriften, allerdings hinsichtlich der Beihilfeverordnung weitgehend ohne Kommentierung.

[139] BATTIS, § 79 BBG Rdnr. 5.

Lebensunterhalt entsprechend der Entwicklung der allgemeinen wirtschaftlichen und finanziellen Verhältnisse und des allgemeinen Lebensstandards zu gewähren ist. Die Gewährung von Beihilfen ist allerdings nicht Bestandteil der verfassungsrechtlich geschuldeten Alimentation.[140] Diese muss hingegen lediglich die Kosten einer Krankenversicherung decken, die zur Abwendung krankheitsbedingter, durch Leistungen auf Grund der Fürsorgepflicht nicht ausgeglichener Belastungen erforderlich ist.[141] Die Alimentation ist demnach erst dann nicht mehr ausreichend, wenn die Krankenversicherungsprämien, die zur Abwendung von krankheitsbedingten und nicht von der Beihilfe ausgeglichenen Belastungen erforderlich sind, einen solchen Umfang erreichen, dass der angemessene Lebensunterhalt des Beamten oder Versorgungsempfängers nicht mehr gewährleistet ist. In einem solchen Fall ist dann verfassungsrechtlich eine Korrektur der Besoldungs- und Versorgungsgesetze erforderlich.[142]

Die Gewährung von Beihilfen wird vielmehr der Schutz- und Fürsorgepflicht des Dienstherrn zugeordnet.[143] Danach hat der Dienstherr Vorkehrungen zu treffen, dass der amtsangemessene Lebensunterhalt des Beamten bei Eintritt besonderer finanzieller Belastungen durch Krankheits-, Pflege-, Geburts- oder Todesfälle nicht gefährdet wird. Ob der Gesetzgeber dieser Pflicht allerdings über eine entsprechende Bemessung der Dienstbezüge, über Sachleistungen, Zuschüsse oder in sonst geeigneter Weise nachkommt, ist von Verfassungs wegen seiner Entscheidung überlassen.[144] Insbesondere steht dem Gesetzgeber bei der Ausgestaltung von Gesetzen, Verordnungen und Verwaltungsvorschriften ein weiter Gestaltungsspielraum zu.[145] Der Dienstherr kann seiner Verpflichtung also z. B. durch die Gewährung von Beihilfen nachkommen, die zu der aus der gewährten Alimentation zu bestreitenden Eigenvorsorge ergänzend hinzutreten (Grundsatz der Subsidiarität der Beihilfe).[146] Wie der Beamte seiner Eigenvorsorge nachkommt, ist grundsätzlich ihm selbst überlassen. Zweckmäßigerweise kommt allerdings hauptsächlich der Abschluss einer privaten Zusatzversicherung in Betracht, was der Gesetzgeber im Rahmen der Ausgestaltung seiner Fürsorgepflicht zu beachten hat.[147] Der Dienstherr muss insofern gewährleisten, dass der Beamte nicht mit erheblichen Aufwendungen belastet bleibt, die er auch über eine ihm zumutbare Eigenvorsorge nicht absichern kann. Die Beihilfe soll den Beamten daher von den durch die Besoldung nicht gedeckten notwendigen Aufwendungen in angemessenem Umfang

---

[140] Vgl. FÜRST/FÜRST, K § 79 BBG Rdnr. 14.

[141] Vgl. BVerfG NVwZ 2003, 720, 721; NJW 1991, 743.

[142] BVerfG NVwZ 2003, 720, 721; vgl. auch BVerwG NJW 1992, 2371; NJW 1987, 2948, 2949.

[143] Missverständlich ist daher die Begriffswahl bei BATTIS, § 79 BBG Rdnr. 18, der die Beihilfe als »alimentative Fürsorgeleistung« bezeichnet; kritisch zudem SUMMER, S. 207, der auch eine Alimentationserhöhung in Betracht zieht, wenn Wahlleistungen aus den Beihilfekatalogen gestrichen werden.

[144] BVerfG NVwZ 2003, 720, 721; BATTIS, § 79 BBG Rdnr. 18; SUMMER, S. 207.

[145] Zum Verhältnis zwischen Dienstbezügen und Beihilfeleistungen siehe: BVerfG NJW 1991, 743.

[146] BVerfG NJW 1991, 743, 746.

[147] BVerfG NJW 1991, 743, 744.

freistellen. Die Fürsorgepflicht verlangt jedoch keine lückenlose Erstattung jeglicher Aufwendungen.

Des Weiteren ist zu berücksichtigen, dass zwar die Alimentationspflicht und die Fürsorgepflicht selbst zu den hergebrachten Grundsätzen des Berufsbeamtentums gehören (Art. 33 V GG), also zum »Kernbestand von Strukturprinzipien, die allgemein oder doch ganz überwiegend während eines längeren traditionsbildenden Zeitraums, mindestens jedoch unter der Reichsverfassung von Weimar, als verbindlich anerkannt und gewahrt worden sind«[148], die Beihilfe hingegen keinen derartigen hergebrachten Grundsatz des Berufsbeamtentums darstellt. Das System der Beihilfen kann daher jederzeit geändert werden, ohne dass dadurch Art. 33 V GG berührt wird. Eine verfassungsrechtliche Verpflichtung, den Beamten und Versorgungsempfängern für Krankheitsfälle oder vergleichbare Belastungen Unterstützung gerade in Form von Beihilfen im Sinne der Beihilfevorschriften oder gar von solchen Beihilfen in bestimmter Höhe zu gewähren, besteht daher nicht.[149]

bb) Gesetzgebungskompetenz

Die Besoldung und Versorgung der Angehörigen des öffentlichen Dienstes unterfällt der konkurrierenden Gesetzgebung des Bundes gemäß Art. 74 a I GG, soweit der Bund nicht sogar gemäß Art. 73 Nr. 8 GG ausschließlich zuständig ist. Diese Kompetenzen hat der Bund mit dem Bundesbesoldungsgesetz und dem Bundesversorgungsgesetz ausgefüllt. Soweit der Bund von seinem Gesetzgebungsrecht keinen Gebrauch gemacht hat, verbleibt den Ländern Raum zur eigenen Gestaltung. Sie sind daher befugt, die durch die Fürsorgepflicht gebotene Ergänzung der Regelalimentation mittels Beihilfen für Krankheitsfälle in eigenen Vorschriften zu regeln.[150]

cc) Konsequenzen für die Beihilfefähigkeit von Wahlleistungsentgelten

Teilweise wurde in der Vergangenheit die Auffassung vertreten, die Beihilfefähigkeit von Wahlleistungsentgelten sei – unter anderem – durch die Fürsorgepflicht geboten. Der Dienstherr habe sich bei der Regelung der Beihilfe für seine Beamten an der vom Bundesbesoldungsgesetzgeber bei der amtsangemessenen Besoldung einschließlich des Anteils für eine angemessene[151] Krankheitsvorsorge vorausgesetzten zusätzlichen Hilfeleistung in Bund und Ländern dergestalt zu orientieren, dass die Beihilfefähigkeit bundesweit als notwendig und angemessen anerkannter Aufwendungen im

[148] Vgl. BVerfG NJW 1991, 743; NJW 1981, 1998; BATTIS, § 79 BBG Rdnr. 3; vgl. auch FÜRST/FÜRST, K § 79 BBG Rdnr. 11.

[149] BVerfG NVwZ 2003, 720, 721; BATTIS, § 79 BBG Rdnr. 18.

[150] BVerfG NVwZ 2003, 720, 724.

[151] Zum Maßstab der Angemessenheit siehe: BVerwG ZBR 1995, 148.

Krankheitsfall, die zum Kern der Leistungsgewährung gehörten, nicht generell ausgeschlossen würden (sog. Beihilfestandard). Aufwendungen in diesem Sinne seien auch solche für Wahlleistungen bei einer (teil-)stationären Behandlung im Krankenhaus. Dies ergebe sich aus dem Zusammenhang der vom Bundesgesetzgeber geregelten Besoldung der Beamten mit der Beihilfegewährung.[152] Dem Normgeber stehe bei der Ausgestaltung der Beihilfevorschriften zwar ein gewisser Gestaltungsspielraum zu. Dessen verfassungsrechtliche Grenze sei allerdings dort erreicht, wo der Normgeber oder der Dienstherr sich der Ergänzungsfunktion der Beihilfe in einem Maße versage, dass das ausgewogene Beziehungssystem zwischen der an den Beihilfestandard anknüpfenden und ihn berücksichtigenden Alimentation und der ergänzenden Beihilfeleistungen empfindlich gestört werde. Eine lückenhafte Beihilfegewährung in diesem Sinne liege vor, wenn ganze Aufwendungsarten, für die typischerweise Beihilfe bundesweit gewährt werde, oder Aufwendungen, für die seit jeher, jedenfalls aber während eines langen Zeitraums Beihilfe gewährt worden sei und die zum Kern der Leistungsgewährung gehörten, generell und von vornherein von der Gewährung von Beihilfe ausgeschlossen würden. Die Beihilfefähigkeit von Wahlleistungen präge das gesamte Leistungssystem der Versorgung der privatversicherten Beamten im Krankheitsfalle und unterscheide dieses in ihrem Wesen grundlegend vom Leistungsprofil der gesetzlichen Krankenversicherung.[153]

Wie das BVerfG allerdings überzeugend begründet, kommt es vorliegend auf einen derartigen Beihilfestandard nicht an. Ein »Zwang zur Vereinheitlichung« ist vielmehr mit der Kompetenzordnung des Grundgesetzes nicht zu vereinbaren. Hiernach sind die Länder im Rahmen der konkurrierenden Gesetzgebung berechtigt, eigene Regelungen zu treffen, soweit der Bund im konkreten Fall gemäß Art. 73 Nr. 8 und Art. 74 a GG keine Regelungen getroffen hat.[154] Der jeweilige Dienstherr ist aufgrund seiner Fürsorgepflicht lediglich verpflichtet, eine medizinisch zweckmäßige und ausreichende Versorgung der Beamten und ihrer Familien zu gewährleisten. Die Inanspruchnahme von Wahlleistungen ist hierfür nicht erforderlich. So gewährleistet die Inanspruchnahme der allgemeinen Krankenhausleistungen nach den geltenden Regelungen des Krankenhausentgeltgesetzes (und der BPflV a. F.) bei dem heutigen Ausstattungsstandard der Krankenhäuser eine medizinische Vollversorgung[155], so dass ein Ausschluss der Erstattungsfähigkeit von stationären Wahlleistungen im Rahmen der Beihilfe mit Art. 33 V GG vereinbar ist. Zur Beurteilung der Angemessenheit der geleisteten Beihilfe kommt es dabei nicht auf ein »traditionelles Anspruchsniveau der Beamtenschaft« an.[156] Vielmehr sind die Beihilferegelungen nicht unveränderlich und eine Wahrung

[152] BVerwG NJW 1992, 2371; NJW 1987, 2948.

[153] BVerwG NJW 1992, 2371, 2373; ähnlich FÜRST/FÜRST, K § 79 BBG Rdnr. 39.

[154] BVerfG NVwZ 2003, 720, 722; deutlich gegen einen »Beihilfestandard« als Maßstab der landesrechtlichen Regelung auch: SCHNELLENBACH, S. 23 f..

[155] So auch bereits: OVG Bremen ZBR 1980, 181 f.

[156] BVerfG NVwZ 2003, 720, 722; a. A. BVerwG NJW 1992, 2371, 2372.

des Besitzstands verfassungsrechtlich nicht geboten, da die Beihilfe kein hergebrachter und damit gemäß Art. 33 V GG zu berücksichtigender Grundsatz des Berufsbeamtentums ist. Es besteht daher keine verfassungsrechtliche Verpflichtung, den Beamten und Versorgungsempfängern für Krankheitsfälle oder vergleichbare Belastungen Unterstützung gerade in Form von Beihilfen im Sinn der Beihilfevorschriften oder gar von solchen Beihilfen in bestimmter Höhe zu gewähren.[157] Auch ist der im Beamtenverhältnis besonders ausgeprägte Grundsatz des Vertrauensschutzes nicht verletzt, da der Beamte nicht ohne Weiteres auf den Fortbestand einer ihm günstigen Regelung vertrauen darf.[158] Vielmehr hat schon seit Jahren eine öffentliche Diskussion über den Fortbestand der Beihilfefähigkeit stationärer Wahlleistungen geherrscht, so dass die Beihilfeberechtigten mit einer Änderung der Vorschriften hätten rechnen müssen. Der Gesetzgeber hat dem Interesse der Haushaltsersparnis bei der Abwägung mit dem Vertrauensinteresse am Fortbestand der bisher geltenden Regelung den Vorrang einräumen dürfen.[159]

dd) Zwischenergebnis

Die Gewährung von Beihilfen wird zwar aus der Fürsorgepflicht des Dienstherrn gegenüber den Beamten und deren Familienangehörigen abgeleitet (vgl. Art. 33 IV GG). Jedoch ist sie im Gegensatz zur Fürsorgepflicht selbst kein hergebrachter Grundsatz des Berufsbeamtentums, den der Gesetzgeber zu berücksichtigen hätte (Art. 33 V GG). Damit ist der Gesetzgeber nicht verpflichtet, weiterhin eine Erstattung von Wahlleistungsentgelten über die Beihilfe vorzusehen. Hinzu kommt, dass die Fürsorgepflicht selbst eine Einbeziehung von Wahlleistungsentgelten in die Beihilfe nicht gebietet, da lediglich die medizinische Vollversorgung des Beamten oder seiner Angehörigen sicher gestellt werden muss. Da die unterschiedlichen Regelungen zur Beihilfefähigkeit von Wahlleistungen in den Ländern zudem auch mit der Kompetenzordnung des Grundgesetzes im Einklang stehen, sind sogar völlige Ausschlüsse von Wahlleistungen aus den Beihilfekatalogen mit der Verfassung vereinbar.[160]

b) Die Regelungen auf Bundesebene im Einzelnen

Im Folgenden werden nun die Rahmenbedingungen der Beihilfefähigkeit von Wahlleistungsentgelten am Beispiel der Bundesregelungen näher erörtert. Diese Vorschriften finden auch in einigen Bundesländern aufgrund einer ausdrücklichen Verweisung

[157] BVerfG NVwZ 2003, 720, 721; NJW 1991, 743; vgl. auch OVG Bremen ZBR 1995, 181 f.
[158] Ähnlich auch schon zur Einführung der 100%-Grenze: BVerfG NJW 1991, 743, 746.
[159] BVerfG NVwZ 2003, 720, 723 f.
[160] Vgl. auch BATTIS, § 79 BBG Rdnr. 20.

in den entsprechenden Landesgesetzen Anwendung (s. Mecklenburg-Vorpommern, Sachsen, Sachsen-Anhalt und Thüringen).

aa) Fürsorgepflicht des Dienstherrn gemäß § 79 BBG

Die Gewährung von Beihilfen ist nicht Teil der Besoldung und Versorgung des Beamten, sondern findet ihre Grundlage in der Fürsorgepflicht des Dienstherrn und ist damit eine die Alimentation ergänzende Hilfeleistung des Dienstherrn.[161] Dieser muss Vorkehrungen treffen, dass der amtsangemessene Lebensunterhalt des Beamten bei Eintritt besonderer finanzieller Belastungen durch Krankheits-, Pflege-, Geburts- oder Todesfälle nicht gefährdet wird.[162] Auf Bundesebene wird die Fürsorgepflicht des Dienstherrn durch § 79 BBG inhaltlich näher ausgestaltet, welcher bestimmt, dass »der Dienstherr im Rahmen des Dienst- und Treueverhältnisses für das Wohl des Beamten und seiner Familie, auch für die Zeit nach Beendigung des Beamtenverhältnisses, zu sorgen hat. Er schützt ihn bei seiner amtlichen Tätigkeit und in seiner Stellung als Beamter.« Damit enthält § 79 BBG unter anderem einen vermögensrechtlichen Anspruch des Beamten auf Besoldungs- und Versorgungsbezüge sowie die aus der Fürsorgepflicht abzuleitenden Ansprüche auf Beihilfen.[163] Die weitere Konkretisierung der Rahmenbedingungen für die Gewährung von Beihilfen erfolgt sodann in den Beihilfevorschriften, die als allgemeine Verwaltungsvorschriften gemäß § 200 BBG durch den Bundesinnenminister erlassen werden.[164]

bb) Nähere Ausgestaltung durch die Allgemeine Verwaltungsvorschrift für Beihilfen in Krankheits-, Pflege- und Geburtsfällen (Beihilfevorschriften-BhV)

(1) Anwendungsbereich der Vorschriften und Beihilfeberechtigung

Die Beihilfevorschriften finden Anwendung auf die Gewährung von Beihilfen in Krankheits-, Pflege- und Geburtsfällen, bei Maßnahmen zur Früherkennung von Krankheiten und bei Schutzimpfungen; die Beihilfen ergänzen in diesen Fällen die Eigenvorsorge, die aus den laufenden Bezügen zu bestreiten ist (§ 1 I BhV). Auf die Beihilfe besteht ein Rechtsanspruch (§ 1 III BhV). Sie wird auf Antrag gewährt (§ 17 I BhV).

---

[161] FÜRST/FÜRST, K § 79 BBG Rdnr. 38.

[162] BVerfG NVwZ 2003, 720, 721; NJW 1991, 743, 744.

[163] BATTIS, § 79 BBG Rdnr. 2.

[164] Die Beihilfevorschriften haben damit nicht die Qualität eines Gesetzes: vgl. FÜRST/FÜRST, K § 79 BBG Rdnr. 11 und 42.

Beihilfeberechtigt sind gemäß § 2 BhV Beamte und Richter (Nr. 1), Ruhestandsbeamte und Richter im Ruhestand sowie frühere Beamte und Richter, die wegen Dienstunfähigkeit oder Erreichens der Altergrenze entlassen worden oder wegen Ablaufs der Dienstzeit ausgeschieden sind (Nr. 2), Witwen und Witwer sowie die in § 23 Beamtenversorgungsgesetz genannten Kinder der in Nr. 1 und 2 bezeichneten Personen (Nr. 3). Berücksichtigungsfähig sind außerdem Angehörige der Beihilfeberechtigten (§ 3 BhV). Hierzu zählen der Ehegatte des Beihilfeberechtigten (Nr. 1), die im Familienzuschlag nach dem Bundesbesoldungsgesetz berücksichtigungsfähigen Kinder des Beihilfeberechtigten (Nr. 2) sowie die Mutter eines nichtehelichen Kindes des Beihilfeberechtigten.

(2) Voraussetzungen und Grenzen der Beihilfefähigkeit von Aufwendungen

Grundsätzlich beihilfefähig sind die Aufwendungen des Beihilfeberechtigten bzw. der berücksichtigungsfähigen Angehörigen aus Anlass einer Krankheit für die vor- und nachstationäre Krankenhausbehandlung nach § 115 a SGB V sowie die voll- und teilstationären Krankenhausleistungen nach dem Krankenhausentgeltgesetz und der Bundespflegesatzverordnung a. F., und zwar allgemeine Krankenhausleistungen (§ 2 II KHEntgG (§ 2 II BPflV a. F.)), Wahlleistungen, die sich unterteilen in gesondert berechnete wahlärztliche Leistungen (§§ 16 und 17 KHEntgG (§ 22 BPflV a. F.)), gesondert berechnete Unterkunft (§§ 16 und 17 KHEntgG (§ 22 BPflV a. F.)) und andere im Zusammenhang damit berechnete Leistungen (§ 6 I Nr. 6 BhV).

Dabei beurteilt sich die Beihilfefähigkeit im Einzelfall danach, ob die Leistungen dem Grunde nach notwendig, der Höhe nach angemessen und die Beihilfefähigkeit nicht ausdrücklich ausgeschlossen ist (§ 5 I 1 BhV). Es findet also wie im Bereich des KHEntgG (der BPflV a. F.) eine Begrenzung (hier der Kostenerstattung) auf ein angemessenes Entgelt statt. Im Rahmen der Erstattung von wahlärztlichen Leistungen ist zu beachten, dass sich die Beurteilung der Angemessenheit von Entgelten für ärztliche Leistungen ausschließlich nach dem Gebührenrahmen der Gebührenordnung für Ärzte beurteilt; soweit keine begründeten besonderen Umstände vorliegen, kann nur eine Gebühr, die den Schwellenwert des Gebührenrahmens nicht überschreitet, als angemessen angesehen werden (§ 5 I 2 BhV). Die Beihilfefähigkeit der Wahlleistung »Unterkunft« ist zudem auf die Höhe der Kosten eines Zweibettzimmers abzüglich eines Betrages von 14,50 Euro täglich beschränkt (§ 6 I Nr. 6 b) bb) BhV).[165] Ansonsten wird der Begriff der Angemessenheit in den Beihilfevorschriften nicht näher bestimmt.[166]

[165] Zudem setzt die beihilferechtliche Wirksamkeit einer Wahlleistungsvereinbarung voraus, dass sie vor der Leistungserbringung sowohl durch den Patienten als auch von einem Vertreter des Krankenhausträgers unterschrieben worden ist (OVG Koblenz NVwZ-RR 1999, 389; FÜRST/FÜRST, § 79 BBG Rdnr. 44).

[166] FÜRST/FÜRST, K § 79 BBG Rdnr. 41 d.

Geregelt ist lediglich, dass über die Notwendigkeit und die Angemessenheit die Festsetzungsstelle entscheidet[167]; sie kann hierzu Gutachten des Amts- oder Vertrauensarztes einholen. Von dem Beihilfeausschluss gemäß § 5 IV BhV werden Wahlleistungen allerdings ausdrücklich nicht erfasst. Da für die Bestimmung der Angemessenheit der ärztlichen (und zahnärztlichen Leistungen) auf die Gebührenordnungen verwiesen wird, ist zwar auch für die Angemessenheit der Entgelte der Wahlleistung »Unterkunft« die (gebührenrechtliche) Vorschrift des § 17 KHEntgG anzuwenden. Jedoch bringt dies hier keine weitere Konkretisierung, da auch diese Regelung lediglich den unbestimmten Rechtsbegriff der Angemessenheit verwendet.[168]

Da es sich bei der Beihilfe lediglich um eine die Eigenvorsorge ergänzende Leistung handelt, ist außerdem der Bemessungssatz zu berücksichtigen. Dies bedeutet, dass die Beihilfe sich nach einem Vomhundertsatz der beihilfefähigen Aufwendungen bemisst (Bemessungssatz) (§ 14 BhV). Der Bemessungssatz beträgt für Aufwendungen, die entstanden sind für den Beihilfeberechtigten nach § 2 I Nr. 1 sowie für den entpflichteten Hochschullehrer 50 %, den Empfänger von Versorgungsbezügen, der als solcher beihilfeberechtigt ist, 70 %, den berücksichtigungsfähigen Ehegatten 70 % und ein berücksichtigungsfähiges Kind sowie eine Waise, die als solche beihilfeberechtigt ist, 80 %. Der verbleibende Anteil der Aufwendungen muss vom Beihilfeberechtigten selbst durch eine private Krankenversicherung abgedeckt werden.[169]

Eine weitere Begrenzung der Beihilfen ergibt sich aus § 15 BhV. Danach darf die Beihilfe zusammen mit denen aus demselben Anlass gewährten Leistungen aus einer Krankenversicherung, einer Pflegeversicherung, auf Grund von Rechtsvorschriften oder arbeitsvertraglichen Vereinbarungen die dem Grunde nach beihilfefähigen Aufwendungen nicht übersteigen (sog. Kappungs- oder 100%-Grenze).[170] Dem Grunde nach beihilfefähig sind die Aufwendungen in tatsächlicher Höhe, für die im Einzelfall eine Beihilfe gewährt wird.

Zur Kostendämpfung soll es des Weiteren beitragen, dass die Festsetzungsstelle mit Personen oder Einrichtungen, die Leistungen erbringen oder Rechnungen ausstellen, mit Versicherungen oder anderen Kostenträgern sowie deren Zusammenschlüssen Verträge über Beihilfeangelegenheiten abschließen kann, wenn dies im Interesse einer wirtschaftlichen Krankenfürsorge liegt (§ 15 III BhV). Dabei sollen auch feste Preise

---

[167] Als Festsetzungsstellen entscheiden gemäß § 17 V BhV die obersten Dienstbehörden über die Anträge ihrer Bediensteten und der Leiter der ihnen unmittelbar nachgeordneten Behörden, (Nr. 1), die den obersten Dienstbehörden unmittelbar nachgeordneten Behörden über die Anträge der Bediensteten ihres Geschäftsbereichs (Nr. 2), die Pensionsregelungsbehörden über die Anträge der Versorgungsempfänger (Nr. 3).

[168] Siehe BVerwG ZBR 1994, 227 zur Frage, ob aus der Fürsorgepflicht ggf. ein Beihilfeanspruch abgeleitet werden kann, wenn die Auslegung einer Regelung in einer Gebührenordnung zweifelhaft ist und auch der Dienstherr vor Entstehung des Anspruchs seine Auffassung zu dieser Vorschrift nicht kundgetan hat.

[169] Vgl. FÜRST/FÜRST, K § 79 BBG Rdnr. 41 m.

[170] Zur Verfassungsmäßigkeit der Kappungsgrenze siehe: BVerfG NJW 1991, 743; FÜRST/FÜRST, K § 79 BBG Rdnr. 38 a, 41 n.

vereinbart werden, die deutlich unter den maßgeblichen Gebührensätzen und Höchstbeträgen liegen.

Schließlich ist zu beachten, dass eine Beihilfe nur gewährt wird, wenn die mit dem Antrag geltend gemachten Aufwendungen insgesamt mehr als 200 Euro betragen (§ 17 II BhV).

c) Übersicht über die Beihilfefähigkeit von Wahlleistungsentgelten in den einzelnen Bundesländern

Die beihilferechtlichen Regelungen in den einzelnen Bundesländern weichen zum Teil erheblich voneinander ab. Soweit (nicht-ärztliche) Wahlleistungsentgelte überhaupt noch beihilfefähig sind, wurden die Beihilfen in allen Bundesländern der Höhe nach auf die Kosten eines Zweibettzimmers begrenzt. Dem Grunde nach ist dort allerdings auch das Einbettzimmer weiterhin beihilfefähig.[171]

Im Folgenden wird ein kurzer Überblick über den gegenwärtigen Stand der Beihilfefähigkeit von Wahlleistungsentgelten in den einzelnen Bundesländern gegeben[172]:

1. Wahlleistungsentgelte sind von der Beihilfefähigkeit ausgenommen in: Berlin, Brandenburg, Bremen, Hamburg, Niedersachsen, Saarland und Schleswig-Holstein.
2. Die bundesrechtlichen Vorgaben wurden übernommen in Mecklenburg-Vorpommern, Sachsen, Sachsen-Anhalt und Thüringen. Demnach sind wie dargestellt wahlärztliche Leistungen grundsätzlich beihilfefähig sowie die gesondert berechnete Unterkunft bis zur Höhe der Kosten eines Zweibettzimmers abzüglich 14,50 Euro pro Tag.
3. In Baden-Württemberg und Rheinland-Pfalz sind Wahlleistungen nur noch beihilfefähig, wenn vorher eine Vereinbarung getroffen worden ist, dass der Beihilfeberechtigte einem monatlichen Abzug von 13 Euro von seinen Dienstbezügen zustimmt.
4. In Bayern sind gesondert berechnete wahlärztliche Leistungen abzüglich 25 Euro täglich beihilfefähig, die Kosten für eine gesondert berechnete Unterkunft höchstens 30 Tage bis zur Höhe der Kosten eines Zweibettzimmers abzüglich 14,50 Euro täglich.

---

[171] BVerwG ZBR 1992, 274.

[172] Siehe zu den landesrechtlichen Regelungen die Zusammenstellung bei: FÜRST/FÜRST, K § 79 BBG Rdnr. 67; VERBAND DER PRIVATEN KRANKENVERSICHERUNG E. V. Rechenschaftsbericht 2003, S. 39 ff. sowie in: DEUTSCHER BEAMTENWIRTSCHAFTSRING E. V., S. 143 ff.

5. In Hessen werden gesondert berechnete wahlärztliche Leistungen im Rahmen der Beihilfe erstattet; die Beihilfe für Kosten einer gesondert berechneten Unterkunft ist der Höhe nach auf die Kosten eines Zweibettzimmers abzüglich 16 Euro täglich begrenzt.
6. In Nordrhein-Westfalen sind wahlärztliche Leistungen für die Dauer von höchstens 30 Tagen abzüglich 10 Euro täglich beihilfefähig; die Kosten für eine gesondert berechnete Unterkunft und Verpflegung in einem Zweibettzimmers für höchstens 30 Tage abzüglich 15 Euro täglich.

d) Ergebnis

Zusammenfassend lässt sich festhalten, dass die Beihilfefähigkeit von Wahlleistungsentgelten auf Bundes- und Länderebene höchst unterschiedlich ausgestaltet ist, was jedoch mit der Verfassung im Einklang steht.[173] Die Gewährung von Beihilfen wird zwar aus der Fürsorgepflicht des Dienstherrn gegenüber den Beamten und deren Familienangehörigen abgeleitet (vgl. Art. 33 IV GG). Jedoch ist sie im Gegensatz zur Fürsorgepflicht selbst kein hergebrachter Grundsatz des Berufsbeamtentums, den der Gesetzgeber zu berücksichtigen hätte (Art. 33 V GG). Damit ist der Gesetzgeber nicht verpflichtet, weiterhin eine Erstattung von Wahlleistungsentgelten über die Beihilfe vorzusehen. Hinzu kommt, dass die Fürsorgepflicht selbst eine Einbeziehung von Wahlleistungsentgelten in die Beihilfe nicht gebietet, da lediglich die medizinische Vollversorgung des Beamten oder seiner Angehörigen sicher gestellt werden muss. Da die unterschiedlichen Regelungen zur Beihilfefähigkeit von Wahlleistungen in den Ländern zudem auch mit der Kompetenzordnung des Grundgesetzes im Einklang stehen, sind sogar völlige Ausschlüsse von Wahlleistungen aus den Beihilfekatalogen mit der Verfassung vereinbar.[174] Zwar muss der einzelne Beamte in denjenigen Bundesländern, in denen Wahlleistungsentgelte nunmehr nicht mehr beihilfefähig sind, falls er weiterhin eine Erstattung von Wahlleistungsentgelten wünscht, für sich und seine Familienangehörigen auch für diesen Anteil der Entgelte eine private Zusatzversicherung abschließen, deren Prämien er aus seinen laufenden Besoldungs- und Versorgungsbezügen bestreiten muss. Allerdings liegt darin kein Verstoß gegen die Grundrechte der Beihilfeberechtigten.[175]

Soweit Wahlleistungsentgelte auf Bundes- und Landesebene noch beihilfefähig sind, ist die zu gewährende Beihilfe der Höhe nach auf das Entgelt eines Zweibettzimmers

[173] Siehe BVerfG NVwZ 2003, 720 ff. zu einer derartigen Regelung im Land Berlin; bereits 1997 war eine vergleichbare Regelung des Landes Hamburg zum Ausschluss stationärer Wahlleistungen von der Beihilfefähigkeit beim BVerfG im Rahmen eines abstrakten Normenkontrollverfahrens anhängig geworden, das allerdings aufgrund der Unzulässigkeit des Kontrollantrags vom BVerfG in der Sache nicht entschieden wurde. Siehe hierzu: BVerfG NJW 1998, 589 f. Ebenso bereits: OVG Bremen ZBR 1980, 181 f.; a. A. noch BVerwG NJW 1992, 2371 ff.

[174] Vgl. auch BATTIS, § 79 BBG Rdnr. 20.

[175] BVerfG NVwZ 2003, 720.

beschränkt worden. Dem Grunde nach sind allerdings auch Wahlleistungsentgelte für Einbettzimmer beihilfefähig. Außerdem ist auch die Beihilfefähigkeit an die Notwendigkeit und Angemessenheit der Leistungen und Entgelte geknüpft, wenn auch die Beihilfevorschriften selbst das Angemessenheitskriterium nicht näher spezifizieren. Vielmehr obliegt die Beurteilung der Angemessenheit der Entgelte der jeweiligen Festsetzungsstelle. Diese Stellen sind des Weiteren dazu befugt, zur Kostendämpfung Verträge mit den Leistungserbringern abzuschließen, die eine wirtschaftliche Krankenfürsorge gewährleisten. Dabei sollen auch feste Preise vereinbart werden, die deutlich unter den maßgeblichen Gebührensätzen und Höchstbeträgen liegen (§ 15 III 2 BhV).

Teil C

Das »Angemessenheitskriterium«

III. Gang der folgenden Untersuchung

Die Erbringung (nicht-ärztlicher) Wahlleistungen ist nicht lediglich an formale Kriterien gebunden. Vielmehr bildet die Regelung zur Angemessenheit der für Wahlleistungen zulässigen Entgelte den Kern der Regelung des KHEntgG sowie bereits der früheren Vorschrift der BPflV 1997. Daher wird im Folgenden zunächst die Entwicklung der Regelung von ihrer Einführung in die damalige BPflV im Jahr 1985 bis zur jetzigen Vorschrift im KHEntgG dargestellt, woran sich eine Einordnung der Rechtsnatur der Regelung anschließt. Von ganz besonderer Bedeutung ist sodann die inhaltliche Auslegung der Regelung, die über Jahre hinweg in Rechtsprechung und Literatur höchst umstritten gewesen ist. Hier wird auch darauf einzugehen sein, wie sich die Regelung in das frühere tagesbezogene Pflegesatzsystem der Krankenhausfinanzierung eingefügt hat und welche neuen Bedingungen die Umstellung der Krankenhausfinanzierung auf behandlungsfallbezogene Fallpauschalen mit sich bringt. Abschließend wird untersucht, inwieweit die Bindung der Wahlleistungsentgelte an das Angemessenheitskriterium in die Grundrechte der Krankenhausträger, vor allem deren Preissetzungsfreiheit als Bestandteil der Vertragsfreiheit, eingreift und ob dieser Eingriff mit der Verfassung im Einklang steht.

IV. Entwicklung der Angemessenheitsregelung

1. Bundespflegesatzverordnung 1985

Das Gebot der Angemessenheit wurde im Bereich der Wahlleistungen erstmals mit der Regelung des § 10 S. 1, 1. Hs. BPflV 1985[1] eingeführt. Die damalige Regelung lautete:

»Die Entgelte für Wahlleistungen nach § 7 müssen in einem angemessenen Verhältnis zu den Leistungen stehen; sie müssen mindestens die hierfür bei der Ermittlung der Selbstkosten des Krankenhauses abzuziehenden Kosten decken.«

Durch die Bezugnahme auf die auszugliedernden Selbstkosten (§ 13 BPflV 1985) ergab sich hier eine zulässige Untergrenze für die Entgeltbemessung. Diese war prozentual abhängig von den allgemeinen Pflegesätzen der Krankenhäuser.[2] § 13 III Nr. 8 BPflV 1985 enthielt Abschläge für Wahlleistungsentgelte bei Einbettzimmern von 30 % beziehungsweise 15 % bei Einbettzimmern, falls Zweibettzimmer zu den allgemeinen Krankenhausleistungen gehörten, und bei Zweibettzimmern von 10 %.

Die ursprünglich beschlossene Verordnung der Bundesregierung vom 8. Mai 1985 sah zudem in § 10 S. 2 BPflV 1985 eine besondere Begründungspflicht vor, soweit die Entgelte der Krankenhäuser für nicht-ärztliche Wahlleistungen die Mindestsätze nach § 10 S. 1, 2. Hs. i. V. m. § 13 III Nr. 8 BPflV 1985 um 15 % überstiegen. Dies hätte de-facto einem nicht begründungspflichtigen freien Gestaltungsspielraum von 15 % bezogen auf den Allgemeinen Pflegesatz entsprochen. Allerdings wurde dieser Satz 2 aufgrund eines Beschlusses des Bundesrats vom 05.07.1985[3] nicht in die endgültige Fassung der Bundespflegesatzverordnung übernommen. Zur Begründung führt der Beschluss aus, dass »eine Vorgabe bestimmter Prozentsätze für diesen Wahlleistungsbereich hinsichtlich der Angemessenheit der Entgelte nicht im Einklang mit der neuen, wesentlichen Zielrichtung des Krankenhaus-Neuordnungsgesetzes (stehe), nämlich die wirtschaftliche Eigenverantwortung des einzelnen Krankenhauses zu stärken. Darüber hinaus würden durch solche Prozentvorgaben marktwirtschaftliche Elemente im Krankenhauswesen abgebaut statt ausgebaut. Auch (bestehe) die Gefahr, dass vorgegebene Prozentsätze sich zu Regelsätzen entwickeln (könnten)«.[4]

[1] VO vom 21.08.1985 (BGBl. I S. 1666, 1669).
[2] ULEER/PATT, S. 57.
[3] Beschluss des Bundesrates (Anlage), BR-Drs. 224/85 C.
[4] Beschluss des Bundesrates (Anlage), BR-Drs. 224/85 C, S. 8.

2. Bundespflegesatzverordnung 1995

Mit der Bundespflegesatzverordnung 1995[5] wurde die Regelung in § 22 I 3, 1. Hs. BPflV überführt. Dort hieß es nunmehr: "Die Entgelte für Wahlleistungen müssen in einem angemessenen Verhältnis zu den Leistungen stehen."

Mit den Neuregelungen in der BPflV 1995 schaffte der Verordnungsgeber das Selbstkostendeckungsprinzip ab, koppelte die Kostenausgliederung für die Wahlleistungen an den neu eingeführten Basispflegesatz[6] beziehungsweise die entsprechenden Basiskosten und glich die Prozentsätze für die Ausgliederung wegen der geänderten Bezugsgröße an. Der neue Basispflegesatz enthielt im Gegensatz zum früher geltenden Allgemeinen Pflegesatz nur fiktive Kosten für Unterkunft und Verpflegung, nicht hingegen Kosten der medizinischen Behandlung. Bestand die allgemeine Krankenhausleistung in einer Unterbringung im Drei- oder Mehrbettzimmer, so erfolgte für die Wahlleistung der Einbettzimmerunterbringung ein Kostenabzug in Höhe von 65 % des Basispflegesatzes. Für die Unterbringung im Zweibettzimmer waren in diesem Fall 25 % des Basispflegesatzes abzuziehen. Bestand jedoch die allgemeine Krankenhausleistung bereits in einer Unterbrinung im Zweibettzimmer, so waren 35 % des Basispflegesatzes als fiktive Kosten für ein Einbettzimmer abzuziehen. Die Zweibettzimmerunterbringung war in diesem Fall allgemeine Regelleistung und damit nicht gesondert berechenbar.[7] Die im Vergleich zur alten Regelung höheren Prozentsätze führten allerdings nicht dazu, dass Krankenhäuser höhere Mindestentgelte für Wahlleistungen verlangen mussten. Aufgrund der Anbindung an eine geringere Bezugsgröße handelte es sich vielmehr um eine Senkung der Kostenausgliederung, was zu einer realen Kostenentlastung der Krankenhäuser von ca. 20 % geführt hat. Diese Absenkung erfolgte in der Erwartung, dass die Krankenhäuser die niedrigeren Kosten gerade über gesenkte Preise für Wahlleistungen an die Patienten und Versicherer weitergeben würden.[8]

Ergänzend sei darauf hingewiesen, dass die ursprüngliche Fassung der BPflV 1995 vom 28.04.1994 noch einen Ausgliederungsprozentsatz von 75 % bei Einbettzimmern vorsah, der jedoch vom Bundesrat auf 65 % herabgesetzt wurde. Diese zusätzliche Absenkung der Kostenausgliederung sollte nach der Begründung des Bundesrats die Krankenhausträger noch stärker finanziell entlasten und ihnen eine wesentliche Einnahmequelle zur Finanzierung von zusätzlichen Investitionen sowie zur Deckung von Betriebsverlusten belassen.[9]

[5] VO vom 26.09.1994 (BGBl. I 1994, S. 2750).

[6] Siehe zur inhaltlichen Ausgestaltung des Basispflegesatzes die näheren Erläuterungen in Fußnote 138 auf Seite 124.

[7] ULEER/MIEBACH/PATT, § 7 BPflV S. 185.

[8] BR-Drs. 381/94, S. 30.

[9] BR-Drs. 381/94, S. 4.

3. 2. GKV-Neuordnungsgesetz vom 30.06.1997

Mit dem 2. GKV-Neuordnungsgesetz[10] wurde in § 22 I 5 BPflV die Verbandsklagemöglichkeit für den PKV-Verband e. V. geschaffen und zugleich die Formulierung der Angemessenheitsklausel negativ gefasst. Sie lautete seitdem:

»Die Entgelte für Wahlleistungen dürfen in keinem unangemessenen Verhältnis zu den Leistungen stehen.«

Mit der Umstellung der Formulierung sollte nach der Gesetzesbegründung das Gebot der Angemessenheit der Entgelte für Wahlleistungen, insbesondere bei Ein- und Zweibettzimmerzuschlägen, stärker betont werden.[11] Hierbei handelte es sich jedoch nur um eine sprachliche Betonung und nicht um eine Rechtsänderung. In der Sache besteht zwischen den Formulierungen auch nach Ansicht des BGH kein Unterschied.[12]

4. Änderung des Anwendungsbereichs der BPflV und Überführung der Wahlleistungs-Regelungen in das neue Krankenhausentgeltgesetz

Durch das Fallpauschalengesetz[13] änderte sich der Anwendungsbereich der BPflV, wie oben bereits dargestellt worden ist.[14] Im Wesentlichen findet die BPflV nun nur noch auf Leistungen psychiatrischer Krankenhäuser und psychiatrischer Abteilungen an Akutkrankenhäusern Anwendung.

Das Angemessenheitskriterium wurde allerdings auch in das neu geschaffene Krankenhausentgeltgesetz überführt, wobei der Wortlaut unverändert geblieben ist. Er lautet demnach weiterhin:

»Die Entgelte für Wahlleistungen dürfen in keinem unangemessenen Verhältnis zu den Leistungen stehen« (§ 17 I 3 KHEntgG).

Erhebliche Änderungen ergeben sich allerdings hinsichtlich der Bemessung des angemessenen Entgelts und damit der inhaltlichen Auslegung der Vorschrift, da die vom

---

[10] G vom 30.06.1997 (BGBl. I 1997, 1520 ff.).

[11] BT-Drucksache 13/6087, S. 35.

[12] BGH NJW 2001, 892; DIETZ/BOFINGER, § 22 BPflV S. 369 oben; vgl. zur Diskussion auch LG Hannover NZS 2000, 90 f.

[13] G vom 23.04.02 (BGBl. I S. 1412, 1420).

[14] Siehe hierzu bereits die Ausführungen in Kapitel 1. ab Seite 9.

BGH[15] gewählte Bezugsgröße des Basispflegesatzes bei der Umstellung der Krankenhausentgelte von tagesbezogenen Pflegesätzen auf behandlungsfallbezogene Fallpauschalen entfallen ist. Das neue Entgeltsystem sowie die sich daraus ergebenden Konsequenzen für nicht-ärztliche Wahlleistungsentgelte werden daher im Zusammenhang mit der inhaltlichen Auslegung der Angemessenheitsnorm näher erläutert.[16]

[15] Siehe zur Auslegung der Angemessenheitsregelung durch den BGH die ausführliche Darstellung der Rechtsprechung in Kapitel 2. ab Seite 92.

[16] Siehe hierzu die Ausführungen in Kapitel b) ab Seite 121.

V. Rechtliche Einordnung der Angemessenheitsregelung

Umstritten war und ist in Literatur und Rechtsprechung, welche Bedeutung der Angemessenheitsregelung der BPflV a. F. und somit auch der heutigen Vorschrift des KHEntgG zukommen soll. Das Meinungsspektrum reicht von einer Einordnung als bloße Ordnungsvorschrift mit Appellcharakter[1], der keine eigenständige Bedeutung zukomme, über die Interpretation als Verweisungsnorm auf entsprechende Vorschriften des bürgerlichen Rechts[2] bis hin zur hier von der Verfasserin favorisierten Verbotsgesetz mit eigenem Regelungsgehalt. Im Folgenden wird ein Überblick über den Meinungsstand gegeben.

1. Bloße Ordnungsvorschrift mit Appellcharakter oder zwingendes Verbotsgesetz?

Teilweise wird der Angemessenheitsregelung des § 17 I 3 KHEntgG (§ 22 I 3 BPflV a. F.) keine eigenständige Bedeutung zugesprochen. Vielmehr handele es sich lediglich um eine bloße Ordnungsvorschrift mit Appellcharakter.[3] So sage der Wortlaut der Angemessenheitsvorschrift nichts über deren rechtliche Qualifikation, zum Beispiel als Verbotsgesetz, aus; auch der Verordnungscharakter der Regelung lasse keine Aussage zu. Vielmehr seien Sinn und Zweck der Regelung maßgeblich. Fraglich sei insofern, ob die Norm tatsächlich wie ein Verbotsgesetz den entsprechenden Regelungsbereich der Vertragsfreiheit der Einzelnen entziehen solle. Denn das öffentliche Interesse an Wahlleistungen erschöpfe sich darin sicher zu stellen, dass die allgemeinen Krankenhausleistungen nicht beeinträchtigt und die Selbstkosten des Krankenhauses als Grundlage der Berechnung des Pflegesatzes nicht erhöht würden.[4] Die Höhe der Wahlleistungsentgelte unterliege hingegen nicht dem öffentlichen Interesse, sondern weiterhin dem Willen der Vertragsparteien. Auch die historische Auslegung stütze diese Auffassung,

[1] BREITMEIER et al./WAGENER Düsseldorfer Kommentar, 2. Auflage, § 22 BPflV S. 403.

[2] LG Hannover NZS 2000, 90, 92; LG Kiel das Krankenhaus 1993, 99; LG Duisburg F & W 1991, 213, 214; QUAAS PKR 1999, S. 43.

[3] BREITMEIER et al./WAGENER Düsseldorfer Kommentar, 2. Auflage, § 22 BPflV S. 403.

[4] Dies sei der Entscheidung des BGH vom 9.11.1989 (NJW 1990, 761) zu entnehmen.

da der Gesetzgeber mit der Angemessenheitsvorschrift den Bereich der Wahlleistungsentgelte nicht der Vertragsfreiheit habe entziehen wollen, sondern gerade »zur Stärkung marktwirtschaftlicher Elemente im Bereich der Krankenhauswahlleistungen auf die Eigenverantwortlichkeit der Vertragsparteien« gesetzt habe.[5]

Richtig ist, dass der Wortlaut der Regelung tatsächlich keine konkrete Aussage dazu trifft, welche Rechtsfolgen bei einem Verstoß gegen die Angemessenheitsvorschrift eintreten sollen. Jedoch interpretiert die genannte Auffassung den Sinn und Zweck der Regelung zu eng und zu einseitig. So dient die Angemessenheitsvorschrift über die angeführten Ziele hinaus vor allem auch dem Patientenschutz. Sie soll den Krankenhauspatienten vor überhöhten Entgeltforderungen des Krankenhauses schützen[6] und damit einen Ausgleich zur einseitigen Festlegung der Wahlleistungsentgelte durch den Krankenhausträger bieten.[7] Denn wie bereits dargestellt wurde, ist das Krankenhaus aus Rechtsgründen daran gehindert, die Höhe der Wahlleistungsentgelte einer individuellen Vereinbarung zu überlassen (vgl. den Gleichbehandlungsgrundsatz gemäß §§ 17 I 1i. V. m. 2 Nr. 4 KHG und § 2 I KHEntgG).[8] Um einen hinreichenden Schutz des Patienten zu gewährleisten, genügt es daher nicht, in der Angemessenheitsvorschrift lediglich einen – unverbindlichen – Appell zu erblicken. Vielmehr wird nur eine Interpretation als – zwingendes – Verbotsgesetz im Sinne des § 134 BGB der Schutzfunktion der Regelung gerecht.[9]

Allerdings führt ein Verstoß gegen diese Preisvorschrift des § 17 I 3 KHEntgG (§ 22 I 3 BPflV a. F.) nicht zur Unwirksamkeit des gesamten Vertrags wie die Verletzung der Formerfordernisse der Einhaltung der Schriftform sowie der Unterrichtungspflicht, sondern nur zur Teilnichtigkeit der Preisabrede (§ 134, 2. Hs. BGB)[10], so dass der zulässige Preis an Stelle des unzulässigen Vertragspreis wird.[11]

2. Bloße Verweisung auf allgemeine Vorschriften

Des Weiteren war in der Vergangenheit höchst umstritten, in welchem Umfang eine gerichtliche Kontrolle der Angemessenheit von Wahlleistungsentgelten gemäß § 17 I

[5] HERBOLD/HORSTMANN/KISSENKÖTTER, S. 176; dies entnehmen die Autoren der BR-Drs. 224/85, S. 8.

[6] BGH NJW 2001, 892, 893.

[7] ULEER/MIEBACH/PATT, § 22 BPflV S. 273; ULEER/PATT, S. 56 f.; vgl. auch MIERZWIAK/WITTIG, S. 211; ULEER, S. 384.

[8] Siehe hierzu bereits die Ausführungen in Kapitel bb) auf Seite 33.

[9] BGH NJW 2001, 892, 894; ULEER/MIEBACH/PATT, § 22 BPflV S. 273; ULEER/PATT, S. 56 f.; vgl. auch MIERZWIAK/WITTIG, S. 211; ULEER, S. 384; a. A. HERBOLD/HORSTMANN/KISSENKÖTTER, S. 175 f.; offen gelassen, aber eher skeptisch: OLG Schleswig-Holstein das Krankenhaus 1999, 311.

[10] BGH NJW 2001, 892, 894; ULEER/MIEBACH/PATT, § 22 BPflV S. 273 ff.

[11] BACH/MOSER/BÜSKEN, Nach § 1 MBKK Rdnr. 119; siehe hierzu allgemein auch PALANDT/HEINRICHS, § 134 BGB Rdnr. 2.

3 KHEntgG (§ 22 I 3 BPflV a. F.) zulässig sein sollte. Ausgangspunkt der Überlegungen war die grundsätzliche Vertragsfreiheit der Parteien nach Art. 2 I GG. Diese verbietet prinzipiell eine Überprüfung von Leistung und Gegenleistung; die Hauptleistungspflichten sollen vielmehr von den Vertragsparteien frei vereinbart werden können.[12] Über mögliche Grenzen der Vertragsfreiheit im Bereich der Wahlleistungsentgelte bestand jedoch erhebliche Uneinigkeit.

a) Sittenwidrigkeits- und Wucherkontrolle

Die Rechtsprechung[13] und Teile der Literatur[14] prüften in der Vergangenheit, also noch bevor die Leitentscheidung des BGH am 4.8.2000 ergangen war, Wahlleistungsentgelte lediglich unter Sittenwidrigkeits- und Wuchergesichtspunkten.

aa) Wucher gemäß § 138 II BGB

Das Angemessenheitskriterium des KHEntgG (bzw. der damaligen BPflV a. F.) wurde als Verweisung auf den allgemeinen Wuchertatbestand nach § 138 II BGB verstanden. Danach ist ein Rechtsgeschäft nichtig, durch das jemand unter Ausbeutung der Zwangslage, der Unerfahrenheit, des Mangels an Urteilsvermögen oder der erheblichen Willensschwäche eines anderen sich oder einem Dritten für eine Leistung Vermögensvorteile versprechen oder gewähren lässt, die in einem auffälligen Missverhältnis zu der Leistung stehen. Erforderlich ist demnach im objektiven Tatbestand ein auffälliges Missverhältnis zwischen Leistung und Gegenleistung. Auffällig ist ein Missverhältnis dabei in der Regel, wenn die vom Schuldner zu erbringende Leistung um 100 % oder mehr über dem Marktpreis liegt.[15] Auf der subjektiven Seite muss außerdem hinzutreten, dass der Wucherer die beim anderen Teil bestehende Schwächesituation ausgebeutet hat.[16]

Die Annahme von Wucher im Rahmen der nicht-ärztlichen Wahlleistungsentgelte scheiterte an beiden genannten Tatbestandsvoraussetzungen. Da die in diesem Rahmen erforderliche objektive Überschreitung des üblicherweise verlangten Entgelts um mehr als 100 % nicht erreicht wurde, hielten die (unterinstanzlichen) Gerichte auch (nach den später vom BGH entwickelten Kriterien) weit überhöhte Wahlleistungsentgelte für zulässig und entsprechende Vereinbarungen hatten Bestand.[17] Auch der subjektive Tatbestand konnte nicht bejaht werden. Zwar ist es nicht ausgeschlossen,

[12] ELFES das Krankenhaus 1983, S. 386.
[13] LG Hannover NZS 2000, 90, 92; LG Kiel das Krankenhaus 1993, 99; LG Duisburg F & W 1991, 213, 214.
[14] U. a. QUAAS PKR 1999, S. 43.
[15] PALANDT/HEINRICHS, § 138 BGB Rdnr. 67.
[16] PALANDT/HEINRICHS, § 138 BGB Rdnr. 69.
[17] LG Hannover NZS 2000, 90, 92; LG Kiel das Krankenhaus 1993, 99; LG Duisburg f & w 1991, 213, 214.

die erhebliche Schwächesituation des Patienten aufgrund seiner krankheitsbedingten Unterlegenheit anzunehmen. Jedoch fehlt es auf Seiten der Krankenhäuser an einem Ausbeuten dieser Lage.

bb) Sittenwidriges Rechtsgeschäft gemäß § 138 I BGB

Ebenso wurde die Annahme eines sittenwidrigen Verhaltens bzw. ein wucherähnlichen Rechtsgeschäfts im Sinne von § 138 I BGB von Krankenhäusern, die (weit) überhöhte Entgelte verlangten, abgelehnt. Sittenwidrig ist ein Rechtsgeschäft nach allgemeiner Meinung, wenn es gegen das Anstandsgefühl aller billig und gerecht Denkenden verstößt.[18] Über § 138 I BGB wirkt damit auch das im Grundgesetz verkörperte Wertesystem in das Privatrecht ein, wobei insbesondere das Sozialstaatsprinzip (Art. 20 I, 28 I GG) zu den Rechtsgrundsätzen gehört, die den Rechtsbegriff der guten Sitten mitbestimmen. In der Rechtsprechung ist daher der Grundsatz anerkannt, dass dem Missbrauch wirtschaftlicher Macht entgegenzuwirken ist, so dass Verträge mit § 138 I BGB unvereinbar sind, die einen der Vertragspartner ungewöhnlich stark belasten und das Ergebnis strukturell ungleicher Verhandlungsstärke sind.[19] Eine derartige gestörte Vertragsparität liegt im Fall der (nicht-ärztlichen) Wahlleistungsvereinbarungen vor.[20] Ist dann das Entgelt sittenwidrig überhöht, ist das Rechtsgeschäft im Ganzen nichtig. Eine Aufrechterhaltung mit angemessener Gegenleistung ist i. d. R. nicht möglich.[21] Nach der Rechtsprechung des BGH ist die Vereinbarung eines überhöhten Preises des Weiteren dann sittenwidrig im Sinne des § 138 I BGB, wenn sie auf der Ausnutzung einer Monopolstellung gegenüber einem Partner beruht, der auf den Geschäftsverkehr mit dem Monopolisten angewiesen ist.[22] Im Bereich der Erbringung von Wahlleistungen ist allerdings das Vorliegen einer Monopolstellung des Krankenhauses abzulehnen[23] – allenfalls kann von einer monopolähnlichen Situation des Krankenhauses gesprochen werden. Zudem ist der Patient im Bedarfsfall nicht notwendig auf eine gesonderte Unterbringung im Ein- oder Zweibettzimmer angewiesen, so dass kein Fall der Daseinsfürsorge vorliegt.[24]

Zu berücksichtigen ist darüber hinaus, dass auch im Rahmen der Sittenwidrigkeit ein subjektives Element hinzutreten muss. Ein auffälliges Missverhältnis zwischen Leistung und Gegenleistung allein führt nämlich nicht bereits zur Nichtigkeit; vielmehr

[18] So bereits RGZ 80, 221; BGHZ 10, 232; BGHZ 69, 297.
[19] BVerfG NJW 1994, 36 ff.; PALANDT/HEINRICHS, § 138 BGB Rdnr. 5.
[20] Siehe hierzu die Ausführungen in Kapitel (2) ab Seite 40.
[21] PALANDT/HEINRICHS, § 138 BGB Rdnr. 19 m. w. N.
[22] BGH NJW 1998, 3188, 3191; NJW 1976, 710, 711.
[23] LG Kiel das Krankenhaus 1993, 99 (zu § 315 III BGB).
[24] ROBBERS/WAGENER, S. 100.

müssen weitere sittenwidrige Umstände, etwa eine verwerfliche Gesinnung hinzutreten.[25] An diesem subjektiven Element fehlt es in beiden genannten Konstellationen bei der Vereinbarung über nicht-ärztliche Wahlleistungen, da kein bewusstes Ausnutzen einer wirtschaftlichen oder intellektuellen Überlegenheit zum eigenen Vorteil vorliegt.[26]

b) Billigkeitskontrolle nach § 315 BGB (analog)

Teilweise gingen und gehen Stimmen in der Literatur des Weiteren davon aus, dass die Vorschrift des § 17 I 3 KHEntgG (§ 22 I 3 BPflV a. F.) dem § 315 BGB nachgebildet sei. Sie halten daher die Angemessenheit von Wahlleistungsentgelten für gerichtlich kontrollierbar im Sinne von § 315 III BGB (analog).[27] Dies dürfte im Ergebnis zutreffend sein. Eine derartige gerichtliche Kontrollierbarkeit lässt sich allerdings auch direkt auf § 17 I 3 KHEntG (§ 22 I 3 BPflV a. F.) stützen, wie im Folgenden zu zeigen sein wird.

Dietz / Bofinger sprechen sich dafür aus, dass die Zivilgerichte im Rechtsstreit um die Unangemessenheit von Wahlleistungsentgelten im Einzelfall entsprechend § 315 III BGB das von einer bindenden Preisvorschrift (gemeint ist § 17 I 3 KHEntgG (§ 22 I 3 BPflV a. F.)) abweichende Wahlleistungsentgelt auf eine billige Höhe festzulegen hätten, da es sich auch hier für viele Menschen um Grundbedürfnisse handele, die sich in der oft schwersten Zeit ihres Lebens eine ihrem Lebensstil einigermaßen angemessene äußere Umgebung erkaufen wollten: zu einem angemessenen Preis. Dieser werde für die Patienten monopolartig festgelegt, so dass der Patient diesem Preis nur durch Verzicht ausweichen könne.[28]

Nach § 315 III BGB kann das Gericht zum Schutz vor Übervorteilung einer Partei eine billige, d. h. eine angemessene Leistung festsetzen, wenn die Leistungsbestimmung ausschließlich einer Vertragspartei überlassen war und deren Leistungsbestimmung nicht der Billigkeit entspricht. Dies setzt voraus, dass einer Partei vor Vertragsschluss durch die andere Partei ein einseitiges Leistungsbestimmungsrecht eingeräumt worden ist (§ 315 I BGB). So wird vertreten, dass diese Voraussetzung bereits dann gegeben sei, wenn nach dem übereinstimmenden Willen der Beteiligten eine Partei Art und Umfang und die wesentlichen Leistungsmodalitäten bestimmen solle. Bei der Wahlleistungsvereinbarung legt das Krankenhaus einseitig Vertragsbedingungen fest, da es den genauen Inhalt der Krankenhausleistung, Lage, Größe und Ausstattung des Zimmers sowie weitere Komfortelemente festlegt. Da der Patient keinen Einfluss auf

---

[25] BGHZ 80, 156; NJW 1957, 1274; PALANDT/HEINRICHS, § 138 BGB Rdnr. 34.

[26] OLG Schleswig-Holstein das Krankenhaus 1999, 311, 312.

[27] MIERZWIAK/WITTIG, S. 211 f.; DIETZ/BOFINGER, § 22 BPflV S. 370; ULEER/PATT, S. 58; mit einschränkenden Erwägungen ULEER/MIEBACH/PATT, § 22 BPflV S. 256 f.

[28] DIETZ/BOFINGER, § 22 BPflV S. 370.

die Bestimmung dieser Leistungen nehmen kann, scheint eine auf § 315 III BGB analog gestützte Billigkeitskontrolle des Verhältnisses von Leistung und Gegenleistung in diesem Fall vertretbar. Zutreffend ist dabei die Aussage, dass dort, wo die Billigkeit überprüft wird, auch der Preis überprüft wird.[29]

Im Bereich der Vereinbarung von Wahlleistungen fehlt es allerdings an einer nachträglichen Leistungsbestimmung durch eine Partei, da Wahlleistungsvereinbarungen zwar ein Krankenhaustarif zugrunde liegt, der einseitig vom Krankenhaus vorgegeben wird. Dieser Tarif steht allerdings schon vor Abschluss der Wahlleistungsabrede fest, so dass er Bestandteil des Vertrags ist und gerade nicht nachträglich festgelegt wird. Eine erst nachträgliche Festsetzung stünde vielmehr im Widerspruch zur Regelung des § 17 KHEntgG (§ 22 BPflV a. F.), nach welcher dem Patienten bereits vor Abschluss der Wahlleistungsabrede die Entgelte mitzuteilen sind, und ist daher rechtswidrig. Es liegt somit keine einseitige, nachträgliche Leistungsbestimmung im Sinne von § 315 I BGB vor.[30] Damit kommt eine Anwendung der Regelung des § 315 III 2 BGB prinzipiell nur analog in Betracht. Allerdings fehlt es nach Auffassung der Verfasserin an einer für eine Analogie erforderlichen planwidrigen Regelungslücke, da es gerade die Vorschrift des § 17 KHEntgG gibt, auf die auch direkt die gerichtliche Kontrolle gestützt werden kann.

c) Gerichtliche Inhaltskontrolle nach den Vorschriften zu allgemeinen Geschäftsbedingungen

Außerdem wird in der Literatur eine Anwendung der Vorschriften zu allgemeinen Geschäftsbedingungen diskutiert.[31] Da das Krankenhaus seine Entgelte für Wahlleistungen dem Patienten mittels eines vorformulierten Krankenhaustarifs vorlegt, kann grundsätzlich auch eine Überprüfung der Angemessenheit der Entgelte anhand der Vorschriften zu allgemeinen Geschäftsbedingungen, also §§ 305-310 BGB, in Betracht kommen. Diese Vorschriften gäben auch den Rahmen für eine gerichtliche Überprüfung vor.

Bei Wahlleistungsvereinbarungen in Verbindung mit dem entsprechenden Krankenhaustarif handelt es sich um für eine Vielzahl von Verträgen vorformulierte Vertragsbedingungen, die das Krankenhaus dem Patienten einseitig vorgibt. Daher sind die Vorschriften zu allgemeinen Geschäftsbedingungen grundsätzlich anwendbar.[32]

---

[29] So MIERZWIAK/WITTIG, S. 211; vgl. auch ULEER/PATT, S. 58.

[30] HERBOLD/FISCHBACH/KISSENKÖTTER, S. 492 f.; HERBOLD/HORSTMANN/KISSENKÖTTER, S. 177; HORSTMANN, S. 78; ähnlich ELFES f & w 1990, S. 393; OLG Schleswig-Holstein das Krankenhaus 1999, 311, 312; AG Duisburg F & W 1991, 213, 214.

[31] ELFES f & w 1990, S. 393; HERBOLD/FISCHBACH/KISSENKÖTTER, S. 493; HERBOLD/HORSTMANN/KISSENKÖTTER, S. 177; HORSTMANN, S. 79; ULEER/PATT, S. 58; MIERZWIAK/WITTIG, S. 212.

[32] ELFES f & w 1990, S. 393.

Allerdings sind nach den Regelungen zu allgemeinen Geschäftsbedingungen Klauseln nicht kontrollierbar, die unmittelbar den Inhalt von Leistung und Gegenleistung betreffen (§ 307 III BGB). Gerade Tarife in AGB als sogenannte Preisklauseln gehören zu diesen nicht kontrollierbaren Klauseln.[33] Um eine derartige Preisvorschrift im Sinne von § 307 III BGB, die nicht nach den Grundsätzen für allgemeine Geschäftsbedingungen kontrollierbar ist, handelt es sich bei der Angemessenheitsregelung des KHEntgG (der BPflV a. F.).[34]

3. Eigenständige gerichtliche Preiskontrolle nach § 17 I 3 KHEntgG selbst

Es spricht allerdings Einiges dafür, dass es sich bei der Angemessenheitsregelung gemäß § 17 I 3 KHEntgG (§ 22 I 3 BPflV a. F.) um eine eigenständige Regelung handelt, deren inhaltliche Bestimmung sich aus einer Gesamtwürdigung der krankenhausrechtlichen Vorschriften ergibt, und die als lex specialis gegenüber den allgemeinen Regelungen des bürgerlichen Rechts zu behandeln ist.

Zwar trägt eine nähere Untersuchung des Wortlauts zu dieser Interpretation in der Tat, wie auch in der Literatur vertreten wird[35], nichts bei. Jedoch sind hier Sinn und Zweck der Beschränkung der Preissetzungsfreiheit der Krankenhäuser maßgeblich. So wurde oben im Rahmen der Erörterungen der Besonderheiten des Krankenhaus-Patienten-Verhältnisses[36] bereits dargestellt, dass es sich bei der Vereinbarung von Wahlleistungen einerseits um privatautonome Vereinbarungen handelt, in deren Rahmen es den Parteien grundsätzlich frei steht, den Vertragsinhalt nach ihrem Gutdünken festzulegen. Andererseits ist der »Krankenhausmarkt« mit einem sonstigen freien Markt, auf dem sich der Preis einer Leistung durch Angebot und Nachfrage bestimmt, nicht vergleichbar. Denn gerade die Erbringung von Wahlleistungen unterliegt ihren eigenen Gesetzmäßigkeiten. Zwar gibt es im täglichen Leben viele Situationen, in denen der Nachfrager, hier also der Patient, den Preis einer Leistung wie im vorliegenden Fall der einseitigen Preisfestsetzung durch den Krankenhausträger nicht beeinflussen kann. Zu nennen sind hier die Beispiele des Lebensmittelhandels oder der Buchpreisbindung. Allerdings stellt sich die Situation im Krankenhaus deswegen anders dar, weil der Patient dort nicht ohne weiteres auf andere Anbieter der Leistung ausweichen kann. Denn regelmäßig ist er aufgrund der medizinischen Angebote auf ein bestimmtes Krankenhaus angewiesen. Der gesetzlich krankenversicherte Patient hat zudem keine Wahlfrei-

[33] ULMER et al./BRANDNER, § 8 AGBG Rdnr. 5.

[34] A. A. ULEER/PATT, S. 58.

[35] Vgl. BREITMEIER et al./WAGENER Düsseldorfer Kommentar, 2. Auflage, § 22 BPflV S. 403; HERBOLD/HORSTMANN/KISSENKÖTTER, S. 176.

[36] Siehe hierzu bereits die Ausführungen in Kapitel a) ab Seite 32.

heit, weil er von seinem Vertragsarzt in eine konkrete Klinik eingewiesen wird. Hinzu kommt, dass der Patient dem Krankenhausträger strukturell unterlegen und daher in besonderem Maße schutzbedürftig ist. Schließlich wird der »Wahlleistungsmarkt« dadurch beeinflusst, dass die Wahlleistungsentgelte teilweise von privaten Krankenversicherungen getragen werden. In diesen Fällen treffen die versicherten Patienten keine Preisentscheidungen mehr, weil sie die Entgelte nicht selbst bezahlen müssen. Der Markt kann sich damit auf einem hohen Niveau einpendeln, ohne dass die normalen Marktmechanismen greifen würden. Dies wirkt sich zu Lasten nicht versicherter Selbstzahler und zu Lasten der gesamten Versicherungsgemeinschaft aus, die die hohen Entgelte über ihre Prämien mitfinanzieren muss.

Es bedarf daher über die allgemeinen Regelungen des bürgerlichen Rechts (Bsp. Wucher gem. § 138 II BGB) hinaus, eines besonderen Schutzes des Wahlleistungspatienten durch spezialgesetzliche Regelungen. Eine solche Regelung stellt die Angemessenheitsvorschrift des § 17 I 3 KHEntgG dar. Wie im folgenden Kapitel zur inhaltlichen Bestimmung des angemessenen Wahlleistungsentgelts näher darzustellen sein wird, ist die Vorschrift des § 17 I 3 KHEntgG nämlich enger auszulegen als das allgemeine Wucherverbot; insbesondere ist kein auffälliges Missverhältnis zwischen Leistung und Gegenleistung erforderlich, sondern lediglich ein einfaches.[37] Im Gegensatz zur Sittenwidrigkeitskontrolle gemäß § 138 I BGB bedarf es zudem nicht der subjektiven Voraussetzungen dieser Vorschrift. Vielmehr wird eine Interpretation der Regelung des § 17 I 3 KHEntgG als eigenständige, zwingende Vorschrift den Erfordernissen des Patientenschutzes im Sinne eines Verbraucherschutzes am ehesten gerecht.[38] Sie berücksichtigt die monopolähnliche Stellung des einzelnen Krankenhauses sowie die besondere Situation des Patienten bei der Inanspruchnahme von Wahlleistungen und bildet damit eine verbindliche Preisbeschränkung für die Krankenhäuser[39], nicht bloß einen »Leitgedanken für deren Eigenverantwortlichkeit«.[40] So dienen die Vorschriften des KHEntgG zur Erbringung von Wahlleistungen entgegen einer in der Literatur vertretenen Auffassung nicht nur dazu, allgemeine Regelleistungen von Wahlleistungen abzugrenzen, um die Solidargemeinschaft nicht mit Kosten zu belasten, die nicht im Zusammenhang mit den primären Leistungen des Krankenhauses zur Daseinsvorsorge stehen, sondern stellen eine selbständige Schutzvorschrift zu Gunsten des Wahlleistungspatienten dar, auch wenn die Vorschrift des § 17 I 3 KHEntgG keine absolute Höhe angemessener Wahlleistungsentgelte beinhaltet.[41] Denn dieser nimmt die Wahlleistungen zwar nicht im Rahmen der Daseinsvorsorgeleistungen des Krankenhauses

---

[37] BGH NJW 2001, 892.

[38] A. A. ELFES f & w 1990, S. 394; HERBOLD/FISCHBACH/KISSENKÖTTER, S. 494; HERBOLD/HORSTMANN/KISSENKÖTTER, S. 177.

[39] Ähnlich MIERZWIAK/WITTIG, S. 211 f.

[40] So aber: ELFES f & w 1990, S. 394.

[41] BGH NJW 2001, 892, 893.

in Anspruch. Er bedarf allerdings trotzdem des Schutzes vor überhöhten Entgeltforderungen.

4. Ergebnis

Die Angemessenheitsregelung des KHEntgG stellt somit nicht lediglich eine Ordnungsvorschrift mit Appellcharakter dar, sondern ist ein zwingendes Verbotsgesetz im Sinne von § 134 BGB, auch wenn nach der Rechtsprechung des BGH ein Verstoß gegen das Angemessenheitsgebot nicht zur Nichtigkeit der gesamten Wahlleistungs(preis)abrede führt, sondern das überhöhte Entgelt lediglich auf ein angemessenes Maß herabgesetzt wird (siehe § 134 2. Hs. BGB). Dabei verweist die Angemessenheitsvorschrift nicht bloß auf Vorschriften des allgemeinen bürgerlichen Rechts, wie z. B. den Wucher- oder den Sittenwidrigkeitstatbestand (§ 138 I und II BGB), die Billigkeitskontrolle gemäß § 315 III BGB oder die Vorschriften zu allgemeinen Geschäftsbedingungen (§§ 305-310 BGB), sondern stellt eine eigenständige Regelung dar, deren Inhalt sich aus einer Gesamtwürdigung der krankenhausrechtlichen Vorschriften ergibt, wie im folgenden Abschnitt näher darzustellen sein wird.

VI. Inhaltliche Auslegung des Angemessenheitskriteriums

Im folgenden Kapitel ist zu klären, wie der unbestimmte Rechtsbegriff[1] des »nicht unangemessenen Entgelts« im Sinne des § 17 I 3 KHEntgG (§ 22 I 3 BPflV a. F.) inhaltlich zu bestimmen ist.

1. Vorüberlegung

Die angemessene Bemessung von Wahlleistungsentgelten hat schon seit Jahren insbesondere zwischen Leistungserbringern (Krankenhäusern / Deutscher Krankenhausgesellschaft) und Kostenträgern (Krankenkassen / PKV-Verband) zu Auseinandersetzungen geführt. Es herrschte weitgehend Uneinigkeit über die Auslegung und Rechtsnatur des Angemessenheitsbegriffs der BPflV a. F., die Einbeziehung der Selbstkosten des einzelnen Krankenhauses, den anzuwendenden Kalkulationsansatz sowie über die Reichweite der gerichtlichen Überprüfbarkeit der Wahlleistungsentgelte für Unterbringungsleistungen. Der PKV-Verband geht zudem seit Jahren davon aus, dass die Entgelte für Wahlleistungen im Bereich »Unterkunft« überhöht sind.[2]

In der Entscheidung des BGH vom 04.08.2000 wurden erstmalig konkrete Kriterien entwickeltDa die Gesetzesbegründung zur früheren Vorschrift des § 22 I 3 BPflV a. F. hinsichtlich der Auslegung der Angemessenheitsregelung unergiebig ist[3] und auch die Begründung zur neuen Vorschrift des § 17 I 3 KHEntgG keinen weiteren Aufschluss bringt[4], sollen hier die bereits vorliegenden Auffassungen aus Rechtsprechung und Literatur dargestellt werden, die allerdings zunächst noch das Wahlleistungsentgelt des § 22 I 3 BPflV im Rahmen der BPflV 1995/1997 mit dessen Einbettung in das damalige Krankenhausentgeltsystem im Blick hatten. Berücksichtigt wird außerdem ein Vergleich mit denjenigen Rechtsvorschriften, die der BGH in seiner Grundsatzentscheidung vom 04.08.2000 zur Auslegung herangezogen hat sowie darüber hinaus

---

[1] IGL Urteilsanmerkung zur Entscheidung des BGH vom 4.8.2000 (III ZR 158/99), S. 266; vgl. auch BVerwG NJW 1986, 1122; NVwZ 1990, 370; NJW 1995, 3135, 3136; BGH NJW 1988, 2117.

[2] Siehe z. B.: ULEER, S. 383.

[3] In der BT-Drs. 13/6087, S. 35 wird lediglich ausgeführt, dass durch die Änderung der Vorschrift das Gebot der Angemessenheit der Entgelte für Wahlleistungen, inbesondere Ein- und Zweibettzimmerzuschlägen, stärker betont werden solle.

[4] BT-Drs. 14/6893, S. 46.

mit den Vorschriften des SGB XI, die ebenfalls Regelungen zu angemessenen Unterkunftsentgelten enthalten.[5] Zu berücksichtigen ist allerdings, wie bereits mehrfach dargestellt wurde, dass der Bemessung eines Wahlleistungsentgelts nach der BGH-Rechtsprechung durch die Gesetzesänderungen im Zuge der Umstellung der Krankenhausfinanzierung auf behandlungsfallbezogene Pauschalentgelte (DRGs) teilweise die Grundlage entzogen worden ist, so dass diese zwar noch als Ausgangspunkt der nachfolgenden Überlegungen in Betracht kommt, jedoch in Bezug auf die Bemessung der »unteren Angemessenheitsgrenze« einer Anpassung bedarf.

Für die inhaltliche Auslegung der Regelung des § 17 I 3 KHEntgG (§ 22 I 3 BPflV a. F.) kommen insbesondere drei unterschiedliche Ansätze in Betracht: einerseits könnten die Kosten des einzelnen Krankenhauses, die diesem bei der Erbringung von Wahlleistungen entstehen, den maßgeblichen Ausschlag für die Angemessenheit des Wahlleistungsentgelts bilden; andererseits könnte auch der Marktpreis und damit ein Vergleichsentgelt aller vergleichbaren Krankenhäuser entscheidend sein. Abschließend könnte auch der Wert der Leistung für den Patienten als sog. »leistungsgerechtes Entgelt« maßgeblich sein.[6]

2. Zwei-stufiges Entgeltbemessungsmodell des BGH

In seiner Leitentscheidung vom 4.8.2000[7] hat der BGH ein zwei-stufiges Entgeltbemessungsmodell für die Wahlleistung »Unterkunft« entwickelt, das sich aus einer so genannten *unteren Angemessenheitsgrenze* und darüber hinaus abrechenbaren *Komfortelementen* zusammen setzt. Zu berücksichtigen ist jedoch, dass der BGH als Bezugsgröße für die untere Angemessenheitsgrenze den ehemaligen Basispflegesatz der BPflV a. F. verwendet hat, der im geltenden KHEntgG als Bezugsgröße nicht mehr zur Verfügung steht.

a) Einfaches Missverhältnis zwischen Leistung und Gegenleistung

Der BGH legt den Angemessenheitsbegriff der damaligen BPflV, die im Wortlaut mit dem nunmehr geltenden KHEntgG übereinstimmt, dahin gehend aus, dass ein unangemessenes Wahlleistungsentgelt bereits dann vorliegt, wenn ein *einfaches Missver-*

[5] Vgl. zu diesen Untersuchungsansätzen auch IGL Urteilsanmerkung zur Entscheidung des BGH vom 4.8.2000 (III ZR 158/99), S. 267.

[6] Einen ähnlichen Untersuchungsansatz verwendet *Igl*, wenn er die Aussage trifft, dass die »Bewertung eines Preis-Leistungs-Verhältnisses als angemessen (immer) einen Vergleich voraussetze, der zunächst – theoretisch – an zwei Vergleichskriterien anknüpfen könne: den Kosten (Selbstkosten), die dem Leistungserbringer entstehen, und dem geforderten Preis, oder dem durchschnittlich verlangten Preis für in etwa gleiche Leistungen und dem geforderten Preis« (DAHLEM et al./IGL, § 5 HeimG Rdnr. 21.).

[7] BGH NJW 2001, 892 ff.

hältnis[8] zwischen dem objektiven Wert der Leistung und dem hierfür zu entrichtenden Entgelt gegeben ist; die Höhe der Vergütung müsse insofern zum *objektiven Wert der Gegenleistung* in Beziehung gesetzt werden. Dabei führe jedoch nicht jede Überschreitung dieses objektiven Werts zur Unangemessenheit des verlangten Preises. Vielmehr verbleibe dem Krankenhaus bei der Festlegung der Vergütung ein gewisser Spielraum. Erst wenn dieser Spielraum überschritten werde und demzufolge ein Missverhältnis zwischen Leistung und Gegenleistung bestehe, verstoße die Preisgestaltung des Krankenhauses gegen § 22 I 3 BPflV a. F. (jetzt § 17 I 3 KHEntgG).[9] Zur Begründung seiner Auslegung stützt sich der BGH auf einen Vergleich mit den Regelungen des Heimgesetzes (HeimG) und des Wirtschaftsstrafgesetzes (WiStrG) zu angemessenen Entgelten. Zwar beträfen die genannten Vorschriften ganz unterschiedliche Regelungsbereiche. Jedoch lasse eine Gesamtschau erkennen, dass der Gesetz- und Verordnungsgeber die Unangemessenheit eines Entgelts regelmäßig als (einfaches) Missverhältnis zwischen Leistung und Gegenleistung verstehe und dass er dann, wenn dieses Missverhältnis eine besondere Qualität haben solle oder müsse, dies unter Verwendung des Begriffs »auffällig« zum Ausdruck bringe.[10]

b) Basispflegesatz als »wichtiger Indikator« für das angemessene Entgelt

Bemessungsgrundlage für den objektiven Wert der zu vergütenden Leistungen sei der jeweilige Basispflegesatz beziehungsweise die diesem zugrundeliegenden *Basiskosten* eines Krankenhauses für Unterkunft und Verpflegung (§ 22 I 3 i. V. m. § 7 II 2 Nr. 7 BPflV a. F. i. V. m. Abschnitt K6 Nr. 18 Spalte 4 der Leistungs- und Kalkulationsaufstellung des Krankenhauses (LKA)).[11] Da das Krankenhaus verpflichtet sei, diesen Betrag als Mindestentgelt zu erheben, sei das entsprechende Entgelt stets angemessen. Zugleich gewährt der BGH den Krankenhäusern über diesen Mindestbetrag hinaus einen Gestaltungsspielraum, den er mit ca. 20 % des Mindestbetrags beziffert. Bewege sich der Krankenhausträger innerhalb dieser Marge, habe der Patient näher darzulegen, warum das verlangte Entgelt gleichwohl unangemessen sei. Ein sogar noch über diesen 20prozentigen Spielraum hinausgehendes Entgelt könne das Krankenhaus allerdings nur verlangen, wenn die Zimmer ein höheres Unterkunftsniveau als andere Mehrbettzimmer aufwiesen, was das Krankenhaus darzulegen habe.[12]

---

[8] Anders noch die vorgenannte Instanzrechtsprechung, die ein »auffälliges Missverhältnis« verlangte.

[9] BGH NJW 2001, 892; dem BGH folgend nunmehr auch: OLG München MedR 2003, 48 ff.

[10] BGH NJW 2001, 892, 893.

[11] BGH NJW 2001, 892, 895; dem BGH folgend OLG München MedR 2003, 48, 49; an dieser Stelle ist allerdings keine einfache Übertragung der Rechtsprechung auf die neue Gesetzeslage nach § 17 I 3 KHEntgG möglich, da das neue Entgeltsystem keinen Basispflegesatz mehr beinhaltet.

[12] Problematisch könnte es allerdings sein, die vom BGH vorgegebenen Bemessungskriterien auch auf Behandlungsfälle anzuwenden, die sich bereits vor Inkrafttreten der BPflV 1995 ereignet haben, da der Basispflegesatz erst zum 01.01.1995 den Allgemeinen Pflegesatz abgelöst hat. Der BGH kann aber nicht so verstanden werden, dass er durch die Verwendung

Bei der Bewertung der vom Krankenhaus als Wahlleistung »Unterkunft« angebotenen Leistung soll es für die Angemessenheit vor allem auf die *Ausstattung, die Größe und die Lage des Zimmers* ankommen, wobei die *Kosten zu berücksichtigen* seien.[13] Bei der Ermittlung der nicht-ärztlichen Kosten, also der Unterkunfts- und Verpflegungskosten, sei zunächst vom Basispflegesatz nach § 13 III 1 BPflV a. F. auszugehen. Dieser umfasse vor allem die Kosten für Wasser, Energie, Heizung, Küche, Reinigungsdienste, Instandhaltung und Verwaltung. Dabei stelle sich die Kostensituation eines Krankenhauses bei den Mehrbettzimmern im Allgemeinen nicht wesentlich anders dar als bei den gesondert berechenbaren Ein- und Zweibettzimmern, so dass der *Basispflegesatz ein wichtiger Indikator* für die Höhe der Krankenhauskosten bei der Wahlleistung »Unterkunft« sein könne. Hieraus folgert der BGH, dass Krankenhäuser mit vergleichbar hohen Basispflegesätzen und vergleichbarem Wahlleistungskomfort zu ähnlich hohen Wahlleistungsentgelten gelangen müssten.[14]

Die Ankoppelung des Entgelts für die Wahlleistung »Unterkunft« an den Basispflegesatz sei dabei von der BPflV a. F. vorgesehen. Die Wahlleistungsentgelte müssten nämlich gemäß § 22 I 3, 2. Hs. BPflV a. F. mindestens die hierfür bei der Ermittlung der pflegesatzfähigen Kosten abzuziehenden Beträge abdecken. Dieser pauschal vorzunehmende Abzug ergebe nach § 7 II 2 Nr. 7 BPflV a. F. einen Betrag, der im Wesentlichen den Basispflegesatz als Bezugsgröße habe. Hieraus werde deutlich, dass es sich bei der Berücksichtigung der Kosten des Krankenhauses nur um die *fiktiven Kosten*, nicht jedoch um die tatsächlich entstehenden Kosten des Krankenhauses handeln könne.[15] Der objektive Wert der Wahlleistung »Unterkunft« könne daher in keinem Fall unter dem sich nach Maßgabe des § 22 I 3 2. Hs. i. V. m. § 7 II 2 Nr. 7 BPflV

---

des Begriffs »Basispflegesatz« eine Übertragung seiner Kriterien auf länger zurückliegende stationäre Krankenhausaufenthalte per se ausschließen will. Wie die Entstehungsgeschichte der Preisregeln für nicht-ärztliche Wahlleistungen gezeigt hat, besteht zwischen der ursprünglichen Ankoppelung der Wahlleistungsentgelte an die auszugliedernden Kosten nach § 13 BPflV 1985 und der Folgeregelung in § 7 II 2 Nr. 7 BPflV 1995 kein sachlicher Unterschied. Der BGH selbst stellt hierzu ausdrücklich fest, dass sich aus der Neufassung von § 22 I 3 BPflV 1995 gegenüber § 10 BPflV 1985 in der Sache kein Unterschied ergebe (BGH NJW 2001, 892). Die Grundsätze des BGH für die Beurteilung der »Unangemessenheit« von Wahlleistungsentgelten können deshalb auch auf Fälle übertragen werden, bei denen sich die Wahlleistungsentgelte noch am Allgemeinen Pflegesatz zu orientieren hatten.

Lediglich die Berechnungsvorgaben haben sich durch die Änderung der Bezugsgröße von Allgemeinem Pflegesatz zum Basispflegesatz geändert. Gleichwohl war auch in § 10 BPflV 1985 den Krankenhäusern ein Mindestentgelt entsprechend § 13 III Nr. 8 BPflV 1985 vorgeschrieben. Es muss daher insoweit der vom BGH aufgestellte Grundsatz gelten, dass dieses Entgelt stets angemessen ist. Auch ist den Krankenhausträgern bei § 10 BPflV 1985 ein Gestaltungsspielraum entsprechend dem jetzigen BGH-Urteil einzuräumen. Der BGH will durch diesen Gestaltungsspielraum gerade keinen exakten Preis vorgeben, sondern den Krankenhäusern Raum für eine autonome Preisgestaltung lassen (BGH NJW 2001, 892, 894).

Anhaltspunkte dafür, dass der BGH diesen Gestaltungsspielraum auf den seines Erachtens inhaltsgleichen § 10 BPflV 1985 nicht anwenden würde, sind nicht ersichtlich. Nicht eindeutig vorhersehbar ist allerdings, wie hoch der BGH bei § 10 BPflV 1985 den Gestaltungsspielraum ansetzen würde. Es wäre denkbar, dass er einen Betrag im Bereich von 15 % des Allgemeinen Pflegesatzes entsprechend der ursprünglich vorgesehenen Begründungsschwelle bei § 10 S. 2 BPflV zulassen würde. Auf eben diese 15 % haben auch die dem PKV-Verband nahe stehenden Autoren *Uleer* und *Patt* bei § 10 BPflV 1985 abgestellt (vgl. ULEER/PATT, S. 57 f. mit Verweis auf die zunächst vorgesehene Begründungspflicht).

[13] BGH NJW 2001, 892, 895; ebenso DIETZ/BOFINGER, § 22 BPflV S. 369.

[14] BGH NJW 2001, 892, 895.

[15] Vgl. hierzu auch die Aussage des BGH am Ende seiner Entscheidung: BGH NJW 2001, 892, 896.

a. F. ergebenden Mindestentgelt liegen. Hierfür sei unerheblich, ob die angebotenen Ein- oder Zweibettzimmer überhaupt gegenüber den sonstigen Mehrbettzimmern des Krankenhauses Komfortvorteile böten. Der die gesonderte Berechnung des Wahlleistungsentgelts rechtfertigende Umstand liege ausschließlich im Alleinsein bzw. in dem Vorzug, das Krankenzimmer nur noch mit einer Person teilen zu müssen.[16] Berücksichtige man den (oben bereits erwähnten) 20prozentigen Gestaltungsspielraum, so ergebe sich eine *untere Angemessenheitsgrenze* der Wahlleistungsentgelte in Höhe von 80 % bzw. 45 % des Basispflegesatzes bei Einbettzimmern, je nach dem, ob Zweibettzimmer bereits allgemeine Regelleistung sind oder nicht, und von 30 % bei Zweibettzimmern.[17]

c) Besondere Komfortelemente

Wolle das Krankenhaus jedoch ein über der unteren Angemessenheitsgrenze liegendes Entgelt abrechnen, so müsse es nachweisen, dass die angebotenen Ein- und Zweibettzimmer ein höheres Unterkunftsniveau als die Mehrbettzimmer aufwiesen. Berücksichtigungsfähig seien Qualitätsmerkmale wie beispielsweise eine eigene Sanitärzone mit Dusche und WC.[18] Der BGH regt insofern an, Standardmerkmale für die Einstufung eines Ein- oder Zweibettzimmers als Unterkunft mit »unterdurchschnittlichem, durchschnittlichem und (weit) überdurchschnittlichem Wahlleistungskomfort« heraus zu bilden und hierfür jeweils mittels einer Vom-Hundertsatzangabe zum Basispflegesatz – oder möglicherweise (vor allem im oberen Leistungsbereich bei Einbettzimmern) in festen Beträgen – allgemeine *Höchstpreise*[19] anzugeben. Dies sei allerdings nicht Aufgabe des Senats selbst.[20]

d) Kriterien nach der Gemeinsamen Empfehlung der DKG und des PKV-Verbands vom 26.7.2002

Am 26.7.2002 haben sich der PKV-Verband sowie die DKG erstmalig auf eine Gemeinsame Empfehlung zur Bemessung nicht-ärztlicher Wahlleistungsentgelte geeinigt, die auf der Grundlage der Entscheidung des BGH vom 4.8.2000 und den unterdessen erstellten gutachterlichen Stellungnahmen ein System zur Berechnung angemessener nicht-ärztlicher Wahlleistungsentgelte vorgeben.

---

[16] So auch DIETZ/BOFINGER, § 22 BPflV S. 368.

[17] BGH NJW 2001, 892, 895.

[18] Einblicke in das Angebot von Komfortelementen bieten BORGES/LÖHR/SCHMITZ, S. 606 ff., wobei allerdings die Grenze zu sonstigen nicht-ärztlichen Wahlleistungen fließend ist.

[19] Zu einer möglichen Festsetzung von Höchstpreisen anhand des vom PKV-Verband zur Diskussion gestellten Katalogs von 30 Wahlleistungselementen: BORGES/SCHMIDT, S. 237 ff.

[20] BGH NJW 2001, 892, 896.

Die inhaltlichen Regelungen der Entgeltbemessung zur Wahlleistung »Unterkunft« finden sich in drei Anlagen zur vertraglichen Vereinbarung.[21] Danach soll sich ein entsprechendes Entgelt im Sinne der Systematik des BGH in seiner Entscheidung vom 04.08.2000[22] aus einem Basispreis (Bezugsgröße Unterkunft)[23] und einem dazu zu addierenden Komfortzuschlag zusammensetzen; hierbei sollen einzelne Leistungsmerkmale pauschal bewertet werden.[24] Der Basispreis ist dabei ein prozentualer Anteil der individuell zu ermittelnden Bezugsgröße Unterkunft des jeweiligen Krankenhauses. Der prozentuale Anteil beträgt für ein Einbett-Zimmer 80 %, für ein Zweibettzimmer 30 % und für ein Einbett-Zimmer bei Regelleistungsstandard Zweibettzimmer 45 %. Mit diesem Basispreis wird lediglich das Alleinliegen im Einzelzimmer beziehungsweise das Zu-Zweit-Liegen im Zweibettzimmer abgerechnet.

Weitere Komfortelemente können hingegen entgelterhöhend geltend gemacht werden, soweit sie nicht auch im Bereich der Regelleistungszimmer angeboten werden. Um eine gewisse Standardisierung der Komfortelemente zu erreichen, werden in der zweiten Anlage detaillierte Angaben dazu gemacht, welche Leistungen als Komfortleistungen abrechnungsfähig sein können. Diese Leistungen trennen sich nach den Leistungsblöcken »Sanitärzone« (bis zu 12 Euro Zuschlag), »Sonstige Ausstattung« (bis zu 7 Euro Zuschlag), »Größe und Lage« (bis zu 13 Euro Zuschlag)[25], »Verpflegung« (bis zu 13 Euro Zuschlag) und »Service« (bis zu 11 Euro Zuschlag) auf, in denen wiederum die konkreten Einzelleistungen aufgeschlüsselt werden. Hierbei wird die konkrete Entgelthöhe von der Qualität der Leistung abhängig gemacht; bei besonders hohem Niveau der angebotenen Leistungen kann der Zuschlag zum Mindestentgelt damit bis zu 56 Euro betragen.

Jedes Krankenhaus soll nun anhand eines Fragebogens in einer »wirklichkeitsnahen Schätzung« eine Einstufung seines Leistungsspektrums vornehmen und dieses dem PKV-Verband vorlegen. Die DKG und der PKV-Verband gehen davon aus, dass im Regelfall ein mittleres Preisniveau angemessen sein wird. Für darüber hinaus gehende Entgelte haben die jeweiligen Krankenhäuser entsprechende Nachweise zu erbringen. Auch wurde der neueren Rechtsprechung des BGH[26] folgend in die Vereinbarung aufgenommen, dass eine Berechnung des Entlassungstags nicht in Betracht kommt.

---

[21] Veröffentlicht in: das Krankenhaus 2002, 728 ff.; siehe ausführlich zu der Empfehlung selbst auch die Darstellung in Kapitel c) auf Seite 157.

[22] BGH NJW 2001, 892 ff.

[23] Dieser liegt bundesweit durchschnittlich bei ca. 75 Euro, kann sich allerdings bei den jeweiligen Krankenhäusern erheblich unterscheiden (Information der Hildebrandt GesundheitsConsult GmbH: http://www.gesundheitsconsult.de/wlempfehlung.htm).

[24] Trefz PKR 2002, S. 57.

[25] Soweit ersichtlich können im Rahmen dieses Leistungsblocks unter dem Rechnungsposten »organisatorische Einheit« auch Investitionskosten geltend gemacht werden, die bei der Erstellung eines eigenen Wahlleistungstrakts entstehen.

[26] Beschluss des BGH vom 31.10.2002 in: NJW 2003, 209.

e) Zwischenergebnis

Der BGH hat in seiner Entscheidung ein Entgeltbemessungsmodell entwickelt, das seitdem in der Praxis Anwendung gefunden und sich insofern etabliert hat.

Das Urteil wird insofern zu Recht dafür gelobt, dass »die Handlungsspielräume der Beteiligten hinreichend berücksichtigt und nicht zu sehr eingeschränkt« worden sind. Zudem wird bereits diese Entscheidung in sozial- wie verbraucherpolitischer Hinsicht positive Auswirkungen haben.[27] Der BGH hat mit seinem zwei-stufigen Entgeltbemessungsmodell zu einer Präzisierung des Angemessenheitsbegriffs für nicht-ärztliche Wahlleistungsentgelte beigetragen, indem er den beteiligten Parteien erstmals konkrete Kriterien an die Hand gegeben hat, mit deren Hilfe die Entgeltbemessung für die Wahlleistung »Unterkunft« im Gegensatz zum früheren Vorgehen transparenter geworden ist. So ist insbesondere die Aufspaltung des Entgelts in eine »Bezugsgröße Unterkunft«, die den Standard des einzelnen Krankenhauses berücksichtigt und die so genannten Komfortelemente, die durch eine Aufschlüsselung wie nun nach den Vorgaben der Gemeinsamen Empfehlung nachvollziehbar werden, sehr unterstützenswert. Die hierdurch erreichte Transparenz der Entgeltgestaltung trägt bereits deutlich zum durch die Angemessenheitsregelung des KHEntgG (die BPflV a. F.) bezweckten Schutz des Patienten bei.

Es soll daher weitestgehend an diesem Modell festgehalten werden. Zu klären bleibt allerdings, wie im geltenden Krankenhausfinanzierungssystems die »untere Angemessenheitsgrenze« des Wahlleistungsentgelts bestimmt werden soll, wenn auf ein tagesbezogenes Entgelt wie den Basispflegesatz der BPflV a. F. nicht mehr Bezug genommen werden kann.

3. Erste Alternative: Die Kosten

Die erste Alternative der Auslegung des Angemessenheitskriteriums des KHEntgG (der BPflV a. F.) ist eine Entgeltbemessung, die auf den Kosten des einzelnen Krankenhauses basiert, die diesem durch die Erbringung der Wahlleistung »Unterkunft« entstehen.[28]

---

[27] IGL Urteilsanmerkung zur Entscheidung des BGH vom 4.8.2000 (III ZR 158/99), S. 268; ähnlich Patt, der die Entscheidung als »Meilenstein« bei der Auseinandersetzung um angemessene Entgelte für die Wahlleistung »Unterkunft« bezeichnet: PATT MedR 2000, S. 597.

[28] Für die Berücksichtigung von Selbstkosten der Krankenhäuser z. B. ULEER/PATT, S. 57; a. A. QUAAS PKR 1999, S. 44, der die Auffassung vertritt, dass das Wahlleistungsentgelt ein nicht an den Kosten ausgerichteter Preis sei.

a) Allgemein berücksichtigungsfähige Kosten

Fraglich ist in diesem Zusammenhang, welche Kosten überhaupt durch die Erbringung von nicht-ärztlichen Wahlleistungen, also primär durch die Zur-Verfügung-Stellung von Ein- oder Zweibettzimmern, entstehen können. Hierbei können nur diejenigen Kosten einbezogen werden, die eine Mehrleistung gegenüber den allgemeinen Regelleistungen des jeweiligen Krankenhauses darstellen, da letztere bereits über die allgemeinen Fallpauschalen abgegolten werden.

Zunächst könnten hier die Investitionskosten für entsprechende Wahlleistungs-Zimmer relevant sein. Dabei ist allerdings zu berücksichtigen, dass die Mehrzahl der Krankenhäuser nicht-ärztliche Wahlleistungen in gewöhnlichen Mehrbettzimmern anbietet, aus denen lediglich ein oder mehr Betten entfernt werden. Baukosten entstehen dem Krankenhaus somit nicht und können damit auch nicht in das Wahlleistungsentgelt einfließen.[29] Vielmehr werden die Investitionskosten im Rahmen der dualistischen Krankenhausfinanzierung von der öffentlichen Hand getragen (siehe § 4 Nr. 1 KHG). In diesem Fall können lediglich diejenigen Kosten angesetzt werden, die durch die verringerte Bettenzahl im Zimmer und den damit verbundenen Einnahmeausfall verursacht werden. Eigene Baukosten, im Sinne von Investitionskosten, können also nur dann entstehen, wenn einzelne Krankenhäuser spezielle Wahlleistungstrakte eigens für die Erbringung der Wahlleistung »Ein- oder Zweibettzimmer« errichten. Folgte man dem »Kosten-Ansatz«, so wären in der genannten Konstellation auch diese Errichtungs-Kosten im Rahmen der Wahlleistungsentgelte umlagefähig.[30]

Weitere Kosten können dem anbietenden Krankenhaus dadurch erwachsen, dass die Zimmer im Gegensatz zu allgemeinen Mehrbettzimmern größer sind. In diesem Fall entstehen höhere Reinigungs-, Heiz- und Instandhaltungskosten pro Patient als in den gewöhnlichen Mehrbettzimmern. Auch eine aufwändige Ausstattung verursacht zusätzliche Kosten bei der Anschaffung und späteren Instandhaltung der Gegenstände. Fraglich ist daher, inwieweit derartige Kosten im Rahmen der Wahlleistungsentgelte berücksichtigungsfähig sein können. Denn zu Recht wird teilweise darauf hingewiesen, dass durch besonders luxuriöse Aufwendungen nach oben unbegrenzte Kosten entstehen können.[31] Das LG Nürnberg-Fürth wirft deshalb die Frage auf, ob »mobile Ausstattungsgegenstände«, die sich nicht dauerhaft in einem Zimmer befinden, geson-

[29] LG Nürnberg-Fürth vom 20.11.2001 (Akz. 13 O 9878/98) (unveröffentlicht), S. 41, 47; ebenso bereits Zuck & Quaas in ihrem Rechtsgutachten vom 05.04.2001 für die DKG, S. 12; ähnlich auch LG München vom 6.9.2001 (Akz. 26 O 19881/98) (unveröffentlicht); zitiert bei: QUAAS/DIETZ f & w 2002, S. 77: »Investitionskosten, Grundstückskosten sowie eine Eigenkapitalverzinsung sind bei der Berechnung der Entgelte für die Wahlleistung »Unterkunft« nicht zu berücksichtigen«.

[30] Ähnlich QUAAS NJW 2001, S. 870 f.; TUSCHEN/QUAAS, § 22 BPflV S. 410.

[31] Nach Auffassung des LG Nürnberg-Fürth sind die *konkreten* Herstellungs- oder Anschaffungskosten nicht relevant. Zu berücksichtigen sei lediglich, ob überhaupt Kosten anfallen; eine exakte Anrechnung sei vielmehr nicht zu verlangen (LG Nürnberg-Fürth vom 20.11.2001 (Akz. 13 O 9878/98) (unveröffentlicht), S. 41, 47).

dert berechnet werden können.[32] Gegenstände wie Relaxsessel, Multifunktionscouchs oder Video- und Hi-Fi-Türme können eine *besondere Ausstattung* des Wahlleistungszimmers darstellen. Dann sind sie als Komfortvorteil zu berücksichtigen und können werterhöhend geltend gemacht werden, da für ihre Anschaffung Kosten entstanden sind, die nicht im Rahmen der dualen Krankenhausfinanzierung abgedeckt werden. Denn die genannten Gegenstände unterfallen nicht der Daseinsvorsorge. Jedoch sollte darauf geachtet werden, dass der Patient darauf hingewiesen wird, dass sich der entsprechende Zimmerpreis aufgrund dieser Gegenstände erhöht. Problematisch könnte es nämlich sein, dass dem Patienten über solche beweglichen Ausstattungsgegenstände Zusatzleistungen »aufgedrängt« werden, die das Entgelt für das eigentlich erwünschte »schlichte« Ein- oder Zweibettzimmer stark in die Höhe treiben können, ohne dass er auf die Ausstattung Einfluss nehmen kann. Eine Umlegung derartiger Kosten kommt daher nur dann in Betracht, wenn überhaupt ein Interesse der Wahlleistungspatienten an den entsprechenden Ausstattungsgegenständen besteht und sie daher bereit sind, auch die Aufwendungen über die Entgelte mitzutragen.

Nicht berücksichtigungsfähig im Rahmen des kosten-basierten Ansatzes ist allerdings der in der Vergangenheit weitgehend tolerierte Quersubventionierungseffekt mit Einnahmen aus Wahlleistungsentgelten.[33] Dort wurde vertreten, die im Rahmen von Wahlleistungen eingenommenen Entgelte seien zur Quersubventionierung und Finanzierung von allgemeinen Regelleistungen erforderlich, was die Höhe der Entgelte rechtfertige. Eine derartige Überlegung kann hier jedoch keine Rolle spielen, da die Finanzierungslücken, die mit den Wahlleistungsentgelten gestopft werden sollen, nicht durch die Erbringung der nicht-ärztlichen Wahlleistungen selbst entstanden sind, sondern durch die Erbringung der allgemeinen Regelleistungen.

Im Einzelnen hat sich ein betriebswirtschaftliches Gutachten im Auftrag des PKV-Verbands mit der Frage berücksichtigungsfähiger Kosten bei der Erbringung nichtärztlicher Wahlleistungen auseinander gesetzt, das im Folgenden kurz dargestellt werden soll.

b) Gutachterliche Stellungnahme zum kostengestützten Ansatz

Zu der Problematik der Bewertung von Wahlleistungen und daraus folgend einer leistungsgerechten Entgeltbemessung hat der PKV-Verband ein Gutachten[34] bei der Hildebrandt GesundheitsConsult GmbH eingeholt, das auf der Grundlage einer Fragebogen-gestützten Studie den aktuellen Stand (Oktober 2001) des Angebots an Wahlleistungen

---

[32] LG Nürnberg-Fürth vom 20.11.2001 (Akz. 13 O 9878/98) (unveröffentlicht), S. 46.

[33] So auch das OLG München MedR 2003, 48, 51; großzügiger noch der BGH in: NJW 2001, 892, 896.

[34] Gutachten zur Darstellung und Kalkulation der Kosten von Komfortleistungen im Krankenhaus für den PKV-Verband vom 23.10.2001, teilweise veröffentlicht in: Krankenhausumschau (KU) 2001, 1111 ff.

in Krankenhäusern verschiedener fachlicher Ausrichtungen analysiert und das Zustandekommen der Entgelte für die Wahlleistung Unterkunft transparenter machen soll. Die entsprechenden Daten sind später als maßgebliche Grundlage in die erste Gemeinsame Empfehlung des PKV-Verbands und der Deutschen Krankenhausgesellschaft[35] eingeflossen.

In ihrem Gutachten gehen die Verfasser davon aus, dass das Wahlleistungsentgelt sich primär über die dafür entstehenden Kosten errechnen solle. Hierbei wurde in die Überlegungen mit einbezogen, dass nur diejenigen Ausgaben im Rahmen des Wahlleistungsentgelts zu Buche schlagen können, die eine Mehrleistung gegenüber den allgemeinen Regelleistungen des jeweiligen Krankenhauses darstellen.

Die Gutachter haben ihre Untersuchung auf fünf Kernbereiche konzentriert, in deren Rahmen sie die jeweiligen anfallenden Einzelposten aufgeschlüsselt haben, um damit eine höhere Transparenz der einzelnen Preiselemente herzustellen. Sie orientierten sich bei der Auswahl der zu analysierenden Elemente an einem vom PKV-Verband erarbeiteten »Wahlleistungs-Katalog«, der sich aus dreißig Einzelposten zusammensetzt. Hiernach wurden die folgenden Gruppen von Komfortleistungen in der Studie berücksichtigt: die Sanitärzone, die sonstige Ausstattung des Krankenzimmers, die Größe und Lage des Zimmers, sowie die Verpflegung und ein vom Krankenhaus angebotener besonderer Service (z. B. täglicher Hand- und Badetuchwechsel, Tages- oder Programmzeitschrift, Berücksichtigung persönlicher Wünsche etc.). Im Rahmen dieser Komplexe wurde eine Erfassung der Einzelposten vorgenommen und unter Berücksichtigung der »tatsächlichen betriebsgewöhnlichen Nutzungsdauern« eine Beurteilung der Abschreibung durchgeführt. Danach fand eine Umlegung der Beträge auf den einzelnen Berechnungstag statt, so dass es grundsätzlich ermöglicht wurde, für jede Einzelleistung die tatsächlich anfallenden Kosten darzustellen.

Des Weiteren floss in die Begutachtung mit ein, dass den Krankenhäusern für die Erstellung der Wahlleistungstrakte bzw. -zimmer gegebenenfalls Investitionskosten entstehen (soweit nicht dieselben Zimmer, die für die Erbringung der allgemeinen Regelleistungen errichtet wurden, auch als Wahlleistungszimmer genutzt werden), die nicht im Rahmen der dualen Krankenhausfinanzierung abgedeckt werden, da es sich hier nicht um den Bereich der Daseinsvorsorge, sondern um Komfortaufwendungen handelt. In diesem Zusammenhang wurde eine umfassende Raumkostenkalkulation vorgenommen. Außerdem berücksichtigten die Gutachter Reinigungs-, Heiz- und Instandhaltungskosten und ermittelten einen Gemeinkostenzuschlag für anfallende Verwaltungskosten.

Da es sich bei dem von der Hildebrandt GmbH vorgelegten Gutachten nicht um eine juristische, sondern eine ökonomische Beurteilung handelt, legen sich die Gutachter

[35] Siehe hierzu Kapitel d) ab Seite 95.

allerdings bezüglich der Frage nicht fest, ob die von ihnen untersuchten Elemente tatsächlich als Wahlleistungen anzusehen sind oder im Einzelfall bereits als allgemeine Regelleistungen eingeordnet werden könnten. Die Untersuchung erhebt lediglich den Anspruch, als »betriebliche Kosten- und Leistungsrechnung nach betriebswirtschaftlichen Grundsätzen« einen Einblick in die tatsächlich anfallenden Kosten zu ermöglichen und damit für weitere Verhandlungen der Deutschen Krankenhausgesellschaft und des PKV-Verbands als Basis zu dienen.

Bemerkenswert an der Studie ist allerdings, dass sich auch bei einem umfangreichen Angebot an einzelnen Wahlleistungen, die beinahe dem Komfort eines Hotels gleich kommen, nur verhältnismäßig niedrige tatsächliche Kosten ergeben, die sich bei einzelnen Leistungen lediglich im Bereich von wenigen Euro-Cent bewegen.

c) Bewertung

Eine Bemessung nicht-ärztlicher Wahlleistungsentgelte, die allein auf den für deren Bereitstellung aufgewendeten Kosten basiert, birgt eine Reihe von Schwierigkeiten in sich.

Zwar könnte man annehmen, ein rein an den Kosten orientiertes Wahlleistungsentgelt sei für den Patienten günstig, da keinerlei Gewinnspannen für die Krankenhausträger berücksichtigt werden dürften und die Entgelte damit verhältnismäßig niedrig ausfallen könnten. Jedoch erweisen sich derartige Entgelte für die Krankenhausträger gegebenenfalls als so unattraktiv, dass sie in Erwägung ziehen könnten, Wahlleistungsangebote einzuschränken oder vollkommen einzustellen. Dies widerspräche ganz eindeutig den Patienteninteressen.

Auch bestehen bereits betriebswirtschaftlich erhebliche Differenzen zur Frage der Berechnung der ansetzbaren Kosten.[36] Zudem wären die Kosten auch von der jeweilig ansetzbaren Abschreibungszeit und Nutzungsauslastung eines Zimmers abhängig, was die sich ergebenden Entgelte völlig von den erbrachten Leistungen abkoppeln würde.

Des Weiteren spricht gegen eine an den Kosten ausgerichtete Auslegung des Angemessenheitskriteriums, dass unwirtschaftlich arbeitende Krankenhäuser unter Umständen sehr hohe Kosten verursachen, die ebenfalls in keinerlei Zusammenhang zu den Leistungen stehen. Müsste der Patient Entgelte begleichen, so würde die unwirtschaftliche Betriebsführung der Krankenhausträger geradezu belohnt.

Schließlich könnten Krankenhausträger, hielte man die Kosten für maßgeblich, Errichtungskosten für eigens gebaute »Wahlleistungstrakte« an den Patienten weitergeben.

[36] Vgl. z. B. HENTZE/KEHRES, S. 45 ff.

Für den Patienten spielt es jedoch keinerlei Rolle, so sein Wahlleistungszimmer ein im Rahmen der dualistischen Krankenhausfinanzierung durch das Land finanziertes allgemeines Mehrbettzimmer des Krankenhauses ist, das lediglich als Ein- oder Zweibettzimmer genutzt wird, oder ein speziell errichtetes. Für ihn zählt lediglich die Qualität des Angebots. Eine derartige Auslegung widerspräche damit eindeutig dem Schutz des Patienten, der gerade mit der Angemessenheitsregelung erreicht werden soll.

Eine Ausrichtung an den Kosten der einzelnen Einrichtung ist daher abzulehnen.

4. Zweite Alternative: Der Marktpreis

a) Bestimmung des Marktpreises

Die zweite Alternative der Auslegung des Angemessenheitsbegriffs des KHEntgG bzw. der BPflV a. F. ist die Interpretation des angemessenen Wahlleistungsentgelts als Marktpreis der angebotenen Leistungen. Unter Marktpreisen in diesem Sinne werden Preise verstanden, die sich durch Angebot und Nachfrage auf einem (grundsätzlich) freien Markt bilden. Zur Ermittlung dieser Preise dient ein Vergleich der Mehrzahl der Anbieter vergleichbarer Leistungen auf dem »Krankenhausmarkt«, so dass ein Durchschnittsentgelt gebildet werden kann.[37] Eine reine Bezugnahme auf die Kosten des jeweiligen Krankenhauses spiegelt hingegen nicht den Marktpreis der Leistung wider.

In der Literatur wird insofern darauf hingewiesen, dass eine bloße Bezugnahme auf die Kostenausgliederungsvorschrift des § 7 II 2 BPflV a. F. nicht richtig gewesen sei. Aus dem Krankenhausfinanzierungsrecht lasse sich nämlich gerade nicht ableiten, dass ein Krankenhaus im Bereich der Wahlleistungen grundsätzlich auf eine Erwirtschaftung seiner Selbstkosten beschränkt sei. Vielmehr sei ein »deutlicher Aufschlag für Wagnis und Gewinn« zu fordern. Der »Krankenhausmarkt« billige den Krankenhäusern weit höhere Erlöse zu, auf die sich die Betriebsplanung der Krankenhäuser eingestellt habe.[38] Zu fordern sei daher in Anlehnung an die Entscheidung des BGH vom 12.3.2003[39], dass auch die Angemessenheit von Wahlleistungsentgelten am Marktpreis der Leistungen ausgerichtet werde. Dieser Marktpreis sei durch einen Vergleich der Mehrzahl der übrigen Anbieter für vergleichbare Leistungen zu ermitteln, so dass die dem einzelnen Krankenhaus entstandenen Kosten in den Hintergrund träten.[40]

Fraglich ist, die Entgelte welcher Krankenhäuser für einen Vergleich und damit die Ermittlung des Marktpreises heranzuziehen wären. Wie der BGH nämlich zutreffend

---

[37] Siehe zu den Problemen des Krankenhausvergleichs aufgrund der stark abweichenden Strukturen der einzelnen Häuser: REICHSTHALER, S. 49 ff.

[38] QUAAS NJW 2001, S. 870 f.

[39] BGH NJW 2003, 1596 ff.

[40] DIETZ/BOFINGER, § 16 KHEntgG S. 191.

ausführt, wäre die Ermittlung eines angemessenen Wahlleistungsentgelts anhand eines Durchschnittsentgelts aller dem Geltungsbereich des Krankenhausfinanzierungsgesetzes (KHG) bundesweit unterliegenden Krankenhäuser ein zu grober Maßstab, der zudem im Widerspruch zum Regelungsgehalt des KHG und der BPflV a. F. steht. Denn bereits nach der Regelung des § 5 BPflV a. F. hatten die Vertragsparteien bei der Vereinbarung von Pflegesätzen als Beurteilungsgrundlage nur die Leistungen und Pflegesätze »vergleichbarer Krankenhäuser« heranzuziehen.[41] Auch letztere sind dann nur bedingt aussagekräftig, wenn Krankenhäuser, wie es wohl in der Vergangenheit der Fall gewesen ist, die bestehende Rechtsunsicherheit und die Zurückhaltung der Gerichte, beanstandete Entgelte zu kappen, ausnutzen und Entgelte verlangen, die angesichts der vorhandenen Unterkunftsqualität nicht zu rechtfertigen sind.[42]

Der BGH vertrat in seiner Entscheidung vom 4.8.2000 daher, dass es bei der Regelung des § 17 I 3 KHEntgG (§ 22 I 3 BPflV a. F.) nicht darum gehe, die übliche Vergütung zu ermitteln, sondern vielmehr eine normativ vorgegebene Preisgrenze zu konkretisieren.[43] Dabei sei allerdings die Bezugnahme auf Hotelpreise nicht legitim. Angesichts der Eigengesetzlichkeiten des »Krankenhausmarkts« seien nämlich die in der Umgebung eines Krankenhauses verlangten Preise im Hotelgewerbe keine tauglichen Gradmesser für die Angemessenheit des für die Wahlleistung »Unterkunft« gesondert berechneten Entgelts.[44] Dieser Auffassung hat sich das OLG München in seiner Entscheidung vom 25.6.2002 angeschlossen, in der es ausführt, dass preisbildende Faktoren, die auf dem allgemeinen Immobilienmarkt oder im Hotelgewerbe von Bedeutung sind, auf die Zimmerzuteilung in einem Krankenhaus nicht angewendet werden könnten; dies folge aus der speziellen krankheitsbedingten Situation, die zu einem Krankenhausaufenthalt führe; bei diesem stünden vielmehr besondere Ziele wie medizinische Versorgung und Heilung im Vordergrund.[45]

In einer Entscheidung vom 12.3.2003, in der es um die Erstattungsfähigkeit selbstdefinierter Fallpauschalen einer Privatklinik und damit ebenfalls um deren Angemessenheit ging, interpretiert der BGH das angemessene Entgelt hingegen als »den Marktpreis«.[46] Dort stellt der BGH nämlich im Gegensatz zu der Entscheidung vom 4.8.2000 zur Ermittlung des objektiven Werts der Gegenleistung nicht auf die entstehenden Kosten, sondern auf den Marktpreis der Leistung ab. Dieser sei durch einen »Marktvergleich der Mehrzahl der übrigen Anbieter vergleichbarer Leistungen« zu ermitteln.

---

[41] In der Literatur wird der Krankenhausvergleich nach § 5 BPflV a. F. durchaus für ein probates Mittel gehalten, die Angemessenheit in einem Krankenhaus verlangter Entgelte zu bestimmen (KRAUSKOPF, Bl. 149.).

[42] So der BGH in: *NJW 2001, 892, 894 f.*; im Ergebnis ebenfalls ablehnend hinsichtlich der Bezugnahme auf ein Durchschnittsentgelt: IGL Urteilsanmerkung zur Entscheidung des BGH vom 4.8.2000 (III ZR 158/99), S. 267.

[43] BGH NJW 2001, 892, 896.

[44] BGH NJW 2001, 892, 895; ebenso: IGL Urteilsanmerkung zur Entscheidung des BGH vom 4.8.2000 (III ZR 158/99), S. 267; a. A. ULEER/MIEBACH/PATT, S. 290 ff., PATT NZS 2000, S. 75.

[45] OLG München MedR 2003, 48, 49.

[46] BGH NJW 2003, 1596 ff.

Zwar seien in den entsprechenden Entgelten der einzelnen Leistungsanbieter die Kosten ebenfalls enthalten. Jedoch seien diese nicht allein maßgebend. Vielmehr müsse den Leistungsanbietern auch ein legitimes Interesse an Gewinnerzielung zugestanden werden. Ob ein derartiger im freien Wettbewerb gebildeter Preis noch angemessen sei, lasse sich daher nur über einen Marktvergleich bestimmen.[47]

Festzuhalten bleibt daher, dass bei Auslegung des angemessenen Entgelts als Marktpreis zur Ermittlung dieses Preises ein Vergleich vorgenommen werden muss. Dieser sollte berücksichtigen, dass Krankenhäuser per se bereits einen unterschiedlichen Standard aufweisen. Ein Vergleich ist damit nur zwischen denjenigen Krankenhäusern zielführend, die einen ähnlichen Standard aufweisen und damit vergleichbar sind. Dabei kann man mittlerweile annehmen, dass die Entscheidung des BGH aus dem Jahre 2000[48] bereits insgesamt dazu geführt hat, dass Wahlleistungsentgelte nicht mehr völlig willkürlich nach dem Gutdünken einzelner Krankenhausbetreiber festgelegt werden. Wie die vom PKV-Verband veröffentlichten Zahlen belegen, wurden die Entgelte im Sinne der Rechtsprechung des BGH flächendeckend abgesenkt.[49] Somit besteht die Gefahr wohl nicht mehr, dass sich der gesamte Krankenhausmarkt durch überhöhte Entgelte auszeichnen könnte. Zu überlegen wäre daher, ob nur sog. schwarze Schafe bei einem Vergleich ausgenommen werden sollten, die ihre Leistungen zu besonders hohen Preisen anbieten.

b) Vergleich mit ähnlichen gesetzlichen Regelungen zum angemessenen Entgelt

Ein Vergleich mit anderen gesetzlichen Regelungen, die ebenfalls das Kriterium des angemessenen Entgelts verwenden, stützt auf den ersten Blick die Auslegung, dass der Marktpreis maßgeblich sein könnte. So hatte *Trefz* bereits darauf hingewiesen, der an den (fiktiven) Kosten orientierte Ansatz des BGH in seiner Entscheidung vom 4.8.2000 weise erhebliche Differenzen zu vergleichbaren Rechtsgebieten auf.[50] Für den Vergleich werden im Folgenden die Regelungen des SGB XI zur Unterkunft und Verpflegung im Pflegesektor herangezogen. Des Weiteren werden die Vorschriften des

[47] BGH NJW 2003, 1596, 1597 f.

[48] BGH NJW 2001, 892 ff.

[49] Rückgang der Aufwendungen für Zimmerzuschläge (Wahlleistung »Unterkunft«) um 2,9 % bereits im Jahr 2001 und um weitere 9,6 % im Jahr 2002 im Vergleich zum Vorjahr, den der PKV-Verband auf die erfolgreiche Prozessführung des Verbands sowie die Unterstützung durch die Leistungsabwicklung der PKV-Unternehmen und die am 26.7.2002 mit der Deutschen Krankenhausgesellschaft abgeschlossene Empfehlung im Sinne von § 22 I 4 BPflV zurückführt (Verband der privaten Krankenversicherung e. V. Rechenschaftsbericht 2003, S. 19, 76; Verband der privaten Krankenversicherung e. V. Rechenschaftsbericht 2002, S. 7 f., 19; Verband der privaten Krankenversicherung e. V. Rechenschaftsbericht 2001, S. 7, 19). Einen deutlichen Rückgang der Aufwendungen für die Wahlleistung »Unterkunft« weist auch der Zahlenbericht 2002/03 aus (Verband der privaten Krankenversicherung e. V. Zahlenbericht 2002/03, S. 37).

[50] Trefz PKR 2002, S. 57 und 60.

Heimgesetzes zu den entsprechenden Heimleistungen und die auch vom BGH bereits in Bezug genommenen Regelungen des Wirtschaftsstrafgesetzes zum angemessenen Entgelt bei Mietwohnungen untersucht. Gemein haben dabei alle drei Regelungen, dass sie das Ziel verfolgen, den strukturell unterlegenen Nachfrager der Leistungen vor der Übervorteilung durch den überlegenen Anbieter zu schützen und damit die gestörte Vertragsparität auszugleichen.

aa) Die Angemessenheitsregelung des SGB XI

(1) Vergleichbarkeit mit den Regelungen im Krankenhausrecht

Auch im Rahmen der noch verhältnismäßig jungen Regelungen der Sozialen Pflegeversicherung[51] als Teil der Sozialversicherung finden sich Regelungen bezüglich angemessener Entgelte, insbesondere im Bereich der Unterkunfts- und Verpflegungsleistungen, die teilweise dem Vorbild der Vorschriften im Krankenhausbereich nachgebildet worden sind.[52] Wie die Regelungen des KHEntgG (der BPflV a. F.) unterscheiden dabei auch die Vorschriften des SGB XI nach allgemeinen Regelleistungen und Leistungen im Bereich der Verpflegung und Unterkunft (§ 87 SGB XI) sowie darüber hinausgehenden Zusatzleistungen (§ 88 SGB XI).

Diese Regelungen können deshalb als Vergleichsmaßstab herangezogen werden, obwohl sie in ein Regelungssystem des Sozialrechts eingebettet sind, weil der Pflegebedürftige gemäß § 82 I 3 SGB XI für die Begleichung sämtlicher Unterkunfts- und Verpflegungsleistungen im Bereich der stationären Pflege selbst aufzukommen hat. Die Leistungen werden von der Pflegeversicherung ausdrücklich nicht abgedeckt, obgleich es sich im Gegensatz zu den Wahlleistungen im Krankenhaus nicht um sog. Luxusleistungen, sondern um Leistungen des täglichen Bedarfs handelt (sog. Daseinsvorsorgeleistungen).[53] Allerdings ist der Sozialhilfeträger gemäß §§ 68, 27 III BSHG ver-

[51] Siehe die Vorschriften des SGB XI in der Fassung vom 26. Mai 1994 (BGBl. I S. 1014) zuletzt geändert durch Art. 1 des Pflegequalitätssicherungsgesetzes vom 9. Sep. 2001 (BGBl. I S. 2320).

[52] Siehe zum Entgeltbereich bei der Pflegeversicherung: ROTH/ROTHGANG, S. 306 ff.

[53] Der Gesetzgeber begründet seine Entscheidung damit, dass (durch die Verpflichtung zur Selbstzahlung der Unterkunfts- und Verpflegungsentgelte) stationär gepflegte Pflegebedürftige den zu Hause gepflegten gleichgestellt würden, die ebenfalls für ihre normalen Lebensführungskosten (selbst) aufkommen müssten. Eine stationäre Vollversorgung durch die Pflegeversicherung erscheine darüber hinaus auch aus sozial- und familienpolitischen Gründen nicht angezeigt, da sie den Anreiz »zur Abschiebung ins Heim« auch in den Fällen verstärke, in denen pflegebedürftige Rentner durchaus noch in der Familie versorgt werden könnten. Eine Übernahme der vollen Heimkosten durch die Pflegekassen (ohne Eigenleistung des Betroffenen) stelle die im Heim untergebrachten pflegebedürftigen Rentner im Verhältnis zu den zu Hause gepflegten Rentnern nicht nur finanziell besser, sondern schaffe überdies Anreize dafür, nur leicht Pflegebedürftige oder gar rüstige ältere Menschen, die nicht ins Heim gehörten, in den Status »vollstationärer« Pflegebedürftigkeit zu drängen (BT-Drs. 12/5262, S. 143; KASSELER KOMMENTAR/GÜRTNER Sozialversicherungsrecht, § 82 SGB XI Rdnr. 7 f.). Im Schrifttum wird dieser Auffassung zudem noch hinzugefügt, die sog. Hotelkosten fielen auch bei nicht Pflegebedürftigen an und seien daher kein in der sozialen Pflegeversicherung absicherungsbedürftiges Risiko (MASCHMANN, S. 157).

Allerdings wird in der sozialrechtlichen Literatur kritisiert, dass es häufig erhebliche Probleme bereite, die einzelnen Leistungsbestandteile der Pflegeleistung an sich und der Unterkunfts- und Verpflegungsleistungen voneinander abzupflichtet, in Ausnahmefällen Hilfe zum Lebensunterhalt zu leisten.[54] Außerdem kann eine private Zusatzversicherung abgeschlossen werden, die die Kosten für die entsprechenden Unterkunfts- und Verpflegungsleistungen abdeckt[55], was eine Parallele zu den nicht-ärztlichen Wahlleistungsentgelten darstellt.

Für einen Vergleich spricht auch, dass gerade ältere, pflegebedürftige Menschen ein besonderes Schutzbedürfnis aufweisen, das demjenigen der Wahlleistungspatienten mindestens gleich steht, da vielfach weder sie selbst noch ihre Angehörigen in der Situation, in der eine Entscheidung über die Unterbringung in einem Pflegeheim gefällt werden muss, in der Lage sind, die finanziellen Belastungen, die auf sie zukommen werden, in vollem Umfang zu überschauen. Sie sind außerdem, ähnlich den Wahlleistungspatienten, teilweise nur unzureichend in der Lage, in privatautonomer Weise die erforderlichen Pflegeleistungen zu organisieren, da es sich insbesondere bei stationärer Pflege um einen hoch komplexen Leistungsbereich handelt, für dessen Bewältigung entsprechende Fachkompetenz erforderlich ist. Diese kann bei den Pflegekassen und deren Personal, aber nur selten bei dem einzelnen Versicherten oder bei dessen Angehörigen vorausgesetzt werden.[56]

Somit kann davon ausgegangen werden, dass trotz der inhaltlichen Besonderheiten, die die Regelungen des SGB XI aufweisen, eine ähnliche Situation der Pflegebedürftigen und der Patienten im Krankenhausbereich vorliegt, die es rechtfertigt, die beiden Bereiche miteinander zu vergleichen.[57]

(2) »Angemessene Entgelte« im Sinne des SGB XI

Wie die Regelung des § 17 I 3 KHEntgG bestimmen auch §§ 82 I 1 Nr. 2, 87 S. 2 SGB XI, dass »die (für Unterkunft und Verpflegung zu zahlenden) Entgelte in einem angemessenen Verhältnis zu den Leistungen stehen (müssen)«. Sie müssen insbesondere dem Krankenhausrecht ähnlich nach einheitlichen Grundsätzen für alle Heimbewohner und ohne Differenzierung nach den Kostenträgern bemessen werden (§§ 87 S. 3, 84 III SGB XI).[58] Zu berücksichtigen ist außerdem, dass bestimmte Aufwendungen ebenfalls von vornherein auszugliedern sind.[59] Hierzu zählen gemäß

---

grenzen, da sich vielfach spezielle Elemente der Unterbringung aus den Erfordernissen der notwendigen Pflegeleistungen ergäben (SCHULIN VSSR 1994, S. 288).

[54] JÖRG, S. 339.; THIEME, S. 77; hierbei handelt es sich um eine besondere Ausformung der »Hilfe in besonderen Lebenslagen«: FICHTNER/WENZEL/FICHTNER, § 27 BSHG Rdnr. 4 ff.; FICHTNER/WENZEL/LACHWITZ, § 68 BSHG Rdnr. 68, 74, 94 ff.; SCHELLHORN et al., § 27 BSHG Rdnr. 24, 27 und § 68 BSHG Rdnr. 45.

[55] GITTER/SCHMITT Sozialrecht, S. 122 Rdnr. 52.

[56] SCHULIN VSSR 1994, S. 286.; SCHULIN NZS 1994, S. 443.

[57] Vergleiche hierzu auch: SCHULIN VSSR 1994, S. 287, der zwar ausdrücklich auf die nicht selten gravierenden Unterschiede von Pflege- und Krankenversicherungsrecht hinweist, jedoch auf der anderen Seite davon ausgeht, dass sich viele Rechtsprobleme in gleicher Weise in beiden Rechtsgebieten stellen.

[58] IGL Das neue Pflegeversicherungsrecht, S. 119.

[59] Siehe zu den Details der auszugliedernden Kosten: SCHULIN/NEUMANN Hdb. d. SozVersR – Bd. 4, § 22 Rdnr. 8 ff.

§ 82 II SGB XI insbesondere solche Aufwendungen, für die von dritter Seite bereits Förderungsleistungen aufgebracht worden sind.[60]

Fraglich und nicht unumstritten ist allerdings auch hier, wie der Begriff der Angemessenheit auszulegen ist. So verwendet das SGB XI sowohl den Begriff des angemessenen Entgelts (§ 87 S. 2 SGB XI) für Unterkunfts- und Verpflegungsentgelte als auch den Begriff des leistungsgerechten Entgelts (§ 84 II 1 SGB XI) für die Pflegesätze, ohne dass bislang zweifelsfrei geklärt werden konnte, ob damit auch eine inhaltliche Differenzierung bezweckt worden ist.[61] Denn die Gesetzesbegründung enthält hierzu keine näheren Erläuterungen.[62]

Laut §§ 84 II 4 und 89 I 3 SGB XI ist unter einer »leistungsgerechten Vergütung« eine Vergütung zu verstehen, die es der Pflegeeinrichtung bei wirtschaftlicher Betriebsführung ermöglichen muss, ihren Versorgungsauftrag zu erfüllen. Damit verbleiben zwar Überschüsse der Einrichtung, sie muss jedoch auch Verluste selbst tragen.[63] Diese Regelung entspricht wörtlich der Vorschrift des § 17 I 5 und 6 Krankenhausfinanzierungsgesetz (KHG). Fraglich ist allerdings, ob diese Auslegung nicht für ein angemessenes Entgelt zu eng wäre.

In der Literatur besteht noch ein erheblicher Meinungsstreit über die Auslegung des Merkmals der »Angemessenheit«. So sind einige Autoren der Meinung, dass das zu Lasten der Pflegebedürftigen stattfindende Verfahren, die Höhe der zu entrichtenden Entgelte durch die Pflegesatzparteien festzusetzen, eher für eine Auslegung in Anlehnung an den (engeren) Begriff des »leistungsgerechten Entgelts« spreche.[64] Nach den Regelungen des SGB XI werden nämlich, obgleich die Unterkunfts- und Verpflegungsentgelte von den Pflegebedürftigen selbst gezahlt werden müssen, diese nach § 87 S. 1 SGB XI von den Pflegesatzparteien (§ 85 II SGB XI) mit ausgehandelt. Der Pflegebedürftige kann somit auf die Entgelte ebenso wenig Einfluss nehmen wie der Wahlleistungspatient auf die dortigen Entgelte. Offen bleibt bei dieser Auffassung allerdings, warum das SGB XI auch den Begriff des leistungsgerechten Entgelts verwendet. Die dadurch begrifflich bestehende Differenzierung würde bei gleicher Auslegung verloren gehen.[65]

---

[60] Z. B. sog. Investitionskosten; vgl. hierzu auch die ähnlichen Regelungen in: §§ 17 IV KHG, 8 BPflV.

[61] Zweifelnd insofern: UDSCHING, § 82 SGB XI Rdnr. 4 a. E.

[62] BT-Drs. 12/5262, S. 143 f., 146 f.

[63] SCHULIN/NEUMANN Hdb. d. SozVersR – Bd. 4, § 22 Rdnr. 3.

[64] Vgl. z. B. SCHULIN/NEUMANN Hdb. d. SozVersR – Bd. 4, § 22 Rdnr. 37, der deutlich macht, dass die Angemessenheit eine »andere und deutlich schärfere Anforderung sei als das (bloße) Verbot eines Missverhältnisses zwischen Entgelt und Leistung«; MASCHMANN, S. 157 verwendet ausdrücklich den Begriff des »leistungsangemessenen Entgelts«, ohne jedoch Ausführungen dazu zu machen, was dies im Detail bedeutet; nicht ganz eindeutig KASSELER KOMMENTAR/GÜRTNER Sozialversicherungsrecht, § 87 SGB XI Rdnr. 4, der zwar darauf hinweist, dass die Entgelte nicht wie die Pflegesätze leistungsgerecht sein müssten. Jedoch (aus der Verwendung des Begriffs der »Angemessenheit«) auch nicht zu folgern sei, dass der Gesetzgeber bei den Unterkunfts- und Verpflegungsentgelten großzügiger verfahren wollte als bei den Pflegesätzen. Insbesondere sei hier auch zu berücksichtigen, dass Verträge zu Lasten der Pflegebedürftigen abgeschlossen würden.

[65] HAUCK/NOFTZ/SPELLBRINK, K § 87 SGB XI Rdnr. 10.

Eine nähere Bestimmung findet sich allerdings in der Rechtsprechung. Nach der Auffassung des BVerwG soll sich aus der Regelung des § 87 SGB XI nämlich ergeben, dass Pflegeeinrichtungen trotz der Abschaffung des Selbstkostendeckungsprinzips nicht gezwungen seien, Leistungen unterhalb ihrer Gestehungskosten anzubieten. Vielmehr stellten (prospektive) Selbstkosten, sofern sie den Grundsätzen der Wirtschaftlichkeit, Sparsamkeit und Leistungsfähigkeit entsprächen, auch bei prospektiven Pflegesätzen die Untergrenze des festzusetzenden Entgelts dar.[66]

Das BSG vertritt darüber hinaus bereits in seinem Urteil vom 14.12.2000[67] die Auffassung, dass die *leistungsgerechte Vergütung* von Pflegeleistungen in erster Linie der jeweilige *Marktpreis* (sei); um diesen zu ermitteln, (seien) Angebot und Vergütung der Leistungen anderer Leistungserbringer zum Vergleich heranzuziehen (sog. externer Vergleich).[68] Dieser Vergleich sei sowohl datenschutzrechtlich wie verfahrenstechnisch unbedenklich durchführbar, denn derartige Daten – vergleichbar einem »Heimspiegel« – würden ohnehin zu Verbraucherschutzzwecken von den Pflegekassen für deren Versicherte erhoben und vorgehalten.[69] In diesem Sinne könne auch der durch das Pflege-Qualitätssicherungsgesetz eingeführte Pflegeheimvergleich (§ 92 a SGB XI) als Hilfe und Vergleichsmaßstab beim Abschluss insbesondere von Vergütungsvereinbarungen herangezogen werden.[70]

Nach einer Auffassung in der Literatur soll sich die Notwendigkeit des Heranziehens sachgerechter Vergleichswerte zudem aus der Schutzfunktion der Regelung ergeben, die eine Billigkeitskontrolle der Entgelte durch die Pflegekassen fordere. Für den Bereich Unterkunft wird insofern vorgeschlagen, auf den Mietspiegel für möblierte Wohnungen, Zimmer oder für Gästehäuser zurückzugreifen. Für den Bereich der Verpflegungsleistungen sei ein Vergleich mit den Preisen einschlägiger Dienstleistungsunternehmen vorzunehmen. Auch das Niveau der Leistungen in Relation zum durchschnittlichen Leistungsniveau aller zugelassenen Pflegeheime müsse auf die Preisgestaltung Einfluss nehmen. So seien bei den Entgelten für die Unterkunft etwa der Zeitpunkt der Fertigstellung, der bauliche Zustand, die Lage und die Ausstattung des Heimes zu berücksichtigen. Auch das Niveau der Leistungen für Unterkunft und Verpflegung unterliege einer Angemessenheitskontrolle. Das Pflegeheim könne im Rahmen von § 87 SGB XI keine außergewöhnlich anspruchsvollen Leistungen anbieten. Diese

---

[66] BVerwGE 108, 47, 55.

[67] BSGE 87, 199 ff.

[68] BSGE 87, 199, von der noch von der Vorinstanz vertretenen Auffassung abweichend, ein externer Vergleich verbiete sich im vorliegenden Zusammenhang, weil nach dem SGB XI individuelle Vergütungen mit den Pflegeeinrichtungen abzuschließen seien, die einer Überprüfung nach den vom BVerwG angelegten Grundsätzen nicht zugänglich seien: LSG Niedersachsen vom 30.05.2000 Az.: L 3 87/99 (juris-dokumentation: Nr. KSRE066100417), S. 9 ; s. zur Frage der Notwendigkeit des »externen Vergleichs« insbesondere auch die Entscheidung des BVerwG, auf die das BSG Bezug nimmt: BVerwGE 108, 47, 55.

[69] BSGE 87, 199, 205.

[70] SCHMOLZ PKR (Pflege- & Krankenhausrecht) 2001, S. 38.

müssten als Zusatzleistungen nach § 88 SGB XI mit dem Pflegebedürftigen gesondert vereinbart werden.[71]

(3) Fazit

Beim Vergleich der Regelungen des SGB XI und des KHEntgG (der BPflV a. F.) ist zunächst zu berücksichtigen, dass es sich hier um einen Bereich des Sozialrechts handelt, in dem hauptsächlich die Erbringung von Leistungen der Daseinsvorsorge geregelt wird. So stellen sich auch die nach dem SGB XI zu erbringenden Unterkunfts- und Verpflegungsleistungen grundsätzlich als Leistungen der Daseinsvorsorge dar. Die Vergleichbarkeit des Regelungssystems mit den krankenhausrechtlichen Wahlleistungsregelungen ergibt sich dadurch, dass Pflegebedürftige (soweit sie keinen Anspruch auf Sozialhilfe haben) für die Unterkunfts- und Verpflegungsentgelte wie Wahlleistungspatienten selbst aufkommen müssen.

Die Frage der Auslegung des angemessenen Unterkunfts- und Verpflegungsentgelts ist allerdings auch hier noch nicht hinreichend geklärt. Für die Auslegung als leistungsgerechtes Entgelt spricht sicherlich die Schutzüberlegung zu Gunsten der Pflegebedürftigen, die die Entgelte wie im Bereich der Wahlleistungsentgelte nicht beeinflussen können. Jedoch verschwimmt die begrifflich bestehende Differenzierung, wenn die Auslegung des leistungsgerechten Entgelts, wie sie das BSG vorgenommen hat, auch auf den Marktpreis abstellt. Denn der Marktpreis ist gerade kein streng an der Leistung ausgerichtetes Entgelt, sondern ein Preis der sich am Markt dadurch bildet, dass Nachfrager bereit sind, für bestimmte Leistungen einen entsprechenden Preis zu bezahlen, auch wenn dieser über die Erbringungskosten des Anbieters hinausgeht und damit einen (unter Umständen erheblichen) Gewinnaufschlag beinhaltet.

So spricht im Ergebnis vielmehr Einiges dafür, dass der Gesetzgeber mit der sprachlichen Differenzierung zwischen dem leistungsgerechten und dem angemessenen Entgelt auch eine inhaltliche Unterscheidung vornehmen wollte. Das leistungsgerechte Entgelt ist daher enger auszulegen als das angemessene. Nichts ist dabei dagegen einzuwenden, das angemessene Entgelt in diesem Regelungsbereich als Marktpreis zu interpretieren. Dieser kann dann über die genannten Vergleiche bestimmt werden. Allerdings sollte von der irreführenden Vermischung der Begrifflichkeiten Abstand genommen werden, zu der die Auslegung des leistungsgerechten Entgelts als Marktpreis durch das BSG führt. Vielmehr sollte an der Unterscheidung festgehalten werden, um den jeweiligen Gestaltungsspielraum des Leistungserbringers näher zu umschreiben.

[71] UDSCHING, § 87 SGB XI Rdnr. 4; ähnlich HAUCK/NOFTZ/SPELLBRINK, K § 87 SGB XI Rdnr. 11.

bb) Vergleich mit der Angemessenheitsregelung des Heimgesetzes

In seiner Entscheidung vom 04.08.2000 hat der BGH des Weiteren ausdrücklich auf die Angemessenheitsregelung des Heimgesetzes (HeimG)[72] Bezug genommen.[73] Fraglich ist, welche Unterschiede zur Auslegung des Angemessenheitsbegriffs des KHEntgG (der BPflV a. F.) bestehen oder ob sich unter Umständen aufgrund einer vergleichbaren Schutzbedürftigkeit von Heimbewohner und Wahlleistungspatient gegebenenfalls aus den Regelungen des Heimrechts weiter gehende Lösungsansätze ergeben, die auch zur Auslegung der Vorschriften zur Wahlleistung »Unterkunft« herangezogen werden können. Insbesondere ist hier zu berücksichtigen, dass inzwischen mit dem 3. Heimgesetzänderungsgesetz eine Reform des Heimrechts stattgefunden hat, die die Rechte der Heimbewohner deutlich verbessert und die Anforderungen an Heimverträge verschärft hat.

(1) Schutzbereich des Heimgesetzes

Das Heimgesetz findet grundsätzlich Anwendung auf Heime, also Einrichtungen, die dem Zweck dienen, ältere Menschen oder pflegebedürftige bzw. behinderte Volljährige aufzunehmen, ihnen Wohnraum zu überlassen sowie Betreuung und Verpflegung zur Verfügung zu stellen oder vorzuhalten, und die in ihrem Bestand von Wechsel und Zahl der Bewohnerinnen und Bewohner unabhängig sind und entgeltlich betrieben werden (siehe § 1 I HeimG).[74] Es enthält ordnungsrechtliche Regelungen für die staatliche Heimaufsicht sowie zivilrechtliche Regelungsinhalte, insbesondere bezüglich des Heimvertrags.

Gemäß § 2 I HeimG ist es der allgemeine Zweck des Heimgesetzes, eine Verbesserung der Rechtsstellung und Schutz vor Ausbeutung und menschenunwürdigen Lebensbedingungen der älteren, pflegebedürftigen oder behinderten Personen, die auf die Betreuung und Pflege in einer ihre allgemeinen und besonderen Lebensbedürfnisse sichernden Einrichtung angewiesen sind, herbei zu führen.[75] Darüber hinaus ist es die Zielsetzung des Gesetzes, die Interessen und Bedürfnisse der Heimbewohner vor Beeinträchtigungen zu schützen, insbesondere die Selbständigkeit und Selbstverantwortung der Bewohner im Heim zu wahren und die Beratung in Heimangelegenheiten zu fördern.[76]

---

[72] Geltende Fassung vom 7.8.1974 (BGBl. I 1873) i. d. F. der Bek. vom 5.11.2001 (BGBl. I 2970), am 01.01.2002 in Kraft getreten.

[73] BGH NJW 2001, 892 f.; auch IGL Urteilsanmerkung zur Entscheidung des BGH vom 4.8.2000 (III ZR 158/99), S. 266 weist in seiner Urteilsanmerkung explizit auf die Parallelen der Regelungen hin.

[74] Hingegen ist das sog. Betreute Wohnen nicht vom Anwendungsbereich des Gesetzes erfasst: BT-Drs. 14/6366, S. 1.

[75] DAHLEM et al./GIESE, § 2 HeimG Rdnr. 6 ff.; KUNZ/BUTZ/WIEDEMANN/KUNZ, § 2 HeimG Rdnr. 1.

[76] GITTER/SCHMITT Heimgesetz, § 2 HeimG S. 5 ff.; SCHMOLZ PKR (Pflege- und Krankenhausrecht) 2001, S. 85.

(2) Das Angemessenheitskriterium nach dem HeimG

Im HeimG findet sich in § 5 VII 1 ebenfalls eine der Vorschrift des § 17 I 3 KHEntgG (§ 22 I 3 BPflV a. F.) ähnliche Regelung, die bestimmt, dass »das Entgelt sowie die Entgeltbestandteile im Verhältnis zu den Leistungen (des Heims) angemessen sein (müssen)«. Eine Differenzierung nach Kostenträgern ist unzulässig (§ 5 VII 2, 4 HeimG).[77] Weitere Regelungen zur Angemessenheit finden sich im Zusammenhang mit der Erhöhung des Heimentgelts bei bereits bestehendem Heimvertrag (§ 7 HeimG), wonach sowohl das erhöhte Entgelt als auch die Erhöhung selbst dem Gebot der Angemessenheit entsprechen müssen, sowie im Rahmen der Anforderungen an den Betrieb eines Heims gemäß § 11 HeimG.

Die Vorschrift des § 5 VII HeimG ersetzt die bisher geltende Regelung des § 4 III HeimG in der Fassung vom 23.04.1990, welche lediglich besagte, dass das Entgelt nicht im Missverhältnis zu den Leistungen des Trägers stehen dürfe, und dient vorrangig dazu, dem Heimbewohner ein »an den Grundsätzen der Menschenwürde ausgerichtetes selbstbestimmtes Leben im Heim zu sichern«[78] sowie den Schutz der Heimbewohner vor (finanzieller) Übervorteilung zu gewährleisten.[79] Die Vorschrift stellt wie die Regelung des KHEntgG (der BPflV a. F.) ein Schutzgesetz im Sinne von § 823 II BGB dar und ist gesetzliches Verbot im Sinne von § 134 BGB[80]. Sie bezweckt eine hoheitliche Entgeltkontrolle im Sinne einer Missbrauchsaufsicht. Eine hoheitliche Preisfestsetzung ist damit allerdings nicht verbunden.[81]

Durch die Neufassung der Angemessenheitsregelung des HeimG soll eine Verschärfung des Prüfungsmaßstabs erreicht werden. Dies ist deswegen gerechtfertigt, weil der einzelne Heimbewohner in der Regel wie der Wahlleistungspatient keinen Einfluss auf die Entgeltgestaltung hat. Vielmehr setzt der Heimträger das Entgelt auch hier einseitig fest.[82] Das organisatorische und fachliche Übergewicht des Heimträgers kann bei Abschluss von Heimverträgen dazu führen, dass die berechtigten Interessen der Heimbewohner nicht angemessen zur Geltung kommen. Daher muss eine ausreichende Transparenz des Vertragsverhältnisses gewährleistet werden.[83] Hinzu kommt, dass der alte oder pflegebedürftige Mensch als Vertragspartner (manchmal) nicht über den Überblick hinsichtlich der verschiedenen Leistungsangebote und damit über alternati-

[77] Zu Einzelheiten der Ausnahmeregelung in § 5 VII 3, 5 HeimG siehe KUNZ/BUTZ/WIEDEMANN/BUTZ, § 5 HeimG Rdnr. 35.

[78] SCHMOLZ PKR (Pflege- und Krankenhausrecht) 2001, S. 85.

[79] KUNZ/BUTZ/WIEDEMANN/BUTZ, § 5 HeimG Rdnr. 28.

[80] KUNZ/BUTZ/WIEDEMANN/BUTZ, § 5 HeimG Rdnr. 28.

[81] DAHLEM et al./IGL, § 5 HeimG Rdnr. 20; KUNZ/BUTZ/WIEDEMANN/BUTZ, § 5 HeimG Rdnr. 33.

[82] OLG München WuM 2001, 285, 286; DAHLEM et al./IGL, § 5 HeimG Rdnr. 19.; KUNZ/BUTZ/WIEDEMANN/BUTZ, § 5 HeimG Rdnr. 27.

[83] JUNG, S. 12; SCHMOLZ PKR (Pflege- und Krankenhausrecht) 2001, S. 87.

ve Möglichkeiten verfügt wie eine in vollem Besitz ihrer körperlichen und geistigen Kräfte befindliche Person.[84]

Fraglich ist nun, wie die Angemessenheitsregelungen im Heimgesetz im Einzelnen auszulegen sind. Allerdings ist die Gesetzesbegründung der Bundesregierung zur näheren Auslegung des Angemessenheitskriteriums wenig aussagekräftig. Sie besagt lediglich, dass die Heimträger durch die Neuregelungen nicht unangemessen hoch belastet würden, da die Formulierung des § 5 VII HeimG n. F. in der Praxis immer noch eine gewisse Flexibilität in der Preisgestaltung ermögliche. Es sei den privatgewerblichen Trägern demnach weiterhin möglich, Gewinne zu erwirtschaften.[85]

Im Heimrecht ist zunächst davon auszugehen, dass die Beurteilung der Angemessenheit des Entgelts objektiv, also nach dem Marktwert der erbrachten Leistungen, stattzufinden hat.[86] Ein auffälliges Missverhältnis im Sinne von § 138 II BGB zwischen Leistung und Entgelt ist wie im Bereich der des KHEntgG (BPflV a. F.) nicht erforderlich. Vielmehr greifen die Schutzbestimmungen des Heimgesetzes nicht erst ein, wenn die Grenze des Wuchers erreicht ist, sondern verlangen nur eine eindeutige Störung der Leistung-Entgelt-Relation.[87]

Inwieweit im Rahmen der Prüfung der Angemessenheit eines verlangten Entgelts die Selbstkosten des Einrichtungsträgers berücksichtigt werden können, ist in der Literatur und Rechtsprechung bislang nicht hinreichend geklärt. Einerseits wird zwar darauf hingewiesen, dass eine Unangemessenheit im Einzelfall *nicht ausschließlich* danach beurteilt werden könne, welche Kosten der Träger aufwende und über das Entgelt abdecke. Der Wert der Leistung werde durch die Kosten aber insofern bestimmt, als der Anbieter langfristig Leistungen nicht erbringen könne, die seine Kosten nicht deckten. Oberhalb dieser Grenze werde der Wert der Leistung in der Regel durch die Bereitschaft des Nachfragers bestimmt, den geforderten Preis zu bezahlen.[88]

Andere stellen fest, dass eine alleinige Ausrichtung der Angemessenheitsbeurteilung an den Selbstkosten des Heims auch aus weiteren Erwägungen nicht einschlägig sein könne.[89] So seien in diesen Selbstkosten unter anderem Personalkosten, Sachkosten, Vorhaltekosten (Abschreibung, Instandhaltung) und Finanzierungskosten enthalten. Auch seien Faktoren wie die Belegung des Heims, die Art der Finanzierung der Organisation und die Betriebsgröße zu berücksichtigen. Dies habe allerdings zur Folge,

---

[84] DAHLEM et al./IGL, § 5 HeimG Rdnr. 19.

[85] Begründung der Bundesregierung zum 3. Gesetz zur Änderung des Heimgesetzes: BT-Drs. 14/5399, S. 22; so auch KUNZ/BUTZ/WIEDEMANN/BUTZ, § 5 HeimG Rdnr. 27.

[86] KUNZ/BUTZ/WIEDEMANN/BUTZ, § 5 HeimG Rdnr. 29; DAHLEM et al./IGL, § 5 HeimG Rdnr. 19, 21; SCHMID, S. 438; so auch LG Gießen NJW 1995, 2929.

[87] GITTER/SCHMITT Heimgesetz, § 5 HeimG S. 22.

[88] KUNZ/BUTZ/WIEDEMANN/BUTZ, § 5 HeimG Rdnr. 30.

[89] DAHLEM et al./IGL, § 5 HeimG Rdnr. 22; ähnlich GITTER/SCHMITT Heimgesetz, § 5 HeimG S. 22.

dass eine geringe Belegung des Heims, überhöhte Personalkosten, zusätzliche Kosten durch mangelhafte Planung und Organisation sowie durch ein unwirtschaftliches Verhalten der Betriebsführung oder hohe Finanzierungskosten bei weitgehender Finanzierung durch Fremdmittel die Selbstkosten so stark erhöhten, dass auch ein nur die Selbstkosten deckender Heimkostensatz bereits zu einem Missverhältnis zwischen den Leistungen des Heims und dem Entgelt der Heimbewohner führen könne. Daher könnten die Selbstkosten allenfalls ein Indiz für die Angemessenheit des Entgelts sein.[90]

Im Gegensatz zur Auslegung des Angemessenheitsbegriffs der BPflV a. F. durch den BGH[91] ist im Heimrecht allerdings weitgehend anerkannt, dass bei der Prüfung, ob eine Unangemessenheit vorliegt, zunächst die Leistungen ähnlicher Einrichtungen von vergleichbaren Trägern und das von diesen verlangte Entgelt samt der jeweiligen Entgeltbestandteile als Vergleichsmaßstab heranzuziehen sind[92]; damit ist der Marktpreis grundsätzlich die angemessene Gegenleistung[93], wenn der Vergleichszeitraum übereinstimmt.[94]

Ein Missverhältnis von Leistung und Entgelt soll dann vorliegen, wenn das Entgelt für eine Leistung das Entgelt für vergleichbare Leistungen in anderen Einrichtungen erheblich übertrifft. Der Vergleich könne dadurch vereinfacht werden, dass die Heimaufsichtsbehörden zunächst eine Gruppierung der verschiedenen Leistungen der jeweiligen Heime vornähmen. Dabei könnten aus der Technik der Erarbeitung sog. Mietspiegel hilfreiche Hinweise gewonnen werden. Auch der gemäß § 92 a SGB XI nunmehr vorgesehene Pflegeheimvergleich könne herangezogen werden, um Kriterien zu erarbeiten. Allerdings müsse berücksichtigt werden, dass sich ein Vergleich von Einrichtungen in unterschiedlicher Trägerschaft verbiete, da Heime in öffentlicher Trägerschaft nur eingeschränkt den Marktgesetzen unterlägen.[95]

Die Feststellung der Unangemessenheit könne allein aus einer umfassenden Bewertung und Gegenüberstellung des objektiven Wertes der beiderseitigen Leistungen gewonnen werden. Bei der Prüfung der Vergleichbarkeit der Leistungen seien alle Kriterien zu berücksichtigen, die für die Gestaltung der Entgelte maßgeblich seien und in diese einflössen. Solche seien insbesondere die bauliche und technische Ausstattung des Heims, die Größe des überlassenen Wohnraums, etwaige Kapitaldienste, die mit der Errichtung oder Sanierung des Heims in unmittelbarem Zusammenhang stünden, staatliche Investitionszuschüsse ebenso wie der Umfang und die Qualität der Gewäh-

[90] GITTER/SCHMITT Heimgesetz, § 5 HeimG S. 23; DAHLEM et al./IGL, § 5 HeimG Rdnr. 23; TREFZ PKR 2002, S. 59.

[91] BGH NJW 2001, 892 ff.

[92] GITTER/SCHMITT Heimgesetz, § 5 HeimG S. 23; KUNZ/BUTZ/WIEDEMANN/BUTZ, § 5 HeimG Rdnr. 31; TREFZ PKR 2002, S. 57 und 59.; vgl. auch OLG München WuM 2001, 285 f.

[93] THIEME, S. 73.

[94] KUNZ/BUTZ/WIEDEMANN/BUTZ, § 5 HeimG Rdnr. 31.

[95] DAHLEM et al./IGL, § 5 HeimG Rdnr. 24.

rung oder Vorhaltung von Verpflegung und Betreuung. Eine Unangemessenheit der Entgelte beziehungsweise der Entgeltbestandteile könne sich außerdem daraus ergeben, dass bei unverändertem Entgelt Leistungsbestandteile entgegen dem Heimvertrag auf Dauer nicht erbracht würden, so dass der Bewohner durch die Nichterbringung vom Träger zugesagter Leistungsbestandteile übervorteilt werde.[96]

Die besondere Bedeutung des Grundsatzes der Angemessenheit zeigt sich schließlich in seiner speziellen Verankerung im Rahmen der Anforderungen, die an den Betrieb eines Heims gestellt werden. Die Vorschrift des § 5 VII HeimG bezweckt eine *hoheitliche Entgeltkontrolle*.[97] So darf ein Heim gemäß § 11 II Nr. 3 HeimG nur betrieben werden, wenn der Träger angemessene Entgelte verlangt. Die Erfüllung dieser Voraussetzung hat derjenige, der den Betrieb eines Heims aufnehmen will, in seiner Anzeige im Sinne von § 12 I HeimG an die zuständige Behörde darzulegen. Damit wird der zuständigen Behörde[98] die Kontrolle der Einhaltung der Angemessenheitskriterien bei der Entgeltbemessung ermöglicht und explizit auferlegt. Allerdings enthält § 5 VII HeimG keine Ermächtigung der Heimaufsicht zur Preisfestsetzung, sondern stellt lediglich eine Missbrauchsaufsicht dar und hat damit ordnungsrechtlichen, nicht aber wirtschaftslenkenden Charakter.[99] Insbesondere wird der Heimaufsicht gemäß § 15 HeimG die Möglichkeit eingeräumt, die Heime durch wiederkehrende oder anlassbezogene Prüfungen zu überwachen. Bei einem Verstoß gegen das Gebot der Angemessenheit drohen dem Betreiber des Heims Maßnahmen im Rahmen des Verwaltungsverfahrens, von Anordnungen gemäß § 17 I HeimG, die auf eine Beseitigung festgestellter Mängel abzielen, bis hin zur Untersagung des Betriebs des Heims, wenn den Anordnungen nicht gefolgt wird (§ 19 I HeimG).

(3) Fazit

Auch das Heimgesetz trägt einem Fall der strukturellen Unterlegenheit eines Vertragspartners Rechnung.[100] Denn wie im Bereich der Erbringung von Wahlleistungen im Krankenhaus setzt auch hier der Leistungserbringer einseitig das Entgelt fest, weswegen der alte, pflegebedürftige oder behinderte Heimbewohner keinen Einfluss auf die Entgeltgestaltung nehmen kann.

Das HeimG regelt den Schutz der Heimbewohner umfassender als das KHEntgG (die BPflV a. F.). Dies zeigt sich an der Formulierung der Angemessenheitsvorschrift, die

---

[96] KUNZ/BUTZ/WIEDEMANN/BUTZ, § 5 HeimG Rdnr. 31 f.; TREFZ PKR 2002, S. 59.

[97] DAHLEM et al./IGL, § 5 Rdnr. 20.

[98] Gemäß § 23 I HeimG n. F. bestimmen die Länder die zuständigen Behörden. In diesem Rahmen haben alle Länder Zuständigkeitsvorschriften erlassen. Siehe hierzu die Übersicht bei: GITTER/SCHMITT Heimgesetz, § 23 HeimG S. 3.

[99] OVG Lüneburg NJW 1988, 1341 f.; DAHLEM et al./IGL, § 5 HeimG Rdnr. 20; KUNZ/BUTZ/WIEDEMANN/BUTZ, § 5 HeimG Rdnr. 33.

[100] Übertragbarkeit bzw. Ähnlichkeit der Ausgangslage in diesem Zusammenhang auch bejaht von JUNG, S. 8.

besagt, dass die Entgelte *sowie die Entgeltbestandteile* im Verhältnis zu den Leistungen angemessen sein müssen.

Ansonsten ist auch das angemessene Entgelt nach dem HeimG nach objektiven Kriterien zu bestimmen. Es wird weder ein auffälliges Missverhältnis noch Wucher verlangt, sondern nur eine eindeutige Störung des Leistung-Entgelt-Verhältnisses. Im Gegensatz zur Wahlleistung »Unterkunft« ist jedoch bei Leistungen im Heimbereich anerkannt, dass das angemessene Entgelt der Marktpreis der Leistungen sein soll, der durch einen Vergleich der Entgelte vergleichbarer anderer Einrichtungen ermittelt werden soll. Bei diesem Vergleich sind die strukturellen Unterschiede der Heime, wie z. B. unterschiedliche Trägerschaft, staatliche Förderung, unterschiedlicher Ausstattungsstandard, etc., zu berücksichtigen.

Von erheblicher Bedeutung sind darüber hinaus die Kompetenzen der Heimaufsicht, die im Rahmen einer hoheitlichen Entgeltkontrolle die Angemessenheit der Entgelte überprüft, nach einem abgestuften Maßnahmenkatalog Verstöße ahndet und damit die Wahrung der Rechte der Heimbewohner sicherstellt.

cc) Vergleich mit der Angemessenheitsregelung des WiStrG

Der BGH hat in seiner Entscheidung vom 04.08.2000 zur Auslegung des Angemessenheitsbegriffs der BPflV a. F. (nunmehr des KHEntgG) des Weiteren auf die Vorschriften des §§ 4 und 5 WiStrG Bezug genommen. Insbesondere hat er sich mit seinen Ausführungen zum »auffälligen Missverhältnis« zwischen Leistung und Gegenleistung an den Begriff des WiStrG angelehnt und der Vorschrift des § 5 II 1 WiStrG den 20prozentigen Gestaltungsspielraum entnommen.[101]

(1) Die Regelung des § 5 WiStrG

Das Wirtschaftsstrafgesetz enthält in § 5 eine Angemessenheitsregelung für vermieteten Wohnraum. Demnach »handelt derjenige ordnungswidrig, der vorsätzlich oder leichtfertig für die Vermietung von Räumen zum Wohnen oder damit verbundene Nebenleistungen *unangemessen hohe Entgelte* fordert, sich versprechen lässt oder annimmt. Als unangemessen sind solche Entgelte anzusehen, die infolge der Ausnutzung eines geringen Angebots an vergleichbaren Räumen die üblichen Entgelte um mehr als 20 % übersteigen, die in der Gemeinde oder in vergleichbaren Gemeinden für die Vermietung von Räumen vergleichbarer Art, Größe, Ausstattung, Beschaffenheit und Lage oder damit verbundene Nebenleistungen in den letzten vier Jahren vereinbart oder, von Erhöhungen der Betriebskosten abgesehen, geändert worden sind. Nicht

[101] IGL Urteilsanmerkung zur Entscheidung des BGH vom 4.8.2000 (III ZR 158/99), S. 267.

unangemessen hoch sind Entgelte, die zur Deckung der laufenden Aufwendungen des Vermieters erforderlich sind, sofern sie ... nicht in einem auffälligen Missverhältnis zu der Leistung des Vermieters stehen.«

Die Vorschrift dient über ihre ordnungswidrigkeitsrechtliche Funktion (Verhinderung von Wettbewerbsverstößen) hinaus insbesondere auch der zivilrechtlichen Begrenzung zulässiger Mietpreisforderungen und schützt damit den Mieter als in der Regel schwächeren Vertragspartner vor überhöhten Mieten.[102] Sie stellt nach überwiegender Auffassung eine umfassende Begrenzung des gesamten Mietpreissystems dar[103] und ist zudem Verbotsgesetz nach § 134 BGB und Schutzgesetz im Sinne von § 823 II BGB[104].

(2) Detaillierte gesetzliche Inhaltsbestimmung des Angemessenheitskriteriums

Als Maßstab zur Prüfung der Angemessenheit einer Mietforderung oder -erhöhung dient die *ortsübliche Vergleichsmiete* plus einem 20prozentigen Zuschlag[105] (Gestaltungsspielraum) (vgl. § 5 I WiStrG). Dabei werden Entgelte ausgenommen, die zur Deckung der laufenden Aufwendungen des Vermieters erforderlich sind, sofern sie unter Zugrundelegung der üblichen Entgelte nicht in einem auffälligen Missverhältnis zu der Leistung des Vermieters stehen (§ 5 II 2 WiStrG).[106] Unter dem Begriff des Entgelts werden alle geldwerten Mieterleistungen verstanden.[107]

Die ortsübliche Vergleichsmiete ist dabei nach der *Legaldefinition des § 558 II BGB* zu ermitteln, die auch auf die Regelung des WiStrG angewendet werden kann.[108] Danach wird die ortsübliche Vergleichsmiete aus den üblichen Entgelten gebildet, die in der Gemeinde oder einer vergleichbaren Gemeinde für Wohnraum vergleichbarer Art, Größe, Ausstattung, Beschaffenheit und Lage in den letzten vier Jahren vereinbart

[102] BGH NJW 1984, 722, 723 f.; BLANK/SCHMIDT-FUTTERER/BLANK, § 5 WiStrG Rdnr. 1.

[103] GRAMLICH, § 5 WiStrG S. 185 f.

[104] BGH NJW 1984, 722, 723; OLG Hamburg NJW-RR 2000, 458, 459; BLANK/SCHMIDT-FUTTERER/BLANK, § 5 WiStrG Rdnr. 88.

[105] Sog. Wesentlichkeitsgrenze: Maßgeblich für die Überprüfung ist in erster Linie die Grundmiete (BLANK/SCHMIDT-FUTTERER/BLANK, § 5 WiStrG Rdnr. 33).

[106] Ein auffälliges Missverhältnis kann angenommen werden, wenn der vereinbarte Mietpreis die ortsübliche Miete um mehr als 50 % übersteigt (BLANK/SCHMIDT-FUTTERER/BLANK, § 5 WiStrG Rdnr. 70 m. w. N.). In diesem Fall geht die Rechtsprechung davon aus, dass der Straftatbestand des Mietwuchers (§ 291 I Nr. 1 StGB) erfüllt ist. Welche laufenden Aufwendungen in diesem Zusammenhang berücksichtigt werden können, ist nach den Vorschriften zur Kostenmiete im öffentlichen Wohnungsbau (§ 8 Wohnungsbindungsgesetz) zu ermitteln. Bestandteile der laufenden Aufwendungen können beispielsweise die aufgebrachten Herstellungs- bzw. Erwerbskosten des Vermieters sein, sowie Abschreibungs-, Verwaltungs-, Betriebs-, Instandhaltungs- und Mietausfallkosten (Vgl. GRAMLICH, § 5 WiStrG S. 187).

[107] Diese sind nach BLANK/SCHMIDT-FUTTERER/BLANK, § 5 WiStrG Rdnr. 15: Grundmiete, Betriebskosten, Gebühren aller Art, Baukostenzuschüsse, Mieterdarlehen, Verpflichtungen zur Übernahme von Schönheitsreparaturen oder Kleinreparaturen, daneben alles, was der Mieter für die Überlassung der Wohnung schuldet.

[108] BLANK/SCHMIDT-FUTTERER/BLANK, § 5 WiStrG Rdnr. 16.

worden ist. Im Prozess ist der Mieter für die Höhe des ortsüblichen Mietpreisniveaus beweispflichtig.[109] Zur Ermittlung der ortsüblichen Vergleichsmiete kann dabei der Mietspiegel wichtige Hinweise geben. Jedoch sind immer die Besonderheiten des Einzelfalls zu berücksichtigen. Des Weiteren kann ein Sachverständigengutachten eingeholt werden.[110]

Weitere Voraussetzung der Mietpreisüberhöhung gemäß § 5 WiStrG ist das Vorliegen einer Mangellage. Demnach ist erforderlich, dass der überhöhte Preis infolge der Ausnutzung eines geringen Angebots an vergleichbaren Räumen vereinbart worden ist. Dabei ist die Mangelsituation getrennt nach Wohnungsgruppen, also nach den Verhältnissen der Teilmärkte, zu beurteilen.[111] Für die Annahme einer Mangelsituation reicht es dabei aus, wenn für bestimmte, nach allgemeinen Merkmalen abgrenzbare Mietergruppen in Folge mangelnder Vertragsbereitschaft der Vermieter in ihrer Gesamtheit der Marktzugang verengt ist. Des Weiteren ist erforderlich, dass der Vermieter die Mangellage ausgenutzt hat. Ein Ausnutzen liegt dabei vor, wenn die Wohnungsmangellage der Grund für die hohe Mietforderung ist. Der Vermieter muss sich also bewusst die gegebene Lage zunutze gemacht haben.[112]

(3) Rechtsfolge

Ein Verstoß gegen § 5 WiStrG hat die teilweise Nichtigkeit der Mietpreisforderung zur Folge. Damit erstreckt sich die Nichtigkeitsfolge lediglich auf denjenigen Teil der Mietpreisforderung, der die sog. Wesentlichkeitsgrenze, also die ortsübliche Vergleichsmiete plus einem 20prozentigen Zuschlag, übersteigt.[113]

Für die zivilrechtliche Beurteilung der Wirksamkeit einer vereinbarten Miete ist es dabei allerdings unerheblich, ob der Vermieter subjektiv den Tatbestand des § 5 WiStrG verwirklicht hat. Auch wenn der Vermieter die ortsübliche Vergleichsmiete nicht bewusst oder leichtfertig überschritten hat, ist die Vereinbarung insoweit unwirksam. Als vereinbart gilt dann die ortsübliche Vergleichsmiete zuzüglich 20 %.[114]

(4) Fazit

Den Regelungen des WiStrG hat der BGH in seiner Entscheidung vom 4.8.2000 insbesondere die Wertungen zum »einfachen Missverhältnis zwischen Leistung und Ge-

[109] BLANK/SCHMIDT-FUTTERER/BLANK, § 5 WiStrG Rdnr. 92 ff.

[110] Zu den Einzelheiten des Verfahrens siehe: BLANK/SCHMIDT-FUTTERER/BLANK, § 5 WiStrG Rdnr. 17 ff.

[111] BLANK/SCHMIDT-FUTTERER/BLANK, § 5 WiStrG Rdnr. 71.

[112] Bei diesem Merkmal soll es sich allerdings nicht um ein subjektives Tatbestandsmerkmal, sondern um eine strafrechtlich gebotene Klarstellung auf der Handlungsebene handeln (BLANK/SCHMIDT-FUTTERER/BLANK, § 5 WiStrG Rdnr. 76).

[113] Mit ausführlicher Begründung: BGH NJW 1984, 722, 723; a. A. PAKIRNUS, S. 329 ff., der eine Totalnichtigkeit des Vertrags befürwortet.

[114] BLANK/SCHMIDT-FUTTERER/BLANK, § 5 WiStrG Rdnr. 77 f.

genleistung« und den 20prozentigen Gestaltungsspielraum, die zu berücksichtigenden Merkmale »Art, Größe, Ausstattung, Beschaffenheit und Lage« der Zimmer sowie die Teilnichtigkeit des vereinbarten Preises mit der Herabsetzung auf das gerade noch zulässige Entgelt entnommen. Des Weiteren lässt sich aus der Regelung ableiten, dass die Selbstkosten des Leistungsanbieters zumindest berücksichtigt werden müssen, wenn dem auch durch die erforderliche Einhaltung der Leistung-Entgelt-Relation eine Obergrenze auferlegt wird. Des Weiteren sind die Regelungen zum Mietenvergleich (sog. Mietspiegel) bzw. zur ortsüblichen Miete ein klares Indiz dafür, dass bei der Ermittlung eines »Marktpreises« auf einen Vergleich mit ähnlichen Einrichtungen nicht verzichtet werden kann.

c) Bewertung

Im deutschen Wirtschaftssystem stellt der Marktpreis die Regel dar. Wäre ein angemessenes Wahlleistungsentgelt der Marktpreis, so hätte es der Angemessenheitsregelung somit nicht bedurft, weil der Marktpreis ohnehin den Regelfall darstellt.

Im Ergebnis bleibt festzuhalten, dass der Marktpreis, der sich durch Angebot und Nachfrage auf dem freien Markt bestimmt, dem Leistungsanbieter einen größeren Gestaltungsspielraum bietet als der allein an den Kosten ausgerichtete Ansatz. Ob der Anbieter am Markt bestehen kann, regelt allein die Nachfrage nach seinen Leistungen. Ein Entgelt, das lediglich die Kosten des Anbieters abdeckt, ist für diesen unattraktiv und kann gegebenenfalls dazu führen, dass die Leistung gar nicht mehr angeboten wird oder die Qualität der Leistungen leidet, um Kosten zu sparen. Auf der anderen Seite kann der Anbieter auch keine beliebig hohen Preise verlangen, weil ihm zu derartigen Bedingungen auf dem Markt seine Leistungen nicht mehr »abgekauft« würden. Diese Argumentation stützt auf den ersten Blick die Auslegung des angemessenen Wahlleistungsentgelts als reinem Marktpreis der Leistungen.

Bislang (zumindest bis zur Entscheidung des BGH vom 4.8.2000[115]) ist jedoch die Höhe der Wahlleistungsentgelte weitgehend allein von den Krankenhäusern bestimmt worden. Man kann davon ausgehen, dass dies zu einer einseitigen Interessenberücksichtigung der Anbieterseite der Leistungen geführt hat.

Richtig ist zwar, dass kein Anbieter auf Dauer in einem marktwirtschaftlich ausgerichteten System stark überhöhte Entgelte für seine Leistungen verlangen kann, weil er die entsprechenden Produkte zu derartigen Bedingungen aufgrund des freien Wettbewerbs nicht absetzen wird. Im Bereich der Erbringung von Krankenhausleistungen ist jedoch zu berücksichtigen, dass die Steuerungsmechanismen eines freien Markts

[115] BGH NJW 2001, 892 ff.

aufgrund der strukturellen Unterlegenheit des Patienten ihre Wirkung nicht voll entfalten können. Der Patient hat vielfach keine ausreichenden Kenntnisse und Einblicke in die Krankenhausfinanzierung und das Zustandekommen der Entgelte, um dem Krankenhaus als gleichberechtigter und gleichstarker Vertragspartner gegenüber zu treten. Dem Patienten bleibt hingegen vielfach nur die Möglichkeit, die angebotenen Leistungen zu dem verlangten Preis zu erwerben oder ganz darauf zu verzichten. Dadurch kommt es nicht »automatisch« zur Steuerung der Preisgestaltung durch die marktwirtschaftlichen Prinzipien von Angebot und Nachfrage.[116] Zudem fehlen dem Patienten bislang weitgehend geeignete Vergleichspreise für den Krankenhaussektor.[117]

Hinzu kommt des Weiteren, dass durch die Einbindung privater Krankenversicherer in die Finanzierung der Wahlleistungsentgelte die versicherten Patienten sich keine Gedanken über die Preise der in Anspruch genommenen Leistungen machen. Zwar ist zu bedenken, dass sich hohe Ausgaben von Seiten der Versicherer auch auf die Höhe der Prämien auswirken und damit die gesamte Versichertengemeinschaft belasten. Jedoch sind die Auswirkungen für den Einzelnen nicht so drastisch, dass er sein Nachfrageverhalten danach ausrichten wird. Da ein großer Teil der Wahlleistungspatienten über eine private Krankenversicherung für diese Leistungen verfügt, wird der Steuerungseffekt von Preisen hier somit nicht wirksam. Negativ betroffen werden dadurch direkt zunächst nur die Selbstzahler.

Der Marktpreis ist daher wie der allein auf den Kosten basierende Ansatz für die Bemessung des angemessenen Wahlleistungsentgelts allein ungeeignet, da er die Interessen der strukturell unterlegenen Patienten nicht ausreichend berücksichtigen kann. Vielmehr bedürfte es der Angemessenheitsregelung des KHEntgG gar nicht, wenn nur die ohnehin allgemein gültigen Grundsätze eines freien Markts gelten sollten.

5. Dritte Alternative: Das leistungsgerechte Entgelt

a) Begriffsbestimmung des leistungsgerechten Entgelts

Als dritte Alternative der Auslegung des Angemessenheitsbegriffs des KHEntgG (der BPflV a. F.) käme schließlich die Interpretation als leistungsgerechtes Entgelt in Betracht.[118] Als leistungsgerechtes Entgelt ist dabei derjenige Preis anzusehen, der dem Wert der Leistung entspricht. Die Auslegung des Angemessenheitsbegriffs des Krankenhausentgeltgesetz (der BPflV a. F.) als leistungsgerechtes Entgelt wird daher bereits

[116] Zu ähnlichen Überlegungen für Krankenhäuser im Allgemeinen siehe: REICHSTHALER, S. 13 ff., 20 ff.

[117] PATT MedR 2002, S. 180.

[118] Den Begriff der Leistungsgerechtigkeit von Wahlleistungsentgelten verwendet auch der BGH, ohne jedoch nähere Ausführungen zu dessen Inhalt zu machen: BGH NJW 2001, 892, 896.

seit Jahren vom PKV-Verband gefordert. Ein eigenständiger Preis habe einer eigenständigen zusätzlichen Leistung gegenüber zu stehen.[119]

Welchen Preis ihm eine Leistung »wert« ist, kann nur der Patient selbst entscheiden. Problematisch an diesem Ansatz ist allerdings die Bestimmung dieses Preises, der den Wert der einzelnen Leistungen abbilden soll. Denn ein und dieselbe Leistung ist auch nicht jedem Patienten dasselbe Entgelt wert. Vielmehr ist der Preis, den der einzelne Patient für die Inanspruchnahme der nicht-ärztlichen Wahlleistungen aufzuwenden bereit ist, von unterschiedlichsten Faktoren abhängig. So spielt zunächst die Einkommenssituation des Patienten eine Rolle. Handelt es sich um einen »armen« Patienten, so möchte und kann er nur ein geringes Entgelt für Wahlleistungen aufwenden. Anders verhält es sich hingegen bei einem wohlhabenden Patienten, der durchaus bereit sein kann, mehrere hundert Euro pro Nacht zu bezahlen. Von erheblicher Bedeutung ist also der Lebensstandard, den der Patient gewöhnt ist und den er sich »leisten« kann.

Hinzu kommen auch objektive Kriterien wie die Qualität der angebotenen Leistungen. Je qualitativ hochwertiger das Wahlleistungsangebot ist, desto mehr ist der Patient bereit, für die Inanspruchnahme der Leistungen aufzuwenden. Je geringer sich die Zusatzleistung im Verhältnis zur allgemeinen Krankenhausleistung darstellt, desto größer ist dann auch der Rechtfertigungsdruck hinsichtlich der Wahlleistungsentgelte; die Wahlleistungsentgelte müssen in ein klares Verhältnis zur festgestellten Qualität gesetzt werden.[120] Um zu den konkreten Entgelten zu gelangen, müsste im Rahmen dieses Ansatzes eine Patientenbefragung durchgeführt werden, die die Interessen der Patienten zunächst im Detail erforschen und daraus ihre Schlussfolgerungen ziehen würde. Der PKV-Verband plädiert zudem dafür, Vergleiche mit anderen Leistungsbereichen anzustellen, die ebenfalls Hinweise auf die Angemessenheit von Wahlleistungsentgelten geben könnten. So wird vorgeschlagen, das landesweite Entgelt für Unterkunft und Verpflegung beziehungsweise den Basispflegesatz zum Vergleich heranzuziehen. Hieran ist problematisch, dass ersteres Entgelt nach der BPflV 1995 als Vereinbarung zwischen den Vertragsparteien auf Landesebene, also Kostenträgern und Leistungserbringern, vereinbart werden sollte (siehe § 16 III BPflV a. F.), es aber zu einer derartigen Vereinbarung nicht gekommen ist. Eine vergleichbare Regelung findet sich im KHEntgG nicht. Auch der Basispflegesatz kann nunmehr nicht mehr herangezogen werden, weil er im neuen Entgeltsystem als Bezugsgröße nicht mehr zur Verfügung steht. Zu erwägen ist allerdings, entgegen der Auffassung des BGH, einen Vergleich mit Hotelpreisen vorzunehmen.[121] Hierbei müsste allerdings wiederum berücksichtigt

[119] So auch ULEER/MIEBACH/PATT, § 22 BPflV S. 261, 288 ff.

[120] Siehe hierzu ausführlich die Erläuterungen von ULEER/MIEBACH/PATT, § 22 BPflV S. 288 ff.

[121] Untersucht werden in diesem Zusammenhang: die Relation zu fiktiven Kosten des Krankenhauses, die Relation zu tatsächlichen Kosten des Krankenhauses, die Relation zum landesweiten Entgelt für Unterkunft und Verpflegung / Basispflegesatz, die Entwicklung / das Ansteigen der Wahlleistungsentgelte und die Preise im Hotelgewerbe: ULEER/MIEBACH/PATT, S. 290 ff., PATT NZS 2000, S. 75; ablehnend gegenüber der Bezugnahme auf Hotelpreise: QUAAS PKR 1999, S. 45.

werden, dass der Wahlleistungspatient bereits für die Unterkunfts- und Verpflegungsanteile im Rahmen der allgemeinen Regelleistungen bezahlt hat und nur die darüber hinaus gehenden Leistungen als Wahlleistung vergütet werden dürfen. Ebenso verhielte es sich, wenn man den nach Angaben des PKV-Verbands berechnungstäglich konstruierten Zuschlag für Begleitpersonen nach § 17 b KHG zum Vergleich heranzöge.[122] Dieser beinhaltet zwar sowohl die Unterkunfts- als auch die Verpflegungsentgelte für die (medizinisch indizierte) Mitaufnahme einer Begleitperson. Jedoch wäre hier ebenfalls nicht berücksichtigt, dass der Wahlleistungspatient die allgemeinen Regelleistungen bereits bezahlt hat.

Diesen Überlegungen könnte man nun entgegen halten, dass auch die Interessen der Krankenhausbetreiber im Rahmen des leistungsgerechten Entgelts berücksichtigt werden müssten. So könnte man aus Sicht der Krankenhausbetreiber einwenden, ein Entgelt werde nur dann einer Leistung gerecht, wenn es (mindestens) die Erbringungskosten abdeckte. Dann wären die aufgewendeten Kosten ein zusätzliches Indiz dafür, welcher Preis einer Leistung gerecht würde. Allerdings würde dies zu dem Ergebnis führen, dass ein Krankenhaus, das besonders hohe Kosten verursachte, ein besonders hohes Entgelt verlangen könnte, wiewohl die angebotenen Leistungen keine besonders außergewöhnliche Qualität aufwiesen. Dies würde allerdings im direkten Widerspruch zu den aufgezeigten Patienteninteressen und der Grundintention des neuen KHEntgG stehen (dazu sogleich). Kosten können daher allenfalls dann ein Indiz für ein leistungsgerechtes Entgelt sein, wenn der Krankenhausträger wirtschaftlich arbeitet und nicht durch unwirtschaftliche Betriebsführung außergewöhnlich hohe Kosten verursacht.[123] Maßgeblich sind demnach nicht die aufgewendeten Kosten, sondern die Qualität der Leistungen.

Ein Vergleich zwischen allen vergleichbaren Anbietern einer Leistung kann zur Ermittlung des leistungsgerechten Entgelts ebenfalls nur dann in Betracht kommen, wenn sich nicht bereits der gesamte »Markt« für eine Leistung auf einem besonders hohen Niveau eingependelt hat. Hier wäre sonst die Gefahr gegeben, dass der ermittelte Vergleichspreis oder das entsprechende Durchschnittsentgelt völlig von der erbrachten Leistung abgekoppelt ist. So kann im Krankenhaussektor ein Vergleichspreis zum Beispiel nur dann zur Ermittlung des leistungsgerechten Entgelts herangezogen werden, wenn in die Entgeltgestaltung keine sachfremden Kriterien wie die Quersubventionierung oder die Finanzierung allgemeiner Regelleistungen mit Wahlleistungsentgelten einfließen sowie zwischen Anbieter und Nachfrager ein ausgeglichenes Kräfteverhältnis besteht.

---

[122] Vgl. VERBAND DER PRIVATEN KRANKENVERSICHERUNG E. V. Rechenschaftsbericht 2000, S. 49 f.
[123] Sogar völlig gegen eine Berücksichtigung der Kosten: PATT NZS 2000, S. 75.

b) Leistungsgerechte Entgelte im neuen diagnose-orientierten Fallpauschalensystem für Krankenhäuser

Für eine Auslegung des Angemessenheitsbegriffs als leistungsgerechtes Entgelt spricht das neue Fallpauschalensystem für Krankenhäuser. Daher werden im Folgenden die Grundlagen des neuen Entgeltsystems und die damit verbundene neue Einbettung der Angemessenheitsvorschrift für nicht-ärztliche Wahlleistungsentgelte erläutert.

aa) Gesetzliche Grundlagen und gesetzgeberische Zielsetzung

Mit dem Gesetz zur Reform der gesetzlichen Krankenversicherung[124] wurde die Einführung eines leistungsorientierten Entgeltsystems für die voll- und teilstationären Leistungen der Krankenhäuser ab dem 1.1.2003 vorgegeben (siehe § 17 b KHG). Die Entwicklung und Bereitstellung des Systems wurde den Spitzenverbänden der Krankenkassen, dem Verband der privaten Krankenversicherung und der Deutschen Krankenhausgesellschaft übertragen (§ 17 b II KHG).

Des Weiteren wurde durch das Fallpauschalengesetz[125] für die nach dem Fallpauschalen-System (DRGs) zu vergütenden Leistungen ein neues Krankenhausentgeltgesetz (KHEntgG) eingeführt, das die Bundespflegesatzverordnung weitgehend abgelöst hat. Das neue Entgeltsystem ist nach den gesetzlichen Vorgaben grundsätzlich in allen bislang der Bundespflegesatzverordnung unterfallenden Krankenhäusern (abgesehen von den psychiatrischen Krankenhäusern und psychiatrischen Abteilungen an Akutkrankenhäusern) zur Abrechnung der allgemeinen Krankenhausleistungen eingeführt worden.

Mit der Einführung eines leistungsorientierten Entgeltsystems für die voll- und teilstationären Leistungen der Krankenhäuser ab dem 01.01.2003 verfolgt der Gesetzgeber das Ziel, weg vom Selbstkostendeckungsprinzip hin zu einer an den Leistungen orientierten Krankenhausvergütung zu gelangen (»Geld folgt Leistung«).[126] Dadurch soll das Leistungsgeschehen im Krankenhaus transparenter gestaltet sowie die Wirtschaftlichkeit gefördert und verbessert werden. Außerdem sollen Fehlanreize beseitigt, also insbesondere die langen Verweildauern im Krankenhaus, die durch das System der tagesgleichen Pflegesätze begünstigt worden sein sollen, verkürzt werden. Das neue System soll außerdem zur bedarfsgerechteren und effizienteren Nutzung der vorhandenen Ressourcen beitragen, den Wettbewerb unterstützen, einen Beitrag zur Qualitätssicherung leisten, zunächst ein landes- und später sogar ein bundesweit einheitliches

[124] GKV-Gesundheitsreformgesetz 2000 vom 29.12.1999 (BGBl. I S. 2626 ff.).

[125] G vom 23.04.2002 (BGBl. I S. 1412 ff.).

[126] Gesetzesbegründung zum Fallpauschalengesetz in: BT-Drs. 14/6893, S. 26; DIETZ/BOFINGER, Vorwort KHEntgG S. 5.

Preisniveau erreichen und die Spezialisierung von Krankenhäusern voran treiben.[127] Angestrebt wird daher vom Gesetzgeber, eine bundesweit einheitliche Bewertung aller Krankenhausleistungen zum 01.01.2007 zu erreichen.[128]

bb) Grundzüge des neuen Entgeltsystems

Das neue Vergütungssystem soll sich an einem international bereits eingesetzten System auf der Grundlage der »Diagnosis Related Groups (DRGs)« orientieren. Daher haben sich die gemäß § 17 b II KHG gesetzlich beauftragten Selbstverwaltungspartner am 27.6.2000 dazu entschlossen, die australische AR-DRG-Klassifikation dem in Deutschland einzuführenden Fallpauschalensystem zugrunde zu legen, wobei insbesondere eine Anpassung der Klassifikation an die Versorgungsstrukturen und Besonderheiten in Deutschland stattzufinden hat.[129]

Die wichtigste Veränderung in der Krankenhausfinanzierung besteht darin, dass die DRGs eine pauschale Abrechnung des »Behandlungsfalls« zum Inhalt haben. DRGs basieren daher nicht mehr wie das bisherige Entgeltsystem auf tagesgleichen Basis- und Abteilungspflegesätzen, Fallpauschalen und Sonderentgelten, sondern vergüten pauschal nach speziellen Punktwerten und Bewertungsrelationen alle Leistungen, die das Krankenhaus im Rahmen eines Behandlungsfalls erbringt.[130] Es wird in diesem Rahmen angestrebt, ab 2005 zunächst eine landesweite Anpassung des Preisniveaus zu erreichen.

Hierfür soll vor allem ein landesweit einheitlicher, langfristig betrachtet sogar bundesweit einheitlicher, Basisfallwert ermittelt werden, der später als maßgeblicher Anknüpfungspunkt für die Abrechnung von Krankenhausleistungen dienen soll. Dieser wird ausdrücklich als Fest- und nicht als Höchstpreis festgeschrieben (§ 10 KHEntgG).[131] So soll schrittweise ein einheitliches DRG-Preissystem auf Landes- und später auf Bundesebene entwickelt werden.[132] Hierbei bleibt allerdings unberücksichtigt, welche Kosten dem einzelnen Krankenhaus oder sonstigen Leistungserbringer durch den

---

[127] BT-Drs. 14/6893, S. 26 f.

[128] BUNDESMINISTERIUM FÜR GESUNDHEIT, S. 113.

[129] Gesetzesbegründung zum Fallpauschalengesetz in: BT-Drs. 14/6893, S. 26.

[130] DRG-Fallpauschalensysteme fassen zu diesem Zweck eine Vielzahl unterschiedlicher Diagnosen und damit Krankheitsarten zu einer überschaubaren Anzahl von Abrechnungspositionen mit vergleichbarem Aufwand zusammen. Die Zuordnung zu einer solchen Abrechnungsposition erfolgt maßgeblich über medizinische Diagnosen-, Operationen- und Prozedurenschlüssel. Zusätzlich werden im Einzelfall weitere Kriterien herangezogen, die etwaige Besonderheiten des Einzelfalls berücksichtigen, zum Beispiel Alter, Geschlecht, Geburtsgewicht, Entlassungsstatus des jeweiligen Patienten (Information des Bundesgesundheitsministeriums im Internet unter: http://www.bmgesundheit.de; zu den betriebswirtschaftlichen Kalkulationsmodellen der DRGs siehe außerdem ausführlich: JANISZEWSKI/PFAFF, S. 221 ff.).

[131] BUNDESMINISTERIUM FÜR GESUNDHEIT, S. 114.

[132] BT-Drs. 14/6893, S. 27.

jeweiligen Behandlungsfall entstehen.[133] Dass die Kosten des individuellen Krankenhauses unterschiedlich hoch ausfallen können, fließt damit in die Entgelte nicht mehr ein. Es handelt sich auch nicht um »Marktpreise«, sondern um zentral vorgegebene Pauschalgebühren.[134]

cc) Folgen der Gesetzesänderungen für die Abrechnung nicht-ärztlicher Wahlleistungsentgelte

Auf die Abrechnung nicht-ärztlicher Wahlleistungen haben die soeben dargestellten Gesetzesänderungen trotz des gleich bleibenden Wortlauts der Angemessenheitsvorschrift in der jetzigen Regelung des § 17 I 3 KHEntgG erhebliche Auswirkungen. Zu klären ist insofern, ob sich die Erbringung nicht-ärztlicher Wahlleistungen überhaupt in das neue Entgeltsystem einfügen lässt, wie es der PKV-Verband fordert, der zur Erhaltung der Rechtssicherheit für eine Übernahme der Wahlleistungsentgelte in das Entgeltsystem der DRGs votiert.[135]

Fraglich ist bislang, welche Bezugsgröße nach Wegfall des Basispflegesatzes in Zukunft zur Bestimmung der vom BGH statuierten »unteren Angemessenheitsgrenze«[136] dienen wird. So verweisen *Dietz / Bofinger* zu Recht darauf, dass bereits in der Übergangsphase in den Jahren 2003/04 in denjenigen Krankenhäusern, die bereits auf DRGs umgestellt haben, der Rechtsprechung des BGH die Grundlage entzogen wurde.[137]

Ein tagesgleicher (Basis- oder Abteilungs)Pflegesatz[138], mit dem bislang insbesondere auch Unterkunfts- und Verpflegungsleistungen abgerechnet wurden, existiert nämlich in dieser Form im neuen Entgeltsystem nicht mehr. Vielmehr geht das Entgelt für Unterkunft und Verpflegung in der zukünftigen Pauschale für den einzelnen Behandlungsfall auf und kann daher nicht mehr tagesbezogen abgebildet werden. Damit entfällt im Rahmen der Abrechnung von nicht-ärztlichen Wahlleistungsentgelten die

[133] EBERLE/GROSS/HEUMANN, S. 105.

[134] QUAAS MedR 2002, S. 275.

[135] Standpunkte der PKV zur Struktur des Krankenversicherungssystems '02 im Internet abrufbar unter: http://www.pkv.de.

[136] Siehe hierzu ausführlich die Erläuterungen in Kapitel 2. auf Seite 92.

[137] DIETZ/BOFINGER, § 16 KHEntgG S. 189 und § 17 KHEntgG S. 196; so auch QUAAS/DIETZ f & w 2003, S. 293.

[138] Gemäß § 13 III BPflV a. F. war der Basispflegesatz dasjenige Entgelt, das für nicht durch ärztliche und pflegerische Tätigkeit veranlasste Leistungen zu bilden war. Dieses Entgelt wurde krankenhausindividuell berechnet. Allerdings ist es auch damals bereits das gesetzgeberische Ziel gewesen, ein landeseinheitliches Entgelt für Unterkunft und Verpflegung als Bestandteil des Basispflegesatzes durch die Pflegesatzparteien vereinbaren zu lassen (siehe § 18 III KHG a. F. i. V. m. § 13 III und 16 III BPflV a. F.). Ein derartig pauschaliertes Entgelt für Unterkunft und Verpflegung sollte an Stelle der entsprechenden Kosten des einzelnen Krankenhauses in den Basispflegesatz einbezogen werden. Auch legte § 16 III 3 BPflV a. F. detailliert fest, welche Kosten in das pauschalierte Entgelt aufgenommen werden konnten; dies waren die Kosten für Wasser, Strom, Heizung, normale Reinigung und die durch die Unterbringung verursachte Wäschereinigung sowie die Kosten der Küche und für Lebensmittel. Hingegen waren die Investitionskosten nicht geförderter Krankenhäuser nicht einzubeziehen.

vom BGH gewählte Bezugsgröße des »Basispflegesatzes« als (gesetzlichem) Anknüpfungspunkt für die Höhe der Wahlleistungsentgelte. Eine erhebliche Änderung ergibt sich auch daraus, dass Wahlleistungsentgelte nicht mehr wie bisher die nach § 7 II 2 Nr. 4, 5 und 7 BPflV a. F. i.V.m. Abschnitt K 6 Nr. 18 Spalte 4 der Leistungs- und Kalkulationsaufstellung (LKA) abzuziehenden Kosten abzudecken haben[139], sondern vielmehr dieser Bezug durch die Einführung des neuen Abrechnungssystems verloren geht.[140] Auch die Regelung hinsichtlich eines landesweit »pauschalierten Entgelts für Unterkunft und Verpflegung«[141], der sog. »Hotelpauschale«[142], nach § 18 III KHG a. F. und § 13 III i. V. m. § 16 III BPflV a. F. wird nicht mehr als neue »Bezugsgröße Unterkunft« für Wahlleistungen herangezogen werden können, da auch dieses Entgelt in Abhängigkeit zu den tagesgleichen Pflegesätzen gestanden hat, die mit Umsetzung der Reform entfallen. Die Neufassung von § 18 III KHG[143] umfasst daher die Zielsetzung nicht mehr, dass landesweit pauschalierte Entgelte für Unterkunft und Verpflegung anzustreben seien.

Die geltende Regelung enthält hingegen die Vorgabe, dass Wahlleistungsentgelte mindestens die abzuziehenden Kosten decken müssen, und damit eine faktische Ankoppelung an den Basispflegesatz lediglich noch für diejenigen Krankenhäuser, für die weiterhin die Bundespflegesatzverordnung Anwendung findet (§ 17 V KHEntgG). Dies sind nach § 1 I BPflV 2004 i. V. m. § 17 b I 1 2. Hs. KHG und § 1 II Psychiatrie-Personalverordnung jedoch nur noch psychiatrische, psychosomatische und psychotherapeutische Krankenhäuser[144] und selbständige, betriebsärztlich geleitete psychiatrische Abteilungen an Allgemeinkrankenhäusern.

Ein Positionspapier des Bundesministeriums für Gesundheit vom 04.03.2001[145] führt zum Wegfall der Kostenausgliederungsregel des § 7 II BPflV a. F. zum 01.01.2005 aus, dass die bisherige Ausgliederung von Teilen der Wahlleistungsentgelte aus dem Budget des Krankenhauses eine politisch gewollte Subventionierung der Gesetzlichen Krankenversicherung durch die Private Krankenversicherung und die Beihilfe gewesen

---

[139] Vgl. die Regelung des § 22 I 3, 2. Hs. BPflV a. F. sowie die Kommentierung von: DIETZ/BOFINGER, § 16 KHEntgG S. 189.

[140] BUNDESMINISTERIUM FÜR GESUNDHEIT, S. 113 und 117; QUAAS NJW 2001, S. 871; KRAUSKOPF, Bl. 149; WAGENER et al., S. 683 und 685; BREITMEIER et al./WAGENER Düsseldorfer Kommentar, 3. Auflage, § 22 BPflV S. 328 f.

[141] Nach § 18 III KHG a. F. i. V. m. § 16 III BPflV a. F. war von den Vertragsparteien auf Landesebene mit Wirkung für die Vertragsparteien die Vereinbarung eines landeseinheitlichen pauschalierten Entgelts für Unterkunft und Verpflegung anzustreben. Dieses sollte sodann in den Basispflegesatz miteingehen. Eine derartige Vereinbarung hätte auch dem Genehmigungserfordernis des § 20 I BPflV a. F. unterlegen. Jedoch handelte es sich bei dieser gesetzlichen Regelung nicht um einen zwingenden Auftrag an die Pflegesatzparteien, sondern um eine freiwillige Regelungsmöglichkeit. Dies wird auch dadurch deutlich, dass für den Fall der Nichteinigung kein Schiedsstellenverfahren vorgesehen war (siehe § 19 III BPflV a. F.) (Vgl. hierzu auch DIETZ/BOFINGER, § 16 BPflV S. 277).

[142] DIETZ/BOFINGER, § 16 BPflV S. 273.

[143] KHG i. d. F. des Gesetzes vom 17.7.2003 (BGBl. I S. 1461); siehe zu den einzelnen Gesetzen, die zu Änderungen des KHG geführt haben: DIETZ/BOFINGER, Text KHG S. 1.

[144] QUAAS MedR 2002, S. 274.

[145] BUNDESMINISTERIUM FÜR GESUNDHEIT, S. 119 f.

sei.[146] Dieser sachlich nicht begründete Subventionierungseffekt werde mit der Neuregelung aufgehoben. Aufgrund der budgetneutralen Phase in den Jahren 2003/2004 trete der Belastungseffekt jedoch erst 2005 ein. Die Vergütung wahlärztlicher Leistungen könne ab der vollwirksamen Einführung des neuen Fallpauschalensystems ab dem 01.01.2007 durch einen pauschalen Zuschlag auf die neuen Fallpauschalen erfolgen. Dieser Pauschalbetrag sei dann an den Krankenhausträger zu zahlen, der alle Wahlärzte angemessen zu beteiligen habe. Darüber müsse allerdings zunächst der Gesetzgeber entscheiden. Hinsichtlich der Wahlleistung »Unterkunft« erkennt das Positionspapier zwar ebenfalls an, dass hier genauso die Kostenausgliederungsregelung wegfalle, was demnach auch den Subventionierungseffekt zugunsten der Gesetzlichen Krankenversicherung beende. Jedoch werden keine Lösungsvorschläge in den Raum gestellt, wie die Entgelte zukünftig bemessen werden sollen.[147]

c) Bewertung des auf dem leistungsgerechten Entgelt beruhenden Ansatzes

Wie die Darstellung des neuen Entgeltsystems im Krankenhaus gezeigt hat, handelt es sich bei dem auf diagnose-orientierten Fallpauschalen basierenden neuen Abrechnungssystem für allgemeine Regelleistungen nach der gesetzgeberischen Konzeption um ein leistungsorientiertes Entgeltmodell, das insbesondere auch an das Wirtschaftlichkeitsgebot gekoppelt ist. Wie im Gleichklang mit diesem System die Abrechnung von Wahlleistungen erfolgen wird, ist zwar bislang noch nicht hinreichend geklärt. Auch lassen sich tagesbezogene nicht-ärztliche Wahlleistungsentgelte im Gegensatz zu den wahlärztlichen Entgelten nur schlecht in das behandlungsfallbezogene Pauschalsystem einfügen. Jedoch spricht vieles dafür, auch Wahlleistungen leistungsgerecht abzurechnen.

Gegenüber dem rein auf die Kosten gestützten Ansatz bietet das leistungsgerechte Entgelt deutliche Vorteile für den Patienten. Denn die Patienteninteressen werden bei der Ermittlung des Wertes der angebotenen Leistungen besonders berücksichtigt. Dies steht im Einklang mit der Zielrichtung der Angemessenheitsvorschrift, den Patienten schützen sowie die strukturelle Unterlegenheit des Patienten ausgleichen zu wollen. Auch kommt der im neuen Entgeltsystem besonders hervorgehobene Aspekt der Leistungsorientierung und Wirtschaftlichkeit zur Geltung. Für den Krankenhausträger hingegen bietet der leistungsgerechte Ansatz die Möglichkeit, sich über die Qualität seiner Leistungen von anderen Leistungserbringern abzugrenzen und damit mehr Patienten von der Inanspruchnahme (nicht-ärztlicher) Wahlleistungen zu überzeugen. Gegenüber dem rein auf die Kosten gestützten Ansatz lassen sich so eher Gewinne erwirtschaften. Bietet nämlich der Krankenhausträger besonders hochwertige Wahlleistungen an,

---

[146] BUNDESMINISTERIUM FÜR GESUNDHEIT, S. 118.

[147] BUNDESMINISTERIUM FÜR GESUNDHEIT, S. 119 f.

so werden Patienten einerseits dazu bereit sein, entsprechende Preise dafür zu zahlen. Andererseits werden die Interessen der Anbieterseite hinreichend berücksichtigt, so dass nicht zu befürchten steht, dass aufgrund hoher Kosten und zu geringer Gewinne das Wahlleistungsangebot der Krankenhäuser eingeschränkt oder gar vollkommen aufgegeben werden könnte.

6. Ergebnis

Im Ergebnis bleibt somit festzuhalten, dass es sich bei einem angemessenen Wahlleistungsentgelt um ein leistungsgerechtes Entgelt handeln sollte. Nur bei diesem stehen die vom Wahlleistungspatienten zusätzlich aufzuwendenden Kosten in einem angemessenen Verhältnis zu den in Anspruch genommenen Leistungen, so dass der Schutzgedanke der Angemessenheitsvorschrift sich verwirklichen kann, der strukturellen Unterlegenheit des Wahlleistungspatienten und der besonderen krankenhausrechtlichen Situation Rechnung zu tragen. Im Rahmen des leistungsgerechten Entgelts ist zudem kein Platz mehr für sachfremde, in die Entgeltgestaltung einfließende Erwägungen wie die Quersubventionierung im Krankenhaus oder die Unterstützung unterfinanzierter allgemeiner Regelleistungsbereiche durch die Wahlleistungspatienten.[148] Das leistungsgerechte Entgelt bietet hingegen »unternehmerisch nutzbare Preisspielräume« für Krankenhäuser mit einem qualitativ hochwertigen Angebot, die auf der anderen Seite allerdings durch den Angemessenheitsgrundsatz als einer »Preisschranke im Sinne des Verbraucherschutzes« beschränkt sind.[149]

Weder der allein auf den Kosten der Leistungsanbieter basierende noch der auf den Marktpreis abstellende Ansatz wird hingegen dem Schutzgedanken, der hinter der Angemessenheitsvorschrift des KHEntgG steht bzw. auch bereits der BPflV a. F. gestanden hat, in gleichem Maße gerecht. Berücksichtigt man nämlich ausschließlich die Erbringungskosten des Anbieters, so muss der Wahlleistungspatient gegebenenfalls für eine unwirtschaftliche Betriebsführung des Krankenhauses hohe Entgelte in Kauf nehmen. Dies widerspräche der im neuen Entgeltsystem besonders hervorgehobenen Bindung der Entgelte an das Wirtschaftlichkeitsgebot. Ebenso wenig zielführend erscheint der Marktpreis als alleiniger Anknüpfungspunkt. Denn nicht-ärztliche Wahlleistungsangebote stehen gegenüber der für den Patienten viel wichtigeren medizinischen Ausstattung eines Krankenhauses bei der Wahl der Einrichtung nicht im Vordergrund. Hinzu kommt, dass der Patient aufgrund krankenhausrechtlicher Bestimmungen das für ihn in Frage kommende Krankenhaus vielfach nicht frei auswählen kann. So besteht die Gefahr, dass sich im Krankenhaussektor ein hohes Preisniveau durch

[148] Siehe als Beleg dafür, dass dies in der Vergangenheit durchaus entgeltbeeinflussende Faktoren waren: VERBAND DER PRIVATEN KRANKENVERSICHERUNG E. V. Rechenschaftsbericht 2003, S. 83.

[149] ULEER, S. 383 f.; ULEER/MIEBACH/PATT, § 22 BPflV S. 259.

eine fehlende Regulierung von Seiten des »Marktes« einpendelt, was bei alleiniger Berücksichtigung eines durchschnittlichen Marktpreises vom Wahlleistungspatienten getragen werden müsste. Des Weiteren weist der Markt auch durch das Mitwirken der privaten Versicherungsunternehmen an der Entgeltzahlung Besonderheiten auf. Versicherte Patienten werden sich nämlich vielfach keine Gedanken darüber machen, wie hoch ein Entgelt für eine von ihnen in Anspruch genommene Leistung ist, weil die Versicherung »schon zahlen wird«. Dadurch besteht wiederum die Gefahr, dass die Entgelte sich auf einem hohen Niveau einpendeln und nur begrenzt durch den »Markt« reguliert werden. Die hohen Entgelte gehen dann zu Lasten nicht-versicherter Patienten, also der Selbstzahler, und belasten die gesamte Versichertengemeinschaft durch steigende Prämien.

So verfolgte bereits das vom BGH in seiner Entscheidung vom 4.8.2000 entwickelte Zwei-Stufen-Modell für die Entgeltbemessung das Ziel, zu einem dem hier favorisierten leistungsgerechten Entgelt ähnlichen Ansatz zu gelangen, indem es sich mit der unteren Angemessenheitsgrenze zwar einerseits an den – wenn auch fiktiven – Kosten der Krankenhäuser orientierte, diesen andererseits jedoch einen darüber hinaus gehenden 20prozentigen Gestaltungsspielraum zugestand, soweit sie besonders qualitativ hochwertige Leistungen anboten. Allerdings ist die Ankoppelung der unteren Angemessenheitsgrenze des Wahlleistungsentgelts an den Basispflegesatz sowie die Kostenausgliederungsregelung des § 7 II BPflV a. F. mit der Umstellung der Krankenhausfinanzierung auf behandlungsfallbezogene Pauschalentgelte obsolet geworden, so dass es einer grundsätzlichen Neukonzeption der Abrechnung der Entgelte für die Wahlleistung »Unterkunft« bedarf.

Zwar kann das zwei-stufige Modell (»Bezugsgröße Unterkunft« + zusätzliche Komfortelemente) durchaus auch weiterhin beibehalten werden. Jedoch muss unabhängig von der Kostenausgliederungsgröße der BPflV a. F. überlegt werden, welche Entgeltanteile dem Allein- oder Zuzweitliegen zugeordnet werden können und damit die »Bezugsgröße Unterkunft« bestimmen. So wird zutreffend in der Literatur darauf hingewiesen, dass der Vorteil dieses Angebots für den Patienten besonders hoch zu veranschlagen sei, da es zumeist der Hauptgrund für die Inanspruchnahme der Wahlleistung »Unterkunft« sei.[150] Welche Angebote darüber hinaus im Rahmen der nicht-ärztlichen Wahlleistungen zusätzlich berechnet werden dürfen, ist an den Prioritäten der Patienten auszurichten. Hierbei muss berücksichtigt werden, dass der Standard der einzelnen Krankenhäuser teilweise erheblich differiert. Dies sollte sich auch bei den nichtärztlichen Wahlleistungsentgelten niederschlagen. Hier ist zu überlegen, ob ein Klassifizierungssystem wie bei der Vergabe von Sternen im Hotelbereich auch für Wahlleistungszimmer im Krankenhaus möglich wäre.[151] So könnte der Befürchtung einzelner

[150] DIETZ/BOFINGER, § 17 KHEntgG S. 196.

[151] Vgl. hierzu die Ausführungen von: REICHSTHALER, S. 69 ff.

Literaturstimmen begegnet werden, eine Pauschalierung im nicht-ärztlichen Wahlleistungsbereich führe zu einer Absenkung des Niveaus.[152] Die Kosten, die dem einzelnen Krankenhaus hingegen für die Bereitstellung der (nicht-ärztlichen) Wahlleistungen entstanden sind, können zunächst ohnehin nur dann berücksichtigt werden, wenn es sich nicht bereits um vom Land getragene Investitionskosten im Rahmen der dualen Krankenhausfinanzierung handelt. Auch sonstige vom Krankenhaus aufgewendete Kosten können allenfalls dann in die Entgeltbemessung einfließen, wenn es sich um die Kosten eines wirtschaftlich arbeitenden Krankenhauses handelt. Hierdurch wird verhindert, dass hohe, durch eine unwirtschaftliche Betriebsführung verursachte Kosten, auf den Wahlleistungspatienten abgewälzt werden.

[152] Vgl. z. B. ZUCK/QUAAS, S. 30 sowie ZUCK/QUAAS, S. 48 zu der Überlegung, ob eine Pauschalierung durch richterliche Rechtsfortbildung zulässig wäre.

VII. Verfassungsmäßigkeit der Angemessenheitsregelung

Das folgende Kapitel widmet sich der Frage, welche Anforderungen das Grundgesetz an eine Regelung wie die Angemessenheitsvorschrift des KHEntgG (der BPflV a. F.) stellt. Denn es wird teilweise bezweifelt, dass die Regelung selbst und die Auslegung der Vorschrift durch den BGH[1] mit der Verfassung im Einklang steht. Insbesondere werden Bedenken geäußert, die (gesetzliche) Regelung selbst sowie die Auslegung des BGH beschränke die Krankenhausträger unzulässigerweise in ihrer privatautonomen Preissetzungsfreiheit.[2]

1. Anwendbarkeit der Grundrechte auf Krankenhäuser

Problematisch könnte zunächst die Grundrechtsträgerschaft von Krankenhäusern im Allgemeinen sein. Hierbei ist zu berücksichtigen, dass in Deutschland Trägerpluralität herrscht (vgl. § 1 II KHG). Krankenhausträger können daher sowohl der Staat (Bund oder Land), Kommunen, freigemeinnützige (z. B. Kirchen) oder private Träger sein. Im hier erörterten Zusammenhang ist darüber hinaus zu bedenken, dass bereits das KHEntgG (die BPflV a. F.) nicht auf alle Krankenhäuser Anwendung findet, so dass der Kreis der möglicherweise durch die Anforderungen des Angemessenheitsgebots beziehungsweise das Urteil des BGH in ihren Grundrechten betroffenen Krankenhäuser von vornherein eingeschränkt wird.[3]

Grundsätzlich kann gemäß Art. 19 III GG auch inländischen juristischen Personen die Grundrechtsträgerschaft zukommen, soweit die Grundrechte ihrem Wesen nach auf diese anwendbar sind.[4] Unproblematisch erscheint danach die Grundrechtsträgerschaft von privaten Krankenhäusern, die von natürlichen Personen, juristischen Personen des

[1] BGH NJW 2001, 892 ff.

[2] Siehe hierzu insbesondere: ZUCK/QUAAS, S. 1-64.

[3] Siehe zum Anwendungsbereich des KHEntgG sowie der BPflV a. F. die Ausführungen in Kapitel 1. auf Seite 9.

[4] Zum Begriff der juristischen Person, insbesondere den Unterschieden zum Begriff der »Rechtsfähigkeit« im Privatrecht, sowie dem Inlandsbezug siehe: PIEROTH/SCHLINK, Rdnr. 147 f.; ISENSEE/KIRCHHOF/ISENSEE Handbuch des Staatsrechts, § 118 Rdnr. 22 ff., 44 ff.; zu den näheren Voraussetzungen und insbesondere den Unterschieden hinsichtlich privat- und öffentlich-rechtlichen Personen siehe: BVerfG NJW 1985, 1385.

Privatrechts (rechtsfähigen Vereinen, Stiftungen, GmbHs, AGs etc.) oder Handelsgesellschaften (OHG, KG) betrieben werden können. Diese sind insbesondere durch die Berufsfreiheit (Art. 12 GG) und die Eigentumsgarantie (Art. 14 I GG) geschützt.[5]

Allerdings ist denjenigen Krankenhäusern eine Berufung auf die Grundrechte verwehrt, die als öffentlich-rechtliche juristische Personen ausgestaltet sind. Demnach können sich staatliche Krankenhausträger grundsätzlich nicht auf die Grundrechte berufen.[6] Eine Sonderstellung nehmen hier die Universitätskrankenhäuser ein. Für diese ist anerkannt, dass sie sich je nach ihrer Ausrichtung und Aufgabenstellung partiell auf die grundrechtliche Freiheitsgarantie von Wissenschaft, Lehre und Forschung gemäß Art. 5 III GG berufen können, die allerdings vorliegend nicht tangiert ist.[7]

Kommunale Krankenhäuser können eingeschränkt verfassungsmäßige Rechtspositionen haben, die staatliche Einwirkungsmöglichkeiten begrenzen. Zwar kann eine kommunale Gebietskörperschaft grundsätzlich nicht Grundrechtsträger sein. Jedoch kann sich eine Kommune dann auf ihr Selbstverwaltungsrecht aus Art. 28 II 1 GG berufen, wenn sie durch Maßnahmen des Bundes- oder Landesgesetzgebers bei Erbringung von Leistungen der Daseinsvorsorge betroffen ist.[8] Dies kann hier dann der Fall sein, wenn ein kommunales Krankenhaus im Rahmen der Erbringung seiner allgemeinen Regelleistungen durch eine staatliche Regelung tangiert wird. Um Daseinsvorsorgeleistungen handelt es sich allerdings bei den vorliegend diskutierten Wahlleistungen gerade nicht. Vielmehr werden Wahlleistungen über das allgemeine Regelleistungsangebot eines Krankenhauses hinaus erbracht, so dass die kommunalen Krankenhäuser hier keine Verletzung ihrer grundrechtlich geschützten Rechtspositionen geltend machen können.

Freigemeinnützige, insbesondere kirchliche, Krankenhäuser hingegen sind in ihrer Existenz und ihrer Betätigung grundrechtlich legitimiert und durch die Grundrechte geschützt (Art. 2 I i. V. m. 19 III GG und gegebenenfalls Art. 9 I GG); sie können Träger von Grundrechten sein.[9]

Zusammenfassend ist demnach festzuhalten, dass eine Berufung auf Grundrechte, zum Beispiel, im Rahmen einer Verfassungsbeschwerde allein für Krankenhäuser in privater oder freigemeinnütziger Trägerschaft in Betracht kommt. Diese können sich auf diejenigen Grundrechte berufen, die nicht an die natürliche Qualität des Menschen

---

[5] BVerfGE 82, 209, 222 ff.; LAUFS/UHLENBRUCK/GENZEL, § 85 Rdnr. 33 ff.

[6] LAUFS/UHLENBRUCK/GENZEL, § 85 Rdnr. 3; zu Ausnahmen hinsichtlich der sog. Justizgrundrechte siehe: PIEROTH/SCHLINK, Rdnr. 154 ff.; zu weiteren Ausnahmen siehe: BVerfG NJW 1985, 1385, 1386; ISENSEE/KIRCHHOF/RÜFNER Handbuch des Staatsrechts, § 116 Rdnr. 65 ff.

[7] LAUFS/UHLENBRUCK/GENZEL, § 85 Rdnr. 2; ISENSEE/KIRCHHOF/RÜFNER Handbuch des Staatsrechts, § 116 Rdnr. 75; vgl. BVerfGE 57, 70, 95.

[8] LAUFS/UHLENBRUCK/GENZEL, § 85 Rdnr. 6 ff.; ISENSEE/KIRCHHOF/RÜFNER Handbuch des Staatsrechts, § 116 Rdnr. 72.

[9] LAUFS/UHLENBRUCK/GENZEL, § 85 Rdnr. 9 ff.

anknüpfen, die allen juristischen Personen fehlt. Grundrechte, die die Menschenwürde, das Leben, die Gesundheit, Ehe und Familie schützen, sind daher schon ihrer Natur nach unanwendbar. Hingegen kommt eine Anwendung derjenigen Grundrechte in Betracht, die speziell die wirtschaftliche Betätigung schützen, also beispielsweise die Handlungsfreiheit (Art. 2 I GG), die Berufsfreiheit (Art. 12 I GG) und die Eigentumsgarantie (Art. 14 I GG).[10]

2. Berufsfreiheit der Krankenhausträger gemäß Art. 12 GG

Zunächst könnte ein Verstoß gegen die Berufsfreiheit der betroffenen Krankenhausträger vorliegen, da die Krankenhausträger durch die Angemessenheitsregelung des KHEntgG (der BPflV a. F.) und die Interpretation der Vorschrift durch den BGH in ihrer Preissetzungsfreiheit beschränkt werden.

a) Schutzbereich

Der Schutzbereich der Berufsfreiheit wäre dann tangiert, wenn das Betreiben eines Krankenhauses einen Beruf im Sinne des Grundrechts darstellte. Der Berufsbegriff des Art. 12 I GG ist weit auszulegen und erfasst nicht nur traditionelle Berufsbilder.[11] Die Freiheit der Berufsausübung gewährleistet vielmehr grundsätzlich allen Deutschen die Gesamtheit der mit der Berufstätigkeit, ihrem Ort, ihren Inhalten, ihrem Umfang, ihrer Dauer, ihrer äußeren Erscheinungsform, ihren Verfahrensweisen und ihren Instrumenten zusammenhängenden Modalitäten der beruflichen Tätigkeit und umgreift so eine Reihe von Einzelfreiheiten wie die unternehmerische Organisationsfreiheit, die berufliche Dispositionsfreiheit einschließlich der Investitionsfreiheit, der Vertriebsfreiheit und der freien Vertrags- und Preisgestaltung.[12]

Der grundrechtliche Schutz umfasst dabei wegen der existenzsichernden Funktion des Berufs insbesondere die Freiheit, eine angemessene Vergütung für berufliche Leistungen selbst festzusetzen oder mit den Interessenten auszuhandeln, also eine wirtschaftliche Verwertung der beruflich erbrachten Leistungen vorzunehmen[13]; der Anbieter

[10] PIEROTH/SCHLINK, Rdnr. 150; ISENSEE/KIRCHHOF/ISENSEE Handbuch des Staatsrechts, § 118 Rdnr. 34 ff.; ausführlich zur Frage der Anwendbarkeit einzelner Grundrechte: ISENSEE/KIRCHHOF/RÜFNER Handbuch des Staatsrechts, § 116 Rdnr. 36 ff.

[11] Zu Einzelheiten des Berufsbegriffs siehe: SACHS/TETTINGER, Art. 12 GG Rdnr. 27 ff.

[12] SACHS/TETTINGER, Art. 12 GG Rdnr. 57; ISENSEE/KIRCHHOF/BREUER Handbuch des Staatsrechts, § 147 Rdnr. 63; vgl. auch: BVerfG NJW 1998, 1627 f.

[13] BVerfG NJWE-FER 2000, 117, 118; NJW 1998, 1627 f.; vgl. auch OSSENBÜHL, S. 21 f.

kann demnach Art und Qualität sowie den Preis der angebotenen Güter und Leistungen grundsätzlich selbst festlegen. In gleicher Weise ist aber auch das Recht der Nachfrager geschützt, zu entscheiden, ob sie zu diesen Bedingungen Güter erwerben oder Leistungen abnehmen wollen.[14]

Bei diesem weiten, nicht personal gebundenen Berufsbegriff ist das Grundrecht gemäß Art. 19 III GG auch auf juristische Personen des Privatrechts (und gemeinnützig tätige juristische Personen) anwendbar, soweit sie eine Erwerbszwecken dienende Tätigkeit ausüben, die ihrem Wesen und ihrer Art nach in gleicher Weise einer juristischen wie einer natürlichen Person offen steht.[15]

Das BVerfG hat das Betreiben eines Krankenhauses insofern bereits in einer Entscheidung vom 12.6.1990 als Beruf angesehen, so dass die Tätigkeit grundsätzlich dem Schutz von Art. 12 I GG i. V. m. Art. 19 III GG unterfällt.[16] Allerdings sind hinsichtlich der Berufung auf die Berufsfreiheit die oben genannten Einschränkungen zur Grundrechtsfähigkeit der Krankenhausträger zu berücksichtigen. Demnach können sich nur privat-rechtlich organisierte und gemeinnützige, d. h. vor allem kirchliche, Krankenhausträger auf die Berufsfreiheit berufen.

b) Eingriff

Fraglich ist, ob auch ein Eingriff in die Berufsfreiheit der Krankenhausträger vorliegt. Ein Eingriff in das Grundrecht der Berufsfreiheit liegt dann vor, wenn eine gesetzliche Regelung, eine hoheitliche Maßnahme oder eine von einem Gericht vorgenommene Auslegung einer gesetzlichen Vorschrift berufsregelnde Tendenz hat.[17] Insbesondere können Vergütungsregelungen und hierauf gründende Entscheidungen, die auf die Einnahmen, welche durch eine berufliche Tätigkeit erzielt werden können, und damit auf die Existenzerhaltung von nicht unerheblichem Einfluss sind, in die Freiheit der Berufsausübung eingreifen.[18] So schränken sowohl gesetzliche als auch untergesetzliche Normierungen der Entgelte die Preisfreiheit ein.[19]

In der vorliegenden Konstellation kann ein Eingriff bereits durch die Regelung des § 17 I 3 KHEntgG (§ 22 I 3 BPflV a. F.) selbst oder zumindest durch die Auslegung der Vorschrift im Sinne der Entscheidung des BGH vom 4.8.2000 vorliegen.

---

[14] BVerfG NJW 2003, 1232, 1233.

[15] BVerfGE 50, 290, 363; SACHS/TETTINGER, Art. 12 GG Rdnr. 22 ff.; OSSENBÜHL, S. 4.; ISENSEE/KIRCHHOF/BREUER Handbuch des Staatsrechts, § 147 Rdnr. 23; ISENSEE/KIRCHHOF/RÜFNER Handbuch des Staatsrechts, § 116 Rdnr. 48.

[16] BVerfGE 82, 209, 223; ebenso OLG München MedR 2003, 48, 49.

[17] BVerfG NJW 1998, 1627, 1628; NJW 1997, 1975.

[18] BVerfG NJWE-FER 2000, 117, 118; NJW 1993, 2861; NJW 1978, 1475; vgl. auch BVerfG NJW 1991, 555; NJW 1980, 2179, 2180.

[19] ISENSEE/KIRCHHOF/BREUER Handbuch des Staatsrechts, § 148 Rdnr. 24.

aa) ... durch die Regelung des § 17 I 3 KHEntgG (§ 22 I 3 BPflV a. F.)

Wie oben dargestellt, wird die Erbringung von Wahlleistungen im Krankenhaus grundsätzlich privatautonom zwischen Patient und Krankenhausträger vereinbart. Bestandteil der Vertragsfreiheit beider Parteien ist es dabei prinzipiell auch, das zu leistende Entgelt für die entsprechenden Vertragsleistungen selbst auszuhandeln und zu vereinbaren. Die Höhe des Preises, den ein Leistungserbringer von seinem Vertragspartner für eine bestimmte Leistung erzielen kann, unterliegt hierbei gewöhnlich den Gesetzen des freien Marktes, bildet sich also durch Angebot und Nachfrage.

In § 17 I 3 KHEntgG (§ 22 I 3 BPflV a. F.) hat der Gesetz- bzw. Verordnungsgeber hingegen festgelegt, dass für die Erbringung von Wahlleistungen im Krankenhaus lediglich ein »angemessenes« Entgelt verlangt werden darf. Hiermit soll die einseitige Preisfestsetzung durch die Krankenhausträger beeinflusst werden.

So darf nicht außer Acht bleiben, dass die entsprechenden Einnahmen von erheblicher wirtschaftlicher Bedeutung für die Krankenhausträger sind.[20] Bei der Regelung des § 17 I 3 KHEntgG (§ 22 I 3 BPflV a. F.) handelt es sich damit um eine Vergütungsregelung, die objektiv berufsregelnde Tendenz entfalten kann.[21] Der BGH hat dies in seiner Entscheidung vom 4.8.2000 dahin gehend präzisiert, dass es sich bei dem Angemessenheitskriterium um eine »verbindliche, die Vertragsfreiheit der Krankenhäuser hinsichtlich der Preisgestaltung bei Wahlleistungen bewusst und gewollt einschränkende Preisregelung« handele.[22] Die gesetzliche Regelung selbst ist daher bereits ein Eingriff in die Berufsfreiheit der Krankenhausträger.

bb) ... durch die Entscheidung des BGH

Da die Regelung des § 17 I 3 KHEntgG (§ 22 I 3 BPflV a. F.) lediglich den unbestimmten Rechtsbegriff der Angemessenheit verwendet, der noch einer näheren Auslegung durch den Rechtsanwender bzw. die Zivilgerichte bedarf, könnte darüber hinaus auch die »Ersetzung des Angemessenheitskriteriums der BPflV durch eine richterlich fixierte untere Angemessenheitsgrenze« einen weiteren Eingriff in die Berufsfreiheit, insbesondere die Preisfreiheit, des Krankenhausträgers darstellen, wenn der BGH bei seiner Auslegung des Angemessenheitsbegriffs die Grundrechte der Krankenhausträger und insbesondere die Reichweite von Art. 12 I GG missachtet hätte.[23]

---

[20] Der Markt für die Wahlleistung »Unterkunft« machte im Jahr 1998 ca. 2 Mrd. DM aus. Siehe PATT MedR 2000, S. 597 Fn. 3. Die Ausgaben der privaten Krankenversicherer scheinen in den letzten Jahren weitgehend zu stagnieren: siehe hierzu die Zahlenberichte des PKV-Verbands auf dessen Homepage: http://www.pkv.de.

[21] So auch ZUCK/QUAAS, S. 16 f.; vgl. BVerfG DtZ 1991, 91, 92; OLG München MedR 2003, 48, 49.

[22] BGH NJW 2001, 892, 894.

[23] So QUAAS MedR 2002, S. 276, der die Auffassung vertritt, der BGH habe die Grenzen richterlicher Gestaltungsmacht missachtet.

Da die Reichweite der Vorschrift des § 17 I 3 KHEntgG (§ 22 I 3 BPflV a. F.) vor der Entscheidung des BGH höchst umstritten gewesen ist, von den unterinstanzlichen Gerichten allerdings lediglich als eine spezielle Ausformung der Wuchergrenze des § 138 BGB[24] angesehen wurde, beschränkt die nunmehr vorliegende Auslegung des BGH[25] die Preisfreiheit der Krankenhäuser noch weiter gehend, als es die vorherigen Interpretationen des unbestimmten Rechtsbegriffs der Angemessenheit getan haben, und stellt damit einen über die bloße Regelung selbst hinaus gehenden rechtfertigungsbedürftigen Eingriff im Sinne von Art. 12 I GG dar.

c) Rechtfertigung des Eingriffs

Da die Regelung des § 17 I 3 KHEntgG (§ 22 I 3 BPflV a. F.) sowie die Entscheidung des BGH somit in die Berufsfreiheit der Krankenhausträger eingreifen, bedarf es einer Rechtfertigung der vorliegenden Grundrechtsbeschränkung. Gerechtfertigt kann ein Eingriff in die Berufsfreiheit nur dann sein, wenn der Gesetzesvorbehalt gemäß Art. 12 I 2 GG berücksichtigt worden und der Eingriff verhältnismäßig ist.

aa) Gesetzesvorbehalt

Grundsätzlich lässt Art. 12 I 2 GG zwar sowohl Beschränkungen der Berufsfreiheit durch Gesetz als auch auf Grund Gesetzes zu. Nach der Wesentlichkeitstheorie bedürfen allerdings diejenigen Regelungen einer parlamentsgesetzlichen Form, die die beruflichen Betätigungsmöglichkeiten wesentlich strukturieren.[26] Jedoch müssen sich die einschränkenden Vorgaben nicht zwingend allein aus dem Wortlaut des Gesetzes ergeben, sondern es reicht aus, wenn sie sich mit Hilfe allgemeiner Auslegungsgrundsätze, insbesondere aus dem Zweck, dem Sinnzusammenhang und der Vorgeschichte der Regelung erschließen lassen.[27] Daher kann der Gesetzgeber seinen weiten Gestaltungsspielraum, der ihm bei der Festlegung berufs- und sozialpolitischer Ziele eröffnet ist, auch dahin gehend nutzen, dass er nur durch Verwendung eines unbestimmten Rechtsbegriffs, wie hier der Angemessenheit, einen äußeren Rahmen festlegt und den Gerichten eine Befugnis zur Konkretisierung einräumt.[28]

Im vorliegenden Fall der Regelungen zur Erbringung und Vergütung der nicht-ärztlichen Wahlleistungen ist der Bundesgesetzgeber zunächst gemäß Art. 74 Nr. 19 a GG befugt, im Rahmen seiner konkurrierenden Gesetzgebungskompetenz Regelungen zur

[24] Siehe hierzu die Ausführungen in Kapitel a) auf Seite 83.

[25] Zu den Kriterien des BGH siehe Kapitel 2. ab Seite 92.

[26] Z. B. BVerfGE 33, 125, 157; ISENSEE/KIRCHHOF/BREUER Handbuch des Staatsrechts, § 148 Rdnr. 1.

[27] BVerfGE 82, 209, 224 f.

[28] BVerfG NJWE-FER 2000, 117, 118.

wirtschaftlichen Sicherung der Krankenhäuser und zu den Krankenhauspflegesätzen zu erlassen. Diese Gesetzgebungskompetenz hat der Gesetzgeber bei Erlass des Krankenhausfinanzierungsgesetzes (KHG) genutzt und dort in § 16 Nr. 1 KHG zulässigerweise[29] die Bundesregierung ermächtigt, durch Rechtsverordnung mit Zustimmung des Bundesrates Vorschriften über die Pflegesätze der Krankenhäuser zu erlassen, was sodann durch die Bundespflegesatzverordnung a. F. geschehen ist.

Umstritten war in der Vergangenheit, ob die Regelung der Wahlleistungsentgelte von der Regelungskompetenz umfasst war, da teilweise vertreten wurde, dass die Regelungskompetenz sich nur auf Daseinsvorsorgeleistungen beziehen sollte, zu denen Wahlleistungen nicht zu rechnen sind.[30] Zu Recht wurde dem allerdings von der Gegenmeinung entgegen gehalten, dass unter den Pflegesatzbegriff gemäß § 2 Nr. 4 KHG ausdrücklich auch Wahlleistungsentgelte fielen.[31] Dieser Streit ist nunmehr obsolet geworden, da die aktuelle Regelung des § 17 I 3 KHEntgG durch das Fallpauschalengesetz[32] eingeführt wurde und somit selbst formelles Gesetz ist.[33]

Bereits zur Regelung des § 22 I 3 BPflV a. F. hatte der BGH entschieden, dass der Verordnungsgeber zum Schutz und im Interesse des Patienten in der BPflV regeln konnte, welchen förmlichen und inhaltlichen Anforderungen eine Wahlleistungsabrede genügen muss. Das Krankenhausfinanzierungsgesetz gebe der Bundesregierung in verfassungsrechtlich unbedenklicher Weise die Möglichkeit, zum Schutz des Patienten die Vertragsfreiheit des Krankenhauses hinsichtlich der zu entrichtenden Vergütung einzuschränken. Der Verordnungsgeber habe mit der Entgeltregelung in § 22 I BPflV a. F. (nunmehr § 17 I KHEntgG) von seiner preisrechtlichen Normsetzungskompetenz in zulässiger Weise Gebrauch gemacht.[34]

Diese Möglichkeit hat der Gesetzgeber bei Einführung des Angemessenheitskriteriums in das neue KHEntgG in verfassungskonformer Weise genutzt. Unbestreitbar handelt es sich damit bei der heutigen gesetzlichen Regelung um eine verbindliche Vorschrift, deren inhaltliche Auslegung der gerichtlichen Kontrolle unterliegt. Die früher vereinzelt vertretene Auffassung[35], bei der Regelung des § 22 I 3 BPflV a. F. handele es sich lediglich um eine unverbindliche Leitlinie, die die Krankenhäuser eigenverantwortlich zu erfüllen hätten, ist somit heute gänzlich unvertretbar. Dem steht auch grundsätzlich nicht entgegen, dass es der Regelung des § 17 I 3 KHEntgG (§ 22 I 3 BPflV a. F.) an

---

[29] BVerfGE 82, 209, 210.

[30] ELFES f & w 1990, S. 394; HERBOLD/FISCHBACH/KISSENKÖTTER, S. 494; HORSTMANN, S. 79.

[31] OLG München MedR 2003, 48, 49; ULEER/MIEBACH/PATT, § 22 BPflV S. 268.

[32] G vom 23.04.02 (BGBl. I S. 1412, 1420).

[33] Umstritten war, ob es sich auch bereits bei § 22 I 3 BPflV a. F. um ein formelles Gesetz handelte, da die Regelung durch das 2. GKV-NOG eingeführt wurde: dafür: ULEER/MIEBACH/PATT, § 22 BPflV S. 268; dagegen: HORSTMANN, S. 80.

[34] BGH NJW 2001, 892, 893; NJW 1998, 1778, 1779; OLG München MedR 2003, 48, 49; DIETZ/BOFINGER, § 22 BPflV S. 370.

[35] ELFES f & w 1990, S. 394; HERBOLD/FISCHBACH/KISSENKÖTTER, S. 494; HORSTMANN, S. 79.

bestimmten Berechnungsmodalitäten und einem Prüfungsmaßstab zur Bemessung angemessener Entgelte fehlt; vielmehr ist es gerade Aufgabe der Zivilgerichte, den Inhalt unbestimmter Rechtsbegriffe näher zu bestimmen.[36]

Die Angemessenheitsregelung erfüllt damit die formellen Anforderungen des Art. 12 I 2 GG an eine die Berufsfreiheit beschränkende Regelung.

bb) Verhältnismäßigkeit des Eingriffs

Zur Rechtfertigung eines Eingriffs in die Berufsfreiheit ist darüber hinaus erforderlich, dass der Eingriff in die grundrechtlich geschützten Rechtspositionen der Betroffenen verhältnismäßig ist.

(1) Drei-Stufen-Theorie des BVerfG

Im Rahmen der Berufsfreiheit hat das Bundesverfassungsgericht zum allgemeinen Grundsatz der Verhältnismäßigkeit bereits 1958 in seinem Apothekenurteil[37] eine Präzisierung durch die sog. Drei-Stufen-Theorie entwickelt, nach welcher sich die verfassungsrechtliche Rechtfertigung der gesetzlichen Regelung des Gesetzgebers bei steigender Intensität der Grundrechtsbeeinträchtigung an entsprechend höherwertigen Gemeinwohlbelangen auszurichten hat.[38] So genügen bei bloßen Berufsausübungsregelungen wie der vorliegenden Angemessenheitsregelung für Wahlleistungsentgelte bereits vernünftige Erwägungen des Gemeinwohls, während bei Berufswahlregelungen besonders wichtige oder sogar überragend wichtige Gemeinschaftsgüter zur Rechtfertigung des Eingriffs erforderlich sind und dem Grundsatz der Verhältnismäßigkeit entsprechen. Letzteres ist dann der Fall, wenn die gewählten Mittel zur Erreichung des verfolgten Zwecks geeignet und erforderlich sind und die durch sie bewirkte Beschränkung für den Betroffenen zumutbar ist. Bei der Ausgestaltung der entsprechenden Normen steht dem Gesetzgeber ein weiter Gestaltungsspielraum zu.[39] Mittlerweile wurde die ursprüngliche Drei-Stufen-Theorie durch das BVerfG weiter entwickelt und weiter konkretisiert sowie durch differenziertere Kriterien ergänzt. Des Weiteren wird auch vermehrt wieder konkret auf das Übermaßverbot Bezug genommen.[40]

---

[36] ULEER/MIEBACH/PATT, § 22 BPflV S. 267 f.; a. A. ELFES f & w 1990, S. 394; HERBOLD/FISCHBACH/KISSENKÖTTER, S. 494; HORSTMANN, S. 79.

[37] BVerfGE 7, 377 ff.

[38] SACHS/TETTINGER, Art. 12 GG Rdnr. 100 ff..

[39] BVerfG NJW 1998, 1627, 1628; NJW 1985, 1385, 1388; BVerfGE 70, 1, 28; siehe auch BVerwG NVwZ 2001, 1399, 1407.

[40] Siehe zu den Aufweichungen der Stufenlehre z. B.: SACHS/TETTINGER, Art. 12 GG Rdnr. 109 ff.

(2) Vernünftige Gründe des Gemeinwohls

Für eine verfassungskonforme Einschränkung der Berufsausübungsfreiheit ist demnach erforderlich, dass die Beschränkung durch vernünftige Gründe des Gemeinwohls gedeckt ist.

Durch die ständige Rechtsprechung des BVerfG ist zunächst die Sicherung der finanziellen Stabilität der gesetzlichen Krankenversicherung als vernünftiger Grund des Allgemeinwohls anerkannt worden.[41] Da es sich im Bereich der Erbringung von Wahlleistungen allerdings gerade nicht um Leistungen handelt, die durch die gesetzliche Krankenversicherung abgedeckt werden, sondern vielmehr um sog. Luxusleistungen, die über die zur medizinisch notwendigen Heilbehandlung erforderlichen Leistungen hinaus gehen, kann diese Begründung in der hier vorliegenden Fallgestaltung nicht zur Rechtfertigung herangezogen werden.

Allerdings können vernünftige Gründe des Gemeinwohls hier direkt im Patientenschutz, also im weiteren Sinne im Verbraucherschutz, gesehen werden.[42] So hat auch der BGH das Ziel des Patientenschutzes ausdrücklich betont. Die höhenmäßige Begrenzung von Wahlleistungsentgelten diene dem Schutz des Patienten vor überhöhten Entgeltforderungen der Krankenhäuser, da der Patient sich bei Abschluss eines Krankenhausvertrags im Allgemeinen in einer schwierigen persönlichen Situation befinde, auf Grund derer es ihm nicht zuzumuten sei, sich bei mehreren Krankenhäusern über die Bedingungen zu informieren, unter denen diese zum Abschluss von Wahlleistungsvereinbarungen bereit seien, oder gar mit diesen eingehende Verhandlungen über den Inhalt einer Wahlleistungsabrede zu führen.[43] Ebenso hat das OLG München in Fortführung der Überlegungen des BGH die von der BPflV a. F. vorgenommenen Berufsausübungsregelungen zur Einschränkung der Preissetzungsfreiheit der Krankenhäuser als vernünftige Erwägungen in Verbindung mit dem Allgemeinwohl als zweckmäßig angesehen und für verfassungsmäßig gehalten.[44] Der Gesetz- und Verordnungsgeber ist bei Einführung der Angemessenheitsregelung ebenfalls davon ausgegangen, dass diese angesichts teilweise stark überhöhter Wahlleistungszuschläge für Ein- und Zweibettzimmer zum Schutz des Patienten erforderlich sei.[45]

Nur vereinzelt wird in der Literatur die Meinung geäußert, ein öffentliches Interesse an möglichst niedrigen Wahlleistungsentgelten sei nicht zu erkennen. Diese Auffassung

---

[41] Z. B. BVerfGE 70, 1, 29.

[42] Vgl. zur Anerkennung des Verbraucherschutzes als vernünftigem Gemeinwohlbelang: BVerfG NJW 1998, 2811; zweifelnd hinsichtlich des Schutzbedürfnisses von Wahlleistungspatienten jedoch: ZUCK/QUAAS, S. 21; siehe auch ULEER/MIEBACH/PATT, § 22 BPflV S. 301, die davon ausgehen, dass angemessene Wahlleistungen im allgemeinen öffentlichen Interesse liegen.

[43] BGH NJW 2001, 892, 893.

[44] OLG München MedR 2003, 48, 49.

[45] Siehe zur Entstehungsgeschichte der Regelung und den Beweggründen des Gesetz- und Verordnungsgebers die ausführliche Darstellung bei: ULEER/MIEBACH/PATT, § 22 BPflV S. 268 ff.

wird damit begründet, dass mit den Wahlleistungsentgelten auch allgemeine Regelleistungen finanziert, zudem durch die Ausgliederung nach § 7 II Nr. 7 BPflV a. F. das Budget und damit die allgemeinen Pflegesätze entlastet würden. Gerade hohe Wahlleistungsentgelte kämen damit der Allgemeinheit zugute, weil sie die Ausgaben der gesetzlichen Krankenversicherung begrenzten. Außerdem seien die Entgelte für Wahlleistungen in den meisten Fällen von einer privaten Krankenversicherung beziehungsweise der Beihilfe abgedeckt, so dass der Patient nicht übermäßig belastet werde.[46]

Zwar ist es richtig, dass gerade in Zeiten knapper Kassen die dem einzelnen Krankenhaus zur Verfügung stehenden Mittel sehr begrenzt sind. Außerdem haben die durch die Erbringung von Wahlleistungen erwirtschafteten Gewinne in der Vergangenheit häufig die einzigen finanziellen Mittel dargestellt, über die ein Krankenhaus verhältnismäßig frei verfügen konnte. Trotzdem stehen hohe Wahlleistungsentgelte nicht im öffentlichen Interesse und sind daher nicht geeignet, die Überlegungen zur Anerkennung des Patientenschutzes als vernünftigem Gemeinwohlbelang zu erschüttern. Vielmehr trägt auch der privatversicherte Patient hohe Wahlleistungsausgaben seiner Versicherung langfristig über steigende Versicherungsprämien mit. Insofern findet lediglich eine Verschiebung der Belastungen von der gesetzlichen Krankenversicherung zur privaten statt. Hinzu kommt, dass gerade dann, wenn Wahlleistungsentgelte in unzulässiger Höhe verlangt werden, weder die Beihilfe noch eine private Krankenversicherung diese überhöhten Forderungen abdeckt. Der Patient hat hingegen nur die Möglichkeit, sich gegebenenfalls gerichtlich mit dem Krankenhaus wegen des durch die Versicherung nicht erstatteten Betrags auseinander zu setzen. Des Weiteren ist auch die Argumentation abzulehnen, die Quersubventionierung im Krankenhaus und Anschaffung von medizinisch-technischen Geräten komme der Allgemeinheit zugute, weswegen hohe Wahlleistungsentgelte im öffentlichen Interesse lägen. Die ausreichende finanzielle Abdeckung allgemeiner Regelleistungen im Krankenhaus obliegt vielmehr dem Staat im Rahmen seiner Verpflichtungen zur Daseinsvorsorge und kann daher nicht dem Privatpatienten aufgebürdet werden. Ebenso ist die Frage der Anschaffung medizinisch-technischer Geräte zu sehen. Soweit diese erforderlich sind, um den an das Krankenhaus gerichteten Versorgungsauftrag zu erfüllen, ist es Sache des Einrichtungsträgers, für eine ausreichende finanzielle Grundlage zu sorgen. Auch diese Ausgaben können also nicht ohne Weiteres auf den Privatpatienten übergewälzt werden.

Die gesetzliche Begrenzung der Höhe von Wahlleistungsentgelten im Krankenhaus stellt damit im Ergebnis eine vernünftige Erwägung des Gemeinwohls dar.

---

[46] QUAAS PKR 1999, S. 43; allerdings belegt die angeführte Entscheidung des BGH vom 9.11.1989 (NJW 1990, 761 ff.) seine Aussage gerade nicht; denn der BGH stellt lediglich darauf ab, dass die Erbringung von Wahlleistungen die allgemeinen Regelleistungen nicht beeinträchtigen und die Selbstkosten des Krankenhauses nicht erhöhen darf.

(3) Geeignetheit der Angemessenheitsregelung

Fraglich ist, ob die Angemessenheitsvorschrift des § 17 I 3 KHEntgG (§ 22 I 3 BPflV a. F.) allein geeignet ist, dem Ziel eines effektiven Patientenschutzes gerecht zu werden. Denn die Vorschrift verwendet mit dem Begriff der »Angemessenheit« einen unbestimmten Rechtsbegriff, dessen inhaltliche Ausfüllung unterschiedliche Interpretationen zulässt und damit in der Rechtswirklichkeit zu erheblichen Schwierigkeiten geführt hat und weiterhin führen kann. Allerdings wäre bei einer derartig engen Auslegung der Geeignetheit nahezu jede Verwendung unbestimmter Rechtsbegriffe ausgeschlossen. Die Verwendung unbestimmter Rechtsbegriffe bietet jedoch den großen Vorteil, bei der Auslegung der Vorschrift sich ändernde tatsächliche Gegebenheiten zu berücksichtigen, ohne die gesetzliche Regelung permanent überarbeiten zu müssen. Somit kann davon ausgegangen werden, dass grundsätzlich auch gesetzliche Vergütungsregelungen, die noch einer weiteren Auslegung durch den Rechtsanwender bedürfen bzw. eine richterliche Festsetzung der konkreten Ansprüche im Einzelfall vorsehen, zur Erreichung der gesetzten Ziele geeignet sein können.[47]

Gegen die (abstrakte) Eignung der Angemessenheitsregelung zur Herbeiführung eines effektiven Patientenschutzes bestehen daher keine Bedenken.[48] Dem steht auch prinzipiell nicht entgegen, dass die Regelung des § 17 I 3 KHEntgG (§ 22 I 3 BPflV a. F.) in ihrer von den unterinstanzlichen Gerichten vorgenommenen Auslegung als (einfacher) Wuchertatbestand[49] zunächst nicht zu einer Absenkung der Wahlleistungsentgelte[50] geführt hat, auch wenn den in der Literatur teilweise geäußerten Zweifeln an der Verfassungsmäßigkeit der Regelung im Hinblick auf das Angemessenheitskriterium[51] zugestanden werden muss, dass erst die Entscheidung des BGH mit ihren konkretisierenden Kriterien die Vorschrift »justitiabel« gemacht hat.[52]

(4) Erforderlichkeit der Angemessenheitsregelung

Ob die Beschränkung der Berufsfreiheit der Krankenhausträger durch die Angemessenheitsregelung des Krankenhausentgeltgesetzes (der BPflV a. F.) und die vom BGH vorgenommene Auslegung auch erforderlich gewesen ist, richtet sich danach, ob dem Gesetzgeber auch andere weniger eingreifende Mittel zur Verfügung standen, den von ihm verfolgten Zweck des Patientenschutzes effektiv umzusetzen. Hierbei ist wiederum zu beachten, dass dem Gesetzgeber auch bei der Wahl der Mittel ein gewisser

---

[47] BVerfG NJWE-FER 2000, 117, 118; vgl. auch ULEER/MIEBACH/PATT, § 22 BPflV S. 262, 266.

[48] So auch: ZUCK/QUAAS, S. 23.

[49] Siehe hierzu ausführlich Kapitel a) auf Seite 83.

[50] Auch der BGH ging in seiner Entscheidung vom 4.8.2000 von der Einschätzung aus, dass sich die Entgelte für die Wahlleistung »Unterkunft« insgesamt auf einem zu hohen Niveau befanden: BGH NJW 2001, 892, 895.

[51] ELFES f & w 1990, S. 394; HERBOLD/FISCHBACH/KISSENKÖTTER, S. 494; HORSTMANN, S. 79.

[52] Dass die Festlegung derartiger Kriterien zur inhaltlichen Ausgestaltung unbestimmter Rechtsbegriffe zur ureigenen Aufgabe der (Zivil)Gerichte gehört, hat auch der BGH ausdrücklich festgestellt: BGH NJW 2001, 892, 894.

Spielraum verbleiben muss, die nach seiner Prognose effektivste Vorgehensweise zu wählen.

Als weniger eingreifend könnte es angesehen werden, die Bestimmung der Höhe der Vergütung für nicht-ärztliche Wahlleistungen den Vertragsparteien, also hier dem Krankenhaus und dem Patienten, zu überlassen. Dies würde dem Umstand Rechnung tragen, dass es sich bei Wahlleistungsabreden grundsätzlich um privatautonome Vereinbarungen handelt, in deren Rahmen es gewöhnlich den Vertragsparteien obliegt, sich auch über die Vergütung der zu erbringenden Leistungen selbst zu einigen. Dem steht nach geltendem Recht allerdings der Grundsatz der Einheitlichkeit der Entgelte gemäß § 17 I KHG und § 8 I KHEntgG (§ 7 BPflV a. F.) entgegen, welches besagt, dass für alle Benutzer des Krankenhauses die Entgelte gleich zu bemessen sind. Demnach sind alle Pflegesätze und die Vergütung für eine vor- und nachstationäre Behandlung einheitlich zu berechnen. Diese Regelung findet gemäß § 2 Nr. 4 KHG auch auf die Wahlleistung »Unterkunft« Anwendung.[53] Hätte der Gesetzgeber sich also dafür entscheiden wollen, die Vergütungshöhe für Wahlleistungsentgelte der freien Verhandlung zwischen den Vertragsparteien zu überlassen, hätte er die Wahlleistungsentgelte von dem genannten Grundsatz ausnehmen müssen. Gegen eine derartige Ausnahmeregelung vom Grundsatz der Einheitlichkeit der Entgelte könnte man allerdings vorbringen, dass dann möglicherweise in einem Zimmer zwei Wahlleistungspatienten untergebracht werden könnten, die für genau dieselben Leistungen unterschiedliche Entgelte zahlten, je nach dem wie gut sie vorher mit dem Krankenhaus verhandelt hätten. Dies mag auf den ersten Blick ungerecht erscheinen, entspräche allerdings der marktwirtschaftlichen Ausrichtung des deutschen Rechtssystems. Jedoch ist auch dem Umstand Rechnung zu tragen, dass der Patient im Regelfall aufgrund seiner strukturellen Unterlegenheit gegenüber dem Krankenhaus wahrscheinlich gar nicht in der Lage wäre, für sich selbst günstigere Bedingungen auszuhandeln.

In der Literatur wird des Weiteren die Auffassung vertreten, dass bereits die formalen Voraussetzungen des Schriftformerfordernisses sowie der Mitteilungspflichten den Patienten umfassend gegen Übervorteilung schützen. Zwar sei es von Verfassungs wegen nicht ausgeschlossen, die Preise von Leistungen festzulegen, die Gegenstand zivilrechtlicher Vereinbarungen seien, und zwar auch dann, wenn sie nicht dem Bereich der Daseinsvorsorge unterfielen. Jedoch trügen auch die Formvorschriften für Wahlleistungen der Vertragsfreiheit der Patienten Rechnung, da sie eine Übervorteilung des Patienten verhinderten.[54] Konsequenterweise müsste diese Ansicht zu dem Ergebnis kommen, dass die Angemessenheitsregelung des § 17 I 3 KHEntgG (§ 22 I 3 BPflV a. F.) in der Auslegung durch den BGH nicht erforderlich und daher unverhältnismäßig ist.

---

[53] GALUSZKA/PATT, S. 52; ULEER/MIEBACH/PATT, § 22 BPflV S. 235; DIETZ/BOFINGER, § 2 BPflV S. 26.
[54] QUAAS PKR 1999, S. 42.

Richtig an dieser Ansicht ist, dass der Patient bei umfassender Aufklärung über die Entgelte und die Inhalte der Wahlleistungen vor Abschluss der Vereinbarung erfährt, wie hoch die schließlich zu zahlenden Entgelte voraussichtlich ausfallen werden. Nach vorzugswürdiger Ansicht erhält er zu diesem Zweck einen Kostenvoranschlag, der ihm zumindest die ungefähre Höhe der späteren Wahlleistungsrechnung vor Augen führt. Der angeführten Literaturansicht ist insofern zuzugestehen, dass der Patient bei Unterzeichnung der Wahlleistungsabrede (im Großen und Ganzen) weiß, worauf er sich einlässt. Er ist sozusagen »gewarnt«, welche Belastungen auf ihn zukommen werden. Jedoch ändert dies nichts daran, dass er auf die Höhe der Entgelte keinen Einfluss nehmen kann. Weiterhin geben die Krankenhäuser feste Entgelte vor, die der Patient nur akzeptieren oder auf die Inspruchnahme der Wahlleistung verzichten kann. Die bloße Erfüllung der formalen Voraussetzungen des § 17 II KHEntgG (§ 22 II BPflV a. F.) kann daher für einen effektiven Patientenschutz nicht ausreichen.

Des Weiteren wird angeführt, die enge Auslegung der Angemessenheitsregelung des KHEntgG (der BPflV a. F.) durch den BGH sei nicht erforderlich im Sinne des Verhältnismäßigkeitsgrundsatzes. Die Vorschrift sei nämlich lediglich als besonderer Wuchertatbestand auszulegen gewesen. Für eine darüber hinaus gehende Beschränkung der Preisfreiheit der Krankenhausträger sei keine ausreichende Schutzbedürftigkeit des Patienten gegeben, da es sich bei der Inanspruchnahme von Wahlleistungen gerade nicht um Leistungen im Bereich der Daseinsvorsorge handele, bei denen ein hohes Schutzbedürfnis des Patienten vorliege. Ein Vergleich mit ähnlichen Regelungen des Heimgesetzes und des Wirtschaftsstrafgesetzes zeige nämlich, dass eine Beschränkung der Vertragsfreiheit des Leistungserbringers nur in den Fällen gerechtfertigt werden könne, in denen für den Heimbewohner oder Mieter Leistungen erbracht würden, die für ihn essentiell notwendig seien. Dies sei dann zu bejahen, wenn es um die Unterbringung des Patienten an sich gehe, nicht jedoch, wenn lediglich Luxusleistungen erbracht würden, auf die der Patient ohne Gefahr für die Ziele der Krankenbehandlung auch verzichten könne.[55] Auch diese Auffassung kann im Ergebnis nicht überzeugen. Wäre nämlich die Vorschrift des § 17 I 3 KHEntgG (§ 22 I 3 BPflV a. F.) lediglich als besonderer Wuchertatbestand auszulegen, so käme ihr kein eigener Regelungsgehalt mehr zu.[56] Die allgemeine Wuchervorschrift des § 138 BGB findet auf das privatautonome Rechtsverhältnis zwischen Krankenhaus und Patient ohnehin Anwendung. Auch würde bei einer derartigen Auslegung nicht berücksichtigt, dass sich der Patient in einer krankheitsbedingt geschwächten Position befindet und häufig nicht wie ein Gesunder auf dem freien Markt handeln kann. Des Weiteren würde den krankenhausrechtlichen Besonderheiten nicht ausreichend Rechnung getragen, die ein privatautonomes Verhandeln über den Preis gerade nicht zulassen.

---

[55] ZUCK/QUAAS, S. 23 ff.

[56] So auch der BGH in: NJW 2001, 892, 893.

Insofern kann davon ausgegangen werden, dass die Angemessenheitsregelung des § 17 I 3 KHEntgG (§ 22 I 3 BPflV a. F.) in ihrer Auslegung durch den BGH erforderlich ist, um die Interessen des Patienten hinreichend zu schützen. Denn es ist kein milderes Mittel erkennbar, das zum erforderlichen Ausgleich zwischen den gegenseitigen Interessen führen könnte, auch wenn die Regelung, wie jede Vergütungsregelung, für die Betroffenen – also die Berechtigten und die Verpflichteten – Vor- und Nachteile aufweisen mag.

(5) Zumutbarkeit der Angemessenheitsregelung

Abschließend ist noch darauf einzugehen, ob die Regelung gegebenenfalls für die Krankenhausträger unzumutbar sein könnte. Um dies festzustellen, ist eine Güterabwägung zwischen den sich gegenüber stehenden Interessen des Krankenhausträgers auf der einen Seite und des Patienten auf der anderen Seite vorzunehmen. Geboten ist also eine Gesamtabwägung zwischen der Schwere des Eingriffs und dem Gewicht sowie der Dringlichkeit der ihn rechtfertigenden Gründe. Hier stehen sich die wirtschaftlichen Belange der Krankenhausträger und der Wahlleistungspatienten gegenüber.

Für die Krankenhäuser haben die Erlöse aus den nicht-ärztlichen Wahlleistungen eine erhebliche Bedeutung. So ist seit Jahren bekannt, dass es den Krankenhäusern in vielen Bereichen an finanziellen Mitteln für Neuanschaffungen und teilweise sogar an Geldern für die medizinisch notwendige Versorgung der Bevölkerung fehlt. Vielfach wird insofern vorgebracht, dass Gewinne aus der Erbringung von Wahlleistungen für die Finanzierung ansonsten unmöglicher Investitionen von hoher Bedeutung seien. Aufgrund der knappen Ressourcen im Gesundheitswesen stünden keine ausreichenden Mittel zur Verfügung, um moderne bildgebende Verfahren, High-Tech-Diagnosegeräte oder neue Operationstechniken anschaffen zu können.[57] Wahlleistungsentgelte würden daher dafür verwendet, medizinisch-technische Großgeräte zu erwerben, die den medizinischen Standard auf einem hohen Niveau hielten und der wissenschaftlichen Entwicklung entsprächen. Darüber hinaus würde auch die Erbringung allgemeiner Regelleistungen teilweise aus Wahlleistungsentgelten finanziert. Da ein erheblicher Anteil der Einnahmen aus Ein- und Zweibettzimmern bei der Berechnung der Budgets abgezogen werden müsse, sorgten die Einnahmen von den Privatpatienten bei den Budgetverhandlungen für niedrige Basispflegesätze, von denen auch alle gesetzlich Versicherten profitierten.[58] Eine mögliche Unterdeckung im Budgetbereich könnte von den Krankenhäusern lediglich durch die Aufdeckung von Wirtschaftlichkeitsreserven, aber auch oft nur durch eine teilweise oder gar vollständige Einbringung der Wahlleistungsquote ausgeglichen werden.[59]

---

[57] ELFES das Krankenhaus 2000, S. 745; zur Verwendung von Wahlleistungsentgelten auch von PKV-Seite: ULEER, S. 383.
[58] DEUTSCHE KRANKENHAUSGESELLSCHAFT, das Krankenhaus 2000, 745.
[59] HORSTMANN, S. 77.

Unzweifelhaft ist die wirtschaftliche Sicherung der Krankenhäuser von hervorragender Bedeutung, da eine bedarfsgerechte und leistungsfähige Krankenhauspflege ein unverzichtbarer Teil der Gesundheitsversorgung ist, die das BVerfG in ständiger Rechtsprechung als besonders wichtiges Gemeinschaftsgut ansieht.[60] So ist es das unmittelbare Ziel des KHG, die wirtschaftliche Sicherung der Krankenhäuser zu gewährleisten (siehe § 1 I KHG). Der Gesetzgeber betrachtet ein wirtschaftlich gesundes Krankenhauswesen als Voraussetzung für die bedarfsgerechte Krankenversorgung der Bevölkerung und für sozial tragbare Krankenhauskosten. Hierbei sollen auch marktwirtschaftliche Elemente und die Eigenverantwortlichkeit der Vertragsparteien eine zunehmende Rolle spielen.[61]

Die wirtschaftliche Sicherung der Krankenhäuser wird gemäß § 4 KHG im derzeit geltenden dualen Krankenhausfinanzierungssystem dadurch gewährleistet, dass die Investitionskosten im Wege der öffentlichen Förderung (durch die Länder) übernommen und daneben über Pflegesätze für die Benutzung der Krankenhauseinrichtungen leistungsgerechte Erlöse von den Benutzern erhoben werden. Aus diesen Grundsätzen ergibt sich für ein sparsam wirtschaftendes und leistungsfähiges Krankenhaus ein Rechtsanspruch auf wirtschaftliche Sicherung.[62] Die Länder sind demnach verpflichtet, ausreichende Fördermittel zur Deckung der notwendigen Investitionskosten zur Verfügung zu stellen. Die sonstigen Kosten müssen über die Pflegesätze abgedeckt werden, zu denen auch die Wahlleistungsentgelte zählen (§ 2 Nr. 4 KHG). Da die Pflegesätze für die allgemeinen Regelleistungen dem weitgehend gedeckelten Budget des einzelnen Krankenhauses unterfallen, bieten lediglich die Wahlleistungsentgelte dem Krankenhaus einen gewissen Spielraum bei der Entgeltfestsetzung, um unter anderem Mittel zur Refinanzierung zu erwirtschaften. Teilweise gehen Autoren in der Literatur daher davon aus, dass eine starre Fixierung auf eine »untere Angemessenheitsgrenze« der Wahlleistungsentgelte, wie sie der BGH vorgenommen hat, die wirtschaftliche Leistungsfähigkeit der Krankenhäuser in unzumutbarer Weise gefährde.[63]

Dieser Auffassung kann nicht gefolgt werden. Zwar ist die erhebliche Bedeutung der Entgelte der Wahlleistung »Unterkunft« für die Deckung von Finanzierungslücken unbestritten. Dies ist wie dargestellt vom System der dualen Krankenhausfinanzierung vorgesehen. Der BGH hat daher einen gewissen Subventionierungseffekt durch Wahlleistungsentgelte akzeptiert.[64] So nimmt er auf die Begründung des Bundesrates Bezug, mit der dieser die Absenkung der auszugliedernden Kosten von 75 auf 65 % gerechtfertigt hat. Hierzu führte der Bundesrat aus, dass auch nach dieser Absenkung den Krankenhäusern noch eine wesentliche Einnahmequelle für die Finanzierung von

---

[60] Z. B. BVerfGE 82, 209, 230.
[61] HERBOLD/HORSTMANN/KISSENKÖTTER, S. 176.
[62] DIETZ/BOFINGER, § 4 KHG S. 39.
[63] ZUCK/QUAAS, S. 31.
[64] BGH NJW 2001, 892, 895 und 896.

zusätzlichen Investitionen sowie zur Deckung von Betriebsverlusten belassen werde.[65] Jedoch weist der BGH nachdrücklich darauf hin, dass der Subventionierungseffekt im Interesse der Wahlleistungspatienten zu begrenzen ist, um insbesondere bei Wahlleistungsentgelten die Leistungsgerechtigkeit sicher zu stellen.[66] Denn anderenfalls würden unzulässigerweise Kosten auf den »Privatpatienten« übergewälzt, die in keiner Beziehung zu den erbrachten (Wahl)Leistungen stehen. Vielmehr können nach § 4 KHG nur »leistungsgerechte Pflegesätze« zur wirtschaftlichen Sicherung des Krankenhauses erhoben werden. Aus diesem Grundsatz wird deutlich, dass der wirtschaftlichen Sicherung des Krankenhauses auf der anderen Seite ein sozialer Aspekt, nämlich der der Kostenbelastung im Gesundheitswesen, gegenüber steht.[67] Dieser gilt in erster Linie für die gesetzliche Krankenversicherung, deren Stabilität nach der Rechtsprechung des BVerfG große Bedeutung für das Gemeinwohl hat.[68] Jedoch kann dies nicht dazu führen, dass finanzielle Engpässe in der Sozialversicherung allein auf Kosten der Privatversicherten gelöst werden. Vielmehr gilt der Grundsatz, dass Pflegesätze leistungsgerecht sein müssen, auch für Wahlleistungsentgelte. So kann man selbst dann, wenn Wahlleistungen weitgehend über private Versicherungen abgedeckt werden, nicht davon ausgehen, dass der Wahlleistungspatient mit den hohen Entgelten für die Wahlleistung »Unterkunft« kaum belastet werde. Denn er zahlt die dann von seiner Versicherung zu leistenden erheblichen Ausgaben im Ergebnis indirekt durch seine Prämien selbst.

Hieraus wird deutlich, dass die finanziellen Interessen des Wahlleistungspatienten durch die Erhebung überhöhter Wahlleistungsentgelte ebenfalls ganz erheblich betroffen werden können. Hinzu kommt, dass sich der Patient bei Aufnahme im Krankenhaus vielfach nicht in der Lage befindet, die finanziellen Belastungen, die auf ihn zukommen werden, gänzlich zu überschauen und er daher des besonderen Schutzes bedarf. So war es auch das Ziel des Verordnungsgebers durch die Einführung des Angemessenheitsgebots in der BPflV, die Wahlleistungspatienten und ihre wirtschaftlichen Interessen und nicht nur die der gesetzlichen Krankenversicherung vor unangemessenen Kostenbelastungen zu schützen.[69]

Zwar lässt sich aus der Verfassung nicht unmittelbar ableiten, welche Vergütung als angemessen anzusehen wäre und wie die Vergütungsstruktur auszugestalten ist.[70] Die Einschätzung der für die Konfliktlage maßgeblichen ökonomischen und sozialen Rahmenbedingungen liegt hingegen in der politischen Verantwortung des Gesetzgebers, ebenso die Vorausschau auf die künftige Entwicklung und die Wirkung seiner Regelung. Im Rahmen der ordnungspolitischen Belange des Sozialstaats ist dabei insbeson-

---

[65] BR-Drs. 381/94, S. 4.

[66] BGH NJW 2001, 892, 896.

[67] BVerfGE 82, 209, 230 f.; BVerfG vom 26.6.1997 (1 BvR 1190/93) (juris-Dokumentation).

[68] Z. B. BVerfG NJW 1985, 1385, 1388; BVerfGE 82, 209, 230 f.; BVerfGE 70, 1, 29.

[69] MIERZWIAK/WITTIG, S. 211.

[70] BVerfG NJWE-FER 2000, 117, 118.

dere dem wirtschaftlichen Verbraucherschutz mit dem Ziel, den schwächeren oder weniger informierten Marktteilnehmer vor einer Übervorteilung zu schützen, Rechnung zu tragen.[71] Hierbei steht dem Gesetzgeber gerade im Bereich der Berufsausübungsregelungen ein beachtlicher Prognose- und Gestaltungsspielraum zu. Dasselbe gilt für die Bewertung der Interessenlage, d. h. die Gewichtung der einander entgegen stehenden Belange und die Bestimmung der Schutzbedürftigkeit[72], wobei zu berücksichtigen ist, dass die bloße Möglichkeit, dass eine gesetzliche Maßnahme im Einzelfall zur Existenzgefährdung oder gar -vernichtung von Betrieben (hier also Krankenhäusern) führen könnte, es grundsätzlich noch nicht rechtfertigt, sie unter dem Gesichtspunkt der Unzumutbarkeit von Verfassungs wegen zu beanstanden.[73]

Insofern spricht für die hier erörterte Angemessenheitsregelung, dass sie durch ihre große inhaltliche Weite für Ergänzungen offen ist und wirtschaftliche Entwicklungen berücksichtigt werden können.[74] Der BGH hat den Krankenhäusern auch keine festen Preisgrenzen vorgegeben, sondern vielmehr lediglich eine »untere Angemessenheitsgrenze« bestimmt, in deren Rahmen den Krankenhäusern ein 20prozentiger Gestaltungsspielraum eingeräumt wurde. Hinzu kommt, dass bei Darlegung besonderer Komfortelemente auch Entgelte oberhalb dieser unteren Entgeltgrenze erhoben werden dürfen. Des Weiteren kann davon ausgegangen werden, dass die Auslegung der Vorschrift durch den BGH, die ihrerseits durch die Gewährung von Gestaltungsspielräumen für die Krankenhäuser bereits einen Ausgleich zwischen den sich gegenüber stehenden Interessen von Patienten und Krankenhausträgern herbeigeführt hat, auch in Zukunft für weitere Änderungen und Anpassungen offen ist. Insbesondere die Umstellung auf ein behandlungsfallbezogenes Entgeltsystem im Krankenhaus wird auch für die Entgeltbemessung im Wahlleistungsbereich erhebliche Änderungen mit sich bringen, die im Rahmen des unbestimmten Rechtsbegriffs der Angemessenheit am ehesten berücksichtigt werden können.

Somit ist davon auszugehen, dass angesichts der erheblichen Belange des Patienten- beziehungsweise des Verbraucherschutzes eine Einschränkung der Preisfreiheit der Krankenhäuser zumutbar ist.

d) Ergebnis

Im Ergebnis bleibt daher festzuhalten, dass die Regelung des § 17 I 3 KHEntgG (§ 22 I 3 BPflV a. F.) in ihrer Auslegung durch den BGH mit Art. 12 I GG im Einklang steht.[75] Zwar wird durch die Vorschrift in die Preisfreiheit als Teil der Berufs-

[71] BVerfGE 46, 246, 257, 259; ISENSEE/KIRCHHOF/BREUER Handbuch des Staatsrechts, § 148 Rdnr. 22.
[72] BVerfG NJW 1998, 1475, 1476; BVerfGE 77, 84, 106.
[73] BVerfGE 70, 1, 30.
[74] Vgl. BVerfG NJWE-FER 2000, 117, 118.
[75] So im Ergebnis auch: OLG München MedR 2003, 48, 49.

ausübungsfreiheit der Krankenhäuser eingegriffen. Jedoch ist dieser Eingriff durch die überwiegenden Belange des Patientenschutzes gerechtfertigt.

3. Art. 14 I GG

a) Abgrenzung der Schutzbereiche von Art. 12 I GG und Art. 14 I GG

Fraglich ist, ob außerdem die gemäß Art. 14 I GG geschützten Eigentumsrechte der Krankenhausträger durch die Angemessenheitsregelung des KHEntgG (der BPflV a. F.) verletzt sein könnten. Zur Beantwortung dieser Frage bedarf es zunächst einer Abgrenzung der Schutzbereiche von Art. 12 I GG und Art. 14 I GG. Diese erfolgt vorrangig unter dem Gesichtspunkt, welche Freiheitsbereiche von beiden Grundrechten geschützt werden.

Hierbei schützt Art. 12 I GG die Freiheit des Bürgers, jede Tätigkeit, für die er sich geeignet glaubt, als Beruf zu ergreifen, d. h. zur Grundlage seiner Lebensführung zu machen und damit seinen Beitrag zur gesellschaftlichen Gesamtleistung selbst zu bestimmen. Das Grundrecht der Berufsfreiheit ist also in erster Linie persönlichkeitsbezogen und konkretisiert das Grundrecht auf freie Entfaltung der Persönlichkeit im Bereich der individuellen Leistung und Existenzerhaltung; das Grundrecht ist in hohem Maß »zukunftsgerichtet«.[76]

Dem Eigentum kommt im Gefüge der Grundrechte hingegen die Aufgabe zu, dem Träger des Grundrechts einen Freiheitsraum im vermögensrechtlichen Bereich sicher zu stellen und ihm damit eine eigenverantwortliche Gestaltung des Lebens zu ermöglichen. Die Gewährleistung des Eigentums ergänzt insoweit die Handlungs- und Gestaltungsfreiheit, indem sie dem Einzelnen vor allem den durch eigene Arbeit und Leistung erworbenen Bestand an vermögenswerten Gütern anerkennt. Mit dieser »objektbezogenen« Gewährleistungsfunktion schützt Art. 14 I GG jedoch nur Rechtspositionen, die einem Rechtssubjekt bereits zustehen, insbesondere schützt er keine Chancen und Verdienstmöglichkeiten.[77]

Daraus folgt die allgemeine Abgrenzungsformel, dass die Berufsfreiheit den Erwerb schützt, die Eigentumsgarantie hingegen das Erworbene. Greift somit ein Akt öffentlicher Gewalt eher in die Freiheit der individuellen Erwerbs- und Leistungstätigkeit ein, so ist der Schutzbereich des Art. 12 I GG berührt; begrenzt er mehr die Innehabung

---

[76] BVerfGE 30, 292, 334 f.

[77] BVerfG DtZ 1991, 91; OSSENBÜHL, S. 3, 28.

und Verwendung vorhandener Vermögensgüter, so kommt der Schutz des Art. 14 I GG in Betracht.[78]

b) Schlussfolgerungen für die Angemessenheitsregelung

Bei der Angemessenheitsregelung des KHEntgG (der BPflV a. F.) handelt es sich um eine Vergütungsregelung. Aus der obigen Abgrenzung der beiden Grundrechte des Art. 12 I GG und Art. 14 I GG ergibt sich demnach, dass zukünftige Einnahmen von Krankenhäusern im Bereich der Erbringung von Wahlleistungen keinesfalls von der Eigentumsgarantie des Art. 14 I GG geschützt werden können. Denn es sind lediglich noch ungesicherte Gewinnchancen und -erwartungen betroffen, die noch keine durch die Eigentumsgarantie geschützten Rechtspositionen darstellen können.

Fraglich ist, wie Einnahmen im Bereich von Wahlleistungsentgelten einzuordnen sind, die zwischen der Einführung des Angemessenheitskriteriums im Jahr 1985 und der konkretisierenden Entscheidung des BGH vom 4.8.2000[79] in der Vergangenheit gemacht wurden. Bis zum Urteil des BGH war die Auslegung des unbestimmten Rechtsbegriffs der Angemessenheit noch höchst umstritten. Daher könnte man annehmen, dass die Krankenhausträger, die nach jetziger höchstrichterlicher Rechtsprechung überhöhte Entgelte verlangt haben, darauf vertraut haben, dass ihre Wahlleistungsvereinbarungen Bestand haben würden. Hierbei könnten sie gegebenenfalls auch ein schützenswertes Vertrauen in die unterinstanzliche Rechtsprechung gehabt haben, die die Angemessenheitsregelung im Sinne eines besonderen Wuchertatbestands interpretiert hatte. Es erscheint auf den ersten Blick daher nicht als ausgeschlossen, dass es sich auch bei den überhöhten Entgeltbestandteilen um vermögenswerte Rechtspositionen im Sinne von Art. 14 I GG gehandelt haben könnte.

Grundsätzlich fallen auf dem Gebiet des Privatrechts alle vermögenswerten Rechte unter den Schutz des Art. 14 I GG, die dem Berechtigten von der Rechtsordnung so zugeordnet sind, dass er die damit verbundenen Befugnisse in eigenverantwortlicher Entscheidung zu seinem privaten Nutzen ausüben darf.[80] Der jeweilige Inhalt des Eigentums ergibt sich dabei aus der Gesamtheit der verfassungsmäßigen Gesetze.[81] Jedoch sind vermögenswerte Positionen, obwohl das Eigentum »geronnenes Vertrauen« darstellt, nur insoweit geschützt, als der Eigentümer von Rechts wegen auf ihren Bestand vertrauen kann.[82]

---

[78] BVerfGE 30, 292, 334 f.; VON MÜNCH/KUNIG/GUBELT, Art. 12 GG Rdnr. 98; vgl. auch ISENSEE/KIRCHHOF/BREUER Handbuch des Staatsrechts, § 147 Rdnr. 100.

[79] BGH NJW 2001, 892 ff.

[80] VON MÜNCH/KUNIG/BRYDE, Art. 14 GG Rdnr. 12.

[81] VON MÜNCH/KUNIG/BRYDE, Art. 14 GG Rdnr. 11.

[82] PIEROTH/SCHLINK, § 23 II 2 Rdnr. 912.

Daraus ist zu schließen, dass überhöhte Entgeltbestandteile dem Schutz des Art. 14 I GG nicht unterfallen. Denn § 17 I 3 KHEntgG (§ 22 I 3 BPflV a. F.) beschränkt seit seiner Einführung in verfassungskonformer Weise die Höhe der zulässigerweise zu erhebenden Entgelte. Zwar herrschte über die Auslegung des unbestimmten Rechtsbegriffs der Angemessenheit seit dessen Einführung im Jahr 1985 in Literatur und Rechtsprechung Streit. Ein schützenswertes Vertrauen in den Bestand der erworbenen Vermögensbestandteile konnte sich jedoch bei den Krankenhausträgern nicht bilden. Vielmehr ist davon auszugehen, dass die überhöhten Entgeltbestandteile bereits ab dem Jahr 1985 ohne Rechtsgrund gezahlt worden sind und daher nach bereicherungsrechtlichen Grundsätzen zurück gefordert werden konnten und können; des Weiteren sind auch deliktsrechtliche Schadensersatzansprüche nach § 823 II BGB i. V. m. § 17 I 3 KHEntgG (§ 22 I 3 BPflV a. F.) als Schutzgesetz denkbar. Insofern hat die Entscheidung des BGH eine Klärung der Rechtslage herbeigeführt, die auch Auswirkungen für in der Vergangenheit gezahlte Entgelte entfaltet.[83]

Ein Schutz der Krankenhausträger gemäß Art. 14 I GG hinsichtlich der überhöhten Entgelte würde zudem einen Wertungswiderspruch zu den Rückforderungs- und Schadensersatzansprüchen der Patienten und gegebenenfalls der privaten Krankenversicherungen darstellen. Dass die Höhe der möglichen Rückforderungsansprüche erst durch die Entscheidung des BGH vom 4.8.2000 geklärt wurde, kann für diese Beurteilung keine Rolle spielen. Vielmehr handelt es sich bei der Regelung des § 17 I 3 KHEntgG (§ 22 I 3 BPflV a. F.) in der Auslegung durch den BGH um eine zulässige Berufsausübungsregelung, die (auch unter dem Aspekt des Rechts am eingerichteten und ausgeübten Gewerbebetrieb) keinen Eingriff in von Art. 14 I GG geschützte Rechte darstellt.[84]

Im Ergebnis findet daher Art. 14 I GG auf den vorliegenden Sachverhalt keine Anwendung.

4. Art. 2 I GG

In der Literatur wird eine mögliche Verletzung der Vertragsfreiheit der Krankenhausträger vorrangig im Rahmen von Art. 2 I GG geprüft und erörtert.[85] Jedoch ist bereits fraglich, ob eine Prüfung der allgemeinen Handlungsfreiheit im Sinne von Art. 2 I GG

[83] Siehe zur sachlichen, personellen und zeitlichen Reichweite der BGH-Entscheidung im Einzelnen die Ausführungen in Kapitel c) ab Seite 163.

[84] Vgl. VON MÜNCH/KUNIG/BRYDE, Art. 14 GG Rdnr. 21.

[85] Stimmen aus der Literatur, die aufgrund der Vertragsfreiheit gemäß Art. 2 I GG die Verfassungsmäßigkeit der Regelung anzweifeln: BREITMEIER et al. Düsseldorfer Kommentar, 1. Auflage, § 22 BPflV Erl. 2.5; HERBOLD/FISCHBACH/KISSENKÖTTER, S. 492; ähnlich ELFES f & w 1990, S. 394.

überhaupt noch in Betracht kommen kann, wenn bereits der Schutzbereich der Berufsfreiheit nach Art. 12 I GG berührt ist. Grundsätzlich stellt die allgemeine Handlungsfreiheit des Art. 2 I GG ein Auffanggrundrecht dar und ist gegenüber spezielleren Grundrechten wie der Berufsfreiheit subsidiär.[86]

Grundsätzlich scheidet demnach eine Prüfung hinsichtlich der Verletzung der Vertragsfreiheit als Teil der allgemeinen Handlungsfreiheit im Sinne von Art. 2 I GG aus, wenn überdies der Schutzbereich des Art. 12 I GG als spezielleres Grundrecht eröffnet ist.[87] Festzustellen bleibt allerdings darüber hinaus, dass sich auch dann, wenn man Art. 2 I GG neben Art. 12 I GG noch für anwendbar hielte, kein anderes Ergebnis als bei der Prüfung der Anforderungen des Art. 12 I GG ergäbe. Denn die wirtschaftliche Betätigungsfreiheit und in ihrem Rahmen wiederum die Vertragsfreiheit, die durch Art. 2 I GG garantiert wird[88], ist im spezielleren Grundrecht des Art. 12 I GG ebenfalls umfassend geschützt.[89]

Das BVerfG hat hierzu in einer Entscheidung vom 25.4.2001 festgestellt, dass zwar die allgemeine Vertragsfreiheit und die Freiheit zu wirtschaftlicher beziehungsweise unternehmerischer Betätigung in erster Linie vom Schutz des Art. 2 I GG umfasst werde, Einschränkungen der Befugnis oder rechtlichen Möglichkeit, sich rechtsgeschäftlich zu betätigen oder ein Unternehmen nach eigenen Vorstellungen zu führen, jedoch den Schutzbereich des Art. 12 I GG berührten, wenn sie sich unmittelbar auf die Berufsausübung bezögen oder aber zumindest eine berufsregelnde Tendenz hätten. In Konsequenz dieser Ausführungen hat es ausschließlich eine mögliche Verletzung von Art. 12 I GG geprüft.[90] Auch in einer Entscheidung vom 31.10.1984 hat das BVerfG eine Prüfung am Maßstab des Art. 2 I GG abgelehnt. Zwar schütze Art. 2 I GG die wirtschaftliche Betätigungsfreiheit. Jedoch scheide eine Prüfung am Maßstab dieser Vorschrift aus, wenn die beanstandete Regelung die Handlungsfreiheit im Bereich des Berufsrechts betreffe, die ihre spezielle Gewährleistung in Art. 12 I GG gefunden habe.[91]

Die Verfassungsmäßigkeit der Angemessenheitsregelung des KHEntgG bzw. der BPflV a. F. sowie deren höchstgerichtliche Auslegung wurden bereits im Rahmen von

---

[86] Vgl. PIEROTH/SCHLINK, § 6 Rdnr. 337 ff.

[87] Ebenso die mittlerweile h. M.: ISENSEE/KIRCHHOF/BREUER Handbuch des Staatsrechts, § 147 Rdnr. 63, 97; SACHS/TETTINGER, Art. 12 GG Rdnr. 162; MANGOLDT/KLEIN/STARCK/STARCK, Art. 2 GG Rdnr. 72; einschränkend allerdings: VON MÜNCH/KUNIG/GUBELT, Art. 12 GG Rdnr. 93 hinsichtlich der Vertragsfreiheit; a. A. auch MANGOLDT/KLEIN/STARCK/MANSSEN, Art. 12 GG Rdnr. 66 insbesondere hinsichtlich der Preisfreiheit.

[88] BVerfG NJW 1997, 1975, 1976.

[89] Trotzdem gegen eine Anwendung von Art. 12 I GG bei Eingriffen in die Preisfreiheit MANGOLDT/KLEIN/STARCK/MANSSEN, Art. 12 GG Rdnr. 66.; vgl. auch GOUNALAKIS/HEINZE/DÖRR, S. 41, der zwar ebenfalls die praktischen Auswirkungen der Abgrenzung für eher gering erachtet, sich allerdings im Ergebnis für eine Prüfung anhand der Vertragsfreiheit nach Art. 2 I GG entscheidet.

[90] BVerwG NVwZ 2001, 1399, 1406.

[91] BVerfG NJW 1985, 1385, 1389.

Art. 12 I GG erörtert. Daher bleibt für eine weitere Prüfung des Art. 2 I GG kein Raum.[92]

5. Ergebnis der verfassungsrechtlichen Prüfung

Die Angemessenheitsregelung des KHEntgG (der BPflV a. F.) in ihrer Auslegung durch den BGH ist mit dem Grundgesetz vereinbar. Sie stellt eine zulässige Berufsausübungsregelung im Sinne von Art. 12 I GG dar, die das Ziel des Patientenschutzes in geeigneter Weise verfolgt, zudem unter Berücksichtigung des weiten Beurteilungs- und Gestaltungsspielraums des Gesetz- und Verordnungsgebers mit der Bindung der Entgelthöhe für Wahlleistungen im Bereich der Unterkunftsleistungen an die Angemessenheitsgrenze das mildeste denkbare Mittel wählt und schließlich bei einer Gesamtabwägung der tangierten Belange der Krankenhausträger und der Wahlleistungspatienten für die Krankenhäuser zumutbar ist. Art. 14 I GG ist auf den vorliegenden Sachverhalt nicht anwendbar, da es sich um eine Vergütungsregelung, nicht jedoch um bereits erworbene Vermögensbestandteile handelt. Auch Art. 2 I GG bietet hinsichtlich der Vertragsfreiheit der Krankenhausträger keinen über Art. 12 I GG hinaus gehenden Schutzumfang, so dass hier eine Prüfung von Art. 2 I GG ausscheidet, da die Preissetzungsfreiheit der Krankenhausträger bereits durch Art. 12 I GG als speziellerem Grundrecht geschützt wird.

[92] A. A. wohl VON MÜNCH/KUNIG/GUBELT, Art. 12 GG Rdnr. 93.

Teil D

Verfahren zur Sicherstellung angemessener Entgelte

VIII. Derzeitiges Regelungssystem des KHEntgG

1. Überblick

Zur Angemessenheit eines Entgelts kann unter anderem auch ein Verfahren beitragen, in welchem die Preise für bestimmte Leistungen festgelegt werden bzw. nach welchem eine Kontrolle von Preisfestsetzungen stattfindet. In der geltenden Regelung des KHEntgG (der BPflV a. F.) hat der Gesetzgeber insofern der strukturellen Unterlegenheit des Patienten Rechnung getragen und der einseitigen Preisfestsetzung durch den Krankenhausträger Regelungen gegenüber gestellt, durch die zu Gunsten des Wahlleistungspatienten auf die Höhe der Wahlleistungsentgelte Einfluss genommen wird. Denn der Patient bekommt bei Vertragsschluss die einseitig vom Krankenhausträger festgesetzten Vertragsbedingungen und -tarife in vorgefassten Formularen zur Unterschrift vorgelegt, deren Inhalt er nicht beeinflussen kann, so dass nur die Möglichkeit bleibt, die Bedingungen zu akzeptieren oder auf eine Inanspruchnahme von Wahlleistungen verzichten.

Die geltende Regelung des KHEntgG (BPflV a. F.) sieht daher, wie bereits oben ausführlich erläutert wurde[1], zunächst vor, dass der Patient vor Abschluss einer Wahlleistungsvereinbarung durch den Krankenhausträger über die Entgelte der Wahlleistungen und deren Inhalt im Einzelnen zu unterrichten ist. Hinzu kommt die Bindung der Entgelthöhe an das Kriterium der Angemessenheit. Außerdem soll die gestörte Vertragsparität dadurch ausgeglichen werden, dass dem Wahlleistungspatienten der PKV-Verband zur »Unterstützung« zur Seite gestellt wird. Dieser kann nach § 17 I 4 KHEntgG (§ 22 I 4 BPflV a. F.) mit der Deutschen Krankenhausgesellschaft (DKG) sog. Gemeinsame Empfehlungen zur Bemessung der Entgelte für nicht-ärztliche Wahlleistungen vereinbaren. Außerdem wurde dem PKV-Verband ein Anspruch eingeräumt, von Krankenhäusern, die unangemessen hohe Entgelte für Wahlleistungen verlangen, die Herabsetzung dieser Entgelte auf eine angemessene Höhe zu verlangen. Diesen Anspruch kann der PKV-Verband per Verbandsklage auf dem Zivilrechtsweg durchsetzen.

Im Folgenden sollen nun mögliche Defizite des Regelungssystems aufgezeigt werden, die Anlass zu einer Überarbeitung durch den Gesetzgeber geben könnten.

[1] Siehe hierzu die Ausführungen in Kapitel b) ab Seite 21.

2. Abgabe sog. Gemeinsamer Empfehlungen durch DKG und PKV-Verband

a) Einführung der Regelung durch das 2. GKV-NOG

Durch das 2. GKV-Neuordnungsgesetz[2] wurde in § 17 I 4 KHEntgG (§ 22 I 4 BPflV a. F.) als Gegengewicht zur einseitigen Festlegung der Krankenhaus-Tarife von Seiten der Krankenhausträger für den PKV-Verband und die DKG die Möglichkeit eingeführt, gemeinsame Empfehlungen zur Höhe der nicht-ärztlichen Wahlleistungsentgelte zu erarbeiten.[3] Diese Empfehlungen sollen dem Zweck dienen, eine angemessene Preisgestaltung im Krankenhaussektor zu ermöglichen[4] und richten sich daher an die Krankenhäuser, die die Preise festlegen. Hingegen ist es nicht möglich, in der Gemeinsamen Empfehlung eine Abgrenzung von Leistungen vorzunehmen, die als Wahlleistung angeboten werden können und solchen, die bereits allgemeine Regelleistungen sind. Hierzu sind die Bundesverbände (DKG und PKV-Verband) nicht ermächtigt.[5] Vielmehr wird die Bundesregierung in § 16 S. 1 Nr. 2 KHG ermächtigt, durch Rechtsverordnung mit Zustimmung des Bundesrates Vorschriften über die Abgrenzung der allgemeinen Regelleistungen von den Wahlleistungen zu erlassen.

b) Rechtliche Einordnung der Empfehlungen

Zu berücksichtigen ist des Weiteren, dass der Gemeinsamen Empfehlung des PKV-Verbands und der DKG keine rechtliche Verbindlichkeit zukommt, diese also weder bei Nicht-Einigung der beiden Verhandlungspartner von einer Schiedsstelle oder von einem Gericht ersetzt werden kann[6], noch bei Erzielung einer Einigung Individualparteien oder Gerichte bindet.[7] Daher bedarf es auch keines Beitritts der einzelnen Krankenhäuser oder Versicherungen zu der Empfehlung.[8] Allerdings ist davon auszugehen, dass diejenigen Entgelte, die entsprechend den Voraussetzungen der Empfehlungen erhoben werden, sowohl von den Leistungserbringern als auch von den Kostenträgern als angemessen akzeptiert werden, so dass die privaten Krankenversicherer die Entgelte in der verlangten Höhe erstatten werden.[9]

[2] G vom 23.6.1997 (BGBl. I 1997, 1520 ff.).

[3] Empfehlungen für ärztliche Wahlleistungen scheiden aus, da diese nach den Vorschriften der GOÄ festgelegt werden.

[4] BT-Drs. 13/6087, S. 35; BACH/MOSER/BÜSKEN, Nach § 1 MBKK Rdnr. 119; QUAAS/DIETZ f & w 2003, S. 290.

[5] QUAAS/DIETZ f & w 2003, S. 289.

[6] Vgl. DIETZ/BOFINGER, § 22 BPflV S. 370; LAUFS/UHLENBRUCK/GENZEL, § 86 Rdnr. 163.

[7] Vgl. dazu TREFZ PKR 2002, S. 62; QUAAS/DIETZ f & w 2003, S. 289.

[8] QUAAS/DIETZ f & w 2003, S. 291.

[9] Gemeinsame Pressemitteilung der Deutschen Krankenhausgesellschaft und des Verbands der privaten Krankenversicherung vom 26.07.2002.

Fraglich ist insofern, welche rechtlichen Wirkungen die Gemeinsamen Empfehlungen entfalten. Richtigerweise können die Empfehlungen eine »wesentliche Entscheidungshilfe« für das Gericht sein, das sich mit der Angemessenheit eines Krankenhaustarifs auseinander zu setzen hat.[10] Auch verdient die Ansicht Zustimmung, die davon ausgeht, dass der PKV-Verband in der Regel an der Erhebung einer Verbandsklage gehindert ist, wenn ein Krankenhaus seinen Krankenhaustarif gemäß einer Gemeinsamen Empfehlung gestaltet hat. Der PKV-Verband verhält sich widersprüchlich, wenn er einerseits in der Gemeinsamen Empfehlung eine bestimmte Entgeltgestaltung als angemessen akzeptiert und diese trotzdem später per Verbandsklage angreift.[11] Eine Ausnahme von der genannten Regel könnte allenfalls sein, dass der PKV-Verband per Verbandsklage die Selbsteinstufung eines Krankenhauses angreift (dazu sogleich).

c) Erste Gemeinsame Empfehlung vom 26.7.2002

Auf eine erste Gemeinsame Empfehlung haben sich die DKG und der PKV-Verband am 26.7.2002 (mit Wirksamwerden zum 1.8.2002) geeinigt, die sich eng an den Vorgaben des BGH in dessen Entscheidung vom 4.8.2000[12] orientiert.[13] So stellt die Vereinbarung zunächst klar, dass es sich um Empfehlungen zur Bemessung der Entgelte für eine Wahlleistung »Unterkunft« im Krankenhaus handele, die sich an die Unternehmen der privaten Krankenversicherung, sonstige Kostenträger, Wahlleistungspatienten sowie diejenigen Krankenhäuser richtet, die dem Anwendungsbereich der BPflV (nunmehr des KHEntgG) unterfallen. Die inhaltlichen Regelungen der Entgeltbemessung zur Wahlleistung »Unterkunft« finden sich in drei Anlagen zur vertraglichen Vereinbarung.[14]

Die Empfehlung übernimmt das zwei-stufige Entgeltbemessungsmodell des BGH, das sich aus einer Bezugsgröße Unterkunft und darüber hinaus anzusetzenden Komfortelementen zusammen setzt, und stellt insbesondere einen ausführlichen Katalog von berücksichtigungsfähigen Komfortelementen mit entsprechenden Preisspannen zur Verfügung, anhand derer das Wahlleistungsentgelt »Unterkunft« bemessen werden kann. Des Weiteren ist eine Preisanpassungsklausel enthalten, die jährliche Anpassungen ermöglichen soll. Die Gemeinsame Empfehlung liefert damit den Krankenhäusern Anhaltspunkte, wie bestimmte Komfortelemente in der Ausstattung der Ein- und Zweibettzimmer zu bewerten sind. Außerdem tragen die detaillierten Aufschlüsselungen der Leistungselemente in hohem Maße zur Transparenz der erhobenen Entgelte bei

[10] BGH NJW 2003, 209; NJW 2001, 892, 895; ebenso DIETZ/BOFINGER, § 22 BPflV S. 370 f.; QUAAS/DIETZ f & w 2003, S. 289 f. sowie KRAUSKOPF, Bl. 149.

[11] QUAAS/DIETZ f & w 2003, S. 292.

[12] BGH NJW 2001, 892 ff.

[13] Veröffentlicht in: das Krankenhaus 2002, 728 ff.; vgl. hierzu auch VERBAND DER PRIVATEN KRANKENVERSICHERUNG E. V. Rechenschaftsbericht 2002, S. 7 f., 73 f.

[14] Siehe hierzu oben Kapitel d) ab Seite 95.

und verdeutlichen auch dem Wahlleistungspatienten, der die jeweiligen Leistungen in Anspruch nehmen möchte, die konkreten Gegenleistungen für die zu erbringenden Zahlungen.

Ein- und Zweibettzimmer-Zuschläge, die auf der Grundlage der Gemeinsamen Empfehlung festgelegt werden, sollen im Regelfall von den PKV-Unternehmen anerkannt und im tariflichen Umfang erstattet werden.[15] Außerdem wird die Einrichtung eines Vertragsausschusses zur Klärung von Zweifeln und Auslegungsproblemen der Empfehlung in Aussicht gestellt, der auf Verlangen eines Vertragspartners einzuberufen ist.

d) Keine gesetzlichen Verfahrensvorschriften zur Umsetzung einer Gemeinsamen Empfehlung

Umstritten ist allerdings noch das Verfahren, in welchem im Anschluss an die Empfehlung die angemessenen Entgelte für nicht-ärztliche Wahlleistungen ermittelt werden sollen.[16] Die gesetzliche Regelung enthält hierzu keine Vorgaben.

Die erste Gemeinsame Empfehlung vom 26.7.2002 sieht vor, dass die Krankenhäuser sich selbst bzw. ihr Wahlleistungsangebot mit Hilfe von Fragebögen, die der PKV-Verband zur Verfügung stellt, im Rahmen der durch die Empfehlung vorgegebenen Preisspannen einstufen. Die Fragebögen werden dann dem PKV-Verband zugesandt, der diese überprüft und darüber entscheiden soll, ob er der Selbsteinstufung zustimmt und die so bestimmten Entgelte als angemessen akzeptiert, so dass sie im Anschluss von den privaten Krankenversicherungsunternehmen auch erstattet werden.

Kritisiert wird an diesem Verfahren, dass hiermit der PKV-Verband quasi als Interessenvertreter der einzelnen PKV-Unternehmen, die in vielen Fällen die Kosten der Inanspruchnahme von nicht-ärztlichen Wahlleistungen tragen, faktisch die Höhe der geschuldeten Versicherungsleistungen selbst bestimme. Dies gehe über die gesetzlich vorgesehene Ermächtigung hinaus. Es müsse berücksichtigt werden, dass bei Durchführung des oben beschriebenen Einstufungsverfahrens die Letztentscheidung über die tatsächliche Angemessenheit des Wahlleistungstarifs eines bestimmten Krankenhauses rein tatsächlich beim PKV-Verband liege. Verlange nämlich ein Krankenhaus ein Wahlleistungsentgelt, dessen Angemessenheit der PKV-Verband im Einstufungsverfahren bestritten habe, so erhebe der Verband sofort eine Verbandsklage und nehme damit auf die Höhe des Entgelts Einfluss (vorausgesetzt das Gericht folgt der Auffassung des PKV-Verbands – *Anm. der Verfasserin*).[17] Vollkommen ungeklärt sei über die rein tatsächlichen Auswirkungen hinaus, welche rechtlichen Folgen sich an die sog.

[15] VERBAND DER PRIVATEN KRANKENVERSICHERUNG E. V. Rechenschaftsbericht 2002, S. 8.

[16] DIETZ/BOFINGER, § 16 KHEntgG S. 192; QUAAS/DIETZ f & w 2003, S. 290 f.

[17] DIETZ/BOFINGER, § 16 KHEntgG S. 192; QUAAS/DIETZ f & w 2003, S. 290.

Fragebogen-Aktionen des PKV-Verbands knüpfen ließen. Denn ein Kontroll- und Mitwirkungsverfahren seitens des PKV-Verbands gegenüber den Krankenhäusern sei nicht Gegenstand der Empfehlung und der Ermächtigung zum Abschluss der Gemeinsamen Empfehlungen.[18]

Dieser Kritik ist in der Tat zuzugestehen, dass die Gemeinsamen Empfehlungen nach § 17 I 4 KHEntgG (§ 22 I 4 BPflV a. F.) vom Gesetzgeber als unverbindliche Vorschläge zweier sachverständiger Gremien konzipiert worden sind, die einem entscheidenden Gericht lediglich als »wichtige Entscheidungshilfe« dienen sollen. Ein Letztentscheidungsrecht des PKV-Verbands hat der Gesetzgeber damit hingegen nicht vorgesehen.[19] Allerdings bedeutet die bloße Tatsache, dass der PKV-Verband gegebenenfalls ein Verbandsklageverfahren anstrengt auch noch nicht, dass in diesem auch tatsächlich die Unangemessenheit des in Frage stehenden Krankenhaustarifs festgestellt wird. Vielmehr obliegt die Entscheidung über die Unangemessenheit des Krankenhaustarifs für nicht-ärztliche Wahlleistungen dann dem Gericht. Dieses ist keineswegs an die vom PKV-Verband vertretene Auffassung gebunden, so dass im Ergebnis das Gericht das Letztentscheidungsrecht ausübt.

Abzuwarten bleibt allerdings, ob sich die teilweise in der Literatur geäußerten Zweifel an einer Erreichung der gesetzgeberischen Zielrichtung, den Sachverstand zweier Bundesverbände wirkungsvoll in die Entgeltbemessung einzubringen, auch tatsächlich in der Zukunft bewahrheiten. Kritisiert wird insofern, dass sich die erste Gemeinsame Empfehlung der beiden Bundesverbände viel zu eng an die vom BGH vorgegebenen Kriterien halte und kein eigenständiges Entgeltsystem entwickele, das insbesondere auch bereits die Umstrukturierung der Krankenhausfinanzierung und die damit wegfallende Bezugsgröße Basispflegesatz berücksichtigen könnte. Vielmehr werde entgegen der übrigen Praxis in der Krankenhausfinanzierung im Bereich der Wahlleistungen das Selbstkostendeckungsprinzip aufrecht erhalten, das man ansonsten bereits aufgegeben habe. Außerdem lasse die Empfehlung den Krankenhäusern zu wenig Spielraum zur Entgeltgestaltung, da sich die oberen Werte bereits als Höchstpreise herausstellten, die nicht überschritten werden könnten. Denn darüber hinaus sei eine Abdeckung der Entgelte durch die PKV-Unternehmen nicht mehr gewährleistet. So stünde den Krankenhäusern insbesondere kein Spielraum mehr zur Verfügung, ein höheres Leistungsniveau zu dann auch entsprechend höheren Preisen anzubieten.[20]

Richtig ist, dass im Rahmen der Gemeinsamen Empfehlungen für nicht-ärztliche Wahlleistungsentgelte völlig konträre Auffassungen aufeinander stoßen. So betont die DKG herkömmlicherweise die Eigenverantwortlichkeit der Krankenhäuser und billigt diesen entsprechend einen weiten Handlungsspielraum bei ihrer autonomen Preisgestaltung zu. Der PKV-Verband ist hingegen in eigener Sache wie auch im Interesse

---

[18] QUAAS/DIETZ f & w 2003, S. 290.

[19] DIETZ/BOFINGER, § 16 KHEntgG S. 192.

[20] QUAAS/DIETZ f & w 2003, S. 293.

der privat versicherten Patienten darum bemüht, die Wahlleistungsentgelte möglichst niedrig anzusetzen. Jedoch bietet gerade diese Situation auch die Chance, zu einer für alle Seiten befriedigenden Kompromisslösung zu gelangen. Ob diese allerdings mit einem Regelungsmodell erreicht werden kann, das lediglich unverbindliche Empfehlungen zum Ziel hat, erscheint zweifelhaft. Eine Konfliktlösung, beispielsweise durch eine Schiedsstelle, ist nicht vorgesehen. Auch eine Ersetzungsmöglichkeit durch eine Gerichtsentscheidung oder die Ermächtigung des Verordnungsgebers zur Ersatzvornahme liegt nicht vor. Es fehlt der Regelung des § 17 I 4 KHEntgG (§ 22 I 4 BPflV a. F.) deshalb aufgrund der nicht vorhandenen Durchsetzungsmöglichkeiten an der erforderlichen Schlagkraft.

3. Die Verbandsklage

Im Folgenden ist nunmehr zu untersuchen, ob das PKV-Verbandsklageverfahren diese Defizite der (lediglich unverbindlichen) Gemeinsamen Empfehlungen wett machen kann.

a) Gegenstand des Verbandsklageverfahrens

Die Verbandsklagemöglichkeit für den PKV-Verband wurde (wie die Regelung zu den Gemeinsamen Empfehlungen von PKV-Verband und DKG) durch das 2. GKV-Neuordnungsgesetz[21] in die damalige BPflV eingefügt. Die Vorschrift sieht zunächst einen materiell-rechtlichen Anspruch[22] des PKV-Verbands auf Herabsetzung des Wahlleistungsentgelts gegen Krankenhäuser vor, die unangemessen hohe (nichtärztliche) Wahlleistungsentgelte verlangen und eröffnet gegen die Ablehnung einer Herabsetzung von Seiten des betroffenen Krankenhauses den Zivilrechtsweg (§ 22 I 5, 2. Hs. BPflV a. F.). Diese Regelung wurde wortgleich ins neue KHEntgG übernommen (siehe § 17 I 5, 2. Hs. KHEntgG). Das Herabsetzungsverlangen des PKV-Verbands bezieht sich dabei nicht auf ein einzelnes Entgelt, sondern auf den gesamten Krankenhaustarif.[23] Keinen Unterschied macht in diesem Zusammenhang, ob die gegebenenfalls überhöhten Entgelte von versicherten oder von nicht versicherten Patienten bezahlt worden sind. Vielmehr betrifft das Verbandsklageverfahren nicht allein privat krankenversicherte Patienten, sondern die Herabsetzung unangemessen hoher Zimmerzuschläge schlechthin. Die Frage der Angemessenheit von Zuschlägen kann

---

[21] G vom 30.06.1997 (BGBl. I 1997, 1520 ff.).

[22] BGH NJW 2003, 209; NJW 2001, 892; OLG München MedR 2003, 48; BACH/MOSER/BÜSKEN, Nach § 1 MBKK Rdnr. 120; ULEER/MIEBACH/PATT, § 22 BPflV S. 300.

[23] TUSCHEN/QUAAS, § 22 BPflV S. 410; QUAAS/DIETZ f & w 2002, S. 78; noch zweifelnd, ob auch das einzelne Entgelt angegriffen werden könnte: DIETZ/BOFINGER, § 22 BPflV S. 370 a.

daher nicht vom Versichertenstatus des einzelnen Patienten abhängig gemacht werden.[24]

Der PKV-Verband ist sowohl prozessführungsbefugt als auch aktivlegitimiert.[25] Das Verbandsklageverfahren dient dazu, den materiell-rechtlichen Anspruch des Verbands auf Herabsetzung unangemessener Entgelte gerichtlich durchzusetzen. Dazu steht dem PKV-Verband der Zivilrechtsweg offen. Das Verbandsklagerecht des PKV-Verbands rückt damit in eine Reihe mit den Verbandsklagerechten nach §§ 305 ff. BGB, dem UWG und dem GWB, die ebenfalls nach der Rechtsprechung des BGH eigene Rechtsansprüche der dort klagebefugten Verbände schaffen.[26]

Das gesetzliche Klagerecht beschränkt sich von vornherein nur auf den von § 17 KHEntgG (§ 22 BPflV a. F.) vorgesehenen Umfang. Es bezieht sich demnach lediglich auf diejenigen Gestaltungen, die mit der Frage der Angemessenheit der Wahlleistungsentgelte in Verbindung stehen. Zum Gegenstand eines PKV-Verbandsklageverfahrens wurde in der Vergangenheit, zum Beispiel, die kumulative Berechnung des Aufnahme- bzw. Entlassungstags gemacht.[27] Außerdem wäre eine Überprüfung des Berechnungsmodus der nichtärztlichen Wahlleistungsentgelte ein möglicher Klagegegenstand.[28]

Darüber hinaus steht dem Verband kein besonderes Klagerecht hinsichtlich möglicher Rückforderungen von überzahlten Wahlleistungsentgelten zu. Diese Rückforderungen sind von den betroffenen Versicherungen oder Patienten in Individualprozessen gegenüber dem jeweiligen Krankenhausträger geltend zu machen. Der Verband könnte sich allenfalls die Ansprüche einzelner Versicherungen oder Patienten abtreten lassen.[29]

b) Zweck der Regelung

Das Klagerecht des PKV-Verbands dient vor allem als Korrektiv gegenüber der einseitigen Festlegung der Höhe der nicht-ärztlichen Wahlleistungsentgelte durch den Krankenhausträger.[30] So soll die gerichtliche Preiskontrolle im Bereich der nicht-ärztlichen Wahlleistungsentgelte effektiver ausgestaltet werden.[31] Dass das Verbandsklageverfahren gerade dieser Zielrichtung tatsächlich dient, haben die bisher ergangenen Entscheidungen gezeigt. In bisherigen Verbandsklageverfahren hat der PKV-Verband bereits wichtige Präzisierungen der Regelungen des KHEntgG (der BPflV a. F.) erreicht. So

[24] GALUSZKA/PATT, S. 52.
[25] BGH NJW 2001, 892; OLG München MedR 2003, 48; BACH/MOSER/BÜSKEN, Nach § 1 MBKK Rdnr. 120.
[26] ULEER/MIEBACH/PATT, § 22 BPflV S. 300.
[27] BGH NJW 2003, 209.
[28] ULEER/MIEBACH/PATT, § 22 BPflV S. 303.
[29] Vgl. dazu AG Duisburg f & w 1991, 213; OLG Schleswig-Holstein, das Krankenhaus 1999, 311; TUSCHEN/QUAAS, § 22 BPflV S. 410.
[30] BT-Drs. 13/6087, S. 35 (Gesetzesbegründung zum 2. GKV-NOG vom 23.6.1997 (BGBl. I 1997, 1520 ff.)).
[31] BGH NJW 2001, 892, 894.

wurde zum Beispiel durch die Leitentscheidung des BGH vom 4.8.2000 die Angemessenheit der Entgeltbemessung für die Wahlleistung »Unterkunft« (zumindest im Rahmen der damals geltenden Rechtslage) deutlich konkretisiert.[32] Auch hat der PKV-Verband die Unangemessenheit der kumulativen Berechnung von Aufnahme- und Entlassungstag gerichtlich feststellen lassen.[33]

Fraglich ist, ob das Verbandsklageverfahren auch dazu geeignet ist, das strukturelle Ungleichgewicht, das zwischen Patient und Krankenhausträger besteht, dadurch auszugleichen, dass es dem Patienten den PKV-Verband als »Interessenvertreter« an die Seite stellt und damit das Kräfteungleichgewicht zwischen den Vertragspartnern – Patient und Krankenhaus – vermindert.

Teile der Literatur vertreten diesbezüglich die Auffassung, dass nur in diesem Fall der Eingriff in die Vertragsfreiheit der Krankenhausträger gerechtfertigt sei. Im deutschen Rechtssystem bestünden Klagemöglichkeiten für schlagkräftige Verbände primär für solche Fälle, in denen die Vertragsparität zwischen den Parteien gestört sei (z. B. bei der Verwendung unangemessener allgemeiner Geschäftsbedingungen oder bei wettbewerbswidrigem Verhalten). In diesen Fällen reiche der Individualschutz der einzelnen übervorteilten Vertragspartei nicht aus, sich gegen die übermächtige Marktposition des Vertragspartners zur Wehr zu setzen; die Verbandsklage biete daher die Möglichkeit eines abstrakten Kontrollverfahrens, welches die Parität der Parteien wieder herstelle. Der Verband werde insofern als »neutraler Sachwalter der schwächeren Partei« angesehen.[34]

Teilweise wird das Klagerecht des PKV-Verbandes in der Fachöffentlichkeit in diesem Sinne bereits als »wirksames Mittel zur Sicherung eines vernünftigen Preis-Leistungs-Verhältnisses« angesehen[35], das in besonderem Maße dem Patientenschutz diene.[36] Auch wird in der Literatur darauf hingewiesen, dass die Verbandsklage den Patientenschutz effektiver ausgestalte, indem sie den Patienten von den Belastungen einer Auseinandersetzung mit dem Krankenhaus freistelle. Dies setze allerdings voraus, dass ein individueller Rechtsstreit bereits bei Gericht anhängig sei, wenn es zur Verhandlung und Entscheidung im Verbandsklageverfahren komme. In solchen Fällen könne man davon ausgehen, dass die Entscheidung über die Höhe der Entgelte im Verbandsklageverfahren vorgreiflich im Sinne von § 148 ZPO sei, so dass eine Aussetzung der Individualverfahren zur Vermeidung abweichender Urteile zur zulässigen Höhe von Zimmerzuschlägen sowie aus prozessökonomischen Gründen angezeigt und erforder-

[32] BGH NJW 2001, 892 ff.

[33] Vgl. BGH NJW 2003, 209 und die Vorinstanz: LG Hagen VersR 2002, 879.

[34] HORSTMANN, S. 80.

[35] PKV-VERBAND/DKG/ETC., S. 437.

[36] ULEER/MIEBACH/PATT, § 22 BPflV S. 301 f.; PATT NZS 2000, S. 71.

lich sein könne. Der Patient könne sich nach ergangener Verbandsklageentscheidung sodann darauf berufen.[37]

Andere hingegen bezweifeln die Position des PKV-Verbands als neutralem Sachwalter des Patienten. Vielmehr nehme der Verband vor allem die Interessen seiner Mitglieder wahr.[38] Dieser Ansicht ist zuzugestehen, dass der PKV-Verband in der Tat zunächst die Interessen der verbandsangehörigen Versicherungsunternehmen vertritt. Ob mittelbar auch die Interessen von Wahlleistungspatienten vertreten werden, die von einem konkreten, unangemessenen Krankenhaustarif betroffen sind, hängt vor allem davon ab, welche Wirkungen eine Entscheidung in einem derartigen Verfahren für den einzelnen Patienten überhaupt entfaltet. Dies soll im Folgenden untersucht werden.

c) Auswirkungen einer gerichtlichen Entscheidung im PKV-Verbandsklageverfahren auf nachfolgende Individualverfahren

Zu klären ist demnach, wie sich eine gerichtliche Entscheidung im Verbandsklageverfahren auf nachfolgende Individualverfahren auswirkt. Denn eine Entscheidung im PKV-Verbandsklageprozess, in dem bereits die Unangemessenheit eines bestimmten Krankenhaustarifs festgestellt worden ist, würde dann die größte (patientenschützende) Wirkung entfalten, wenn sich der einzelne Patient in einem anschließenden Individualprozess darauf berufen könnte, also eine positive Bindungswirkung der Entscheidung bestünde. Andererseits kann es für den Patienten auch nachteilig sein, an ein Urteil eines Verbandsklageverfahrens gebunden zu sein, das die Angemessenheit eines Krankenhaustarifs bereits bestätigt hat, den er jedoch noch angreifen möchte, wenn also eine negative Bindungswirkung vorläge.

aa) Keine Verfahrensvorschriften im KHEntgG

Zunächst könnten sich erste Anhaltspunkte über eine Bindungswirkung einer Verbandsklageentscheidung aus dem Wortlaut der Regelung des § 17 I 5 KHEntgG (§ 22 I 5 BPflV a. F.) ergeben. Allerdings enthält diese Vorschrift lediglich einen allgemeinen Verweis auf den Zivilrechtsweg. Verfahrensvorschriften, wie zum Beispiel im Rahmen der Überprüfung von allgemeinen Geschäftsbedingungen nach dem Unterlassungsklagengesetz (UKlaG), die im Einzelnen die Wirkungen der Klage festlegen, wurden nicht erlassen.

---

[37] ULEER/MIEBACH/PATT, § 22 BPflV S. 301.

[38] HORSTMANN, S. 80.

In der Literatur wird daher zu Recht darauf hingewiesen, dass das Fehlen von konkreten Verfahrensvorschriften zu erheblichen Rechtsunsicherheiten führt.[39] Die Regelung des § 17 I 5 KHEntgG (§ 22 I 5 BPflV a. F.) lässt nämlich sowohl offen, wann das Herabsetzungsverlangen zu stellen ist, als auch für welchen Zeitraum es wirkt, ob die Herabsetzung einer (Krankenhaus)Tarifposition rückwirkend abgeschlossene Einzelfälle erfasst und wie sich vor allem eine erst nach Jahren ergangene Entscheidung eines Gerichts auf abgerechnete Fälle auswirkt.[40] Aus dem Wortlaut der Vorschrift des § 17 I 5, 2. Hs. KHEntgG (§ 22 I 5, 2. Hs. BPflV a. F.), in dem es heißt, dass »gegen die Ablehnung einer Herabsetzung (durch das Krankenhaus) der Zivilrechtsweg gegeben ist«, lässt sich lediglich ableiten, dass ein erfolgloses Herabsetzungsverlangen des PKV-Verbands Voraussetzung des gerichtlichen Verbandsklageverfahrens ist.[41]

Offen bleibt hingegen, ob und welche Bindungswirkungen ein entsprechendes Urteil entfaltet und ob gegebenenfalls auch eine Rechtskrafterstreckung auf nachfolgende Individualverfahren in Betracht kommt. Bislang hat die Rechtsprechung (soweit ersichtlich) noch in keinem Verfahren zu der Frage Stellung nehmen müssen, welche Auswirkungen eine Entscheidung im Verbandsklageverfahren für (u. U. bereits abgewickelte) Verträge zwischen Krankenhäusern und Patienten haben kann.[42]

Im folgenden Abschnitt wird daher untersucht, ob sich aus allgemeinen zivilprozessualen Grundsätzen Schlussfolgerungen für die PKV-Verbandsklage ziehen lassen. Zu klären ist dabei zunächst, ob eine Rechtskrafterstreckung nach §§ 325 ff. ZPO oder eine präjudizielle Bindungswirkung einer Entscheidung in Betracht kommt sowie ob sich aus der Rechtsnatur einer Verbandsklageentscheidung Schlussfolgerungen über die personellen Auswirkungen ziehen lassen. Auch die zeitliche Reichweite einer Verbandsklageentscheidung soll näher bestimmt werden.

bb) (Materielle) Rechtskraft gerichtlicher Entscheidungen

Zunächst könnte sich die Rechtskraft der Entscheidung im PKV-Verbandsklageverfahren auch auf den betroffenen Wahlleistungspatienten erstrecken, der selbst die Angemessenheit eines bestimmten Krankenhaustarifs angreifen möchte.

---

[39] Teilweise wird in dieser Untätigkeit des Gesetzgebers sogar ein Verstoß gegen das Rechtsstaatsprinzip im Sinne von Art. 20 III GG erblickt: HORSTMANN, S. 80; a. A. ULEER/MIEBACH/PATT, § 22 BPflV S. 302, die die bestehenden zivilprozessualen Grundsätze für ausreichend halten.

[40] DIETZ/BOFINGER, § 22 BPflV S. 370 a.

[41] So auch ULEER/MIEBACH/PATT, § 22 BPflV S. 302.

[42] Ausdrücklich offen gelassen von: OLG München MedR 2003, 48; auch die Entscheidung des BGH vom 4.8.2000 hat hierzu nicht Stellung bezogen (NJW 2001, 892 ff.).

(1) Grundsatz

Gemäß § 325 ZPO wirkt ein Urteil grundsätzlich nur zwischen den am Prozess beteiligten Personen, also hier dem klagenden PKV-Verband und dem beklagten Krankenhaus. Die (materielle) Rechtskraft dient dazu, eine erneute Verhandlung über denselben Streitgegenstand zu verhindern und damit zu vermeiden, dass es gegebenenfalls zu einer abweichenden Entscheidung kommt. Daher sind die Parteien des Rechtsstreits an die ergangene Entscheidung gebunden, was sowohl dem Rechtsfrieden als auch der Rechtssicherheit dient und somit seine Verankerung im Rechtsstaatsprinzip findet.[43] Beide Parteien hatten zudem im ersten Prozess im Rahmen ihres rechtlichen Gehörs (Art. 103 I GG) die Gelegenheit, ihre Ansichten hinsichtlich des Streitgegenstands darzulegen, so dass diese Grundlage der richterlichen Entscheidung werden konnten; sie sind die *Herren über den Gegenstand des Zivilprozesses*[44].

Anders ist es hingegen zu beurteilen, wenn die Rechtskraft einer Entscheidung auf einen Dritten erstreckt werden soll, der am Prozess nicht beteiligt gewesen ist und daher keine Gelegenheit gehabt hat, auf das Ergebnis des Rechtsstreits Einfluss zu nehmen. Da seine Interessen in dem vorangegangenen Rechtsstreit nicht geltend gemacht werden konnten, ist dieser grundsätzlich auch nicht an die Entscheidung gebunden. Ansonsten würde er in seinem Grundrecht auf rechtliches Gehör gemäß Art. 103 GG verletzt.[45] Somit kann auch bei einem auf eine Verbandsklage ergangenen Urteil nicht von einer allgemeinen Rechtskrafterstreckung ausgegangen werden.[46] Eine umfassende Rechtskrafterstreckung eines Urteils in einem Kollektivverfahren vergleichbar der Entscheidung in einem US-amerikanischen Class-Action-Verfahren[47] ist dem deutschen Recht nämlich fremd.

(2) Gesetzliche Anordnung der Rechtskrafterstreckung

Der Anspruch auf rechtliches Gehör gemäß Art. 103 I GG schließt zwar eine Rechtskraftwirkung gegenüber einem nicht gehörten Dritten nicht generell aus, doch bedarf es dafür einer besonderen Legitimation.[48] Daher kann eine Entscheidung nur unter besonderen Umständen und nur kraft besonderer Anordnung des Gesetzes Einfluss auf die Rechtsverhältnisse eines Dritten haben, der an dem Prozess nicht teilgenommen hat und daher auf den Inhalt des Urteils nicht einwirken konnte.[49]

---

[43] ROSENBERG/SCHWAB/GOTTWALD, § 150 Rdnr. 1, S. 1055; SCHACK, S. 865.

[44] MÜNCHENER KOMMENTAR/GOTTWALD Zivilprozessordnung, § 325 ZPO Rdnr. 1.

[45] BGH NJW 1996, 395, 396; SCHACK, S. 865.

[46] ZÖLLER/VOLLKOMMER, § 325 ZPO Rdnr. 40; MÜNCHENER KOMMENTAR/GOTTWALD Zivilprozessordnung, § 325 ZPO Rdnr. 82; GILLES, S. 22.

[47] Siehe zur »class action« z. B.: KOCH; GREINER; STADLER Bündelung von Verbraucherinteressen im Zivilprozeß; STADLER Verhandlungen des 62. Deutschen Juristentages II/1 [1998].

[48] STEIN/LEIPOLD ZPO – Bd. 4/1, § 325 I ZPO Rdnr. 1.

[49] ROSENBERG/SCHWAB/GOTTWALD, § 155 Rdnr. 1, S. 1076 f.; ZÖLLER/VOLLKOMMER, § 325 ZPO Rdnr. 42.

Einige Anwendungsfälle für eine Rechtskrafterstreckung finden sich in §§ 325 ff. ZPO sowie an weiteren Stellen der ZPO. Danach wirkt ein Urteil nicht nur gegenüber den Parteien des Rechtsstreits, sondern auch gegenüber dem Rechtsnachfolger der Parteien, dem mittelbaren Besitzer einer streitbefangenen Sache (§ 325 ZPO), dem Nacherben (§ 326 ZPO) sowie gegenüber dem Erben bei einem Urteil zwischen dem Testamentsvollstrecker und einem Dritten. Auch im Vollstreckungsrecht (§ 856 IV ZPO) und in Familiensachen (§ 640 h ZPO) ist zum Teil eine Rechtskrafterstreckung vorgesehen. Nach §§ 68, 74 ZPO besteht eine bestimmte Bindungswirkung für den Streitverkündenden und den Nebenintervenienten in einem nachfolgenden Prozess. Diese Vorschriften sind allerdings vorliegend alle nicht einschlägig, da der PKV-Verband in keiner Sonderbeziehung kraft Gesetzes oder Vertrags zum Wahlleistungspatienten steht.

Daneben regeln auch einige Spezialgesetze die Erstreckung der Rechtskraft von Entscheidungen auf Dritte. Teilweise wird nur eine Rechtskrafterstreckung zu Gunsten des Dritten (§ 3 Nr. 8 PflVG) oder nur zu Lasten des Dritten (§§ 76 IV 2, 325 III ZPO; §§ 407 II, 408, 413 BGB; § 372 II HGB) angeordnet. Auch kann eine Rechtskrafterstreckung für und gegen alle vorgesehen sein, wenn dies aufgrund der besonderen Natur des Streitgegenstands und aufgrund des Interesses der Allgemeinheit an der Entscheidung gerechtfertigt erscheint (Bsp. Kindschaftssachen nach § 640 h ZPO, Ehenichtigkeitsklage gemäß §§ 636 a, 638 ZPO). Wie die allgemeinen Regelungen der ZPO sind auch diese Vorschriften im vorliegenden Fall nicht anwendbar.

Fraglich ist, ob sich aus dem Umstand, dass es sich vorliegend um eine Verbandsklage handelt, Schlussfolgerungen hinsichtlich einer Rechtskrafterstreckung ziehen lassen. Bindungswirkungen eines Urteils im Verbandsklageprozess hat der Gesetzgeber bislang jedoch nur in dem praktisch wenig bedeutsamen[50] § 11 UKlaG als sog. Einredelösung[51] angeordnet. Danach kann sich der betroffene Vertragsteil auf ein im Verbandsklageverfahren ergangenes, rechtskräftiges[52] Unterlassungsurteil gegen den Verwender von Allgemeinen Geschäftsbedingungen (AGB) berufen. Erhebt die Prozesspartei diese Einrede, so ist die fragliche Bestimmung in den AGB als unwirksam anzusehen, ohne dass eine erneute rechtliche Prüfung stattfindet. Eine Ausnahme besteht nur dann, wenn der Verurteilte gegen das Urteil unter den in § 10 UKlaG näher beschriebenen Voraussetzungen wegen einer nachträglichen, abweichenden Entscheidung des BGH oder des Gemeinsamen Senats der Obersten Gerichtshöfe eine Einwendung erheben könnte. Bei § 11 UKlaG handelt es sich daher um einen gesetzlich besonders

[50] ULMER et al./HENSEN, § 21 AGBG Rdnr. 15.

[51] ULMER et al./HENSEN, § 21 AGBG Rdnr. 2.

[52] PALANDT/BASSENGE, § 11 UKlaG Rdnr. 5; WOLF/HORN/LINDACHER/LINDACHER, § 21 AGBG Rdnr. 8 (allg. Meinung).

ausgestalteten Fall der Rechtskrafterstreckung.[53] Einen allgemeinen Schluss für Verbandsklagen kann man daraus allerdings nicht ableiten.

Auch eine analoge Anwendung anderer gesetzlicher Vorschriften kommt nicht in Betracht. Zwar geht der BGH in seiner Entscheidung vom 4.8.2000 davon aus, dass Ähnlichkeiten zwischen der Verbandsklage des KHEntgG (der BPflV a. F.) und derjenigen im Recht der allgemeinen Geschäftsbedingungen bestehen.[54] Jedoch lässt sich hieraus nicht die Schlussfolgerung ziehen, dass auch für die PKV-Verbandsklage § 11 UKlaG Anwendung finden kann. Vielmehr spricht gerade die in dem einen Fall bestehende und im vorliegenden Fall fehlende gesetzliche Anordnung gegen eine Rechtskrafterstreckung der Entscheidung im PKV-Verbandsklageverfahren. Wie dargestellt, findet sich eine derartige gesetzliche Anordnung der Rechtskrafterstreckung im Krankenhausentgeltgesetz gerade nicht. Die vom BGH und der herrschenden Meinung in der Literatur aufgrund der möglicherweise erheblichen Eingriffe in die Rechte eines Dritten im Sinne von Art. 103 GG zu Recht geforderte »ausdrückliche oder nach dem Sinn der Vorschrift gebotene Anordnung, welche zudem Inhalt und Umfang der Bindungswirkung unterschiedlich ausgestalten könne«, fehlt hier.[55]

(3) Rechtskrafterstreckung außerhalb gesetzlicher Vorschriften?

In der Literatur wird teilweise eine über die genannten gesetzlichen Vorschriften hinausgehende Rechtskrafterstreckung in bestimmten Fallkonstellationen erwogen, die auf den ersten Blick auch bei der vorliegenden Verbandsklageentscheidung einschlägig sein könnten.

So befürwortet *Leipold* in Einzelfällen eine entsprechende Anwendung der gesetzlichen Spezialvorschriften zur Rechtskrafterstreckung auf Dritte bei einer »besonderen Notwendigkeit einer einheitlichen Entscheidung gegenüber verschiedenen Beteiligten«.[56]

Nach *Vollkommer* soll zunächst Voraussetzung für die Erstreckung der Urteilskraft auf einen Dritten sein, dass der entschiedene Streitgegenstand präjudiziell (vorgreiflich) für das Rechtsverhältnis des Dritten zu einer Partei ist.[57] Dieses Kriterium erweitert *Blomeyer*[58] um das Merkmal der Zumutbarkeit. Eine Rechtskrafterstreckung zu Gunsten des Dritten, dessen Rechtsverhältnis von der entschiedenen Rechtslage abhänge,

---

[53] PALANDT/BASSENGE, § 11 UKlaG Rdnr. 2 f.; ULMER et al./HENSEN, § 21 AGBG Rdnr. 11; zur strittigen Einordnung: MÜNCHENER KOMMENTAR/GOTTWALD Zivilprozessordnung, § 325 ZPO Rdnr. 83; STAUDINGER/SCHLOSSER AGB-Gesetz, § 21 AGBG Rdnr. 4 jeweils m. w. N.

[54] BGH NJW 2001, 892 (hinsichtlich der Einordnung des Klagerechts des PKV-Verbands).

[55] BGH NJW 1996, 395, 396; aus der Literatur z. B. MÜNCHENER KOMMENTAR/GOTTWALD Zivilprozessordnung, § 325 ZPO Rdnr. 3, 4; ähnlich SCHACK, S. 872.

[56] STEIN/LEIPOLD ZPO – Bd. 4/1, § 325 I ZPO Rdnr. 3.

[57] ZÖLLER/VOLLKOMMER, § 325 ZPO Rdnr. 41.

[58] BLOMEYER Zivilprozessrecht, § 91 II, S. 506 ff.; BLOMEYER ZZP 75 (1962), 1-27, S. 10 ff.

sei daher allgemein gerechtfertigt.[59] Wohingegen eine Rechtskrafterstreckung zu Ungunsten des Dritten voraussetze, dass das vom Urteilsgegenstand abhängige Rechtsverhältnis des Dritten erst nach Rechtskraft begründet worden sei; nur wenn das materielle Recht eine Verschlechterung der Rechtslage des Dritten durch Vertrag zwischen den Parteien des Hauptschuldverhältnisses anerkenne, müsse der Dritte auch eine nach Begründung seines (abhängigen) Rechtsverhältnisses ergangene rechtskräftige Entscheidung zu seinen Ungunsten hinnehmen.[60]

Außerdem wird die Möglichkeit einer Rechtskrafterstreckung bei Prozessführung für fremde Rechnung in Betracht gezogen. »Repräsentiere« demnach eine Partei einen Dritten, d. h. führe sie den Prozess kraft Gesetzes oder auf rechtsgeschäftlicher Grundlage zur Wahrnehmung seiner Interessen, so komme dies dem System der »Class Action« im US-amerikanischen Rechtssystem nahe, in dem eine Bindungswirkung der ergangenen Entscheidung vorgesehen sei. Allerdings räumt der Autor ein, dass eine derartige weite Bindungswirkung einer vorangegangenen Entscheidung im deutschen Rechtssystem bislang nicht anerkannt ist.[61]

Diese Auffassungen in der Literatur sind allerdings aufgrund der Betroffenheit des Grundrechts des Dritten aus Art. 103 I GG abzulehnen.

(4) Schlussfolgerungen

Eine Entscheidung über die Angemessenheit eines Krankenhaustarifs im PKV-Verbandsklageverfahren würde dann die größten Wirkungen erzeugen, wenn eine Rechtskrafterstreckung auf betroffene Patienten vorgesehen wäre. Eine gesetzliche Anordnung einer solchen fehlt jedoch im KHEntgG.

So wirkt das Urteil im PKV-Verbandsklageverfahren nach allgemeinen zivilprozessualen Grundsätzen zunächst lediglich zwischen den Parteien des Rechtsstreits, also dem PKV-Verband und dem beklagten Krankenhaus. Eine gesetzliche Rechtskrafterstreckung des Urteils auf den Patienten kommt nur in Ausnahmefällen in Betracht und ist hier wie erläutert nicht ausdrücklich vorgesehen. Eine gesetzliche Anordnung wäre hingegen eine zwingende Voraussetzung, um den Patienten an die Entscheidung über die Angemessenheit eines bestimmten Krankenhaustarifs zu binden. Denn er war an dem vorangegangenen Verfahren nicht beteiligt und konnte daher seine Interessen nicht selbst wahrnehmen.

Ebenso scheint der Gedanke, dass vielleicht der PKV-Verband den Wahlleistungspatienten im Vorprozess »repräsentieren« könnte, nur auf den ersten Blick zu passen. Der

[59] A. A. STEIN/LEIPOLD ZPO – Bd. 4/1, § 325 VI ZPO Rdnr. 87.
[60] A. A. STEIN/LEIPOLD ZPO – Bd. 4/1, § 325 VI ZPO Rdnr. 89.
[61] Siehe die Darstellung des Gedankens bei STEIN/LEIPOLD ZPO – Bd. 4/1, § 325 VI ZPO Rdnr. 51.

PKV-Verband soll hier zwar auch im Interesse des Patientenschutzes auftreten, allerdings fehlt es an einer konkreten Ermächtigung zum Tätigwerden im Prozess durch den einzelnen Wahlleistungspatienten. Zudem vertritt der PKV-Verband im Prozess vorrangig die Interessen der privaten Krankenversicherungsunternehmen, so dass auch insofern Zweifel an einer »Repräsentation« des Wahlleistungspatienten bestehen. Lediglich hinsichtlich der einzelnen Krankenversicherer könnte daher unter Umständen eine Rechtskrafterstreckung zu erwägen sein, da sie den PKV-Verband zum Tätigwerden in ihrem Namen ermächtigen können.

Daher ist davon auszugehen, dass keine Rechtskrafterstreckung der Verbandsklageentscheidung auf ein nachfolgendes Individualverfahren eines Wahlleistungspatienten erfolgt.[62]

cc) Präjudizialität der PKV-Verbandsklageentscheidung?

Fraglich ist des Weiteren, ob eine Entscheidung im PKV-Verbandsklageverfahren für nachfolgende Individualverfahren eine präjudizielle Bindungswirkung entfalten könnte. Dann könnte ein Wahlleistungspatient unter Umständen in einem eventuellen Rückforderungsprozess wegen eines (angeblich) überhöhten Wahlleistungsentgelts an die Entscheidung eines Gerichts über die Angemessenheit des betroffenen Krankenhaustarifs für Wahlleistungsentgelte gebunden sein.

Präjudizialität soll dann gegeben sein, wenn der Inhalt einer rechtskräftigen Entscheidung zum Tatbestand der im neuen Prozess geltend gemachten Rechtsfolge gehört.[63] In den Fällen, in denen die rechtskräftig festgestellte Rechtsfolge eine präjudizielle Voraussetzung eines Anspruchs in einem zweiten Prozess darstellt, muss der Richter die rechtskräftige Entscheidung seinem Urteil zugrunde legen. Dies gilt allerdings zunächst nur dann, wenn im zweiten Rechtsstreit dieselben Parteien auftreten.

(1) Auffassung des BAG

Noch darüber hinaus geht die Auffassung des Bundesarbeitsgerichts (BAG), das die Meinung vertritt, Arbeitnehmer seien an die positive oder negative Entscheidung über das Bestehen von Beteiligungsrechten des Betriebsrats aufgrund Betriebsänderung (§ 111 BetrVG[64]) auch in einem späteren Prozess gegen den Arbeitgeber über Nach-

---

[62] TUSCHEN/QUAAS, § 22 BPflV S. 411.

[63] ROSENBERG/SCHWAB/GOTTWALD, § 153 Rdnr. 6, S. 1069.

[64] Beteiligungsrechte des Betriebsrates bei Betriebsänderungen.

teilsausgleich nach § 113 III BetrVG[65] gebunden.[66] Auch die Entscheidung, dass zwei Unternehmen keinen gemeinsamen Betrieb bilden, soll ebenfalls im Verhältnis zwischen Unternehmen und ihren Arbeitnehmern wirken.[67] Des Weiteren soll die Entscheidung über den Inhalt einer Betriebsvereinbarung bzw. eines Sozialplans im Beschlussverfahren zwischen den Betriebsparteien auch gegenüber den Arbeitnehmern wirken, die Ansprüche aus der Betriebsvereinbarung bzw. dem Sozialplan geltend machen.[68]

Gestützt wird diese Auffassung auf eine analoge Anwendung des Rechtsgedankens des § 9 TVG[69] und den Gedanken der »Repräsentation des Arbeitnehmers durch den Betriebsrat«.[70] Zweck der Bindungswirkung soll es sein, im Sinne der Rechtssicherheit »sich widersprechende Entscheidungen zu ein und derselben Rechtsfrage möglichst zu vermeiden«. Dies sei Aufgabe der Verfahrensordnungen. Außerdem sei zu berücksichtigen, dass die Interessen der individuellen Arbeitnehmer im Vorprozess durch den Betriebsrat vertreten worden seien, der (neben dem Unternehmer selbst) mehr zur Sachaufklärung beitragen könne als der einzelne Arbeitnehmer. Der Betriebsrat sei somit zur »Wahrung der kollektiven Interessen aller Arbeitnehmer des Betriebs« berufen.[71]

(2) Ablehnung der Auffassung des BAG

Zu berücksichtigen ist allerdings entgegen der Auffassung des BAG für die vorliegende Fallkonstellation des KHEntgG, dass dem deutschen Recht die formelle Präjudizwirkung von Urteilen grundsätzlich fremd ist. Zwar können Präjudizien auch in Deutschland große tatsächliche Auswirkungen haben, die der Wirkung von Gesetzen nahe kommen können. Im Interesse gleicher Rechtsanwendung, des Vertrauensschutzes der Parteien und der Arbeitsersparnis für die Gerichte spricht außerdem eine tatsächliche Vermutung für die Richtigkeit des Präjudizes.[72] Jedoch spricht bereits die richterliche Unabhängigkeit gemäß Art. 97 I GG und die Freiheit der richterlichen Urteilsbildung (vgl. § 286 ZPO) gegen eine formelle Bindung des Richters an die Recht-

---

[65] Regelung über die Zahlung von Nachteilsausgleich in Form von Abfindungen bei Betriebsänderung für Arbeitnehmer, die aufgrund der Maßnahme entlassen werden oder sonstige wirtschaftliche Nachteile erleiden, wenn die Beteiligungsrechte des Betriebsrates verletzt wurden.

[66] BAGE 56, 304, 307 ff.

[67] BAG AP § 18 BetrVG 1972 Nr. 8.

[68] BAGE 69, 367 ff.

[69] BAGE 69, 367, 374 f. Die Vorschrift des § 9 TVG ordnet an, dass rechtskräftige Entscheidungen der Gerichte für Arbeitssachen, die in Rechtsstreitigkeiten zwischen Tarifvertragsparteien aus dem Tarifvertrag oder über das Bestehen oder Nichtbestehen des Tarifvertrags ergangen sind, in Rechtsstreitigkeiten zwischen tarifgebundenen Parteien sowie zwischen diesen und Dritten für die Gerichte und Schiedsgerichte bindend sind.

[70] Ähnlich LEIPOLD, Bl. 728.

[71] BAGE 56, 304, 309 f.; vgl. zu dem Gedanken des Betriebsrates als Repräsentant des Arbeitnehmers auch: STEIN/LEIPOLD ZPO – Bd. 4/1, § 325 ZPO Rdnr. 103.

[72] ROSENBERG/SCHWAB/GOTTWALD, § 148 Rdnr. 10 ff., S. 1050 f.

sprechung der obersten Gerichte. Ebenso bestätigt die Vorlagepflicht (§§ 136 ff. GVG), dass dem deutschen Recht eine formelle Präjudizienbindung fremd ist.[73]

Darüber hinaus würden die Wertungen des § 325 ZPO umgangen werden, wenn man über eine präjudizielle Bindungswirkung faktisch eine Rechtskrafterstreckung begründete. So liegt in den vom BAG entschiedenen Fällen gerade keine gesetzliche Anordnung der Bindungswirkung vor, so dass auch hier die »präjudizielle« Entscheidung nur inter-partes wirken kann. Zu Recht verweist *Jox* darauf, dass nicht erkennbar sei, dass eine Repräsentation des Arbeitnehmers durch den Betriebsrat dessen Beteiligung im Vorprozess obsolet mache und warum der Individualanspruch des Arbeitnehmers in dem vom BAG vertretenen Maße von Kollektivinteressen abhängig sein solle. Sei hingegen auch eine Bindungswirkung der Entscheidung des Vorprozesses für den Arbeitnehmer erwünscht, so müsse dieser am Vorprozess beteiligt werden. Anderenfalls werde sein Recht auf rechtliches Gehör gemäß Art. 103 I GG verletzt.[74]

(3) Fazit für die PKV-Verbandsklage

Hinsichtlich der PKV-Verbandsklageentscheidung liegt es zwar auf der Hand, dass die Entscheidung über die Angemessenheit eines bestimmten Krankenhaustarifs eine faktisch präjudizielle Wirkung in nachfolgenden Individualprozessen auf Rückforderung unangemessen hoher Wahlleistungsentgelte (gegen denselben Krankenhausträger) entfalten kann. So kann man wohl davon ausgehen, dass ein Krankenhausträger, der bereits im Herabsetzungsprozess gegen den PKV-Verband unterlegen ist, die Angemessenheit seines Tarifs auch in Individualprozessen nicht mehr behaupten wird. Auch besteht hier durchaus ein Interesse im Sinne der Argumentation des BAG, sich widersprechende Entscheidungen zu vermeiden. Jedoch bildet die Rechtsprechung des BAG zur »präjudiziellen Bindungswirkung« keine ausreichende Grundlage zur dogmatischen Begründung etwaiger Bindungswirkungen einer rechtskräftigen Verbandsklageentscheidung gegenüber individuellen Rechtsstreiten von Patienten gegen bestimmte Krankenhausträger.[75] Vielmehr bedürfte es aufgrund der erheblichen Eingriffe in die Rechte der Patienten aus Art. 103 I GG auch hier der gesetzlichen Anordnung der Bindungswirkung.

---

[73] ROSENBERG/SCHWAB/GOTTWALD, § 148 Rdnr. 10, S. 1050.

[74] JOX, S. 424 ff. m. w. N.

[75] Vgl. BGH NJW 2003, 3058, 3059; dass die bloße Präjudizialität der festgestellten Rechtslage für eine Bindung des Dritten nicht ausreicht, ist auch die allgemeine Meinung in der Literatur: siehe z. B. STEIN/LEIPOLD ZPO – Bd. 4/1, § 325 ZPO Rdnr. 80, 86.; JOX, S. 428.

dd) Rechtsnatur der Verbandsklage

Im Folgenden soll nun untersucht werden, ob sich gegebenenfalls aus der Einordnung der Rechtsnatur der PKV-Verbandsklage Schlussfolgerungen für die Bindungswirkung einer Entscheidung ziehen lassen.

(1) Keine Leistungs- oder Feststellungsklage

Zunächst ist festzustellen, dass aus der Tatsache allein, dass es sich vorliegend um ein Verbandsklageverfahren handelt, noch keine Schlussfolgerung hinsichtlich der Klageart abgeleitet werden kann.[76] Mit der Verbandsklage begehrt der PKV-Verband von einem bestimmten Krankenhausträger die Herabsetzung seines Krankenhaustarifs für nicht-ärztliche Wahlleistungen auf ein angemessenes Maß. Fraglich ist, mit welcher Klageart dieses Klageziel am ehesten verfolgt werden kann.

Würde es sich vorliegend um eine Leistungsklage handeln, so müsste die Klage des PKV-Verbands dazu dienen, einen materiell-rechtlichen Anspruch im Sinne von § 194 BGB, vom Beklagten ein Tun oder Unterlassen zu fordern, durchzusetzen.[77] Dabei ist das Urteil ein Vollstreckungstitel, so dass der gerichtlich festgestellte Anspruch auch gegenüber dem Beklagten durchgesetzt werden kann. Eindeutig handelt es sich bei dem Recht des PKV-Verbands, von einem Krankenhausträger die Herabsetzung eines unangemessenen Krankenhaustarifs zu verlangen, um einen materiell-rechtlichen Anspruch im Sinne von § 194 BGB. Jedoch ist dieser nicht, wie zum Beispiel bei den verbraucherschützenden und wettbewerbsrechtlichen Verbandsklagen (z. B. § 11 UKlaG, § 13 UWG) auf ein Tun oder eine bloße Unterlassung gerichtet. Zu Recht gehen daher *Galuszka / Patt* davon aus, dass es sich nicht um eine Leistungsklage handeln kann.[78]

Des Weiteren könnte es sich um eine Feststellungsklage handelt. Dann wäre die Klage darauf gerichtet, die Unangemessenheit des angegriffenen Krankenhaustarifs festzustellen. Die Feststellungsklage begehrt die positive oder negative Feststellung des Bestehens oder Inhalts eines Rechtsverhältnisses der Streitparteien oder der Echtheit oder Unechtheit einer ein Rechtsverhältnis bestimmenden Urkunde. Da das Feststellungsurteil keinen Leistungsbefehl an den Schuldner enthält, sondern sich in der deklaratorischen Feststellung erschöpft, ist es allerdings der Zwangsvollstreckung nicht zugängig.[79] Wäre eine Entscheidung im PKV-Verbandsklageverfahren nicht vollstreckbar, so fehlte ihr die im Sinne des Patientenschutzes zu fordernde Schlagkraft, da sie nicht durchsetzbar wäre.

---

[76] STEIN/SCHUMANN ZPO – Bd. 3, Vor § 253 II ZPO Rdnr. 64.

[77] ZÖLLER/GREGER, Vor § 253 ZPO Rdnr. 3.

[78] GALUSZKA/PATT, S. 52 insbes. Fn. 9.

[79] ZÖLLER/GREGER, Vor § 253 ZPO Rdnr. 5; STEIN/SCHUMANN ZPO – Bd. 3, Vor § 253 II ZPO Rdnr. 31, 34.

(2) Gestaltungsklage

So spricht Einiges dafür, dass es sich vorliegend um eine Gestaltungsklage handelt.[80] Durch Gestaltungsurteile wird die materielle Rechtslage verändert, indem das Recht des Klägers auf Gestaltung verwirklicht wird.[81] Der Unterschied des Gestaltungsurteils zum Leistungs- oder Feststellungsurteil ist darin zu sehen, dass letztere lediglich rechtskräftig feststellen, was bereits ohnehin rechtens war, während das Gestaltungsurteil erst eine neue Rechtslage schafft.[82] Denn Zweck des Rechtsinstituts der Gestaltungsklage ist vor allem die Verschaffung von Rechtsgewissheit für privatrechtliche Beziehungen durch Überantwortung der Rechtsgestaltung an den Richter und die mit dieser Überantwortung einhergehende Sicherheit, dass die Gestaltung nur in den vom Gesetz vorgesehenen Fällen eintritt.[83] Der Gesetzgeber sieht vor allem dann Gestaltungsurteile vor, wenn eine einheitliche Beurteilung einer Sach- und Rechtslage von besonders hoher Bedeutung ist.[84] Diese einheitliche Beurteilung der Sach- und Rechtslage wird dadurch erreicht, dass Gestaltungsurteile grundsätzlich für und gegen jedermann wirken.[85] Denn durch das Urteil wird eine objektive Rechtslage geschaffen, die nicht mehr in Frage gestellt werden kann. So hat zum Beispiel eine vom Richter herabgesetzte Leistungspflicht für alle den ihr vom Richter gegebenen Inhalt. Allerdings ist diese Gestaltungswirkung keine Rechtskraft, sondern eine Urteilswirkung. Auch bei Gestaltungsurteilen wirkt die materielle Rechtskraft somit nur zwischen den Parteien, soweit nicht durch besondere Vorschriften eine weiter gehende Wirkung angeordnet ist.[86]

Vor dem Hintergrund dieser allgemeinen Erwägungen ist nunmehr zu klären, ob sich eine Einordnung des Verbandsklageverfahrens als Gestaltungsklage rechtfertigen lässt. Zunächst kann festgestellt werden, dass die Tatsache allein, dass es sich hier um ein Verbandsklageverfahren handelt, noch nicht für oder gegen eine Einordnung als Gestaltungsklage spricht. Allerdings können Entscheidungen in Verbandsklageverfahren als Gestaltungsurteile ausgestaltet sein.[87] Der BGH hat in seiner Entscheidung vom 4.8.2000 diesbezüglich festgestellt, dass das Klagerecht nach § 17 I 5, 2. Hs. KHEntgG (§ 22 I 5, 2. Hs. BPflV a. F.) § 315 III 2 BGB nachgebildet sei.[88] Nach dieser Vorschrift wird die Leistung richterlich bestimmt, wenn einer Partei ein einseitiges Gestaltungsrecht zusteht, die getroffene Leistungsbestimmung jedoch nicht der Billigkeit entspricht. Das ergehende Urteil stellt nach der überwiegenden Auffassung in Literatur

[80] Ähnlich auch GALUSZKA/PATT, S. 52 insbes. Fn. 9.
[81] ROSENBERG/SCHWAB/GOTTWALD, § 91 Rdnr. 13, S. 610.
[82] STEIN/SCHUMANN ZPO – Bd. 3, Vor § 253 II ZPO Rdnr. 60.
[83] STEIN/SCHUMANN ZPO – Bd. 3, Vor § 253 II ZPO Rdnr. 40.
[84] SCHACK, S. 872.
[85] STEIN/SCHUMANN ZPO – Bd. 3, Vor § 253 II ZPO Rdnr. 61; SCHACK, S. 865.
[86] STEIN/LEIPOLD ZPO – Bd. 4/1, § 325 I ZPO Rdnr. 7 f.
[87] STEIN/SCHUMANN ZPO – Bd. 3, Vor § 253 ZPO Rdnr. 64.
[88] BGH NJW 2001, 892, 894.

und Rechtsprechung ein Gestaltungsurteil dar.[89] Des Weiteren besteht eine Ähnlichkeit der PKV-Verbandsklage zu den Ansprüchen auf Herabsetzung einer Vertragsstrafe gemäß § 343 BGB und auf Herabsetzung eines Mäklerlohns gemäß § 655 BGB, die ebenfalls durch Gestaltungsklagen durchgesetzt werden können.[90]

Für die Einordnung als Gestaltungsurteil spricht also die sachliche Verwandtschaft des § 17 I 5 KHEntgG (§ 22 I 5 BPflV a. F.) mit § 315 I und III BGB. Zwar sind die Wahlleistungstarife Gegenstand einer Vertragsabrede zwischen Patient und Krankenhausträger. Jedoch ist eine individuelle Vereinbarung der Wahlleistungsentgelte bereits aus Rechtsgründen ausgeschlossen (vgl. § 17 I 1 KHG).[91] Die Tarife werden mithin einseitig vom Krankenhausträger festgesetzt, auch wenn entgegen der Regelung des § 315 I BGB das Krankenhaus kein nachträgliches Leistungsbestimmungsrecht hat, sondern die Entgelte bei Abschluss der Wahlleistungsvereinbarung bereits feststehen. Des Weiteren führt das Urteil insoweit eine Rechtsänderung herbei, als es dem Antragsteller den Anspruch zuerkennt und für den Krankenhausträger verbindlich festlegt, was das höchstzulässige Wahlleistungsentgelt ist. Allerdings wird nicht wie im unmittelbaren Anwendungsbereich von § 315 III 2 BGB der »richtige Preis« ermittelt, sondern nur der gerade noch hinnehmbare.[92]

Auf der anderen Seite muss bedacht werden, dass auch bei der Einordnung als Gestaltungsurteil, wie oben dargestellt wurde, nicht zwingend eine Rechtskraftwirkung für Dritte, also hier den Patienten, eintritt. Vielmehr bedarf es auch im Rahmen von Gestaltungsurteilen aufgrund der Betroffenheit des Grundrechts auf rechtliches Gehör nach Art. 103 I GG der speziellen gesetzlichen Anordnung der Ausdehnung der Bindungswirkung des Urteils auf Dritte. Diese Anordnung liegt hier gerade nicht vor.

(3) Ergebnis

Im Ergebnis ist daher zwar davon auszugehen, dass es sich beim Verbandsklageverfahren nach § 17 I 5, 2. Hs. KHEntgG (§ 22 I 5, 2. Hs. BPflV a. F.) um eine Gestaltungsklage handelt. Jedoch kann auch diese Einordnung die Frage nach der Bindungswirkung der ergehenden Entscheidung im PKV-Verbandsklageprozess für spätere Individualklagen nicht hinreichend klären. Vielmehr spricht vieles dafür, dass aufgrund der fehlenden gesetzlichen Regelung einer derartigen Wirkung, keine Bindung des einzelnen Wahlleistungspatienten an eine vorangegangene Verbandsklageentscheidung vorliegt. Es bedarf demnach einer weiter gehenden gesetzlichen Regelung der vom Gesetzgeber

[89] BGH NJW 1996, 1054, 1056; STAUDINGER/MADER BGB – §§ 293-327, § 315 BGB Rdnr. 85; MÜNCHENER KOMMENTAR/GOTTWALD zum Bürgerlichen Gesetzbuch, § 315 BGB Rdnr. 44; vgl. auch PALANDT/HEINRICHS, § 315 BGB Rdnr. 17.

[90] ROSENBERG/SCHWAB/GOTTWALD, § 91 Rdnr. 10, S. 610.

[91] BGH NJW 2001, 892, 893.

[92] BGH NJW 2001, 892, 894.

mit der Verbandsklage gegebenenfalls verfolgten weiteren Wirkungen für den Patienten.

ee) De-lege-ferenda-Überlegungen zur Bindungswirkung

Da sich die tatsächliche Ausgangssituation, zum Beispiel im Hinblick auf den jeweiligen Standard des einzelnen Krankenhauses und die von diesem angebotenen Komfortleistungen, unterschiedlich darstellt, kann sich ein im Verbandsklageprozess ergehendes Urteil über die Angemessenheit eines bestimmten Krankenhaustarifs von vornherein nicht unmittelbar auf andere Krankenhausträger auswirken. Eine Bindungswirkung kann sich daher nur bezüglich der Feststellung der Unangemessenheit der konkret angegriffenen Entgelte für die speziellen im Rechtsstreit betroffenen Zimmer und nur für Prozesse ergeben, in denen derselbe Krankenhausträger Prozessgegner ist. Es muss sich also um denselben Krankenhaustarif und denselben Zeitraum handeln, für den über die Unangemessenheit der Entgeltgestaltung im Verbandsklageverfahren entschieden worden ist.

(1) Keine Bindungswirkung zu Lasten des Patienten

Aufgrund des Anspruchs auf rechtliches Gehör ist eine Bindungswirkung zu Lasten des Patienten problematisch, da er am Verbandsklageverfahren nicht beteiligt war.[93] Aus diesem Grund wurde auch bei § 11 UKlaG eine derartige Bindungswirkung eines Verbandsklageklageverfahrens zu Lasten eines nachfolgenden Individualprozesses nicht eingeführt.[94]

Die Qualifikation als Gestaltungsurteil mit seiner grundsätzlichen inter-omnes-Wirkung[95] schließt eine Beschränkung der Bindungswirkung nicht grundsätzlich aus. So wird gerade auch beim Leistungsbestimmungsrecht nach § 315 III 2 BGB, dem die Regelung des KHEntgG ähnlich ist, von Teilen der Literatur die Ansicht vertreten, dass das Urteil nicht gegen einen Dritten wirken könne, der am Verfahren nicht beteiligt gewesen sei, weil es eine Parteivereinbarung ersetze.[96]

Darüber hinaus spricht gegen eine Bindungswirkung zu Lasten des Patienten, dass mit dem Verbandsklageprozess seine Rechtsstellung nicht geschmälert, sondern verbessert werden soll. Zu Recht geht der BGH daher davon aus, dass bezogen auf die

---

[93] Vgl. allgemein zu Urteilswirkungen gegenüber Dritten und rechtlichem Gehör: MAROTZKE, S. 164 ff.

[94] ULMER et al./HENSEN, § 21 AGBG Rdnr. 10.

[95] STEIN/SCHUMANN ZPO – Bd. 3, Vor § 253 ZPO Rdnr. 61; BAUMBACH et al., § 322 ZPO Rdnr. 43 und § 325 ZPO Rdnr. 15.

[96] SCHLOSSER, § 15 I 2, S. 135; BLOMEYER Zivilprozessrecht, S. 525 f.

Durchsetzung von Rückforderungsansprüchen des Patienten aufgrund unangemessener Entgelte deren gerichtliche Geltendmachung nach allgemeinen Grundsätzen allein Sache der Vertragspartei sei.[97] Der Verbandsklageanspruch soll somit neben diesen Individualanspruch treten, diesen aber nicht beschränken.

Es sollte daher gesetzlich keine Bindungswirkung zu Lasten des Patienten angeordnet werden.

(2) Bindungswirkung zu Gunsten des Patienten

Zwar wurde gegen eine Bindungswirkung zu Gunsten Dritter im Verbandsklageverfahren insbesondere in der Entstehungsgeschichte des § 11 UKlaG (§ 21 AGBG a. F.) häufig eingewandt, dass damit der Grundsatz der Chancengleichheit der Parteien im Prozess zu Lasten des Verwenders verletzt würde.[98] Außerdem könnte wiederum ein Verstoß gegen Art. 103 I GG vorliegen.

Jedoch wirken diese Einwände weniger schwer als bei Annahme einer Bindungswirkung zu Lasten Dritter, die am Vorverfahren nicht beteiligt waren. Der Krankenhausträger hatte in der vorliegenden Fallkonstellation bereits Gelegenheit, im Verbandsklageverfahren seine Rechte wahrzunehmen, was die Einschränkung seiner Rechte im Individualprozess weniger schwer wiegend erscheinen lässt.[99] Auch die prozessuale Chancen- oder Waffengleichheit, die sich aus Art. 3 I GG ergibt[100], steht einer solchen Regelung nicht entgegen, wenn vernünftige Gründe für die Differenzierung bestehen. Im Bereich der allgemeinen Geschäftsbedingungen wird diesbezüglich zum einen die typischerweise bestehende wirtschaftliche Überlegenheit des Verwenders angeführt. Des Weiteren spricht auch die Gefahr, dass Kunden bzw. hier Patienten wegen der Prozessführungslast von einem gerichtlichen Vorgehen absehen, selbst wenn für sie eine günstige aber nicht bindende Vorentscheidung besteht[101], für eine Bindungswirkung zu Gunsten der Kunden / Patienten.

Eine ähnliche (strukturelle) Unterlegenheit wie bei der Verwendung allgemeiner Geschäftsbedingungen besteht auch bei der Geltendmachung individueller Rückforderungsansprüche einzelner Patienten. Diese sind, wie oben ausführlich dargelegt wurde[102], bereits bei Vertragsabschluss in einer unterlegenen Situation. Sie können auf

---

[97] BGH NJW 2001, 892.

[98] Vgl. ULMER et al./HENSEN, § 21 AGBG Rdnr. 2 m. w. N..

[99] Vgl. MÜNCHENER KOMMENTAR/GOTTWALD Zivilprozessordnung, § 21 AGBG Rdnr. 2; vgl. insoweit auch BLOMEYER ZZP 75 (1962), 1-27, S. 10; BLOMEYER Zivilprozessrecht, S. 506.

[100] STAUDINGER/SCHLOSSER AGB-Gesetz, § 21 AGBG Rdnr. 2.

[101] STAUDINGER/SCHLOSSER AGB-Gesetz, § 21 AGBG Rdnr. 2.

[102] Siehe die Darstellung der strukturellen Unterlegenheit des Wahlleistungspatienten in Kapitel (2) ab Seite 40.

den einzelnen Krankenhaustarif keinen Einfluss nehmen, da die Wahlleistungsentgelte nicht individuell ausgehandelt werden.[103] Zudem ist die Möglichkeit des Preisvergleichs oder der Wahl eines anderen Krankenhauses aus medizinischen und persönlichen Gründen stark eingeschränkt.[104] Der Patient hat anders als der PKV-Verband kaum Einblick in die Sätze anderer Krankenhäuser und verfügt nicht über einen vergleichbaren Apparat sowie dessen Fachwissen. Ohne eine Bindungswirkung des Verbandsklageurteils würde er daher einen Prozess regelmäßig scheuen. Der Gedanke, den Patienten im Interesse eines effektiven Rechtsschutzes von den Belastungen einer gerichtlichen Auseinandersetzung freizustellen, spricht daher ebenfalls für eine Bindungswirkung zu seinen Gunsten.

(3) Ergebnis

Eine Bindungswirkung des Verbandsklageurteils zu Lasten des Patienten kommt aufgrund der Verletzung der Rechte des Patienten auf rechtliches Gehör nicht in Betracht, da er keine Möglichkeit hat, seine Interessen im Verbandsklageprozess zu vertreten und auch nicht davon ausgegangen werden kann, dass der PKV-Verband (vorrangig) als Sachwalter der Patienteninteressen auftritt. Lediglich eine Bindungswirkung zu Gunsten des Patienten erscheint daher aus Patientenschutzerwägungen heraus als sinnvoll.

ff) Zeitliche Reichweite einer (rechtskräftigen) Verbandsklage-Entscheidung

Des Weiteren ist zu klären, welche zeitliche Reichweite eine Entscheidung im Verbandsklageverfahren gemäß § 17 I 5 KHEntgG (§ 22 I 5 BPflV a. F.) hat. Auch zu dieser Frage wird im KHEntgG (bzw. auch bereits in der BPflV a. F.) keine ausdrückliche Regelung getroffen, was zu Recht in der Literatur moniert wird.[105] Fraglich ist in diesem Zusammenhang, ob § 17 I 5 KHEntgG (§ 22 I 5 BPflV a. F.) die Geltendmachung des Absenkungsverlangens für in der Vergangenheit liegende Zeiträume zulässt.

(1) Meinungsstand in Rechtsprechung und Literatur

Diese Frage ist in Literatur und Rechtsprechung höchst umstritten. So wird teilweise vertreten, dass eine gerichtliche Entscheidung im Rahmen des § 17 I 5, 2. Hs. KHEntgG (§ 22 I 5, 2. Hs. BPflV a. F.) in ihrer preisgestaltenden Wirkung nur für die

[103] Siehe hierzu § 17 I 1 i. V. m. § 2 Nr. 4 KHG; § 2 I KHEntgG (§ 2 I BPflV a. F.) sowie die Ausführungen in Kapitel bb) ab Seite 33.

[104] So auch BGH NJW 2001, 892.

[105] Z. B. DIETZ/BOFINGER, § 22 BPflV S. 370 a.

Zukunft wirke. Für die Vergangenheit könne nur der einzelne Patient oder Versicherer Ansprüche mit der Begründung geltend machen, aus der gerichtlichen Entscheidung im Verbandsklageprozess ergebe sich (mittelbar – *Anm. der Verfasserin*), dass das vereinbarte Entgelt schon in der Vergangenheit unangemessen hoch gewesen sei.[106] Andere vertreten die Ansicht, dass das Fehlen einer Ausschlussfrist eindeutig dafür spreche, dass eine Anpassung der Zimmerzuschläge im Verbandsklageverfahren auch für die Vergangenheit geltend gemacht werden könne. Eine Einschränkung der Rückwirkung ergebe sich daher nur aus dem allgemeinen Rechtsinstitut der Verwirkung.[107]

Der BGH vertritt zu dieser Frage eine vermittelnde Auffassung, indem er davon ausgeht, dass aus Gründen der Rechtssicherheit und Rechtsklarheit der Zugang eines eindeutigen Herabsetzungsverlangens der frühestmögliche Zeitpunkt sei, ab dem im Wege einer PKV-Verbandsklage eine Preiskorrektur verlangt werden könne. Ein »rückwirkendes« Herabsetzungsverlangen sei nicht anzuerkennen. Andererseits sei es wenig sinnvoll anzunehmen, ein Herabsetzungsverlangen entfaltete erst ab dem Zeitpunkt der Urteilsverkündung für die Zukunft Rechtswirkungen, da sich ansonsten ein Krankenhausträger dazu veranlasst sehen könnte, sich auch einem offensichtlich berechtigten Herabsetzungsverlangen zu widersetzen und sich auf eine Klage einzulassen, um durch eine hinhaltende Prozessführung den Eintritt der bei einer Herabsetzung der Wahlleistungsentgelte zu erwartenden Einnahmeverluste so weit wie möglich hinauszuzögern.[108]

(2) Eigene Auffassung

Auch hier ist zunächst die Dispositionsmaxime zu beachten, wonach ein Gericht dem Herabsenkungsverlangen des PKV-Verbands nur für die Zeiträume stattgeben kann, für die dies tatsächlich beantragt worden ist. Auszugehen ist dabei vom Klageantrag.

Eine absolute Rückwirkungsbeschränkung ergibt sich sodann aus dem zeitlichen Geltungsbereich der Norm. Die Klagebefugnis steht dem PKV-Verband erst seit dem 01.01.1997 zu.[109] Für davor liegende Zeiträume besteht weder eine Klagebefugnis noch ein materieller Anspruch. Dies entspricht der Ansicht des BGH im Rahmen des Rechts der allgemeinen Geschäftsbedingungen, bei dem er für Verträge, die vor dem Inkrafttreten des AGB-Gesetzes (01.04.1977) abgeschlossen wurden, eine Klagebefugnis der Verbände verneint.[110] Entsprechend dem Wortlaut des § 17 I 5 KHEntgG (§ 22 I 5 BPflV a. F.) kann der PKV-Verband den Anspruch auf Herabsetzung seit dem

[106] QUAAS/DIETZ f & w 2001, S. 181.
[107] ULEER/MIEBACH/PATT, § 22 BPflV S. 303 f.
[108] BGH NJW 2003, 209.
[109] Die Änderung der BPflV ist durch das 2. GKV-NOG v. 23.06.1997 (BGBl. I 1997, 1520 ff.) rückwirkend zum 01.01.1997 in Kraft getreten (Art. 19 III des Gesetzes).
[110] BGH NJW 1997, 1068, 1069.

01.01.1997 grundsätzlich ab dem ersten »Verlangen« des überhöhten Entgelts geltend machen.

Die Funktionen des Verbandsklagerechts, den Patienten bzw. dessen Versicherung zu schützen und die Effizienz des gerichtlichen Verfahrens zu verbessern, wären in der Tat am besten gewährleistet, wenn man die Entgeltherabsetzung ab dem Zeitpunkt der Einführung eines bestimmten, für unangemessen erachteten, Krankenhaustarifs zulassen würde. Denn es kann nicht von dem zufälligen Zeitpunkt der Kenntnisnahme von der Unangemessenheit oder der Dauer des Rechtsstreits abhängen, ab wann das Entgelt herabzusetzen ist.[111]

Aus Vertrauensschutzgesichtspunkten ergibt sich jedoch noch eine zeitliche Einschränkung der Rückwirkung. Mit dem Absenkungsverlangen des PKV-Verbands, welches Prozessvoraussetzung des Verbandsklageverfahrens nach § 17 I 5 KHEntgG (§ 22 I 5 BPflV a. F.) ist, tritt eine zeitliche Zäsur ein, da zu diesem Zeitpunkt dem betroffenen Krankenhausträger erstmalig deutlich wird, dass die Angemessenheit des Krankenhaustarifs vom PKV-Verband in Frage gestellt wird. Erst ab diesem Absenkungsverlangen kann sich der Krankenhausträger darauf einstellen, dass der Tarif möglicherweise gerichtlich herabgesetzt wird.[112] Die Notwendigkeit vorbeugender Maßnahmen, etwa durch die Bildung von Rückstellungen zur Absicherung etwaiger späterer Rückerstattungen[113], offenbart sich dem Krankenhausträger erst von diesem Zeitpunkt an. Auch unter Gesichtspunkten des Patientenschutzes erscheint diese Einschränkung zumutbar, da dem Patienten die Möglichkeit verbleibt, unabhängig vom Ausgang eines Verbandsklageverfahrens individuelle Rückforderungsansprüche gerichtlich geltend zu machen.

Eine Verwirkung des Anspruchs auf Herabsetzung der Entgelte scheidet aus. Hier kann insoweit auf die Rechtsprechung des BGH im Rahmen des Unterlassungs- bzw. Widerrufsanspruchs der Verbände nach § 11 UKlaG Bezug genommen werden, dass dieser Anspruch wegen des öffentlichen Interesses an seiner Durchsetzung nicht der Verwirkung unterliegt.[114] Denn zu Recht bezieht sich der BGH bei der Qualifizierung des Anspruchs aus § 17 I 5 KHEntgG (§ 22 I 5 BPflV a. F.) auch auf seine Rechtsprechung zu § 11 UKlaG.[115] So scheidet eine Verwirkung im Rahmen des Anspruchs aus dem KHEntgG ebenfalls aus.

Im Ergebnis ist somit festzuhalten, dass Ansprüche auf Entgeltherabsetzung im Verbandsklageverfahren erst ab dem 01.01.1997 bestehen können. Die weitere zeitliche

---

[111] BGH NJW 2003, 209.
[112] So auch der BGH in: NJW 2003, 209.
[113] Vgl. zu diesem Gedanken: ULEER/MIEBACH/PATT, § 22 BPflV S. 303.
[114] BGH NJW 1995, 1488, 1489; ULMER et al./HENSEN, § 13 AGBG Rdnr. 33.
[115] BGH NJW 2001, 892.

Wirkung hängt zunächst von dem Antrag des klagenden PKV-Verbandes ab. Dem Verband darf (auch in zeitlicher Hinsicht) nicht mehr zugesprochen werden, als er beantragt hat. Materiell-rechtlich ist aus Gründen des Vertrauensschutzes dem BGH folgend anzunehmen, dass der Anspruch nicht schon ab dem Zeitpunkt des erstmaligen Verlangens eines bestimmten Krankenhaustarifs seitens des Krankenhausträgers, sondern erst ab dem Zeitpunkt des Zugangs des Absenkungsverlangens seitens des PKV-Verbands beim Krankenhausträger zuzuerkennen ist.

gg) Beweislastverteilung

Die Darlegungs- und Beweislastverteilung ist im Verbandsklageverfahren nach § 17 I 5 KHEntgG (§ 22 I 5 BPflV a. F.) unter besonderer Berücksichtigung der vom KHEntgG (der BPflV a. F.) normativ vorgegebenen Preiskriterien vorzunehmen, wobei im Individualprozess zwischen Patient und Krankenhaus die gleichen Anforderungen zu stellen sind.

Demnach galt nach der Rechtsprechung des BGH zur BPflV a. F. bislang, dass in den Fällen, in denen die Entgeltgestaltung eines Krankenhauses die untere Angemessenheitsgrenze[116] nicht überschritt, der klagende PKV-Verband (oder der klagende Patient) näher darzulegen hatte, warum das verlangte Entgelt gleichwohl als unangemessen zu verwerfen sein sollte. Wiesen die angebotenen Ein- und Zweibettzimmer gegenüber anderen Mehrbett-Zimmern des Krankenhauses ein höheres Unterkunftsniveau auf, so rechtfertigte dies entsprechende Preisaufschläge. Hierüber konnte allerdings nur das Krankenhaus näheren Aufschluss geben. Wies dementsprechend ein Wahlleistungszimmer gegenüber den sonstigen Mehrbett-Zimmern ein deutliches Qualitätsmerkmal auf und wurde die untere Angemessenheitsgrenze nur maßvoll überschritten, so genügte allein schon dieses Merkmal, um die Einhaltung des Angemessenheitsgebots zu belegen. Demgegenüber waren umso höhere Anforderungen an die Darlegungs- und Beweislast des Krankenhauses zu stellen, je weiter sich das geforderte Entgelt vom Mindestpreis des § 17 I 3, 2. Hs. KHEntgG (§ 22 I 3, 2. Hs. i. V. m. § 7 II 2 Nr. 7 BPflV a. F.) beziehungsweise von der unteren Angemessenheitsgrenze entfernte.[117]

Die Darlegungs- und Beweislast im Rahmen des KHEntgG richtet sich maßgeblich danach, wie das Angemessenheitskriterium nach den nunmehr geltenden Vorschriften ausgelegt wird. Folgt man der hier vertretenen Auffassung, die grundsätzlich am zweistufigen Entgeltbemessungsmodell des BGH festhält, so ergeben sich für die Darlegungs- und Beweislast zur früheren Rechtslage keine Unterschiede.

---

[116] Siehe zu diesem Kriterium die ausführliche Darstellung in Kapitel 2. ab Seite 92.

[117] BGH NJW 2001, 892, 895 f.; dies entspricht im Ergebnis den Überlegungen von ULEBR/MIEBACH/PATT, § 22 BPflV S. 265, die diese bereits im Vorfeld der BGH-Entscheidung angestellt hatten.

d) Schlussfolgerungen zur Verbandsklageregelung des KHEntgG

Durch die Einführung des Verbandsklageverfahrens ins KHEntgG (in die BPflV a. F.) hat der Gesetzgeber bezweckt, ein Korrektiv gegenüber der einseitigen Festlegung der Höhe der nicht-ärztlichen Wahlleistungsentgelte durch den Krankenhausträger zu schaffen.[118] Hierzu hat er den PKV-Verband beauftragt, in besonderem Maße zum Schutz des Patienten tätig zu werden und zum Ausgleich von dessen struktureller Unterlegenheit gegenüber dem Krankenhausträger eine Kontrolle der Entgelte für nicht-ärztliche Wahlleistungsentgelte gerichtlich durchzusetzen. Zur Umsetzung dieses gesetzgeberischen Ziels wurde ein materieller Anspruch des PKV-Verbands gegenüber dem entsprechenden Krankenhausträger geschaffen, die Herabsetzung unangemessener Entgelte zu verlangen. Gerichtlich können nunmehr alle Konstellationen überprüft werden, die in direktem Zusammenhang mit der Angemessenheit von Wahlleistungsentgelten stehen. Voraussetzung eines gerichtlichen Verbandsklageverfahrens ist allerdings, dass ein vorheriges Herabsetzungsverlangen des PKV-Verbands erfolglos geblieben ist.

Offen gelassen hat der Gesetzgeber hingegen, wie das gerichtliche Verfahren ausgestaltet sein soll und welche Auswirkungen eine ergehende Entscheidung insbesondere auf sich anschließende Individualverfahren haben soll. Es wurde lediglich die Eröffnung des Zivilrechtswegs gesetzlich angeordnet. Dadurch bleibt (gesetzlich) ungeklärt, welche Rechtsnatur, welche personellen Bindungswirkungen und welche zeitliche Reichweite eine Verbandsklageentscheidung hat.

Aus allgemeinen zivilprozessualen Grundsätzen, Vergleichen mit ähnlichen Rechtsgebieten sowie der gesetzgeberischen Zielsetzung des Patientenschutzes lässt sich lediglich folgern, dass eine Entscheidung in einem Verbandsklageverfahren nach dem KHEntgG (der BPflV a. F.) zwar eine faktische Präjudizwirkung für nachfolgende Prozesse entfaltet, eine lediglich auf das Rechtsinstitut der »Präjudizialität« gestützte Bindungswirkung jedoch abzulehnen ist.[119] Ebenso fehlt es an einer gesetzlichen Anordnung einer Rechtskrafterstreckung und eine Analogie zu bestehenden Regelungen in anderen Rechtsgebieten kommt nicht in Betracht. Darüber hinaus ist auch eine konkrete Ermächtigung des PKV-Verbands von Seiten des Patienten, dessen Interessen quasi bereits im Verbandsklageverfahren zu vertreten, nicht erkennbar.

Eine gerichtliche Entscheidung im PKV-Verbandsklageverfahren ist als Gestaltungsurteil anzusehen. Jedoch erlaubt auch diese Einordnung der Rechtsnatur der Klage

[118] BT-Drs. 13/6087, S. 35 (Gesetzesbegründung zum 2. GKV-NOG vom 23.6.1997 (BGBl. I 1997, 1520 ff.)).

[119] Vgl. BGH NJW 2003, 3058, 3059; dass die bloße Präjudizialität der festgestellten Rechtslage für eine Bindung des Dritten nicht ausreicht, ist auch die allgemeine Meinung in der Literatur: siehe z. B. STEIN/LEIPOLD ZPO – Bd. 4/1, § 325 ZPO Rdnr. 80, 86.; JOX, S. 428.

keine Aussagen über die Bindungswirkungen eines ergehenden Urteils für am Verfahren nicht beteiligte Dritte. Für eine derartige Bindungswirkung wäre eine gesetzliche Anordnung erforderlich, an der es vorliegend fehlt.

Wünschenswert wäre zwar eine begrenzte, nämlich nur zu Gunsten des Patienten wirkende, Bindungswirkung einer Verbandsklageentscheidung. Dann könnte sich der Patient auf eine vorangegangene positive Verbandsklageentscheidung berufen. Allerdings wäre erforderlich, dass es sich um denselben Krankenhausträger sowie denselben -tarif handelte und dass auch eine Entscheidung über das Entgelt für das spezielle betroffene Zimmer getroffen worden ist. Wirkungen zu Lasten am Verfahren nicht beteiligter Dritter, hier also der Patienten, sind dagegen auf Grund der Verletzung des Anspruchs auf rechtliches Gehör gemäß Art. 103 I GG abzulehnen. Eine gesetzliche Anordnung einer Bindungswirkung zu Gunsten des Patienten kann allerdings nur der Gesetzgeber treffen.

Abschließend bleibt festzuhalten, dass das Herabsetzungsverlangen des PKV-Verbands gegenüber dem Krankenhausträger auch einer zeitlichen Beschränkung unterliegt. So können Ansprüche auf Entgeltherabsetzung im Verbandsklageverfahren erst ab dem 01.01.1997 bestehen, weil erst zu diesem Zeitpunkt die Verbandsklageregelung in Kraft getreten ist. Des Weiteren ist eine eventuelle zeitliche Rückwirkung vom konkreten Antrag des PKV-Verbands sowie dem Zeitpunkt der ersten Geltendmachung des Herabsetzungsverlangens gegenüber dem entsprechenden Krankenhausträger abhängig.

Im Ergebnis kann man daher davon ausgehen, dass das gesetzgeberische Ziel des Patientenschutzes mit der Einführung des Verbandsklagerechts für den PKV-Verband bislang nur teilweise verwirklicht werden konnte. Die bestehende Regelung bedürfte nämlich zur Beseitigung der derzeitigen Rechtsunsicherheiten der Ergänzung durch Verfahrensvorschriften. Außerdem muss berücksichtigt werden, dass das Verbandsklageverfahren immer erst zu einem Zeitpunkt zum Einsatz kommen kann, zu dem bereits (möglicherweise über einen längeren Zeitraum hinweg) unangemessene nichtärztliche Wahlleistungsentgelte verlangt und somit zumindest teilweise auch bezahlt worden sind. Erfahrungsgemäß kommt es auch im Anschluss an ein erfolgreich durchgeführtes Verbandsklageverfahren vielfach nicht zu einer individuellen Rückfordung der überzahlten Entgelte von Seiten der Patienten oder privaten Krankenversicherungsunternehmen. Dies mag mit einer unzureichenden Bekanntmachung entsprechender Entscheidungen in allgemein zugänglichen Medien zusammenhängen oder mit einer allgemeinen Zurückhaltung von Patienten hinsichtlich der Anstrengung von Gerichtsverfahren im Anschluss an eine ansonsten erfolgreiche Krankenhausbehandlung. Zu prüfen bleibt daher in den folgenden Kapiteln, ob der erwünschte Patientenschutz effektiver durch ein neues Entgeltfestsetzungsverfahren verwirklicht werden könnte und unter welchen Voraussetzungen ein derartiges Verfahren in das bestehende System der Krankenhausfinanzierung eingepasst werden könnte.

IX. Alternative Modelle zur angemessenen Entgeltfestsetzung

1. Ausgangssituation und Ziel der vergleichenden Untersuchung

Die obigen Untersuchungen zur »Inhaltlichen Auslegung des Angemessenheitskriteriums des Krankenhausentgeltgesetzes« haben zu dem Ergebnis geführt, dass ein »angemessenes« Wahlleistungsentgelt ein Entgelt ist, das »leistungsgerecht« ist, d. h. dass Leistung und Entgelt in einer engen Relation zueinander stehen müssen. Jedoch ist damit noch nicht gesagt, wie hoch das konkrete nicht-ärztliche Wahlleistungsentgelt im Einzelfall tatsächlich ausfällt. Zwar wurden Kriterien genannt, mit deren Hilfe der unbestimmte Rechtsbegriff der Angemessenheit ausgefüllt werden kann, jedoch bleibt zu untersuchen, ob jeder einzelne Krankenhausträger wie im bisherigen System seine Tarife für nicht-ärztliche Wahlleistungen selbst anhand der Vorgaben bestimmen soll oder ob eine übergeordnete Entgeltfestsetzung durch eine staatliche Regelung in Form eines Gesetzes oder einer Rechtsverordnung oder eine (gegebenenfalls staatlicherseits genehmigungsbedürftige) Vereinbarung zwischen Kostenträgern, Leistungserbringern, Patientenvertretern und gegebenenfalls Vertretern der Beihilfeträger vorzugswürdig sein könnte.[1]

Ausgangspunkt für die folgenden Vergleiche ist die Überlegung, dass der »Wahlleistungspatient« bei der gegenwärtigen Gesetzeslage zwar einen privatautonomen Vertrag mit dem Krankenhausträger abschließt, jedoch aus den oben ausführlich dargestellten Gründen[2] die Entgelte für die von ihm nachgefragten Wahlleistungen nicht selbst aushandeln kann, diese vielmehr vom Krankenhausträger einseitig festgesetzt werden. In dieser Situation, in welcher der Patient dem Krankenhausträger als strukturell unterlegener Vertragspartner gegenüber steht, kann es zu Vertragsgestaltungen kommen, die die Patienteninteressen nicht ausreichend berücksichtigen.

Auf diese Situation hat der Gesetzgeber zwar bereits mit der Einführung der Gemeinsamen Empfehlungen und der Verbandsklagemöglichkeit für den PKV-Verband (gemäß § 17 I 4, 5 KHEntgG) reagiert, mit deren Hilfe Teilerfolge erreicht werden konnten. Jedoch hat die Untersuchung der beiden Einflussnahmemöglichkeiten des PKV-

[1] Zu ähnlichen Überlegungen hinsichtlich einer optimalen Preisbildung im Krankenhaus siehe: REICHSTHALER, S. 20 ff.

[2] Siehe Kapitel bb) ab Seite 33 und (2) ab Seite 40.

Verbands gezeigt, dass einerseits die Gemeinsamen Empfehlungen auf Grund ihrer fehlenden rechtlichen Verbindlichkeit und andererseits die Verbandsklage wegen der fehlenden gesetzlichen Regelungen zur Erstreckung der Bindungswirkung günstiger Entscheidungen auf individuelle Rechtsstreitigkeiten noch nicht den erwünschten Patientenschutz bieten.

Auf der anderen Seite erscheint es empfehlenswert, die sachlich bereits in der Vergangenheit hauptsächlich mit der Materie befassten Parteien, also insbesondere den PKV-Verband, die DKG beziehungsweise die einzelnen Krankenhäuser, unter Umständen Vertreter der Beihilfeträger und zukünftig gegebenenfalls einen Patientenbeauftragten, mit der Aufgabe zu betrauen, verbindliche Regelungen zur Bestimmung der Angemessenheit der Wahlleistungsentgelte zu treffen, um das strukturelle Ungleichgewicht, das im Verhältnis zwischen Patient und Krankenhausträger besteht, auszugleichen. Mit einer derartigen verbindlichen Regelung könnte in einer – systembedingt – seit Jahren im Wandel befindlichen Materie mit diversen Streitpunkten zwischen den Parteien schließlich Rechtssicherheit und damit auch Rechtsfrieden geschaffen werden. Ein deutlicher Vorteil gegenüber einer bloßen Klagemöglichkeit bestünde zudem darin, Rechtsstreitigkeiten über die Angemessenheit von Entgelten zu vermeiden und nicht erst im Nachhinein gerichtlich zu klären, so dass im Regelfall prozessuale Auseinandersetzungen zwischen Patienten, Krankenhäusern und Versicherungen über die Frage der Angemessenheit verhindert werden könnten.

Da die im Gesundheitswesen bislang bestehenden Vereinbarungsmodelle zur Ermittlung angemessener Entgelte sowie von Pflegesätzen oder Festbeträgen (z. B. für Arznei- und Hilfsmittel) nicht unumstritten sind, soll die folgende Untersuchung insbesondere die Defizite der vorhandenen Strukturen aufzeigen, um ähnliche Schwächen bei einer möglichen Neuregelung im Rahmen der nicht-ärztlichen Wahlleistungsentgelte vermeiden zu können. Von besonderem Interesse ist insofern, woher die an der Entgeltfestsetzung beteiligten staatlichen oder nicht-staatlichen Personen ihre Legitimation zur Normsetzung ableiten, welche insbesondere verfassungsrechtlichen Voraussetzungen eine Neuregelung zu berücksichtigen hätte, wie der Rechtsschutz des Einzelnen gegen die zustandekommenden Normen ausgestaltet sein müsste sowie welche staatlichen Kontrollen bei nicht ausschließlich staatlicher Normsetzung vorgesehen werden müssten.

2. Staatliche Preisfestsetzung

a) Allgemeines

Die stärkste Form der Preisregulierung stellt die (staatliche) Festsetzung von Preisen sowie Entgeltkatalogen (vgl. GOÄ) dar. Denn die staatliche Bestimmung von Festpreisen greift gravierend in die Preisgestaltungsfreiheit der betroffenen Personen(kreise) ein und beschränkt sie erheblich in ihrer grundrechtlich geschützten Vertrags- sowie ihrer Berufsfreiheit (Art. 2 I, 12 I GG). Daher bedarf es der genauen Prüfung im Einzelfall, ob eine staatliche Preisregelung aufgrund besonderer Umstände gerechtfertigt sein kann.

aa) Fälle (zulässiger) staatlicher Preisfestsetzung

Eine staatliche Intervention kommt nur in Ausnahmefällen in Betracht. Derartige Ausnahmefälle sind nach *Kittner*[3] erstens Zwangsbewirtschaftung in extremen Notstands- und Mangelsituationen (z. B. Krieg), zweitens Versagen des Marktmechanismus (z. B. bei marktmächtigen Anbietern lebenswichtiger Güter wie Energie, Wasser, Post und Kommunikationsleistungen) sowie drittens Unerwünschtheit von Preiswettbewerb auf einem konkreten Markt wegen der Sensibilität des jeweiligen Gutes (z. B. Mieten, Arzneimittel oder Leistungen »freier Berufe«). In diesen Ausnahmebereichen sorgt der Staat durch seine Preisregelungen für die Aufrechterhaltung eines angemessenen Preis-Leistungs-Verhältnisses.

Unzweifelhaft handelt es sich bei der Erbringung nicht-ärztlicher Wahlleistungen nicht um einen Wirtschaftsbereich, der der Zwangsbewirtschaftung zugängig ist. Auch die dritte Fallgruppe eines »unerwünschten Preiswettbewerbs« ist vorliegend nicht anwendbar. Denn es ist nicht erkennbar, warum es sich bei der Erbringung von Wahlleistungen um besonders sensible Güter handeln sollte. Allerdings liegt hier ein »gestörter Markt« vor, da Wahlleistungen im Krankenhaus immer nur ein zusätzliches Angebot zur eigentlich im Vordergrund stehenden stationären, medizinischen Behandlung sind und der Patient sich daher im Regelfall das Krankenhaus nicht nach dessen Angeboten im Bereich der Wahlleistungen aussuchen kann. Zudem wird aufgrund krankenhausrechtlicher Bestimmungen (wie z. B. dem Gleichbehandlungsgebot gegenüber allen Benutzern) der Preis für die Wahlleistungsangebote nicht zwischen Anbieter und Nachfrager ausgehandelt. Außerdem steuert der Patient den Preis nur eingeschränkt durch sein Nachfragerverhalten, weil zumindest der versicherte Patient aufgrund der Beteiligung privater Krankenversicherungsunternehmen an der Entgeltzahlung nur ein eingeschränktes Interesse an der Höhe der Wahlleistungsentgelte hat. Wesentliche Elemente eines freien Marktes fehlen somit hier. Zudem ist der Patient dem Krankenhausträger auch aufgrund seiner krankheitsbedingt geschwächten Gesamtkonstitution strukturell unterlegen. Obwohl Wahlleistungen nicht wie die von *Kittner* beispielhaft genannten Anwendungsfälle der zweiten Fallgruppe zu den lebenswichtigen Gütern zählen, kann daher ein Eingriff in die Preissetzungsfreiheit der Krankenhäuser durch eine Rechtsverordnung zu Gunsten des Patientenschutzes gerechtfertigt werden.

---

[3] KITTNER Schuldrecht, S. 373 Rdnr. 1142.

bb) Anforderungen an eine preisregelnde Verordnung

Soll eine Rechtsverordnung als generell-abstrakte Regelung eine noch nicht genau übersehbare Zahl gleichgelagerter Fälle einheitlich durch ein speziell ermächtigtes Exekutivorgan regeln, so handelt es sich hier um delegierte Rechtssetzung, die bestimmte formelle und materielle Anforderungen erfüllen muss. Auf Bundesebene sind insbesondere die Voraussetzungen des Art. 80 I GG zu beachten, auf Landesebene die entsprechenden landesverfassungsrechtlichen Regelungen.

Gemäß Art. 80 I GG bedarf eine rechtmäßige Rechtsverordnung zunächst einer gesetzlichen Ermächtigung zum Erlass der Verordnung sowie des Weiteren der Bestimmung von Inhalt, Zweck und Ausmaß der erteilten Ermächtigung im Gesetz. Hierbei obliegt es dem Parlamentsgesetzgeber den Rahmen der zukünftigen Regelung zu bestimmen, den der Verordnungsgeber dann zu konkretisieren und auszufüllen hat. Es ist zu beachten, dass der Gesetzgeber alle wesentlichen, also insbesondere die statusbildenden Regelungen selbst treffen muss und dem Verordnungsgeber nur Regelungen der Berufsausübung überantworten darf (sog. Wesentlichkeitsgrundsatz). Diese wesentlichen Entscheidungen dürfen nicht auf den Verordnungsgeber delegiert werden.[4] Nach dem Bestimmtheitsgrundsatz des BVerfG muss der Bürger zudem bereits aus dem ermächtigenden Gesetz hinreichend deutlich erkennen können, in welchen Fällen und mit welcher Tendenz von der Ermächtigung Gebrauch gemacht werden wird und welchen möglichen Inhalt die auf Grund der Ermächtigung erlassenen Verordnungen haben können. Nur so wird dem Rechtsstaatsprinzip und hier insbesondere der Rechtssicherheit Genüge getan.[5] Die zu erlassende Rechtsverordnung muss sich sodann im Rahmen der Ermächtigungsgrundlage halten und auch mit den anderen gesetzlichen und verfassungsrechtlichen Regelungen vereinbar sein. Grundsätzlich liegt es zudem im Ermessen des Verordnungsgebers, ob er von einer Ermächtigung Gebrauch macht, jedoch kann eine Pflicht zum Tätigwerden gesetzlich verankert werden.[6]

Die Ermächtigungsgrundlage muss darüber hinaus im Wesentlichen die folgenden formellen Gesichtspunkte regeln: sie muss das zum Erlass der Verordnung zuständige Organ angeben. Hier kommen laut Art. 80 I 1 GG grundsätzlich die Bundesregierung, ein Bundesminister oder eine Landesregierung in Betracht. Des Weiteren ist ein bestimmtes Verfahren einzuhalten. So sind zum Beispiel außerstaatliche Verbände, unabhängige Sachverständige oder »die beteiligten Kreise« anzuhören, um die besondere Sachkenntnis dieser Organisationen und Personen zu nutzen und die Interessen ihrer Mitglieder besser in den Entscheidungsprozess einbeziehen zu können. Eine unterbliebene Anhörung hat allerdings keine Auswirkung auf die Rechtmäßigkeit der Verord-

---

[4] St. Rspr. vgl. z. B. BVerfG NJW 2003, 1232, 1235; BVerfGE 40, 237, 249; MAURER, § 13 Rdnr. 1 ff.; DREIER/WIELAND, Art. 12 GG Rdnr. 93.

[5] St. Rspr. z. B. BVerfGE 1, 14, 60.

[6] MAURER, § 13 Rdnr. 14 f.

nung.[7] Außerdem bedarf die Rechtsverordnung der Ausfertigung unter Angabe der Ermächtigungsgrundlage und der Verkündung.

Eine gesetzliche Ermächtigung zum Erlass einer »Verordnung zur angemessenen Gestaltung nicht-ärztlicher Wahlleistungsentgelte« könnte entweder in die Ermächtigungsvorschrift des § 16 KHG eingefügt werden, die bereits die Ermächtigung zum Erlass von Verordnungen für die Pflegesätze der Krankenhäuser enthält, oder direkt in die Regelung des § 17 KHEntgG, der sowohl die Bindung der nicht-ärztlichen Wahlleistungsentgelte an den Angemessenheitsgrundsätze enthält als auch das derzeitige Regelungssystem bestehend aus den Gemeinsamen Empfehlungen der Deutschen Krankenhausgesellschaft und des PKV-Verbands sowie der PKV-Verbandsklage.

b) Vergleich mit der Gebührenordnung für Ärzte

aa) Allgemeines

Staatliche Preisfestsetzung ist im derzeit geltenden Recht zum Beispiel von den Gebührenordnungen der freien Berufe bekannt (siehe z. B. die Gebührenordnung für Ärzte (GOÄ), die Rechtsanwaltsvergütungsgesetz (RVG) oder die Honorarordnung für Architekten und Ingenieure (HOAI)). Naheliegend ist es daher, das Verordnungssystem der GOÄ für einen Vergleich heranzuziehen, das u. a. die Entgelte für die wahlärztlichen Leistungen regelt.

Die genannten Gebührenordnungen verfolgen zumeist zwei Zwecke: Sie sichern einerseits dem Angehörigen eines freien Berufs eine angemessene Vergütung, da anerkannt ist, dass die Ausübung eines freien Berufs untrennbar mit dem Recht verbunden ist, eine angemessene Vergütung zu fordern.[8] Gebührenregelungen für freie Berufe enthalten deshalb Berufsausübungsregelungen.[9] Andererseits tragen die Gebührenordnungen auch Gemeinwohlbelangen Rechnung, indem sie z. B. dem legitimen Ziel dienen, die Kosten der Rechtsverfolgung in einem überschaubaren und als angemessen angesehenen Rahmen zu halten[10] oder den Auftraggeber einer Bauleistung vor überhöhten Honoraren in Schutz zu nehmen und damit indirekt eine Begrenzung des Anstiegs der Baukosten zu erreichen[11]. Gesetzliche Regelungen zur Gebührenbegrenzung bei

---

[7] MAURER, § 13 Rdnr. 11.

[8] BVerfG NJW 1993, 2861; PLAGEMANN, S. 2717.

[9] Z. B. BVerfG NJW 1991, 555, 556.

[10] MANGOLDT/KLEIN/STARCK/MANSSEN, Art. 12 Abs. 1 GG Rdnr. 173; siehe zur Begrenzung von Gebühren im sozialgerichtlichen Verfahren: BVerfG NJW 1991, 555 ff. (»Schonung sozial schwacher Kläger in Verfahren vor den Gerichten der Sozialgerichtsbarkeit«).

[11] BVerfG NJW 1982, 373, 374.

Rechtsanwälten und Architekten bzw. Ingenieuren sind daher im Grundsatz verfassungsgemäß.[12]

Eindeutige Vorteile der staatlichen Preisfestsetzung sind dabei einerseits in der Rechtssicherheit zu sehen, die eine staatliche Gebührenregelung allen Beteiligten bietet. Auch bestehen entgegen der unten zu diskutierenden Preisregelung durch die »betroffenen Verkehrskreise« keine Zweifel an der Legitimation zur Rechtssetzung, da sowohl der Gesetz- als auch der Verordnungsgeber durch direkte Wahlen des Volks demokratisch legitimiert ist.

Auf der anderen Seite zeigt das tagespolitische Geschehen, dass staatliche Regelungen ausgesprochen schwerfällig sind. Sie sind abhängig von politischen Entscheidungsprozessen, die sich häufig über Monate oder Jahre hinziehen, und damit unflexibel in der Reaktion auf aktuelle Entwicklungen in bestimmten Sachgebieten. Hinzu kommt, dass gesetzliche Vorschriften und Regelungen durch Verordnungen von den Betroffenen häufig als starker Eingriff in ihre Privatautonomie und Berufsfreiheit empfunden werden, wodurch der Ruf nach einer stärkeren Beteiligung der Betroffenen deutlich wird. Dies soll an dem aktuellen Beispiel der Reformüberlegungen zur GOÄ erläutert werden.

bb) Ziele und Inhalt der Preisvorschriften der GOÄ

Bei der GOÄ[13] handelt es sich um eine zustimmungspflichtige Verordnung des Bundes, die aufgrund von § 11 Bundesärzteordnung (BÄO) erlassen wurde.[14] Sie ist die bindende Grundlage für die Abrechnung ärztlicher Leistungen zwischen Arzt und Selbstzahler (Privatpatient) und stellt somit eine Spezialregelung im Sinne von § 612 II BGB dar. Für die Behandlung gesetzlich Versicherter findet sie keine Anwendung, da diese die ärztlichen Leistungen als Sachleistung im Rahmen der vertragsärztlichen Versorgung in Anspruch nehmen.[15]

Die GOÄ setzt Mindest- und Höchstsätze für ärztliche Leistungen fest und regelt damit die Vergütung, die der Patient als Gegenleistung für die ärztliche Heilbehandlung zu erbringen hat. Damit schränkt sie die Vertragsfreiheit der Vertragspartner bewusst zum Schutz des Patienten ein, um eine übermäßige finanzielle Belastung des selbst

---

[12] Vgl. BVerfG NJW 1991, 555 ff. (BRAGO); BVerfG NJW 1978, 1475 (BNotO); BVerfG NJW 1982, 373 ff.: Für das Architektenrecht hat das BVerfG allerdings verfassungsrechtliche Bedenken gegen Mindestgebührenregelungen erhoben. Verfassungsmäßig ist (nur) eine dispositive Mindestgebührenregelung.

[13] VO vom 18.12.1995 (BGBl. I S. 1861 ff.).

[14] Zur Gesetzgebungskompetenz des Bundes gemäß Art. 74 Nr. 11 GG siehe: BVerfG NJW 1985, 2185 ff.

[15] ULEER/MIEBACH/PATT, Einl. GOÄ S. 1.

zahlenden Patienten durch unangemessen hohe Vergütungsansprüche zu verhindern.[16] Die Rechtfertigung der Einschränkung der Vertragsfreiheit wird aus dem Sozialstaatsprinzip (Art. 20 I, 28 I GG) hergeleitet.[17] Jedoch wird darauf hingewiesen, dass das Maß der Einwirkung auf die freie Preisgestaltung so gering wie möglich zu halten sei. Dies ergebe sich einerseits aus dem für eine soziale Marktwirtschaft charakteristischen Prinzip der freien Preisbildung und andererseits aus der Berufsfreiheit sowie der Vertrags- und Wettbewerbsfreiheit (der Ärzte).[18] Des Weiteren sollen die Regelungen der GOÄ zu einer erhöhten Transparenz der Bemessung der ärztlichen Gebührenforderungen für den Patienten und gegebenenfalls beteiligte Kostenträger (Private Krankenversicherungsunternehmen, Beihilfe) führen.[19]

Um die aufgezeigten Ziele der Vergütungsvorschriften zu erreichen, hat der Verordnungsgeber detailliert die Vergütung ärztlicher Leistungen in Form von Festpreisen geregelt. Die Vorschriften sind für den behandelnden Arzt verbindlich, so dass auch ohne eine konkrete einzelvertragliche Vergütungsvereinbarung die Regelungen der GOÄ Anwendung finden (dies ergibt sich bereits aus § 612 II BGB; darüber hinaus auch aus § 17 III 7 KHEntgG).

Bei der Festlegung der Vergütung unterscheidet die GOÄ gemäß § 3 GOÄ zwischen Gebühren, die die ärztlichen Leistungen selbst betreffen, Entschädigungen im Sinne von § 7 GOÄ, also dem Wegegeld und der Reiseentschädigung, sowie dem Ersatz von Auslagen nach § 10 GOÄ. Die Höhe der Gebühr bemisst sich grundsätzlich nach dem Einfachen bis Dreieinhalbfachen des Gebührensatzes (§ 5 GOÄ). Dieser ergibt sich aus einer Multiplikation der Punktzahl der einzelnen Leistung des Gebührenverzeichnisses mit dem Punktwert (5,82873 Euro-Cent).

Prinzipiell ist davon auszugehen, dass lediglich eine Gebühr zwischen dem Einfachen und dem 2,3fachen des Gebührensatzes berechnet werden soll, wobei die Gebühr innerhalb dieses Rahmens unter Berücksichtigung der Schwierigkeit und des Zeitaufwands der einzelnen Leistung sowie der Umstände bei der Ausführung nach billigem Ermessen festgesetzt werden soll. Eine Überschreitung kann im Einzelfall gerechtfertigt sein, ist dem Patienten allerdings gemäß § 12 III 1 GOÄ schriftlich und verständlich zu begründen. Des Weiteren ist bei privatärztlicher Behandlung im Krankenhaus eine Gebührenminderung um 25 % vorgeschrieben.

---

[16] VERBAND DER PRIVATEN KRANKENVERSICHERUNG E. V. Rechenschaftsbericht 2001, S. 42; zur grundsätzlichen Zulässigkeit der Einschränkung der Vertragsfreiheit von Freiberuflern siehe ausführlich: TAUPITZ MedR 1996, S. 533 f. m. w. N.

[17] ULEER/MIEBACH/PATT, Einl. GOÄ S. 2 f.; HABERSTROH VersR 2000, S. 540; VERBAND DER PRIVATEN KRANKENVERSICHERUNG E. V. Rechenschaftsbericht 2001, S. 42; vgl. die Dokumentation des 102. Deutschen Ärztetags in: DÄBl. 1999, S. A-1658, 1661; vgl. auch BVerfGE 8, 275, 323.

[18] TAUPITZ MedR 1996, S. 534.

[19] ULEER/MIEBACH/PATT, Einl. GOÄ S. 4.

Abweichende Vereinbarungen zwischen Arzt und Patient sind nur unter den Voraussetzungen des § 2 GOÄ zulässig, der besondere, formelle Anforderungen an die Schriftlichkeit der Vereinbarung sowie umfangreiche Unterrichtungspflichten vor Inanspruchnahme der ärztlichen Leistungen vorschreibt. Außerdem ist es ausgeschlossen, eine abweichende Punktzahl oder einen abweichenden Punktwert zu vereinbaren. Lediglich der Steigerungssatz ist einer privatautonomen Vereinbarung zugängig.

cc) Reformüberlegungen

Trotz der nicht zur Diskussion stehenden Vorteile der GOÄ, insbesondere dem Patienten (und dem Arzt) Rechtssicherheit zu gewähren und die Transparenz der Gebührenbemessung sicher zu stellen, wird das Gebührenverzeichnis bereits seit Jahren kritisiert. So weist die Bundesärztekammer (BÄK) in ihren regelmäßig wiederkehrenden Beschlüssen zu Recht darauf hin, dass das Gebührenverzeichnis aufgrund mangelnder Anpassungen veraltet und teilweise obsolet ist. Aufgrund mehrfacher Teilnovellierungen weise es zudem systematische Brüche und Bewertungsungleichgewichte auf. Wegen der unzureichenden inhaltlichen Abstimmung der einzelnen mittlerweile teilweise überarbeiteten Vorschriften komme es zu Fehlinterpretationen und Falschabrechnungen. Es bedürfe daher dringend einer Überarbeitung und Anpassung der GOÄ an den Stand der medizinischen Wissenschaft.[20]

In der Literatur wird die mangelnde Flexibilität der staatlichen Preisfestsetzung ebenfalls kritisiert; eine zeitnahe Reaktion auf den medizinischen Fortschritt und die Einführung neuer Behandlungsmethoden finde auch aufgrund politischer Kontroversen (häufig) nicht statt.[21] Zudem sei das Gebührenverzeichnis in weiten Teilen veraltet und bilde den medizinischen Fortschritt nicht mehr ab.[22] Zwar versuche die BÄK durch Empfehlungen (Verzeichnis der analogen Bewertungen) diesen Missstand auszugleichen. Jedoch dürfe sich der Verordnungsgeber nicht aus der Verantwortung stehlen und die BÄK als »Ersatzverordnungsgeber« missbrauchen. Eine Lösung der Problematik könne allerdings in einem Übergang von einer »amtlichen«, d. h. als Rechtsverordnung von der Bundesregierung erlassenen, Gebührenordnung zu einem zwischen Ärzten und Kostenträgern (PKV und Beihilfe) vereinbarten Preis- und Leistungsverzeichnis (»Vertragsgebührenordnung«) liegen. Sowohl die BÄK als auch der PKV-Verband unterstützten eine derartige »Selbstverwaltungslösung«.[23]

---

[20] HESS, S. A-372; siehe die Dokumentation zum 107. Deutschen Ärztetag in: DÄBl. 2004, A-1584, 1596 und auch bereits die Dokumentation zum 105. Deutschen Ärztetag in: DÄBl. 2002, A-1653, 1657 (auch zur bislang ebenfalls fehlenden Anpassung des GOÄ-Vergütungsniveaus in den neuen Ländern).

[21] Vgl. zu den Forderungen der BÄK auch: HESS, S. A-372.

[22] VERBAND DER PRIVATEN KRANKENVERSICHERUNG E. V. Rechenschaftsbericht 2001, S. 42.

[23] ULEER/MIEBACH/PATT, Einl. GOÄ S. 4.

Auch der Bundesrat hat aus den genannten Gründen bereits am 03.11.1995 der damaligen Bundesregierung empfohlen, das staatlich verordnete Gebührensystem durch ein Vergütungssystem (mit staatlicher Zwangsschlichtung) abzulösen, das gesamtvertraglich zwischen Leistungsanbieter- und Kostenträgerseite vereinbart wird.[24]

Diese Kritik erkennt der Verordnungsgeber ebenfalls prinzipiell an, indem er zugibt, dass der Grund für die mangelnde Anpassung und Überarbeitung der Gebührenordnung die »starke Involvierung des Staates« und die »Schwerfälligkeit des Verordnungsverfahrens« sei. Zudem sei die Aktualisierung und Anpassung bislang entscheidend politisch beeinflusst. Eine Aktualisierung der Gebührenordnung könne daher aufgrund ihrer größeren Sachnähe besser von den Betroffenen selbst getroffen werden.[25]

dd) Die Reformvorschläge im Einzelnen

Seit der genannten Empfehlung einer gesamtvertraglichen Vereinbarung der Vergütung ärztlicher Leistungen durch den Bundesrat wurden mehrere Lösungsansätze entwickelt, um insbesondere das Ziel zu erreichen, die »Gebührentaxe transparenter, abrechnungssicherer und verständlicher«[26] zu gestalten. Zur Diskussion stehen seitdem zwei unterschiedliche Lösungsansätze: das Mustervertragsmodell und das Vorschlagsmodell.

(1) Das Mustervertragsmodell

Das Mustervertragsmodell geht davon aus, dass die Bundesärztekammer und die Kostenträger (private Krankenversicherung, Beihilfe) eigenverantwortlich die Inhalte der Gebührenordnung gestalten. Hierbei hat eine regelmäßige Aktualisierung stattzufinden.

Ob dieses Modell, wie in der Literatur[27] und von Seiten der an der Ausarbeitung einer Neuregelung beteiligten Ministerien eingewandt wird[28], tatsächlich unzulässig in die Rechte der zahlungspflichtigen Privatpatienten und Selbstzahler eingreift und somit einen (unzulässigen) Vertrag zu Lasten dieser Dritten darstellt, hängt davon ab, wie die Verbindlichkeit der Regelung ausgestaltet wird. Sollen BÄK und Kostenträger für den Patienten verbindliche Regelungen treffen, ohne dass ein Patientenvertreter beteiligt wird, so wird unzulässig in die Privatautonomie der Patienten eingegriffen, da es an einer Legitimation der entsprechenden Personen zur Rechtssetzung gegenüber

---

[24] BR-Drs. 688/95, S. 146.

[25] Siehe hierzu die Wiedergabe der Stellungnahme des Bundesgesundheitsministeriums bei: HESS, S. A-372; CLADE DÄBl. 2001, S. A-1856.

[26] HESS, S. A-373; CLADE DÄBl. 2001, S. A-1855.

[27] CLADE DÄBl. 2001, S. A-1855 f.

[28] Vgl. zu diesen Bedenken den Tätigkeitsbericht der BÄK in: DÄBl. 2001, A-1458, 1459; HESS, S. A-373.

den Patienten fehlt.[29] Hier wäre vielmehr auch die Beteiligung eines Patientenvertreters erforderlich, der dann insbesondere zur Wahrung der Verbraucherbelange berufen wäre.[30] Ebenso ist auch zu bedenken, dass es derzeit der BÄK noch an einem Mandat fehlt, für alle Ärzte verbindliche Verträge zu schließen, weswegen eine (verbindliche) Gebührenvereinbarung zwischen Bundesärztekammer und Kostenträgern auch unzulässig in die Vertragsfreiheit der Ärzte eingriffe.[31]

Anders stellt sich die Situation allerdings dar, wenn die Muster-GOÄ lediglich einen Vorschlag an Ärzte und Patienten beinhaltet und diese ihre privatautonome Vereinbarung bewusst und gewollt an die dortigen Regelungen anlehnen können. Dann fehlt es der Muster-GOÄ zunächst an einer eigenen Verbindlichkeit und die Regelungen erhalten ihre Wirksamkeit erst durch die privatautonome Einbeziehung. Gegen eine solche Lösung bestehen keine rechtlichen Bedenken. Jedoch fehlt es der Regelung dann gegebenenfalls an der gewünschten Schlagkraft.

Ob ein Mustervertrag hingegen aufgrund unüberbrückbarer Meinungsverschiedenheiten zwischen den denkbaren Vertragspartnern erst gar nicht zustande käme[32], kann angezweifelt werden, denn gerade im Krankenhausrecht ist die Selbstverwaltung im Rahmen der Festsetzung der Pflegesätze eine seit langem praktizierte Vorgehensweise, die sich auch bewährt hat.

(2) Das Vorschlagsmodell

Nach diesem Modell sollen die BÄK, der PKV-Verband, die Beihilfestellen des Bundes, der Länder und der Kommunen Reformvorschläge zur Weiterentwicklung des Gebührenrechts erarbeiten. Die Koordination der Verhandlungen übernimmt dabei das Bundesgesundheitsministerium. Eine Schlichtungsstelle nimmt eine Konfliktregelung vor, wenn sich die Beteiligten nicht einig werden. Die Vorschläge werden sodann in ein Verordnungsverfahren eingebracht, wobei der Bundesrat wie bislang bereits üblich die Letztentscheidung über die Umsetzung der Vorschläge hätte.[33]

Das Vorschlagsmodell wurde der Ärzteschaft auf dem 104. Ärztetag im Jahr 2001 vorgestellt und wird von der Mehrheit der Ärztevertreter getragen.[34] Allerdings knüpft der Ärztetag an eine Umsetzung des Modells die Bedingungen, dass die vereinbarten

[29] So nämlich der Bericht des Vorsitzenden des Ausschusses »Gebührenordnung« der BÄK, Alfred Möhrle, in: Clade DÄBl. 2000, S. A-1370.

[30] Zu entsprechenden Bedenken bei einem Modell ohne Patientenvertreter siehe: Tätigkeitsbericht der BÄK in: DÄBl. 2000, A-1384, 1385 f.

[31] Tätigkeitsbericht der BÄK in: DÄBl. 2000, A-1384, 1385 f.

[32] So die BÄK in ihrem Tätigkeitsbericht (DÄBl. 2000, A-1384, 1385 f.).

[33] Hess, S. A-373; Clade DÄBl. 2001, S. A-1855.

[34] Siehe den Tätigkeitsbericht der BÄK in: DÄBl. 2001, A-1458 f.

Vorschläge nach erfolgter Einigung der Beteiligten politisch nicht mehr zur Diskussion gestellt werden, sondern inhaltlich auch vom Bundesrat akzeptiert werden, dass die Eigenständigkeit der GOÄ erhalten bleibt, dass die Ausschüsse gleichgewichtig, paritätisch besetzt werden, dass ein zügiger Entscheidungsprozess sicher gestellt wird, dass eine regelmäßige Aktualisierung des Gebührenverzeichnisses vorgenommen und eine Schiedsstelle eingerichtet wird.[35]

Das Vorschlagsmodell hat im Vergleich mit dem Mustervertragsmodell noch weniger verbindliche Regelungen zum Ziel. Vielmehr werden von den Partnern des Vereinbarungsmodells lediglich unverbindliche Vorschläge erarbeitet, die der Verordnungsgeber dann im Rahmen seines eigenen Gestaltungsspielraums umsetzen kann. Allerdings ist er zu einer Umsetzung auch nicht verpflichtet. Dass gerade dieser Aspekt auch Zweifel an dem Modell an sich aufkommen lässt, belegen die Forderungen der Ärzteschaft, die zu Recht befürchtet, dass nach langwierigen Verhandlungen zwischen den Parteien des Vorschlagsmodells, in denen sich diese schließlich zu einem Kompromiss durchgerungen haben, die Vorschläge vom Verordnungsgeber dann doch nicht oder nur teilweise berücksichtigt werden. Die Forderungen der Ärzteschaft verfolgen daher offensichtlich auch das Ziel, den Verhandlungsergebnissen eine höhere Verbindlichkeit zu verleihen. Allerdings ist gerade die Verbindlichkeit dieser getroffenen Regelungen hinsichtlich der Legitimation der beteiligten Parteien zur Rechtssetzung problematisch. So fehlt es, wie auch beim Mustervertragsmodell, an der Beteiligung eines Patientenvertreters. Das Modell bezweckt vielmehr, dass die eigentliche Regelung erst durch den Verordnungsgeber getroffen wird und die an den Vorschlägen Beteiligten lediglich beratend tätig werden. Nur wenn der Verordnungsgeber tatsächlich ein eigenständiges, ungebundenes Letztentscheidungsrecht behält, ist das Modell mit der Verfassung vereinbar.

ee) Gesetzgeberische Lösungsansätze

Bislang wurde allerdings keiner der beiden Vorschläge vom Gesetzgeber umgesetzt. Auch bleibt der sich an die Vorschläge des Bundesrates anschließende Bericht der Bundesregierung nach der Darstellung der derzeitigen Gesetzeslage, der Auswertung der Stellungnahmen aller zu beteiligenden Betroffenen und einem Vergleich mit dem europäischen Ausland äußerst vage.[36] Zwar wird anerkannt, dass »eine zeitnahe Berücksichtigung des medizinischen und technischen Fortschritts bei den Leistungsbeschreibungen des Gebührenverzeichnisses, die Weiterentwicklung leistungsgerechter Vergütungsstrukturen sowie die Anpassung der Gebühren an die wirtschaftliche Entwicklung im bestehenden Verordnungsverfahren durch lange Bearbeitungszeiträume und langwierige Abstimmungsprozesse wesentlich erschwert wird. Gerade bei der

[35] Siehe hierzu ausführlich das Positionspapier der BÄK bei: HESS, S. A-373 ff. sowie CLADE DÄBl. 2001, S. A-1855.
[36] Siehe hierzu die Anlage zur BR-Drs. 240/98.

GOÄ mit ihrer typischen Einzelleistungsvergütungsstruktur sei jedoch eine zeitnahe Anpassung wünschenswert, um eine flexiblere Reaktion auf ein sich ständig weiter entwickelndes medizinisches Leistungsgeschehen zu ermöglichen und möglichst zeitnah sowohl Rationalisierungseffekte angemessen berücksichtigen zu können als auch eine leistungsgerechte Vergütung bei solchen Leistungen sicher zu stellen, deren Aufwand sich im Zuge des medizinischen Fortschritts oder der Kostenentwicklung erhöht habe. Ferner sei die stärkere Einbeziehung von Qualitätssicherungsaspekten und von mengendämpfenden Anreizen problemloser möglich, wenn eine zeitnahe Anpassung solcher Regelungen an aktuelle Entwicklungen erfolgen könnte.«[37] Dies spreche für eine gesamtvertragliche Lösung der Vergütungsfragen.

Auch ein Vergleich mit anderen europäischen Staaten spreche für eine gesamtvertragliche Vereinbarungslösung zwischen Leistungserbringern (Ärzten) und Kostenträgern (Krankenkassen und Beihilfeträgern). Denn ein »verbindlich geltendes staatlich verordnetes Preisrecht« stelle im europäischen Vergleich die Ausnahme dar. Vorherrschend sei vielmehr die genannte Vereinbarungslösung mit unterschiedlich ausgeprägten staatlichen Aufsichtsfunktionen.[38]

Des Weiteren geht die Bundesregierung davon aus, dass die Interessen der Ärzte einerseits und der Kostenträger andererseits gleichwertig repräsentiert werden könnten. Zweifelhaft erscheint die Wahrung der Interessen der Patienten, auch wenn die Bundesregierung die Auffassung vertritt, die Interessen der Patienten im Hinblick auf medizinische Versorgung und ihre wirtschaftlichen Interessen als Versicherte / Beihilfeberechtigte würden durch die Ärzteschaft bzw. die Kostenträgerseite vertreten werden können. Grundsätzlich sei daher ein sachgerechter Interessenausgleich erreichbar.[39] Dieser Ansicht in entgegen zu halten, dass nicht erkennbar ist, wie die Ärzte und Kostenträger vom Patienten zur Wahrnehmung seiner Interessen ermächtigt werden könnten. Vielmehr liegt auf der Hand, dass die genannten Vertragsparteien häufig vollkommen andere Interessen vertreten als diejenigen des Patienten. So verfolgen die Ärzte zunächst das Ziel, die Entgelte der GOÄ an die Preisentwicklung anzupassen, gegebenenfalls auch einen gewissen Gewinnrahmen zu etablieren. Dies führt zu einer Erhöhung der Entgelte, die nicht im Interesse des Patienten liegt. Die Kostenträger erscheinen ebenfalls nicht in vollem Umfang zur Wahrnehmung der Interessen der Patienten berufen zu sein, da auch sie zunächst eigene Zwecke verfolgen. So ist nicht ausgeschlossen, dass die erstrebte Begrenzung der Ausgaben der Versicherungen zu Qualitätseinbußen bei den Leistungen führen könnte, die wiederum den Interessen der Patienten nicht entsprächen. Eine sachgerechte Interessenwahrnehmung kann daher nur durch die Beteiligung eines Patientenvertreters erreicht werden. Davon abgesehen haben die (berechtigten) Bedenken einiger Sachverständiger keinen Eingang in die Er-

---

[37] Anlage zur BR-Drs. 240/98, S. 2.

[38] Anlage zur BR-Drs. 240/98, S. 3.

[39] Anlage zur BR-Drs. 240/98, S. 2 f.

wägungen der Bundesregierung gefunden, wie mit nicht krankenversicherten Personen verfahren werden sollte.[40] Eine Erstreckung vertraglicher Regelungen auf sog. Außenseiter wirft nämlich ebenfalls erhebliche verfassungsrechtliche Probleme auf, denen jedoch durch die Beteiligung eines Patientenvertreters begegnet werden könnte.

Soweit erkennbar wurden allerdings bislang vom Gesetzgeber noch keine konkreten Konsequenzen aus der Analyse gezogen, sondern die Bundesregierung begnügt sich mit der Aussage, dass ein »gesamtvertraglich zu vereinbarendes Vergütungssystem« an Stelle der heutigen staatlich verordneten Gebührenordnungen »grundsätzlich erwägenswert« sei. Dieses könnte sowohl die Ausgestaltung des Gebührenverzeichnisses als auch die Bestimmung des Punktwerts der Vereinbarung der Kostenträger sowie der Leistungserbringer überlassen. Die staatliche Gebührenordnung könne dann lediglich noch flankierende Rahmenregelungen in Form allgemeiner Vorschriften enthalten.

c) Bewertung des Verordnungsmodells

Grundsätzlich könnten die Entgelte für nicht-ärztliche Wahlleistungsentgelte durch Verordnung, ähnlich der GOÄ, geregelt werden, soweit der Gesetzgeber eine Ermächtigungsgrundlage hierfür (gegebenenfalls im neuen KHEntgG oder im KHG) schaffen würde. Insbesondere bedürften Inhalt, Zweck und Ausmaß einer hinreichenden Bestimmung im Rahmen des den Verordnungsgeber ermächtigenden Gesetzes. Inhaltlich fiele die Materie in den Aufgabenbereich des Bundesgesundheitsministeriums. Des Weiteren wäre das einzuhaltende Verfahren näher zu regeln. In diesem Rahmen könnte beispielsweise eine Anhörung der betroffenen Verkehrskreise, also der Deutschen Krankenhausgesellschaft, der Beihilfeträger, des PKV-Verbands sowie von Patientenvertretern, vorgesehen werden.

Wie oben aufgezeigt wurde, haben derartige staatliche Verordnungsmodelle den entschiedenen Vorteil, dass sie zu für die Betroffenen verbindlichen Regelungen führen und damit sowohl Rechtsklarheit als auch Rechtssicherheit erreichen. Auf der anderen Seite zeichnen sie sich häufig dadurch aus, dass sie unflexibel sind und auf Veränderungen aufgrund der erforderlichen politischen Abstimmungsprozesse erst mit erheblichen zeitlichen Verzögerungen reagieren können.[41] Dies hat die Analyse der Entwicklungen im Bereich der GOÄ deutlich gezeigt. Ähnliche, berechtigte Reformüberlegungen wie dort werden auch hinsichtlich diverser anderer Gebührenordnungen

[40] Anlage zur BR-Drs. 240/98, S. 8.

[41] A. A. SCHIMMELPFENG-SCHÜTTE, S. 536 f., die die Verordnungslösung gerade für eine (gegenüber dem parlamentarischen Gesetz) flexiblere Variante der Normsetzung hält und diese Alternative insbesondere in Anbetracht der zweifelhaften demokratischen Legitimation diverser Gremien im Gesundheitswesen empfiehlt.

gehegt. Insbesondere sind ebenfalls mangelnde Anpassungen der Gebührenverzeichnisse Mittelpunkt der Kritik.[42] Bis es zu Neuregelungen oder Überarbeitungen von Gebühren- und Vergütungssätzen kommt, vergehen häufig Jahre. Hinzu kommt, dass Verordnungslösungen einen starken Eingriff in die Vertrags- und Preissetzungsfreiheit der Betroffenen darstellen. Dies hat Auswirkungen auf die Akzeptanz der Regelung in den betroffenen Verkehrskreisen.

Für eine Neuregelung des Verfahrens zur Bemessung nicht-ärztlicher Wahlleistungsentgelte scheint daher die Verordnungslösung lediglich eine »ultima ratio« zu sein, die sich als zu wenig anpassungsfähig erweist und die Rechte der Betroffenen zu stark beeinträchtigt.

3. Festsetzung angemessener Entgelte durch die beteiligten Verkehrskreise

Im Gesundheitswesen sind Vereinbarungsmodelle durch die sog. Gemeinsame Selbstverwaltung bestehend aus Leistungserbringern und Kostenträgern weit verbreitet. So nutzt der Gesetzgeber die Fachkompetenz und sachliche Nähe der mit der Materie befassten Fachkreise, damit im Idealfall möglichst flexible Lösungen entwickelt und eine rasche zeitliche Anpassung an ökonomische und medizinische Entwicklungen erreicht werden kann. Im Folgenden wird nun ausgehend vom neuen Entgeltsystem für allgemeine Regelleistungen im Krankenhaus erörtert, ob auch für die Bemessung der nicht-ärztlichen Wahlleistungsentgelte und in diesem Zusammenhang vor allem für die Entwicklung eines tragfähigen Berechnungsmodells für die »Bezugsgröße Unterkunft« bzw. eine Weiterentwicklung der bereits vorliegenden Kataloge für Komfortelemente sowie eine regelmäßige Anpassung der Regelungen an neue Entwicklungen eine Vereinbarungslösung in Betracht kommen kann, die die derzeitige einseitige Entgeltfestsetzung durch den einzelnen Krankenhausträger ablösen könnte.

a) Neue Kompetenzen für Leistungserbringer und Kostenträger im Gesundheitswesen

aa) Zielsetzung des neuen Verfahrens

Durch das GKV-Gesundheitsreformgesetz 2000[43] wurde ein neues leistungsorientiertes Fallpauschalensystem zur Abrechnung der allgemeinen Regelleistungen im Kran-

[42] Siehe z. B. zur BRAGO und dem geplanten Rechtsanwaltsvergütungsgesetz: BT-Drs. 14/9037; BUNDESRECHTSANWALTSKAMMER; EBERT, S. 284 ff.; SCHARF, S. 722 ff.

[43] G vom 21.12.1999 (BGBl. I S. 2626 ff.).

kenhaus eingeführt, dessen Entwicklung und Fortentwicklung den Selbstverwaltungspartnern, d. h. den Spitzenverbänden der Krankenkassen, dem PKV-Verband und der DKG, übertragen wurde (vgl. § 17 b KHG). Diese hatten und haben die Aufgabe, ein bereits im Ausland bestehendes Fallpauschalensystem auf die Bedürfnisse in Deutschland »zuzuschneiden«. Der Gesetzgeber gab insofern lediglich den Rahmen des neuen Systems gesetzlich vor (vgl. § 17 b KHG), die inhaltliche Entwicklung und Einführung sowie die spätere »Pflege« des Systems sollte und soll jedoch auch zukünftig den Selbstverwaltungspartnern obliegen.

Ziel der gesetzlichen Neuregelungen soll es dabei einerseits sein, die Wirtschaftlichkeit der Krankenhausversorgung durch eine bedarfsgerechte Investitionsfinanzierung und ein leistungsbezogenes Vergütungssystem zu verbessern[44], für mehr Marktwirtschaft und Wettbewerb im Gesundheitswesen zu sorgen und damit über die »Steuerungsfunktion des Preises« deutlich zu einer Kostendämpfung im Krankenhaussektor beizutragen[45]. Auf der anderen Seite soll die Qualität der Krankenhausversorgung zu einem entscheidenden Auswahl- und Steuerungskriterium für deren Inanspruchnahme werden, so dass auch den Interessen der Patienten im Sinne eines »gesundheitlichen Verbraucherschutzes« Genüge getan wird.[46]

Den Selbstverwaltungspartnern kam damit bereits in den vergangenen Jahren – und kommt auch zukünftig – die verantwortungsvolle Aufgabe zu, ein ausländisches System zur Ermittlung von Fallpauschalen im Krankenhaus an die besonderen Bedürfnisse in Deutschland anzupassen. Man entschied sich für das australische DRG-System (DRG = diagnosis related groups). Nach diesem neuen Entgeltsystem soll sich der Erlös des einzelnen Krankenhauses je Patient aus einem vorab nach Erfahrungswerten und Einsparfaktoren definierten Basisfallpreis (sog. landesweiter Basisfallwert nach § 10 KHEntgG) und einem »Relativgewicht« errechnen. Das Produkt aus diesen beiden Größen ergibt das Krankenhausentgelt pro Behandlungsfall für die Erbringung der allgemeinen Regelleistungen, wobei das Relativgewicht nach der Menge der diagnostischen und therapeutischen Schritte ermittelt wird, die »einen Behandlungsablauf evidentermaßen indikationsbezogen konstituieren«[47]. Ziel ist es also, für eine bestimmte Erkrankung eine bestimmte Pauschalvergütung zu bezahlen, unabhängig von den individuellen Aufwendungen und unabhängig von dem Krankenhaus, in dem sie erbracht werden.[48] Die Einführung des neuen Fallpauschalensystems erfolgt in mehreren Stufen, um den Krankenhäusern die Umstellung zu erleichtern.

Allerdings wurde für den Verordnungsgeber eine Ersatzvornahmemöglichkeit vorgesehen, um im Falle der Nicht-Einigung der Vertragsparteien selbst eine Regelung vor-

---

[44] BT-Drs. 14/1245, S. 56, 111 ff.

[45] PITSCHAS, S. 342.

[46] Vgl. PITSCHAS, S. 342 ff.

[47] PITSCHAS, S. 342.

[48] NEUMANN/HELLWIG, S. A-3387.

nehmen zu können (siehe § 17 b VII KHG) und damit den (gesetzlich) vorgegebenen Zeitrahmen für die Umstellung des Entgeltsystems einhalten zu können. So sind dann auch aufgrund anhaltender Meinungsverschiedenheiten zwischen den Vertragsparteien sowohl im Jahr 2003 als auch 2004 Abrechnungsbestimmungen durch das Bundesministerium für Gesundheit und Soziale Sicherung erlassen worden (siehe u. a. die Fallpauschalenverordnung[49]). Nichtsdestotrotz soll für die Zukunft an der Regelung festgehalten werden, dass grundsätzlich die Selbstverwaltungspartner vorrangig zur Vereinbarung entsprechender Bestimmungen berufen sein sollen.

bb) Überblick über das neue Pflegesatz-Vereinbarungs-Verfahren

Gemäß den Regelungen des neuen KHEntgG (§§ 9-15 KHEntgG) i. V. m. §§ 17, 18 KHG werden die für die Inanspruchnahme von allgemeinen Regelleistungen im Krankenhaus zu entrichtenden Entgelte – wie bisher im Pflegesatzverfahren nach der BPflV a. F. – in einem drei-stufigen Verfahren ermittelt. Die entsprechenden Verhandlungen finden dabei zwischen den Krankenhausträgern einerseits und den Sozialleistungsträgern andererseits bzw. deren Verbänden statt (sog. Gemeinsame Selbstverwaltung).[50]

Zunächst werden von den Vertragsparteien auf Bundesebene mit Wirkung für die Vertragsparteien nach § 11 KHEntgG, also die Kostenträger und das individuelle Krankenhaus, ein Fallpauschalen-Katalog einschließlich der Bewertungsrelationen sowie Regelungen zur Grenzverweildauer und der in Abhängigkeit von diesen zusätzlich zu zahlenden Entgelte oder vorzunehmenden Abschläge sowie ergänzender Zusatzentgelte und Abrechnungsbestimmungen vereinbart (§ 9 I KHEntgG). Nach der Legaldefinition handelt es sich bei den Vertragspartnern auf Bundesebene um die Spitzenverbände der Krankenkassen, den PKV-Verband sowie die DKG. Die Vertragsparteien auf Landesebene[51] nach § 10 I KHEntgG i. V. m. § 18 I 2 KHG vereinbaren sodann einen landesweit einheitlichen Basisfallwert, der ebenfalls für die Vertragsparteien vor Ort verbindlich ist.

Das einzelne Krankenhaus vereinbart mit den Kostenträgern nach § 18 II KHG, also den Sozialleistungsträgern, nach § 11 KHEntgG in Form eines öffentlich-rechtlichen (schriftlichen) Vertrags[52] für jedes Kalenderjahr nach Aufforderung durch eine Ver-

---

[49] VO vom 13.10.2004 (BGBl. I S. 1995).

[50] Entfielen dabei mehr als 5 % der Berechnungstage eines Krankenhauses auf einen bestimmten Sozialleistungsträger, so konnte dieser selbst Pflegesatzpartei sein. Ansonsten konnten auch Arbeitsgemeinschaften von Sozialleistungsträgern Vertragspartei sein, wenn auf ihre Mitglieder insgesamt mehr als 5 % der Berechnungstage eines Krankenhauses entfielen.

[51] Dies sind die Landeskrankenhausgesellschaft, die Landesverbände der Krankenkassen, die Verbände der Ersatzkassen und der Landesausschuss des PKV-Verbands.

[52] DIETZ/BOFINGER, § 18 KHG S. 126 h; TUSCHEN/QUAAS, § 17 BPflV S. 366, 372; BREITMEIER et al./KNORR/LAUTERJUNG/NOTZ/PFEIFFER Düsseldorfer Kommentar, 3. Auflage, § 17 BPflV S. 273.

tragspartei den Gesamtbetrag, das Erlösbudget, die Summe der Bewertungsrelationen, den krankenhausindividuellen Basisfallwert, die Zu- und Abschläge, die sonstigen Entgelte und die Mehr- und Mindererlösausgleiche.

cc) Schiedsstelle

Für den Fall, dass sich die Vertragsparteien nicht einigen können, ist ein Schiedsverfahren vorgesehen. Erfolgt hier keine Einigung, so gilt, wie oben bereits erwähnt wurde, eine Ersatzvornahmeermächtigung ohne Zustimmung des Bundesrats für den Verordnungsgeber, hier das Bundesministerium für Gesundheit und Soziale Sicherung (vgl. § 17 b VII KHG). In den übrigen Fällen des § 9 KHEntgG, also insbesondere den abzugebenden Empfehlungen auf Bundesebene sowie hinsichtlich des landesweit zu vereinbarenden Basisfallwerts gemäß § 10 KHEntgG und der Vereinbarung für das einzelne Krankenhaus nach § 11 KHEntgG, entscheidet hingegen nach genauen gesetzlichen Vorgaben die Schiedsstelle im Sinne von § 18 a KHG (siehe §§ 9 II 1. Hs., 10 VI 4 und 13 I KHEntgG). Bei der Schiedsstelle handelt es sich dabei um eine mit hoheitlicher Schlichtungsgewalt ausgestattete (besonders sachkundige[53]) Einrichtung der gemeinsamen Selbstverwaltung[54], die gemäß § 13 I 2 KHEntgG an dieselben rechtlichen Vorschriften gebunden ist wie die Vertragsparteien selbst.

dd) Genehmigung der Pflegesätze

Von besonderer Bedeutung für den am Ende der Arbeit vorzunehmenden Regelungsvorschlag hinsichtlich der Sicherstellung angemessener Wahlleistungsentgelte ist vor allem das Genehmigungsverfahren, das das KHG und das KHEntgG für das In-Kraft-Setzen der vereinbarten oder festgesetzten Pflegesätze vorsehen. Zu bedenken ist nämlich, dass nach der derzeitigen Regelung das in den Krankenhaustarif aufgenommene Wahlleistungsentgelt zunächst von niemandem überprüft wird. Es ist nicht genehmigungsbedürftig, denn § 18 V KHG bzw. § 14 KHEntgG, wonach eine Genehmigung der von den Parteien vereinbarten Entgelte zu erfolgen hat, gelten nur für die Pflegesätze hinsichtlich der allgemeinen Krankenhausleistungen. Die Genehmigungsbehörde könnte ein als überhöht angesehenes Wahlleistungsentgelt nicht beanstanden.[55] Vielmehr besteht lediglich eine Mitteilungspflicht des Krankenhauses hinsichtlich der Art der Wahlleistungen, die es anzubieten gedenkt.[56]

---

[53] Hess. VGH das Krankenhaus 1995, 505.

[54] BEHRENDS/GERDELMANN, S. 148.

[55] DIETZ/BOFINGER, § 22 BPflV S. 369.

[56] Die entsprechende Mitteilung kann im Rahmen des Genehmigungsantrags für die allgemeinen Pflegesätze gemäß §§ 17 II 2, 14 KHEntgG (§§ 22 II 2, 20 BPflV a. F.) erfolgen.

(1) Genehmigung gemäß § 18 V KHG

Im Gegensatz zur Vorgängerregelung in § 20 BPflV a. F. findet sich im KHEntgG kein allgemeines Genehmigungserfordernis mehr für die unterschiedlichen Vereinbarungen auf Bundes-, Landes- sowie individueller Ebene. Vielmehr wird vom Wortlaut der Neuregelung in § 14 KHEntgG nur noch der Antrag einer Genehmigung nach § 13 KHEntgG festgesetzter krankenhausindividueller Basisfallwerte, der sonstigen Entgelte nach § 6 KHEntgG sowie der Zuschläge gemäß § 5 KHEntgG umfasst. Die amtliche Begründung zu § 14 KHEntgG spricht allerdings lediglich von einer redaktionellen Anpassung, obwohl die Vorschrift auch inhaltlich erheblich verändert wurde. So sah die Regelung des § 20 BPflV a. F. auch noch ausdrücklich die Genehmigung der Vereinbarungen auf Landesebene und damit des damals landesweit geltenden Punktwerts vor. Zu Recht gehen daher Stimmen in der Literatur davon aus, dass § 14 KHEntgG nur noch das (formelle) Antragserfordernis der Genehmigung regelt, sich die inhaltlichen Voraussetzungen hingegen aus der allgemeinen Vorschrift des § 18 V KHG ergeben.[57] Dort heißt es, dass die vereinbarten oder festgesetzten Pflegesätze[58] von der zuständigen Landesbehörde genehmigt werden, wenn sie den Vorschriften dieses Gesetzes und sonstigem Recht, also insbesondere dem KHEntgG, entsprechen. Erst durch die Genehmigung der zuständigen Behörde erlangen die vereinbarten Pflegesätze somit ihre Wirksamkeit nach außen und werden für die Parteien des privatrechtlichen Krankenhausvertrags unmittelbar wirksam, ohne dass es einer Einbeziehung in den Vertrag bedarf (sog. privatrechtsgestaltende Wirkung der Genehmigung).[59] Hieraus folgt der Ausschluss der AGB-Kontrolle hinsichtlich der Höhe der Entgelte und zum anderen die verwaltungsgerichtliche Anfechtbarkeit der Pflegesatzgenehmigungen für Selbstzahler.[60] Die Vereinbarung wirkt nach ihrer Genehmigung somit über den Kreis der Vertragschließenden hinaus. Sie legt für alle Kostenträger und den selbstzahlenden Patienten verbindlich den Preis fest. Die Vertragsfreiheit des Patienten ist insofern eingeschränkt.

Zu berücksichtigen ist des Weiteren, dass es sich bei dem Beschluss der Schiedsstelle noch nicht um einen eigenen Verwaltungsakt handelt.[61] Vielmehr erlangt auch die Pflegesatzfestsetzung der Schiedsstelle erst durch die Genehmigung der zuständigen Landesbehörde ihre Außenwirkung, sodass Verbindlichkeit eintritt. Der Beschluss der Schiedsstelle stellt daher lediglich einen Akt interner Mitwirkung dar.[62]

---

[57] DIETZ/BOFINGER, § 14 KHEntgG S. 163; TUSCHEN/TREFZ, Erl. § 14 KHEntgG S. 310 f.

[58] Um Pflegesätze im Sinne dieser Vorschrift handelt es sich auch bei den Entgelten des neuen Entgeltsystems. Denn Pflegesätze sind nach der Legaldefinition des § 2 Nr. 4 KHG »die Entgelte der Benutzer des Krankenhauses oder ihrer Kostenträger«. Das trifft auch auf die neuen Fallpauschalen zu (ebenso DIETZ/BOFINGER, § 14 KHEntgG S. 163).

[59] DIETZ/QUAAS, S. 767; DIETZ/BOFINGER, § 18 KHG S. 138; siehe auch bereits zur Vorgängerregelung DIETZ/BOFINGER, § 17 BPflV S. 283 und § 20 BPflV S. 327.

[60] BGH NJW 1979, 597; vgl. auch ULMER et al./ULMER, § 1 AGBG Rdnr. 10 a.

[61] BVerwG NJW 1994, 2435 f.

[62] BVerwG NJW 1994, 2435 f.; OVG Münster NVwZ-RR 2003, 283, 284; ausführlich hierzu auch: KUHLA/VOSS, S. 689; BEHRENDS/GERDELMANN, S. 151.

(2) Umfang der Genehmigungskompetenz

Alle den Pflegesatz bestimmenden Vereinbarungen (der Pflegesatzparteien) und Festsetzungen (der Schiedsstelle) sind genehmigungsbedürftig.[63]

Strittig war in der Vergangenheit allerdings der Umfang der Genehmigungskompetenz der Genehmigungsbehörde.[64] Fraglich war, ob die Genehmigungsbehörde zu einer sog. gestaltenden Genehmigung befugt war. Die Problematik betraf unter anderem die Fallgestaltung, dass Pflegesätze von der Schiedsstelle festgesetzt wurden, die das betroffene Krankenhaus für zu niedrig ansah. Hierzu wurde teilweise die Auffassung vertreten, dass die Genehmigungsbehörde im Sinne eines effektiven Rechtsschutzes für das entsprechende Krankenhaus befugt sei, den festgesetzten Pflegesatz im Sinne des Antrags des Krankenhauses abzuändern, soweit dies dem Pflegesatzrecht entsprach. Diese Meinung in der Literatur legte § 18 V KHG verfassungskonform dahingehend aus, dass eine gestaltende Genehmigung zulässig sei.[65]

Seit der Entscheidung des BVerwG vom 21.1.1993[66] hat sich der Meinungsstreit jedoch serledigt. Nach Auffassung des BVerwG handelt es sich nämlich bei der Genehmigung von Pflegesätzen gemäß § 18 V 1 KHG um einen Akt der gebundenen Verwaltung, der sich *ausschließlich* auf eine *Rechtskontrolle* erstreckt. Danach ist lediglich die Übereinstimmung mit den Vorschriften des KHGs und des sonstigen Rechts[67] Voraussetzung für die Genehmigung des vereinbarten oder festgesetzten Pflegesatzes. Entspricht somit der Pflegesatz dem geltenden Recht, so ist die Genehmigung zu erteilen, anderenfalls ist sie zu versagen. Eine Korrekturbefugnis, also einen (vereinbarten oder) von der Schiedsstelle festgesetzten Pflegesatz nachzubessern, kommt der Genehmigungsbehörde nicht zu. Vielmehr ist die vorgelegte Vereinbarung oder Schiedsstellenentscheidung das »Genehmigungssubstrat«, das die Behörde von sich aus nicht verändern kann; der Behörde kommt somit keine Gestaltungsbefugnis zu.[68] Hierdurch wird dem Umstand Rechnung getragen, dass es sich bei den Parteien der Gemeinsamen Selbstverwaltung um besonders fachkundige Personen handelt, denen bei der Vereinbarung ein Gestaltungsspielraum zukommt. Haben sich die beteiligten Verkehrskreise somit auf einen Kompromiss in den einzelnen Sachfragen geeinigt, so soll dieser Bestand haben, soweit er nicht gegen gesetzliche Vorschriften verstößt.

---

[63] TUSCHEN/TREFZ, Erl. § 14 KHEntgG S. 311; DIETZ/BOFINGER, § 20 BPflV S. 330.

[64] Siehe zu dem Meinungsstreit die Darstellung von: DIETZ/BOFINGER, § 20 BPflV S. 327.

[65] DIETZ/BOFINGER, § 20 BPflV S. 327 ff. und § 18 KHG S. 138 ff.

[66] BVerwG NJW 1993, 2391 ff.

[67] Das sonstige Recht umfasst vor allem das neue KHEntgG, die BPflV a. F., die Abgrenzungsverordnung, die Psychiatrie-Personalverordnung und die Pflege-Personalregelung (siehe zur alten Regelung DIETZ/BOFINGER, § 20 BPflV S. 334).

[68] BVerwG NVwZ-RR 2003, 281; NJW 1993, 2391; so im Anschluss an die Entscheidung nun auch: DIETZ/BOFINGER, § 18 KHG S. 139; KUHLA/VOSS, S. 689 f.; BEHRENDS/GERDELMANN, S. 151; BREITMEIER et al./MOHR Düsseldorfer Kommentar, 3. Auflage, § 20 BPflV S. 306, 309 f.

Des Weiteren ist die Genehmigungsentscheidung auch nicht teilbar. Denn die Entscheidungsbefugnis der Pflegesatzparteien über den Pflegesatz gebietet es, dass sie selbst festlegen, wie das Pflegesatzvolumen ausfällt und welche pflegesatzfähigen Positionen gegebenenfalls über mehrere Jahre verteilt werden. Sie behalten in der Sache gewissermaßen »das letzte Wort«. Zudem handelt es sich bei der Pflegesatzvereinbarung um eine Paketlösung, aus welcher ohne Zustimmung der allein verhandlungsbefugten Pflegesatzparteien nicht einzelne Teile herausgenommen oder neue Teile hinein gelegt werden können.[69] Überschreitet die Genehmigungsbehörde die hier aufgezeigte Genehmigungskompetenz, so verletzt sie folglich damit den Gestaltungsspielraum der Pflegesatzparteien (bzw. der Schiedsstelle), so dass die Genehmigung als rechtswidrig anzusehen ist.[70]

ee) Rechtsschutz

Da es sich bei der Genehmigung von Pflegesätzen um einen Verwaltungsakt[71] handelt, sieht § 18 V 2 KHG auch die Eröffnung des Verwaltungsrechtswegs vor. Ein Vorverfahren findet nicht statt; auch hat die Klage keine aufschiebende Wirkung (§ 18 V 3 KHG). Richtigerweise ist dabei aus Rechtsschutzgründen nicht nur die Erteilung, sondern auch die Versagung einer Genehmigung der gerichtlichen Kontrolle unterworfen.[72] Das Verwaltungsgericht ist auf eine ausschließliche Rechtskontrolle beschränkt[73]; eine Gestaltungskompetenz kommt dem Gericht demnach nicht zu.

Der Patient, für den die genehmigten Pflegesätze eine unmittelbare Bindungswirkung entfalten, kann somit bei inhaltlichen Einwendungen gegen den Kostenbescheid Anfechtungsklage vor den Verwaltungsgerichten erheben. Diese beschränkt sich allerdings auf die Leistungsfestsetzung gegenüber dem Patienten als solche, während hinsichtlich sonstiger inhaltlicher Bestimmungen des Krankenhausvertrags das Zivilrecht Anwendung findet.[74]

ff) Zusammenfassung

Im Rahmen der Entwicklung und Bereitstellung des neuen Fallpauschalensystems für Krankenhäuser wurden den Selbstverwaltungspartnern verantwortungsvolle Aufgaben

[69] BVerwG NJW 1993, 2391, 2392.
[70] Vgl. BVerwG NJW 1993, 2391, 2392.
[71] BEHRENDS/GERDELMANN, S. 153.
[72] Zudem findet sich bei KUHLA/VOSS, S. 690 und BREITMEIER et al./MOHR Düsseldorfer Kommentar, 3. Auflage, § 20 BPflV S. 312 ff. sowie bei BEHRENDS/GERDELMANN, S. 153 ff. ein umfassender Überblick über alle in Frage kommenden Fallkonstellationen eines verwaltungsgerichtlichen Verfahrens, insbesondere auch des vorläufigen Rechtsschutzes.
[73] BVerwG NVwZ-RR 2003, 281, 282.
[74] Vgl. zur Anwendbarkeit der Vorschriften zu allgemeinen Geschäftsbedingungen: ULMER et al./ULMER, § 1 AGBG Rdnr. 10 a.

übertragen. Auch kommt ihnen nach wie vor die Aufgabe zu, durch Vereinbarungen auf Bundes-, Landes- und individueller Ebene Regelungen zur Bemessung der Entgelte für allgemeine Regelleistungen zu treffen. Bei Nicht-Einigung der Parteien finden sich in den besonders wichtigen Bereichen teilweise Verordnungsermächtigungen für das Bundesministerium für Gesundheit und Soziale Sicherung, die sicher stellen sollen, dass der gesetzlich vorgegebene Zeitrahmen der Umstellung der Krankenhausentgelte eingehalten werden kann. Ansonsten ist die Schiedsstelle nach § 18 a KHG im Konfliktfall dazu berufen, einen Kompromiss auszuarbeiten und zu verabschieden. Die vereinbarten oder von der Schiedsstelle festgesetzten Pflegesätze bedürfen der abschließenden Genehmigung durch die zuständige Behörde, um wirksam zu werden (§ 18 V KHG). Erst durch die Genehmigung erhalten die Vereinbarungen ihre Außenwirksamkeit.

b) Zielsetzung der vergleichenden Untersuchungen

Wie die Darstellung des neuen Entgeltsystems gezeigt hat, wurden den Selbstverwaltungspartnern im Bereich der Krankenhausfinanzierung durch den Gesetzgeber weitreichende Kompetenzen übertragen. Ziel der folgenden Untersuchung soll es nun sein, zu prüfen, ob hinsichtlich der Bemessung der Entgelte für die Wahlleistung »Unterkunft« außer einer staatlichen Preisfestsetzung ebenfalls die Festlegung entsprechender Kriterien durch die Leistungserbringer und Kostenträger und damit eine Anpassung an das neue Entgeltsystem in Betracht kommen könnte, das zunächst nur für die Bemessung der allgemeinen Regelleistungsentgelte gilt. Hier soll insbesondere dargestellt werden, ob eine Ausweitung der bereits in § 17 I 4 KHEntgG etablierten Kompetenzen der Deutschen Krankenhausgesellschaft und des PKV-Verbands in Erwägung gezogen werden kann, so dass diese nicht lediglich unverbindliche Gemeinsame Empfehlungen zur Bemessung nicht-ärztlicher Wahlleistungsentgelte vereinbaren, sondern darüber hinaus gehende verbindliche Absprachen treffen könnten. Da von einer verbindlichen Vereinbarung der Bemessung angemessener nicht-ärztlicher Wahlleistungsentgelte jedoch auch Dritte, wie vor allem der Wahlleistungspatient selbst und gegebenenfalls beteiligte Beihilfeträger, betroffen wären, ist auch eine Beteiligung von Vertretern dieser Personenkreise zu erörtern.

Daher wird im Folgenden anhand von Vergleichen mit anderen Rechtsgebieten, in denen bereits Vereinbarungsverfahren praktiziert werden, ausführlich geprüft, welche Voraussetzungen ein derartiges Vereinbarungsmodell erfüllen müsste sowie welche Vor- und Nachteile es mit sich bringt. Zunächst werden die Anforderungen erläutert, denen ein Vereinbarungsmodell genügen muss, um mit der Verfassung im Einklang zu stehen. Außerdem werden Vergleiche mit bereits bestehenden Vereinbarungsmodellen im Bereich des kollektiven Arbeitsrechts, der Selbstverwaltung im Kranken- und Pflegesektor sowie im Urheberrecht vorgenommen. Der besondere Schwerpunkt der

Untersuchung der unterschiedlichen Vereinbarungsmodelle wird dabei auf der Legitimation der entsprechenden an der Vereinbarung beteiligten Personen zum Tätigwerden für die eigenen Mitglieder und für gegebenfalls von der zu treffenden Regelung ebenfalls betroffene Dritte, so genannte Außenseiter, liegen. Hieraus lassen sich sodann Schlussfolgerungen hinsichtlich der Verbindlichkeit eines durch die gesetzlich ermächtigten Personen vereinbarten Entgelts, insbesondere für die Patienten, ziehen. Des Weiteren bleibt zu prüfen, ob »der Staat« sich vollständig aus dem Entgeltvereinbarungsverfahren zurückziehen kann oder ob eine Beteiligung zur Wahrung der Rechte aller Betroffenen erforderlich ist. Abschließend werden die Rechtsschutzmöglichkeiten der Betroffenen aufgezeigt.

Denn auch hier muss berücksichtigt werden, dass jegliche Form von Entgeltfestsetzung, die dem Einzelnen die Möglichkeit nimmt, selbst eine Preisvereinbarung zu treffen, ihn in seiner grundgesetzlich durch Art. 12 I GG geschützten Berufsfreiheit sowie seiner durch Art. 2 I GG gewährleisteten Privatautonomie berühren kann. So stellt auch eine Entgeltvereinbarung durch staatliche oder nicht-staatliche Verbände einen rechtfertigungsbedürftigen Eingriff (zumindest in die Rechte von nicht beteiligten Dritten) dar, der nur unter besonderen Voraussetzungen zulässig ist.

c) Zum Vergleich herangezogene Regelungen

aa) Tarifvertragsrecht

Das »Grundmodell der Normsetzung durch die beteiligten Verkehrskreise« findet sich im Tarifvertragssystem, das unter anderem darauf angelegt ist, die strukturelle Unterlegenheit der einzelnen Arbeitnehmer beim Abschluss von Arbeitsverträgen durch kollektives Handeln auszugleichen, indem es vorrangig dazu dient, Mindestarbeitsbedingungen für Arbeitnehmer zu schaffen (Schutzfunktion zu Gunsten der Arbeitnehmer[75]).[76] Das Tarifvertragssystem findet seine Grundlage in Art. 9 III GG und ist in den Vorschriften des Tarifvertragsgesetzes umfassend geregelt.

(1) Tarifverträge als untergesetzliche Rechtsnormen für verbandsangehörige Arbeitnehmer und -geber

Das Tarifvertragssystem beruht auf der Grundüberlegung, dass der Staat in dem von Art. 9 III 1 GG umschriebenen Bereich der »Wahrung der Arbeits- und Wirtschaftsbedingungen« seine eigene Normsetzungsbefugnis weit zurückgenommen hat. Dafür

[75] LÖWISCH/RIEBLE, Grundl. Rdnr. 4, 18.
[76] LÖWISCH/RIEBLE, Grundl. Rdnr. 4, 18.

sind in diesem Bereich die Tarifvertragsparteien befugt, für ihre Mitglieder verbindliches Recht zu setzen. Tarifverträge zielen dabei in erster Linie auf die Regelung der Arbeitsbedingungen zwischen Gewerkschaften auf der einen Seite und einzelnen Arbeitgebern bzw. Arbeitgeber-Verbänden auf der anderen Seite. Die getroffenen Vereinbarungen entfalten gemäß § 4 I TVG unmittelbare und zwingende Wirkung für die Koalitionsparteien und können grundsätzlich auch durch Individualverträge nicht abgeändert werden. Das bedeutet, dass sie erstens wie arbeitsrechtliche Gesetze wirken und zweitens nicht zu Lasten der Arbeitnehmer von ihnen abgewichen werden darf.[77] Damit sind Tarifverträge (untergesetzliche) Rechtsnormen, die Bestandteil der staatlichen Rechtsordnung sind und einen gesetzesähnlichen Charakter aufweisen.[78] Sie sind als Verbotsnormen im Sinne von § 134 BGB und als Schutzgesetze nach § 823 II BGB anzusehen.[79]

Allerdings kann die zwingende Wirkung gemäß § 4 III, 1. Var. TVG abbedungen werden (sog. Öffnungsklauseln).[80] Des Weiteren ist die zwingende Wirkung durch das Günstigkeitsprinzip begrenzt, das bedeutet, dass von tariflichen Bestimmungen abgewichen werden kann, wenn von Gesetzes wegen eine günstigere Regelung für den Arbeitnehmer getroffen wird (§ 4 III, 2. Var. TVG).[81] Dies entspricht der Zielsetzung, in Tarifverträgen lediglich Mindestarbeitsbedingungen zu normieren.

Tarifverträge gelten grundsätzlich nur für die in Arbeitgeberverbänden organisierten Arbeitgeber bzw. den am Tarifvertragsschluss beteiligten Einzelarbeitgeber und die gewerkschaftlich organisierten Arbeitnehmer. Erforderlich ist eine Mitgliedschaft bei den am Tarifabschluss beteiligten Verbänden.[82] Denn nur die Mitglieder der Arbeitnehmer- oder Arbeitgebervereinigungen haben ihre Verbände zur Normsetzung legitimiert, nicht jedoch die sog. Außenseiter, so dass diese auch nicht durch den Tarifvertrag allein gebunden werden können. Dies folgt aus dem Rechtsstaats- und Demokratieprinzip.[83] Die Ausdehnung der Tarifgebundenheit auf Außenseiter bedarf vielmehr der zusätzlichen Rechtfertigung.

(2) Erstreckung der Regelungen auf Dritte durch Allgemeinverbindlicherklärung

Obwohl nämlich der Staat im Rahmen von Art. 9 III GG seine Rechtssetzungszuständigkeit weit zurückgenommen und die Ausgestaltung der Rechtsordnung in weitem

---

[77] LÖWISCH/RIEBLE, § 4 TVG Rdnr. 51 ff.; SCHAUB/KOCH/LINCK/SCHAUB, § 204 Rdnr. 5.
[78] Vgl. z. B. BVerfGE 55, 7, 21.
[79] LÖWISCH/RIEBLE, § 1 TVG Rdnr. 8, 14 ff.; vgl. auch SCHAUB/KOCH/LINCK/SCHAUB, § 204 Rdnr. 15 f.
[80] Näher zu den Öffnungsklauseln: SCHAUB/KOCH/LINCK/SCHAUB, § 204 Rdnr. 24 ff.
[81] Zum Günstigkeitsprinzip siehe: SCHAUB/KOCH/LINCK/SCHAUB, § 204 Rdnr. 33 ff.
[82] Zu Einzelheiten siehe: SCHAUB/KOCH/LINCK/SCHAUB, § 206 Rdnr. 4 ff.
[83] BVerfGE 33, 125, 158; LÖWISCH/RIEBLE, § 3 TVG Rdnr. 1.

Maße den Tarifvertragsparteien überlassen hat, lässt diese Regelung grundsätzlich die Rechtssetzung durch die Tarifvertragsparteien nur gegenüber ihren Verbandsmitgliedern zu. Zur Erstreckung auf Nichtmitglieder (die sog. Außenseiter) bedarf es eines normierenden Aktes einer staatlichen Stelle; er steht in Gestalt des Rechtsinstituts der Allgemeinverbindlicherklärung zur Verfügung.[84] Ansonsten würde die negative Koalitionsfreiheit der nicht organisierten Arbeitnehmer und Arbeitgeber verletzt. Der Tarifvertrag selbst darf keinen Druck ausüben, den tarifschließenden Parteien beizutreten oder nicht aus ihnen auszutreten.[85] Allerdings wird es von der herrschenden Meinung für unbedenklich gehalten, ein Tarifentgelt als »übliche Vergütung« im Sinne von § 612 BGB auch für nicht-organisierte Arbeitnehmer anzusehen. Denn hiermit werde nur auf die Vergütungshöhe als Berechnungsgröße Bezug genommen, nicht jedoch auf die sonstigen Vereinbarungen des Tarifvertrags.[86]

Die Allgemeinverbindlicherklärung von Tarifverträgen, durch die die Rechtswirkungen des Tarifvertrags auch auf Außenseiter, also auf nicht Tarifgebundene, erstreckt werden, ist in § 5 TVG sowie der Durchführungsverordnung zum TVG im Einzelnen normiert. Allerdings ist lediglich der normative, nicht jedoch der schuldrechtliche Teil des Tarifvertrags der Allgemeinverbindlicherklärung zugängig.[87] Demnach ist der parlamentarisch verantwortliche Bundesminister für Arbeit und Sozialordnung im Einvernehmen mit einem paritätisch besetzten Tarifausschuss[88] für die Erklärung der Allgemeinverbindlichkeit nach Antragstellung durch eine der Tarifvertragsparteien zuständig und entscheidet nach eigenem pflichtgemäßen Ermessen (»Bundesminister als Kontrollinstanz«).[89] Dabei hat der Bundesarbeitsminister seine Entscheidung nach Abwägung der für und wider eine Allgemeinverbindlicherklärung sprechenden Belange zu treffen. Das Einvernehmen des Tarifausschusses stellt hingegen einen rein internen Akt da. Nach außen verantwortet der Bundesarbeitsminister die Entscheidung allein.[90]

Voraussetzung für die Allgemeinverbindlicherklärung eines Tarifvertrags ist dabei, dass es sich um einen rechtswirksamen Tarifvertrag handelt, die tarifgebundenen Arbeitgeber nicht weniger als 50 % der unter den Geltungsbereich des Tarifvertrags fallenden Arbeitnehmer beschäftigen und dass die Allgemeinverbindlicherklärung im öffentlichen Interesse geboten erscheint (§ 5 I 1 TVG), wobei die Beurteilung des öffentlichen Interesses eine Ermessensfrage ist, für die das Bundesarbeitsministerium

[84] BVerfG NJW 1984, 1225; siehe allerdings auch die Ausnahme vom Erfordernis der Allgemeinverbindlicherklärung in § 3 II TVG und die näheren Erläuterungen von: LÖWISCH/RIEBLE, § 3 TVG Rdnr. 8 ff.

[85] LÖWISCH/RIEBLE, § 1 TVG Rdnr. 158.

[86] BAG NZA 1991, 247, 248; PALANDT/PUTZO, § 612 BGB Rdnr. 8; KÜNZL, S. 15 f.; LÖWISCH/RIEBLE, § 3 TVG Rdnr. 3.

[87] ERFURTER KOMMENTAR/SCHAUB, § 5 TVG Rdnr. 9.

[88] Zu Einzelheiten hinsichtlich des Tarifausschusses siehe die auf Grund von § 11 Nr. 3 TVG ergangene Durchführungsverordnung (insbesondere §§ 1-3).

[89] BVerfGE 44, 322, 344, 348.

[90] LÖWISCH/RIEBLE, § 5 TVG Rdnr. 69.

einen weit reichenden Ermessensspielraum hat.[91] Von diesen Voraussetzungen kann nur dann abgesehen werden, wenn die Allgemeinverbindlicherklärung zur Behebung eines sozialen Notstands erforderlich erscheint.[92]

Den Betroffenen, also den nicht verbandsangehörigen Arbeitnehmern und Arbeitgebern, die von der Allgemeinverbindlicherklärung erfasst werden sollen, steht im Verfahren zur Allgemeinverbindlicherklärung eines Tarifvertrags gemäß § 5 II TVG das Recht auf Anhörung durch schriftliche Stellungnahme zu, so dass deren Beteiligung am Verfahren und eine Einflussnahmemöglichkeit gewährleistet ist. Schließlich ist die öffentliche Bekanntmachung der Allgemeinverbindlicherklärung erforderlich (§ 5 VII TVG, § 11 DVO-TVG).[93]

bb) Soziale Pflegeversicherung

Des Weiteren werden die Regelungen des SGB XI untersucht, die die Vereinbarung von Unterkunfts- und Verpflegungsentgelten durch die Leistungserbringer, also hier die Pflegeeinrichtungen, und die Kostenträger der Pflegeleistungen, also die Krankenkassen als »Pflegekassen«, betreffen.

(1) Grundsätze

Die Besonderheit des (Sozialen) Pflegeversicherungsrechts ist dabei darin zu sehen, dass entgegen der Abdeckung der Unterkunfts- und Verpflegungsleistungen im Krankenhaus durch die gesetzliche Krankenversicherung im Pflegebereich die Unterkunfts- und Verpflegungsleistungen vom Versicherungsschutz nicht umfasst sind und somit den Pflegebedürftigen also auch nicht als Sachleistung von ihren Kranken- / Pflegekassen verschafft werden. Vielmehr müssen die Pflegebedürftigen selbst für die Unterkunfts- und Verpflegungsentgelte aufkommen (§§ 82 I 3 i. V. m. 87 S. 1 SGB XI).[94]

Jedoch können diese Entgelte (mit Ausnahme der so genannten Zusatzleistungen) nicht privatautonom von Pflegebedürftigem und Leistungserbringer, also dem Pflegeheim, ausgehandelt werden, sondern werden von den als Pflegesatzparteien betroffenen Kostenträgern (im Sinne von § 85 II SGB XI) und dem Träger des jeweiligen Pflegeheims im Zusammenhang mit den Pflegesätzen sowohl für die Pflegebedürftigen als auch die

---

[91] Beispiele für das Vorliegen des öffentlichen Interesses sind laut SCHAUB/KOCH/LINCK/SCHAUB, § 207 Rdnr. 10: Verhinderung der Unterminierung eines Tarifvertrags, Gewährleistung gleichmäßiger Arbeitsbedingungen, Erreichen sozialer Mindestbedingungen.

[92] Siehe die ausführlichen Erläuterungen bei: SCHAUB/KOCH/LINCK/SCHAUB, § 207 Rdnr. 6 ff.

[93] Zu den Einzelheiten des Verfahrens siehe: ERFURTER KOMMENTAR/SCHAUB, § 5 TVG Rdnr. 21 ff.

[94] Soweit nicht die Sozialhilfeträger gemäß §§ 68, 27 III BSHG »Hilfe in besonderen Lebenslagen« leisten müssen.

Leistungserbringer verbindlich vereinbart. Es handelt sich damit bei den Entgeltvereinbarungen unzweifelhaft um Verträge zu Lasten der Pflegebedürftigen und gegebenenfalls an den Vertragsverhandlungen nicht beteiligter Leistungserbringer.

(2) Zweistufiges Vereinbarungsverfahren mit Konfliktlösung durch eine Schiedsstelle

Im Pflegeversicherungsrecht handelt es sich um ein zweistufiges Verfahren, bei dem zunächst auf Landesebene einheitliche Rahmenverträge (siehe § 75 SGB XI) abgeschlossen werden, die unter anderem eine Abgrenzung von allgemeinen Pflegeleistungen, Unterkunfts- und Verpflegungsleistungen sowie Zusatzleistungen vornehmen. Hieran schließen sich individuelle Pflegesatzverhandlungen mit den einzelnen Heimträgern bezüglich der Höhe der Sätze an, in deren Rahmen auch die Entgelte für Unterkunft und Verpflegung festgesetzt werden (§§ 87 S. 1 und 3 i. V. m. 85 I SGB XI).

Zunächst erfolgt also eine Abgrenzung von allgemeinen Pflegeleistungen, Unterkunfts- und Verpflegungsleistungen sowie Zusatzleistungen durch einheitliche Rahmenverträge auf Landesebene zwischen den Landesverbänden der Pflegekassen und den Vereinigungen der Träger der ambulanten und stationären Pflegeeinrichtungen (§ 75 I, II Nr. 1 SGB XI), an denen auch der Medizinische Dienst der Krankenversicherung und der PKV-Verband sowie die Sozialhilfeträger beteiligt sind und die für die Pflegekassen und die zugelassenen Pflegeeinrichtungen im Inland unmittelbar verbindlich sind (§ 75 I 4 SGB XI). Bei diesen Rahmenverträgen handelt es sich um öffentlich-rechtliche Verträge, die allerdings aufgrund der gesetzlichen Anordnung der unmittelbaren Verbindlichkeit normsetzenden Charakter aufweisen.[95]

Die Entgelte für Unterkunft und Verpflegung werden zur Sicherstellung eines angemessenen Preis-Leistungs-Verhältnisses sodann im Zusammenhang mit den Pflegesätzen für die »allgemeinen Pflegeleistungen« durch das Pflegesatzverfahren gemäß §§ 87 i. V. m. 85 SGB XI von den Pflegesatzparteien ebenfalls in Form eines öffentlich-rechtlichen Vertrags[96] festgesetzt. Dies bedeutet, dass die Art, Höhe und Laufzeit der Pflegesätze sowie die Entgelte für Unterkunft und Verpflegung grundsätzlich gemäß § 85 I, II 2 SGB XI von den in Absatz 2 genannten Vertragsparteien, also insbesondere den Trägern der einzelnen zugelassenen Pflegeheime sowie den Sozialversicherungs- und Sozialhilfeträgern, für jedes einzelne Heim individuell vereinbart werden, wobei

[95] HAUCK/NOFTZ/SPELLBRINK, K § 75 SGB XI Rdnr. 10.

[96] Strittig: für die Einordnung als öffentlich-rechtlicher Vertrag: BVerwG NJW 1994, 3027 f. (zu Pflegesatzvereinbarungen im Rahmen von § 93 II BSHG); HAUCK/NOFTZ/SPELLBRINK, K § 85 SGB XI Rdnr. 11; UDSCHING, § 85 SGB XI Rdnr. 3; SCHULIN/NEUMANN Hdb. d. SozVersR – Bd. 4, § 22 Rdnr. 32 bezeichnet den Vertrag als »öffentlich-rechtlichen Sozialverwaltungsvertrag«; vgl. auch KASSELER KOMMENTAR/GÜRTNER Sozialversicherungsrecht, § 85 SGB XI Rdnr. 3; gegen die Einordnung als öffentlich-rechtlicher Vertrag unter Hinweis auf die Beteiligung Privater: vgl. PAPIER, S. 136 f.

die verbindlichen Abgrenzungskriterien der auf Landesebene abgeschlossenen Rahmenverträge bezüglich der allgemeinen Pflegeleistungen und der Unterkunfts- sowie Verpflegungsentgelte zu berücksichtigen sind. Kennzeichnend für dieses Verfahren sind vor allem das Vereinbarungsprinzip[97], die prospektive Ausrichtung der Pflegesätze und die (nachrangige) Konfliktlösung durch eine unabhängige, paritätisch besetzte Schiedsstelle[98], die der Rechtsaufsicht der zuständigen Landesbehörde unterliegt (§ 85 V 1 SGB XI i. V. m. § 76 SGB XI).[99] Anders als im Bereich des KHG und KHEntgG soll hier die Festsetzung des Inhalts einer Vergütungsvereinbarung nach überwiegender Auffassung in Rechtsprechung und Literatur einen Verwaltungsakt[100] darstellen, gegen den gemäß § 85 V 3 SGB XI zur Erhebung der Anfechtungsklage der Rechtsweg zu den Sozialgerichten eröffnet ist.

Die vereinbarten (oder durch die Schiedsstelle festgesetzten) Pflegesätze sowie die Entgelte für Unterkunft und Verpflegung sind schließlich für die Vertragsparteien und die Pflegebedürftigen nach der gesetzlichen Anordnung des § 85 VI 1, 2. Hs. SGB XI unmittelbar verbindlich, ohne dass ein staatlicher Mitwirkungsakt vorgesehen ist. Im Gegensatz zur Festsetzung von Pflegesätzen im System der Gesetzlichen Krankenversicherung sieht das SGB XI nämlich kein Genehmigungserfordernis einer Landesbehörde für die vereinbarten Pflegesätze vor, um die Pflegesätze in Kraft zu setzen, sondern erklärt die vereinbarten Sätze für unmittelbar verbindlich.[101] Die Gesetzesbegründung enthält keinerlei Hinweise auf die Gründe, die den Gesetzgeber dazu bewogen haben, auf den wichtigen staatlichen Mitwirkungsakt der Genehmigung im Rahmen der Pflegeversicherung zu verzichten.[102] So treten die Pflegesätze zu dem Zeitpunkt in Kraft, der in der Vereinbarung von den Vertragsparteien vorgesehen worden ist (§ 85 VI 1, 1. Hs. SGB XI). Damit liegt die Letztentscheidung nicht bei einer (allein) staatlichen Stelle (z. B. einer Genehmigungsbehörde), da an den Pflegesatzverhandlungen neben den als öffentlich-rechtliche Körperschaften organisierten Pflegekassen und Sozialhilfeträgern auch privat-rechtlich organisierte Einrichtungsträger mitgewirkt haben können.

---

[97] UDSCHING, § 85 SGB XI Rdnr. 3.

[98] Die Festsetzung des Inhalts einer Vergütungsvereinbarung durch die Schiedsstelle ist dann nach überwiegender Auffassung in Rechtsprechung und Literatur ein Verwaltungsakt (BSGE 87, 199, 201; BSGE 20, 73, 75; SG Wiesbaden, Breithaupt 1998, 360; KASSELER KOMMENTAR/GÜRTNER Sozialversicherungsrecht, § 85 SGB XI Rdnr. 12; a. A. CLEMENS, S. 346, der die Schiedssprüche als körperschaftliche Satzungen bezeichnet; HAUCK/NOFTZ/SPELLBRINK UND ORTHEN, K § 85 SGB XI Rdnr. 21 und K § 76 SGB XI Rdnr. 15, die den Verwaltungsaktcharakter in Frage stellen, da weder eindeutig die Behördeneigenschaft der Beteiligten geklärt sei, noch die Regelung lediglich Einzelfälle betreffe und auch das Über-Unter-Ordnungsverhältnis zweifelhaft sei).

[99] BT-Drs. 12/5262, S. 144; vgl. GITTER/SCHMITT Sozialrecht, S. 129 Rdnr. 6; KASSELER KOMMENTAR/GÜRTNER Sozialversicherungsrecht, § 85 SGB XI Rdnr. 2.

[100] BSGE 87, 199, 201; BSGE 20, 73, 75; SG Wiesbaden, Breithaupt 1998, 360; KASSELER KOMMENTAR/GÜRTNER Sozialversicherungsrecht, § 85 SGB XI Rdnr. 12; a. A. CLEMENS, S. 346, der die Schiedssprüche als körperschaftliche Satzungen bezeichnet; HAUCK/NOFTZ/SPELLBRINK UND ORTHEN, K § 85 SGB XI Rdnr. 21 und K § 76 SGB XI Rdnr. 15.

[101] Vergleiche für Letzteres § 18 V KHG.

[102] Siehe hierzu insbesondere die Begründung zu § 85 SGB XI (vormals § 94 Gesetzesentwurf) in: BT-Drs. 12/5262, S. 144 ff.

(3) Keine subsidiäre Verordnungsermächtigung

Ob darüber hinaus gegebenenfalls nach erfolglosen Pflegesatzverhandlungen und ebenfalls erfolgloser Einschaltung der Schiedsstelle der Erlass einer Verordnung im Sinne von § 83 I 1 Nr. 1 SGB XI zur Festsetzung der Pflegesätze und der Entgelte für Unterkunft und Verpflegung in Betracht kommt, ist der Regelung nicht eindeutig zu entnehmen.[103]

Vor allem wenn man in Betracht zieht, dass durch die Verweisung in § 85 V 1 SGB XI auf die Regelungen zur Schiedsstelle Bezug genommen wird, könnte auch für die Pflegesätze selbst als »ultima ratio« eine Verordnung der Bundesregierung in Betracht kommen. Allerdings ist grundsätzlich gemäß der Legaldefinition des § 82 I Nr. 1 SGB XI von dem Begriff der »Pflegevergütung« nur eine »leistungsgerechte Vergütung für die allgemeinen Pflegeleistungen« erfasst. Des Weiteren spricht gegen eine Anwendung der Verordnungsermächtigung, dass die (dann überregionale) Festsetzung von Pflegesätzen inklusive den Entgelten für Unterkunft und Verpflegung durch die Bundesregierung dem gesetzgeberischen Ziel entgegenlaufen würde, die Selbstverwaltung der Leistungserbringer zu stärken. Auch könnte es problematisch sein, die individuellen Verhältnisse des einzelnen Heims ausreichend zu berücksichtigen.

Somit ist davon auszugehen, dass die Verordnungsermächtigung nur als »Auffangtatbestand« für die landesweit zu vereinbarenden Rahmenverträge zu verstehen ist und keine Anwendung im Bereich der individuellen Pflegesatzfestsetzung findet.

cc) Urheberrecht

Eine sehr interessante neue Verfahrensregelung zur Festsetzung angemessener Entgelte durch Private findet sich zudem im Urheberrechtsgesetz vom 22.3.2002.[104]

(1) Gesetzgeberische Zielsetzung

Mit der Regelung verfolgt der Gesetzgeber das Ziel, Standards und einen Ordnungsrahmen für die angemessene Vergütung zu schaffen, was aufgrund des »strukturellen Ungleichgewichts« zwischen den Interessen der Urheber gegenüber denjenigen der Werknutzer erforderlich sei.[105] Die Interessen der unterlegenen Urheber sollen durch

[103] § 83 II SGB XI wurde geändert durch Art. 11 des Gesetzes zur Qualitätssicherung und zur Stärkung des Verbraucherschutzes in der Pflege vom 9.9.2001 (BGBl. I 2320, 2323) in Kraft getreten am 1.1.2002; siehe hierzu auch den Hinweis von KASSELER KOMMENTAR/GÜRTNER Sozialversicherungsrecht, § 83 SGB XI Rdnr. 3.

[104] Gesetz zur Stärkung der vertraglichen Stellung von Urhebern und ausübenden Künstlern vom 22.3.2002 (BGBl. I S. 1155 ff.).

[105] Vgl. BT-Drs. 14/6433, S. 16; JACOBS, S. 1906, 1908; siehe auch WANDTKE/BULLINGER/WANDTKE/GRUNERT, § 36 UrhG Rdnr. 1.

eine wesentlich »schlagkräftigere« Urhebervereinigung in den gemeinsamen Vergütungsverhandlungen mit den Werknutzern effektiver vertreten werden, als es dem einzelnen Urheber möglich ist.[106] Inhaltlich gehe es darum, das vorhandene Fachwissen aller Beteiligten in prozesshafter Weise zu objektivieren[107], indem die Reform lediglich einen gesetzlichen Ordnungsrahmen für eigenverantwortliche Absprachen zwischen den Parteien schaffe, der den unterschiedlichen Strukturen der Kulturwirtschaft Rechnung trage.[108]

Der Gesetzgeber erhofft sich von der Regelung der Vergütung durch die betroffenen Verbände eine weitgehende Akzeptanz der vereinbarten Vergütungshöhe und damit ein hohes Maß an Rechtssicherheit und Rechtsfrieden. Des Weiteren wird die Erwartung geäußert, es werde den Vertragspartnern über die Verbände gelingen, »für beide Seiten befriedigende Vergütungsmodelle zu entwickeln, die durch ihre Flexibilität und Sachnähe der Vielfalt der Bereiche und den Unterschieden, z. B. der Strukturen der Unternehmen in der Kulturwirtschaft, Rechnung tragen«.[109]

(2) Verfahren der verbindlichen (genehmigungsfreien) Vereinbarung angemessener Vergütungen

Nach der Konzeption der Regelung sollen sich Vereinigungen der Urheber mit den Vereinigungen der Werknutzer oder einzelnen Werknutzern auf sog. gemeinsame Vergütungsregeln einigen, die den gesetzlichen Anspruch des Urhebers oder ausübenden Künstlers gegenüber dem Verwerter der Leistung auf eine angemessene Vergütung konkretisieren. Für diese Vereinbarungen zwischen Urhebern und Werknutzern wurde ein eigenes Verfahren entwickelt und in das Urheberrechtsgesetz integriert (vgl. § 36 UrhG). Kommt eine gemeinsame Vergütungsregel zustande, so gilt diese unwiderleglich als angemessenes Entgelt im Sinne von § 32 UrhG (siehe § 36 I UrhG). Dies soll verbindlich für alle betroffenen Urheber und Künstler gelten, auch wenn sie nicht dem beteiligten Verband angehören, und für alle beteiligten Verwerter.[110] Lediglich in den

[106] Nach Ansicht von *Gounalakis*, der sich ausführlich im Rahmen eines verfassungsrechtlichen Gutachtens mit der Neuregelung befasst hat, bestehen allerdings Bedenken hinsichtlich der Findung eines »gerechten Preises« durch die Vereinbarung zwischen den betroffenen Verbänden. Seiner Meinung nach ist das mit der Regelung der §§ 32, 36 UrhG verfolgte Ziel nur schwer erreichbar, durch gemeinsame Vergütungsregeln den Gerichten die schwierige Ermittlung des »gerechten Preises« im Einzelfall zu ersparen und durch die Mitwirkung der Verbände eine höhere Akzeptanz bei den Beteiligten zu erreichen als durch gesetzliche Regelungen (GOUNALAKIS/HEINZE/DÖRR, S. 25 f.). Hierbei ist allerdings zu berücksichtigen, dass sich das Gutachten von *Gounalakis* noch auf den Gesetzentwurf und nicht auf die endgültig verabschiedete Fassung bezieht. Die damalige Fassung lautete noch: »Ist in ... einer gemeinsamen Vergütungsregel im Sinne von § 36 eine Vergütung festgelegt, so wird ihre Angemessenheit vermutet« (siehe BT-Drs. 14/6433, S. 3), woraus *Gounalakis* schloss, dass es sich um eine widerlegbare Vermutung handele. In der Gesetz gewordenen Fassung lautet die Vorschrift nunmehr: »Eine nach einer gemeinsamen Vergütungsregel (§ 36) ermittelte Vergütung ist angemessen.«

[107] BT-Drs. 14/6433, S. 17.

[108] Vgl. Amtl. Begründung in BT-Drs. 14/6433, S. 7; WANDTKE/BULLINGER/WANDTKE/GRUNERT, § 32 UrhG Rdnr. 23.

[109] Zitiert nach GOUNALAKIS/HEINZE/DÖRR, S. 25.

[110] WANDTKE/BULLINGER/WANDTKE/GRUNERT, § 36 UrhG Rdnr. 21; JACOBS, S. 1909.

Fällen, in denen außerdem tarifvertragliche Regelungen bestehen, sind diese vorrangig zu behandeln (§ 36 I 3 UrhG). Können sich die Parteien nicht auf eine gemeinsame Vergütungsregel einigen, so ist ein (freiwilliges[111]) Verfahren vor einer Schlichtungsstelle vorgesehen (§ 36 III UrhG). Hierbei handelt es sich um eine private, nicht um eine hoheitliche Schlichtungsstelle. Wie im Recht der sozialen Pflegeversicherung fehlt es auch hier an einem Genehmigungsvorbehalt oder einem anderen vergleichbaren staatlichen Mitwirkungsakt. Damit liegt die Letztentscheidungsgewalt bei den an der gemeinsamen Vergütungsregel beteiligten Vereinigungen.

d) (Verfassungsrechtliche) Anforderungen an eine Entgeltfestsetzung durch nicht-staatliche Stellen

Alle hier verglichenen Entgeltvereinbarungsverfahren ähneln sich darin, dass sie in die von der Privatautonomie der Betroffenen umfasste Preissetzungsfreiheit (Art. 2 I GG) sowie in die Berufsfreiheit der Leistungsanbieter (Art. 12 I GG) eingreifen, indem sie Entgelte bzw. Vergütungen festsetzen, über die die von der Regelung betroffenen Personen sodann nicht mehr selbstbestimmt entscheiden können, auch wenn berücksichtigt werden muss, dass ein Großteil der Regelungen dem Schutz des unterlegenen Vertragspartners dient und das gestörte Kräftegleichgewicht wieder herstellen soll. Da alle Vereinbarungsmodelle derartig ausgestaltet sind, dass sie unmittelbar oder nach anschließender Genehmigung bzw. Allgemeinverbindlicherklärung für die Adressaten verbindliche Regelungen schaffen, handelt es sich durchweg um Eingriffe, die einer besonderen Rechtfertigung bedürfen. Die Anforderungen an die entsprechenden Regelungssysteme sind daher im Einzelnen zu untersuchen.

aa) Verankerung des Vereinbarungssystems im Grundgesetz?

(1) Kollektives Arbeitsrecht

Eine grundgesetzliche Verankerung eines »Vereinbarungsmodells« findet sich allein beim Grundmodell der »Normsetzung durch die beteiligten Verkehrskreise«: dem Tarifvertragssystem.

Das Tarifvertragssystem ist in seinen Grundzügen nämlich durch die Koalitionsfreiheit gemäß Art. 9 III GG grundgesetzlich gewährleistet. Die Regelungszuständigkeit der Tarifparteien bezieht sich dabei ausschließlich auf die »Wahrung und Förderung der Arbeits- und Wirtschaftsbedingungen«, wobei sich der Umfang der tariflichen Normsetzungsbefugnis (Tarifmacht) grundsätzlich auf die an dem (Tarif)Vertragsabschluss

[111] BT-Drs. 14/8058, S. 20.

beteiligten Parteien beschränkt. Die Tarifmacht zielt in erster Linie auf die Bedingungen des Individualarbeitsvertrags. Hinzu treten die Betriebsnormen, die die Rechte und Pflichten des Arbeitgebers und der Belegschaft ausgestalten.[112] Die Tarifautonomie gewährleistet den tariffähigen Koalitionen somit das Recht, die Arbeitsbedingungen ihrer Mitglieder autonom zu regeln. Autonomie bedeutet dabei nicht nur Freiheit von Fremdbestimmung durch Dritte, insbesondere durch den Staat, sondern auch Verantwortung der Tarifvertragsparteien für die ihnen überlassene Regelung der Arbeitsbedingungen. Aus dieser Tarifverantwortung lässt sich daher auch eine Pflicht zum Tätigwerden ableiten. Allerdings darf diese Pflicht nicht als Rechtspflicht ausgestaltet sein, weil sonst in den Prozess freier vertraglicher Einigung eingegriffen würde.[113]

Aus der grundgesetzlichen Koalitionsfreiheit wird insofern abgeleitet, dass die Arbeitgeber- beziehungsweise Arbeitnehmerverbände im Rahmen von Tarifverträgen für die von ihnen repräsentierten Arbeitgeber sowie Arbeitnehmer *verbindlich* Recht setzen können. Dabei gewährleistet Art. 9 III GG eine Ordnung des Arbeits- und Wirtschaftslebens, bei der der Staat seine Zuständigkeit zur Rechtssetzung weit zurückgenommen und die Bestimmung über die regelungsbedürftigen Einzelheiten des Arbeitsvertrags grundsätzlich den Koalitionen überlassen hat. Diese erlassen Rechtsregeln kraft Anerkennung durch die staatliche Gewalt.[114] Die vom Gesetzgeber gewählte Rechtssetzungsform soll insofern der Garantie des Kernbereichs spezifisch koalitionsgemäßer Betätigung und dem hieraus fließenden Vorrecht der Verbände, die Arbeits- und Wirtschaftsbedingungen durch eigene Normsetzung zu wahren und zu fördern, so weit wie möglich Rechnung tragen.[115] Denn die tarifvertragliche Normsetzung lässt sich nicht im Voraus im Einzelnen gesetzlich bestimmen, ohne dass die Tarifautonomie in ihrem durch Art. 9 III GG garantierten Kernbereich betroffen wird.[116]

Zu berücksichtigen ist allerdings, dass sowohl die Koalitionsfreiheit der Arbeitgeber als auch diejenige der Arbeitnehmer gleichberechtigt durch Art. 9 III GG geschützt wird.[117] Der Gesetzgeber ist insofern dazu verpflichtet, ein Verfahren zur Verfügung zu stellen, das sicherstellt, dass zwischen beiden Vertragspartnern ein Kräftegleichgewicht herrscht, das die Schaffung ausgewogener Regelungen gewährleistet. Das Grundrecht der Koalitionsfreiheit bedarf demnach der Ausgestaltung durch die Rechtsordnung, wobei dem Gesetzgeber allerdings ein weiter Handlungsspielraum zukommt.[118]

---

[112] Ausführlich hierzu: SCHAUB/KOCH/LINCK/SCHAUB, § 200 Rdnr. 1 ff.; LÖWISCH/RIEBLE, § 1 TVG Rdnr. 23 ff.
[113] LÖWISCH/RIEBLE, § 1 TVG Rdnr. 124 f.
[114] BVerfGE 34, 307, 316 f.
[115] BVerfGE 44, 322, 345.
[116] BVerfGE 44, 322, 349.
[117] BVerfG NJW 1991, 2549.
[118] BVerfG NZA 1995, 754, 755 f.

(2) Gemeinsame Selbstverwaltung im Kranken- und Pflegebereich sowie im Urheberrecht

Hingegen fehlt eine grundgesetzliche Verankerung bei allen anderen untersuchten »Vereinbarungsmodellen«. Fraglich ist, ob eine derartige grundgesetzliche Verankerung erforderlich ist. So wird beispielsweise in der Literatur zur Regelung im Rahmen der Pflegeversicherung vertreten, dass durch die auch für die Pflegebedürftigen unmittelbar verbindliche Vereinbarung von Unterkunfts- und Verpflegungsentgelten durch die Pflegesatzparteien bzw. die Festsetzung von Entgelten durch eine paritätisch besetzte Schiedsstelle erheblich in deren Privatautonomie eingegriffen werde, da ihnen die Möglichkeit genommen werde, über die Höhe der von ihnen selbst zu zahlenden Beträge mit dem Einrichtungsträger zu verhandeln. Daher sei eine verfassungsrechtliche Ermächtigung der Pflegesatzparteien vergleichbar der Tarifautonomie gemäß Art. 9 III GG erforderlich.[119] Für den Bereich der Sozialversicherung fehlt jedoch eine dem Art. 9 III GG vergleichbare verfassungsrechtliche Grundlage.[120] So führt das Bundessozialgericht aus, dass das gesamte System kollektivvertraglicher Normsetzung, auf dem das geltende Leistungserbringungsrecht beruhe, in wesentlichen Punkten von den herkömmlichen, verfassungsrechtlich anerkannten Rechtssetzungsformen abweiche und ein Regelungsinstrumentarium eigener Art bilde. Eine Übertragung der Rechtsprechung zu Art. 9 III GG sei nicht möglich, weil es für Zwangskörperschaften des öffentlichen Rechts keine Tarifautonomie im Sinne des Art. 9 III GG gebe.[121]

Die Basis für die normsetzende Kraft der Kollektivverträge ist hier ausschließlich eine einfachgesetzliche. Das bestehende Verwaltungssystem der Sozialversicherung ist vom Grundgesetz nicht festgeschrieben. Damit ist auch die Selbstverwaltung als Institution in der Sozialversicherung grundgesetzlich nicht gewährleistet, so dass die Rechtssetzungsautonomie der Sozialversicherungsträger und ihrer Verbände weder in der Form der Satzungsgebung noch in der der Kollektivverträge eine verfassungsrechtliche Gewährleistung aufzuweisen vermag.[122]

Jedoch ist die angesprochene grundgesetzliche Verankerung zur Beurteilung der verfassungsmäßigen Zulässigkeit eines Regelungssystems auch nicht zwingend erforderlich. Vielmehr lassen sich die verfassungsrechtlichen Anforderungen an ein »Vereinbarungsmodell« auch aus dem Gesamtkanon des Grundgesetzes ableiten, ohne dass jedes einzelne Modell in der Verfassung konkret geregelt sein muss.

---

[119] *Neumann* kritisiert, dass das BSG sich mit der verfassungsrechtlichen Legitimation der Rechtsetzungsbefugnis der beteiligten Parteien nicht ausreichend auseinandersetze und fordert eine solche auch für die Pflegesatzparteien im Rahmen des SGB XI (SCHULIN/NEUMANN Hdb. d. SozVersR – Bd. 4, § 21 Rdnr. 81 unter Bezugnahme auf die Entscheidung des BSG in: BSGE 29, 254, 256); zum Grundmodell der Tarifautonomie siehe oben Kapitel (1) ab Seite 212.

[120] HAUCK/NOFTZ/SPELLBRINK, K § 75 SGB XI Rdnr. 12.

[121] BSG NJW 1998, 2765, 2766.

[122] PAPIER, S. 134.

bb) Kein grundrechtliches Erfordernis zur Betroffenenbeteiligung, Wesentlichkeitsgrundsatz und gesetzliche Ermächtigungsgrundlage

Dem Grundgesetz lässt sich zunächst keine Pflicht des Staates zur unmittelbaren Einbeziehung Betroffener in den Normsetzungsprozess bei der (gesetzlichen oder auch untergesetzlichen) Normgebung entnehmen.[123] Für anerkannte Rechtsformen (Rechtsverordnung, Satzung) wird dies damit begründet, dass eine breite Entscheidungsfreiheit der Regierung bei der Staatsleitung als politischer Zielsetzung besteht, die aus der Verfassung, insbesondere aus den Grundrechten in ihrer Funktion als Abwehrrecht und institutionelle Garantie nur durch die Missbrauchsgrenze beschränkt wird.[124] Daher entstehen Abwehrrechte als Form »nachwirkender« Beteiligungsrechte grundsätzlich erst nach Erlass bzw. Wirksamwerden der entsprechenden Rechtsnorm. Allerdings bedeutet dies nicht, dass eine Beteiligung halbstaatlicher oder gar privater Stellen an der Normsetzung prinzipiell verfassungswidrig ist. Überträgt der Gesetzgeber jedoch Normsetzungsbefugnisse auf halbstaatliche oder private Personen, so hat er dafür Sorge zu tragen, dass die Interessen aller von der Regelung betroffenen Personen ausgewogen berücksichtigt werden.[125]

Zudem sind die Anforderungen des grundgesetzlich verankerten Wesentlichkeitsgrundsatzes zu beachten. Dieser besagt, dass der Staat prinzipiell selbst alle wesentlichen Fragen entscheiden muss, die den Bürger unmittelbar in dessen Rechten betreffen. Die Regelung dieser Fragen hat grundsätzlich in Form eines Gesetzes zu erfolgen.[126] Die Wesentlichkeit einer Maßnahme, die den Vorbehalt des Gesetzes begründen soll, wird dabei darin gesehen, dass sie im »grundrechtsrelevanten Bereich« oder »im Bereich der Grundrechtsausübung« ergeht beziehungsweise »wesentlich für die Verwirklichung der Grundrechte« ist.[127] Um eine derartige Maßnahme handelt es sich, wenn in die grundgesetzlich geschützte Privatautonomie von Einrichtungsträgern und Patienten durch eine Preisfestsetzung eingegriffen wird.

Zur Übertragung der Kompetenz zur Preisfestsetzung ist es daher erforderlich, dass gesetzlich umfassend bestimmt ist, welche Personen zur Preisfestsetzung befugt sein sollen und welchen Anforderungen diese Personen gerecht werden müssen. Des Weiteren müssen sich aus der Regelung der genaue Gegenstand und die Bedingungen für das Zustandekommen der Preisfestsetzung ergeben. Sie muss demnach dem Bestimmtheitsgrundsatz entsprechen. Dem Gesetzgeber obliegt es außerdem, die Rechte der Betroffenen dadurch zu schützen, dass er ein Verfahren zur Verfügung stellt, das die

---

[123] So die h. M. Siehe hierfür z. B.: BROHM, Rdnr. 45; FRANCKE/HART, S. 117 ff., 157 ff.; TAUPITZ MedR 2003, S. 9.
[124] BROHM, Rdnr. 45; FRANCKE/HART, S. 117.
[125] Vgl. TAUPITZ MedR 2003, S. 9 m. w. N.
[126] BVerfGE 40, 237, 249; hierzu auch SPELLBRINK, Rdnr. 155.
[127] PAPIER, S. 126.

Berücksichtigung der gegenseitigen Interessen garantiert sowie den Betroffenen einen ausreichenden gerichtlichen Rechtsschutz im Sinne von Art. 19 IV GG zur Verfügung stellt.

cc) Legitimation nicht-staatlicher Stellen zur Rechtssetzung

Soll ein Verband mit Rechtswirkung für eine individuelle Person oder Gruppe handeln, so bedarf er der demokratischen Legitimation durch den Gesetz- oder Verordnungsgeber oder der autonomen Legitimation durch die vertretene Person oder Gruppe.[128] Denn der Staat darf seine Normsetzungsbefugnis nicht in beliebigem Umfang außerstaatlichen Stellen überlassen und den Bürger nicht schrankenlos der normsetzenden Gewalt autonomer Gremien ausliefern, die ihm gegenüber nicht demokratisch beziehungsweise mitgliedschaftlich legitimiert sind.[129] Sollen hingegen keine Rechtswirkungen für andere erzeugt werden, so ist die Wahrnehmung individueller oder kollektiver Interessen mit der Grenze der Rechte anderer, der verfassungsmäßigen Ordnung oder des Sittengesetzes jedoch bereits über die allgemeine Handlungsfreiheit des Verbands gedeckt.[130]

(1) Demokratische Legitimation

Direkt demokratisch legitimiert ist lediglich der vom Volk durch Wahlen ermächtigte Gesetz- sowie Verordnungsgeber. Von diesem leitet sich die demokratische Legitimation aller weiteren staatlichen Stellen ab. Gemäß dem grundgesetzlich in Art. 20 und 28 GG verankerten Demokratieprinzip geht nämlich grundsätzlich alle Staatsgewalt vom Volke aus und wird von diesem in Wahlen und Abstimmungen und durch besondere Organe der Gesetzgebung, der vollziehenden Gewalt und der Rechtsprechung ausgeübt; diese bedürfen hierfür der Legitimation, die sich auf die Gesamtheit der Bürger als Staatsvolk zurückführen lässt. Die Akte der Staatsgewalt müssen sich also ebenfalls auf den Willen des Volks zurückführen lassen und ihm gegenüber verantwortet werden. Dieser Zurechnungszusammenhang zwischen Volk und staatlicher Herrschaft wird vor allem durch die Wahl des Parlaments, durch die von ihm beschlossenen Gesetze als Maßstab der vollziehenden Gewalt, durch den parlamentarischen Einfluss auf die Politik der Regierung sowie durch die grundsätzliche Weisungsgebundenheit der Verwaltung gegenüber der Regierung hergestellt.[131] Der Staat erfüllt dabei auch die Aufgabe, Hüter des Gemeinwohls gegenüber Gruppeninteressen zu sein.[132]

---

[128] Siehe zu den unterschiedlichen Legitimationsansätzen die umfassenden Darstellungen von: AXER; HÄNLEIN und KIRCHHOF.

[129] BVerfGE 33, 125 ff. (sog. Facharzt-Entscheidung).

[130] TAUPITZ MedR 2003, S. 7.

[131] BVerfG NJW 1991, 159, 160; SCHMIDT-ASSMANN, S. 64 f.

[132] BVerfGE 33, 125, 158.

Die demokratische Legitimation lässt sich insofern unterteilen in die unterschiedlichen Formen der institutionellen, funktionellen, sachlich-inhaltlichen und der personellen Legitimation, wobei nicht deren Form, sondern deren Effektivität und damit ein bestimmtes Legitimationsniveau[133] entscheidend ist. Die verfassungsrechtlich notwendige demokratische Legitimation erfordert zudem eine ununterbrochene Legitimationskette vom Volk zu den mit staatlichen Aufgaben betrauten Organen und Amtswaltern. Als Ausübung von Staatsgewalt, die demokratischer Legitimation bedarf, stellt sich dabei jedenfalls alles amtliche Handeln mit Entscheidungscharakter dar. Die Ausübung von Staatsgewalt ist dann demokratisch legitimiert, wenn sich die Bestellung der Amtsträger auf das Staatsvolk zurückführen lässt und deren Handeln eine ausreichende sachlich-inhaltliche Legitimation erfährt, d. h. die Amtsträger im Auftrag und nach Weisung der Regierung handeln und die Regierung damit in die Lage versetzen, die Sachverantwortung gegenüber Volk und Parlament zu übernehmen.[134]

Ebenfalls zulässig ist die Einsetzung öffentlich-rechtlicher Verbände zur Wahrnehmung legitimer öffentlicher Aufgaben, z. B. öffentlich-rechtlicher Körperschaften wie gesetzlichen Kranken- und Pflegekassen (§ 4 SGB V, § 46 SGB XI).[135] Denn es muss auch den Prinzipien der Selbstverwaltung und der Autonomie Rechnung getragen werden. Es ist dabei Sache des gesetzgeberischen Ermessens zu entscheiden, welche Aufgaben der Staat nicht durch seine Behörden, sondern durch eigens gegründete öffentlich-rechtliche Anstalten oder Körperschaften erfüllt.

Außerhalb der unmittelbaren Staatsverwaltung und der in ihrem sachlich-gegenständlichen Aufgabenbereich nicht beschränkten gemeindlichen Selbstverwaltung ist das Demokratiegebot darüber hinaus offen für andere, insbesondere vom Erfordernis lückenloser personeller demokratischer Legitimation aller Entscheidungsbefugten abweichende Formen der Organisation und Ausübung von Staatsgewalt. Die funktionale Selbstverwaltung, verstanden als organisierte Beteiligung der sachnahen Betroffenen an den sie berührenden Entscheidungen, ergänzt und verstärkt insofern das demokratische Prinzip. Es erlaubt deshalb, durch Gesetz für abgegrenzte Bereiche der Erledigung öffentlicher Aufgaben besondere Organisationsformen der Selbstverwaltung zu schaffen. Dadurch wird ein wirksames Mitspracherecht der Betroffenen geschaffen und verwaltungsexterner Sachverstand aktiviert, wodurch ein sachgerechter Interessenausgleich erleichtert und die gesetzgeberisch beschlossenen Ziele effektiver erreicht werden.[136] So können Selbstverwaltungsträger sogar zu verbindlichem Handeln mit Entscheidungscharakter (auch gegenüber Dritten) ermächtigt werden, solange ihre Aufgaben und Handlungsbefugnisse in einem von der Volksvertretung beschlossenen

[133] So auch SCHMIDT-ASSMANN, S. 67.
[134] BVerfG NVwZ 2003, 974, 975; NJW 1991, 159, 160; SCHMIDT-ASSMANN, S. 64 f.
[135] BVerfG NVwZ 2003, 974, 976.
[136] BVerfGE 33, 125, 156 ff.; einschränkend hinsichtlich der Beauftragung pluralistischer Sachverständigengremien: SCHMIDT-ASSMANN, S. 68.

Gesetz ausreichend vorherbestimmt sind und deren Wahrnehmung der Aufsicht personell demokratisch legitimierter Amtswalter unterliegt (vgl. sog. Delegationstheorie im Arbeitsrecht[137]). Ausgeschlossen von einer Übertragung auf Organisationseinheiten der Selbstverwaltung sind allerdings diejenigen Aufgaben, die der Staat selbst durch seine eigenen Behörden als Staatsaufgaben im engeren Sinn wahrnehmen muss.[138]

In begrenztem Umfang kann darüber hinaus eine Delegation staatlicher Normsetzungsbefugnisse auf konkrete (Privat)Personen im Rahmen der Beleihung oder der Einsetzung von Verwaltungshelfern stattfinden, denen dann eine abgeleitete demokratische Legitimation, jedoch nur für den ihnen zugewiesenen Aufgabenbereich, zukommt und die bei Ausübung ihrer Tätigkeit ebenfalls der Weisung und Aufsicht der einsetzenden staatlichen Stelle unterliegen.

(2) Mitgliedschaftliche Legitimation

Weisen Personen (insbesondere des Privatrechts) keine demokratische Legitimation zum Tätigwerden für Dritte auf, so können sie mitgliedschaftlich zum Handeln legitimiert sein (sog. mandatarischer Ansatz).[139] Durch den freiwilligen Verbandsbeitritt ermächtigen demnach die Verbandsmitglieder die Vertragsparteien zum Tätigwerden und binden sich durch eine privatautonome Selbstbindung bzw. unterwerfen sich der verbandlichen Normsetzung. Die Verbände übernehmen eine treuhänderische Stellung gegenüber den Mitgliederinteressen.[140] Die zwischen den ermächtigten Verbänden vereinbarten Regelungen werden sodann als »Produkt von (kollektiver) Selbstbestimmung« angesehen; es handele sich um einen »besonderen Fall normativer Gestaltung im Rahmen der Privatautonomie«[141] bzw. um das »Ergebnis kollektiv ausgeübter Privatautonomie«[142].

Die mitgliedschaftliche Legitimation, z. B. zur Regelung eigener Angelegenheiten im Rahmen von Satzungen, ist also auf die einzelnen Mitglieder einer Organisation (z. B. eines privat-rechtlichen Vereins oder auch einer öffentlich-rechtlichen Körperschaft) zurückzuführen. Diese übertragen kraft autonomer Entscheidung bzw. durch Beitritt zu dem entsprechenden Verband einen Teil ihrer eigenen (Privat- oder Tarif-)Autonomie auf die Organisation, der sie beitreten, um so kollektive Interessen sachgerechter und effektiver wahrnehmen zu können. Erforderlich ist hierfür jedoch eine demokratische Binnenstruktur, die garantiert, dass jedes einzelne Mitglied an der Willensbildung der Organisation mitwirken kann, soweit es dies wünscht.

---

137 Siehe die Nachweise bei: BELLING, S. 562 ff.

138 BVerfG NVwZ 2003, 974, 976 f.

139 Zur von ihm so genannten »autonomen Legitimation« von Trägern der funktionalen Selbstverwaltung siehe: SCHMIDT-ASSMANN, S. 75 f.

140 Vgl. GAMILLSCHEG, S. 558 f. zur genannten Problematik im Arbeitsrecht.

141 BELLING, S. 559, 566 f.

142 SCHLIEMANN, S. 152.

Allerdings sind die entscheidenden Gremien der Organisation auch bei Erfüllung dieser Kriterien lediglich zum Tätigwerden im Rahmen ihrer satzungsmäßigen Aufgaben und auch nur für ihre eigenen Mitglieder befugt. Eine darüber hinausgehende Normsetzungsgewalt gegenüber Dritten oder so genannten Außenseitern kommt ihnen nach dem Rechtsstaats- und dem Demokratieprinzip nicht zu.[143]

(3) Ausgleich fehlender oder unzureichender (mitgliedschaftlicher) Legitimation

Ist ein Verband oder mehrere Verbände weder demokratisch noch mitgliedschaftlich ausreichend zur Normsetzung legitimiert, so kann gegebenenfalls eine »Heilung« dieses Defizits durch einen nachträglichen staatlichen Mitwirkungsakt erfolgen. Dieser Grundsatz wurde vom BVerfG in seiner Entscheidung zur Allgemeinverbindlicherklärung von Tarifverträgen entwickelt. Demnach sei die Allgemeinverbindlicherklärung durch den zuständigen Bundesarbeitsminister nicht lediglich eine bloß unselbständige Zustimmungserklärung zu autonomer Normsetzung der Koalitionen gegenüber Außenseitern. Vielmehr gehe das Gewicht des Staats beim Zustandekommen der Allgemeinverbindlicherklärung hierüber hinaus. Der Bundesarbeitsminister entscheide nämlich über die Allgemeinverbindlicherklärung nach eigenem pflichtgemäßen Ermessen. Damit nehme der Staat den Inhalt des Tarifvertrags in seinen Willen auf und mache ihn sich zu eigen. Nur durch diesen staatlichen Mitwirkungsakt werde die demokratische Legitimation gegenüber den betroffenen Außenseitern hergestellt und könne verbindliche Wirkungen erzeugen.[144]

Durch einen staatlichen Mitwirkungsakt (in Form der Allgemeinverbindlicherklärung oder gegebenenfalls einer Genehmigung wie z. B. nach § 18 V KHG i. V. m. § 20 BPflV a. F.) macht sich also der demokratisch legitimierte zuständige Bundesminister den Inhalt der getroffenen Regelung oder Vereinbarung zueigen, so dass diese Regelung als »quasi-staatliche« Regelung ergeht. Dadurch erhält die Regelung eine demokratische Legitimation und kann damit auch gegenüber an der Normsetzung unbeteiligten Dritten bzw. so genannten Außenseitern verbindliche Wirkungen entfalten.

e) Auswertung der untersuchten Systeme

aa) Tarifvertrag

Lediglich das Tarifvertragssystem genügt in vollem Umfang den vom BVerfG konkretisierten Anforderungen an eine nicht-staatliche Normsetzung.

---

143 BVerfGE 33, 125, 158; SCHMIDT-ASSMANN, S. 76.

144 BVerfG NJW 1984, 1225; NJW 1977, 2255, 2257 f.

(1) Verbindliche Regelungen grundsätzlich nur für Verbandsangehörige

Denn das Tarifvertragssystem sieht wie oben dargestellt eine verbindliche Normsetzung zunächst lediglich für die verbandsangehörigen Arbeitnehmer und Arbeitgeber vor, die ihre vertragschließenden Organe zum Tätigwerden für das Kollektiv legitimiert haben. Erforderlich ist also eine Mitgliedschaft bei den am Tarifabschluss beteiligten Verbänden.[145] So haben nur die Mitglieder der Arbeitnehmer- oder Arbeitgebervereinigungen ihre Verbände zur Normsetzung legitimiert, nicht jedoch die sog. Außenseiter, so dass diese auch nicht durch den Tarifvertrag allein gebunden werden können. Dies folgt bereits aus dem Rechtsstaats- und Demokratieprinzip.[146]

Tarifverträge zielen somit in erster Linie auf die Regelung der Arbeitsbedingungen zwischen Gewerkschaften auf der einen Seite und einzelnen Arbeitgebern bzw. Arbeitgeber-Verbänden auf der anderen Seite. Die getroffenen Vereinbarungen entfalten gemäß § 4 I TVG unmittelbare und zwingende Wirkung (nur) für die Koalitionsparteien und können dann grundsätzlich auch durch Individualverträge nicht abgeändert werden. Das bedeutet, dass sie erstens wie arbeitsrechtliche Gesetze wirken und zweitens nicht zu Lasten der Arbeitnehmer von ihnen abgewichen werden darf.[147] Damit stellen Tarifverträge (untergesetzliche) Rechtsnormen dar, die Bestandteil der staatlichen Rechtsordnung sind und einen gesetzesähnlichen Charakter aufweisen. Sie sind als Verbotsnormen im Sinne von § 134 BGB und als Schutzgesetze nach § 823 II BGB anzusehen.[148]

(2) Besondere Anforderungen an die Vertragsparteien

Außerdem konkretisieren die tarifvertraglichen Regelungen im Einzelnen, welchen Anforderungen die Parteien einer nicht-staatlichen Vereinbarung genügen müssen, um den Aufgaben gerecht zu werden, mit denen sie im Rahmen ihres (grund)gesetzlichen Auftrags betraut werden. Die dort entwickelten Grundsätze lassen sich in ihren Grundzügen verallgemeinern und dienen damit auch als Grundlage für ein neu zu entwickelndes Verfahren.

Die Parteien einer nicht-staatlichen Vereinbarung, die zunächst für Mitglieder verbindliche Regelungen treffen sollen, müssen demnach die folgenden Voraussetzungen erfüllen: Sie bedürfen der Tariffähigkeit in der Terminologie des Tarifvertragsgesetzes, da nur dann der zwischen den Parteien zu schließende Vertrag wirksam ist. Hierzu ist erforderlich, dass der Abschluss derartiger Vereinbarungen zu den satzungsmäßigen Aufgaben der Vereinigung zählt (vgl. § 2 III TVG) und eine Bereitschaft zu deren

---

[145] Zu Einzelheiten siehe: SCHAUB/KOCH/LINCK/SCHAUB, § 206 Rdnr. 4 ff.
[146] BVerfGE 33, 125, 158; LÖWISCH/RIEBLE, § 3 TVG Rdnr. 1.
[147] LÖWISCH/RIEBLE, § 4 TVG Rdnr. 51 ff.; SCHAUB/KOCH/LINCK/SCHAUB, § 204 Rdnr. 5.
[148] LÖWISCH/RIEBLE, § 1 TVG Rdnr. 8, 14 ff.; vgl. auch SCHAUB/KOCH/LINCK/SCHAUB, § 204 Rdnr. 15 f.

Abschluss gegeben ist.[149] Die Vereinigung muss zudem frei gebildet, gegnerfrei und unabhängig sein sowie das geltende Recht anerkennen.[150] Des Weiteren bedarf sie der Durchsetzungskraft (Mächtigkeit) gegenüber dem Gegner[151] und der ausreichenden Leistungsfähigkeit der Organisation.[152]

Außerdem bedürfen alle tariffähigen Koalitionen, also alle Vereinigungen, die an der nicht-staatlichen Normsetzung mitwirken sollen, einer »demokratischen Organisation«. Denn »außerstaatliche, rechtlich ungezügelte soziale Mächte, zumal wenn sie mit Rechtssetzungsmacht versehen sind, können die Würde und Freiheit des Menschen ebenso sehr bedrohen wie der Staat selbst«.[153] Nur so ist deren Normsetzungsbefugnis auch gegenüber ihren Mitgliedern gewährleistet. Es muss sichergestellt sein, dass die Mitglieder an der Willensbildung gleichberechtigt und effektiv teilnehmen können.[154] Bei Vorliegen eines internen Demokratiedefizits wird hingegen die Mitwirkung des einzelnen Mitglieds an den Entscheidungen des Verbands deutlich erschwert. Gerade wenn Vereinigungen eine Monopolstellung oder zumindest eine marktbeherrschende Stellung in ihrem Wirkungskreis aufweisen und der Übertritt zu einer anderen Vereinigung daher schwierig ist, kommt der Wahrung des Demokratieprinzips in der internen Struktur der Vereinigung daher eine besonders bedeutende Rolle zu. Eine wirksame Kontrolle der Machtstellung der Verbände durch Wettbewerb findet in diesen Fällen nämlich nicht statt.[155]

(3) Allgemeinverbindlicherklärung

Eine über die Tarifvertragsparteien hinaus gehende unmittelbare Bindung von dritten, in den Verhandlungen nicht vertretenen Personen erfolgt durch die Vereinbarungen zwischen den Tarifparteien hingegen nicht; ihnen gegenüber wären die Tarifvertragsparteien nicht zu einem verbindlichen Tätigwerden legitimiert und ihre Interessen wurden in den Verhandlungen somit auch nicht vertreten. Zur Erstreckung auf Nichtmitglieder (die sog. Außenseiter) bedarf es vielmehr eines normierenden Aktes einer staatlichen Stelle, hier der Allgemeinverbindlicherklärung.[156]

---

[149] Siehe zur sog. Tarifwilligkeit: ERFURTER KOMMENTAR/SCHAUB, § 2 TVG Rdnr. 12 ff.

[150] BVerfG NJW 1964, 1267, 1268.

[151] Die Durchsetzungskraft soll sich dabei im Einzelfall dadurch zeigen, dass eine Arbeitnehmervereinigung bereits aktiv in den Prozess einer tariflichen Regelung eingegriffen hat (BAG NZA 1987, 492, 493).

[152] BAG NZA 1991, 428, 429; ERFURTER KOMMENTAR/SCHAUB, § 2 TVG Rdnr. 10.

[153] So zu Recht BELLING, S. 575.

[154] Zu den Einzelheiten der Anforderungen an die Binnenstruktur der Koalitionen siehe: LÖWISCH/RIEBLE, § 2 TVG Rdnr. 19 ff.; vgl. auch ERFURTER KOMMENTAR/SCHAUB, § 1 TVG Rdnr. 149 sowie § 2 TVG Rdnr. 9.

[155] BELLING, S. 571.

[156] BVerfG NJW 1984, 1225; siehe allerdings auch die Ausnahme vom Erfordernis der Allgemeinverbindlicherklärung in § 3 II TVG und die näheren Erläuterungen von: LÖWISCH/RIEBLE, § 3 TVG Rdnr. 8 ff.

(a) Zweck der Allgemeinverbindlicherklärung

Mit der Allgemeinverbindlicherklärung soll einerseits verhindert werden, dass nicht tarifgebundene Arbeitnehmer und Arbeitgeber durch Unterbietung der Tarife die organisierten Arbeitnehmer beim Wettbewerb um knapp gewordene Arbeitsplätze verdrängen; nicht organisierte Arbeitgeber könnten sich anderenfalls Wettbewerbsvorteile verschaffen und damit die wirtschaftliche Existenz der organisierten gefährden (Ordnungsfunktion). Des Weiteren dient die Allgemeinverbindlicherklärung auch dem Ziel, nicht tarifgebundenen Arbeitnehmern staatlicherseits angemessene Arbeitsbedingungen zu sichern (soziale Funktion).[157] Damit verfolgt die Allgemeinverbindlicherklärung also sowohl den sozialen Schutz von Außenseitern, als auch die Förderung des Gemeinwohls und verhilft der grundgesetzlich garantierten Tarifautonomie gemäß Art. 9 III GG zu größerer Durchsetzungskraft, indem sie die Effektivität der tarifvertraglichen Normsetzung sichert und einer Aushöhlung der Tarifverträge vorbeugt.[158] Das Verfahren der Allgemeinverbindlicherklärung dient dabei vorrangig dazu, die Interessen und Rechte der Beteiligten sicher zu stellen.

(b) Rechtsnatur und Verfassungsmäßigkeit der Regelung

Umstritten ist allerdings, welche Rechtsnatur der Allgemeinverbindlicherklärung zukommt.[159] Einerseits wird vertreten, die Allgemeinverbindlicherklärung stelle einen Verwaltungsakt dar, entweder als Allgemeinverfügung an die Außenseiter oder als Verfügung an die Tarifpartner, durch die sie zusätzliche Tarifmacht über die Außenseiter erhielten. Andere sehen in der Allgemeinverbindlicherklärung eine Rechtsverordnung, die den Geltungsbereich der Tarifverträge auf Außenseiter erstreckt. Die herrschende Meinung in der Literatur hingegen vertritt die »Theorie der Doppelnatur der Allgemeinverbindlicherklärung«, welche besagt, dass im Verhältnis des Staats zu den tarifvertragsschließenden Verbänden die Allgemeinverbindlicherklärung Verwaltungsakt und im Verhältnis des Staats zu den Außenseitern eine Mitwirkungshandlung bei dem autonomen Rechtssetzungsverfahren der Verbände ist.[160]

Vorzugswürdig erscheint hingegen die Auffassung des Bundesverfassungsgerichts[161] und im Anschluss an dessen Entscheidung auch des Bundesverwaltungsgerichts[162], die die Allgemeinverbindlicherklärung von Tarifverträgen im Verhältnis zu den ohne

---

[157] BVerwG NJW 1989, 1495, 1498; LÖWISCH/RIEBLE, § 5 TVG Rdnr. 1 f.

[158] BVerfGE 44, 322, 342; BVerwG NJW 1989, 1495, 1498; LÖWISCH/RIEBLE, § 5 TVG Rdnr. 4 ff.

[159] Eine Darstellung des Meinungsstreits findet sich bei: SCHAUB/KOCH/LINCK/SCHAUB, § 207 Rdnr. 17 f. m. w. N.; ERFURTER KOMMENTAR/SCHAUB, § 5 TVG Rdnr. 32; ANSEY/KOBERSKI, S. 231.

[160] ERFURTER KOMMENTAR/SCHAUB, § 5 TVG Rdnr. 32; ANSEY/KOBERSKI, S. 231.

[161] BVerfGE 44, 322 ff.

[162] BVerwG NJW 1989, 1495.

sie nicht tarifgebundenen Arbeitgebern und Arbeitnehmern als einen Rechtssetzungsakt eigener Art[163] zwischen autonomer Regelung und staatlicher Rechtssetzung einordnen, der seine eigenständige Grundlage in Art. 9 III GG findet. Die Rechtssetzung beruht auf vielfältig verschränktem Zusammenwirken von Tarifparteien und im Tarifausschuss repräsentierten Sozialpartnern einerseits und staatlichen Stellen andererseits. Am Ende dieses Verfahrens steht weder der Erlass eines Verwaltungsakts noch der einer Rechtsverordnung. Bei der Normsetzung durch die Tarifparteien handelt es sich vielmehr um Gesetzgebung im materiellen Sinne, die Normen im rechtstechnischen Sinne erzeugt.[164] Damit ist die Allgemeinverbindlicherklärung insbesondere von der Genehmigung von Rechtssetzungsakten (Verordnungen und Satzungen) zu unterscheiden, die regelmäßig als Verwaltungsakte zu qualifizieren sind.[165]

Zwar verkürzt die Allgemeinverbindlicherklärung von Tarifverträgen die Privatautonomie der betroffenen Außenseiter.[166] Jedoch ist die Erstreckung der tarifvertraglichen Bestimmungen auf Außenseiter durch die staatliche Mitwirkung in Form der Allgemeinverbindlicherklärung ausreichend demokratisch legitimiert. Der Staat hat sich seines in den Grenzen des Koalitionsrechts fortbestehenden Normsetzungsrechts nicht völlig entäußert.[167] Vielmehr hat er die tariflichen Normen in seinen Willen aufgenommen, wodurch sie auch gegenüber den Außenseitern ihre Legitimation beziehen.[168]

Allerdings ist die Allgemeinverbindlicherklärung von Tarifverträgen auch nicht unbegrenzt möglich. So sind insbesondere das Demokratie- und das Rechtsstaatsprinzip zu beachten, weswegen eine Allgemeinverbindlicherklärung von dynamisch verweisenden Tarifverträgen ausscheidet, weil die Verantwortung für den Inhalt der Regelung dann nicht mehr beim Staat liegt.[169] Des Weiteren ist auch bei der Allgemeinverbindlicherklärung von Tarifverträgen das Gebot der Normenklarheit zu berücksichtigen. Es muss insbesondere klar bestimmt werden, welche Teile eines Tarifvertrags für allgemeinverbindlich erklärt werden sollen. Außerdem ist auch die Normerstreckung auf nicht Tarifgebundene an deren Grundrechten und am Verhältnismäßigkeitsgrundsatz zu messen.

(4) Fazit

So gilt generell, dass in Bereichen, in denen der Staat seine eigene Normsetzungsbefugnis zurücknimmt und außerstaatlichen Stellen Regelungskompetenzen überträgt,

---

163 Str. ähnlich ZÖLLNER/LORITZ, § 37 III 5, die aber anmerken, dass es sich um eine »Art Rechtsverordnung« handele; eine zusammenfassende Darstellung des Meinungsstreits findet sich bei: SCHAUB/KOCH/LINCK/SCHAUB, § 207 Rdnr. 17 f.

164 BVerfGE 44, 322, 340 f.; BVerwG NJW 1989, 1495, 1497.

165 LÖWISCH/RIEBLE, § 5 TVG Rdnr. 53.

166 BVerwG NJW 1989, 1495, 1498.

167 BVerfGE 44, 322, 347.

168 LÖWISCH/RIEBLE, § 5 TVG Rdnr. 14 f.

169 LÖWISCH/RIEBLE, § 5 TVG Rdnr. 42.

sichergestellt werden muss, dass die Interessen und (Grund)Rechte der Betroffenen hinreichend gewahrt werden. Dies geschieht im Tarifvertragsrecht zunächst dadurch, dass durch die getroffenen Vereinbarungen zwischen den damit beauftragten Verbänden, hier also Gewerkschaften und Arbeitgeber-Vereinigungen bzw. einzelnen Arbeitgebern, zunächst nur die Mitglieder dieser Verbände gebunden werden. Für eine darüber hinaus gehende Bindungswirkung fehlt es den Vertragsparteien sowohl an einer demokratischen als auch an einer mitgliedschaflichen Legitimation. Erst der staatliche Mitwirkungsakt, hier die Allgemeinverbindlicherklärung, kann zu einer Bindung an den Vereinbarungen nicht beteiligter Dritter, sog. Außenseiter, an die Regelungen eines Tarifvertrags führen. Zudem werden die Anforderungen an die vertragschließenden Verbände im Einzelnen geregelt.

bb) Soziale Pflegeversicherung

Hingegen wirft die Regelung der Vereinbarung von Unterkunfts- und Verpflegungsentgelten im SGB XI diverse Probleme auf, die insbesondere aus der gesetzlichen Anordnung der unmittelbaren Verbindlichkeit der Vereinbarungen auch für nicht-verbandsangehörige Personen, z. B. Einrichtungsträger, sowie für die Pflegebedürftigen resultieren, die an den Vereinbarungen nicht beteiligt sind. Denn sowohl in die Grundrechte (Art. 2 I und 12 I GG) der an den Vereinbarungen nicht beteiligten Pflegebedürftigen als auch der nicht-verbandsangehörigen Leistungserbringer, den sog. Außenseitern, wird durch die unmittelbar verbindlichen Vereinbarungen eingegriffen. Im Gegensatz zur oben dargestellten Rechtsprechung des BVerfG ist allerdings kein staatlicher Mitwirkungsakt vorgesehen, um etwaige Legitimationsdefizite auszugleichen. Warum es an einem derartigen staatlichen Mitwirkungsakt fehlt, verschweigt auch die Gesetzesbegründung.[170] Im Folgenden wird daher die Legitimation der beteiligten Vertragsparteien im Einzelnen untersucht.

(1) Unmittelbare Verbindlichkeit der Vereinbarungen auch für nicht beteiligte Dritte

Problematisch an der Entgeltfestsetzung für Unterkunfts- und Verpflegungsleistungen im Rahmen der Sozialen Pflegeversicherung ist also vor allem, dass hier zu Lasten Dritter, insbesondere der Pflegebedürftigen, unmittelbar verbindliche Regelungen (§§ 87 S. 3, 85 VI 1, 2. Hs. SGB XI) abgeschlossen werden, an deren Zustandekommen diese nicht beteiligt werden und auf deren Inhalt sie somit auch keinen Ein-

[170] Siehe hierzu insbesondere die Begründung zu § 85 SGB XI (vormals § 94 Gesetzesentwurf) in: BT-Drs. 12/5262, S. 144 ff.

fluss nehmen können.[171] So treten die Pflegesätze zu dem Zeitpunkt in Kraft, der in der Vereinbarung von den Vertragsparteien vorgesehen worden ist (§ 85 VI 1, 1. Hs. SGB XI). Damit liegt die Letztentscheidung nicht bei einer (allein) staatlichen Stelle (z. B. einer Genehmigungsbehörde), da an den Pflegesatzverhandlungen neben den als öffentlich-rechtliche Körperschaften organisierten Pflegekassen und Sozialhilfeträgern auch privat-rechtlich organisierte Einrichtungsträger mitgewirkt haben können. Erschwerend kommt hinzu, dass es aus rechtsstaatlicher Sicht sowohl an der erforderlichen Transparenz der Verfahrensabschnitte als auch an der Publizität der Entscheidungsbegründungen fehlt.[172]

Hierbei ist es unerheblich, ob die Pflegesatzvereinbarungen bezüglich der Unterkunfts- und Verpflegungsentgelte im zivilrechtlichen Sinne als »Vertrag zu Lasten Dritter« einzuordnen sind[173] oder die vereinbarten Entgelte, wie teilweise in der Literatur vertreten wird, lediglich eine Selbstbeteiligung der Pflegebedürftigen im Sinne des Sachleistungsprinzips darstellen.[174] Selbst wenn es sich nur um eine Selbstbeteiligung handelt, stellen sich dieselben Fragen bezüglich der Rechtfertigung des Eingriffs in die Privatautonomie der Pflegebedürftigen wie bei einem Vertrag zu Lasten Dritter. Denn die Pflegebedürftigen sind wirtschaftlich in gleichem Maße von den Vereinbarungen betroffen.[175]

Eine Beteiligung der Pflegebedürftigen an den Pflegesatzvereinbarungen, wie sie für die Vereinigungen der Pflegeheime, die Landesverbände und den PKV-Verband in § 85 II 3 SGB XI gesetzlich normiert ist, ist nämlich nicht vorgesehen. Trotzdem werden die Pflegebedürftigen über die entsprechende Verweisung des Pflege- oder Heimvertrags in Verbindung mit §§ 87 S. 3 und 85 VI 1 SGB XI unmittelbar und verbindlich durch die Vereinbarungen der Pflegesatzparteien bzw. die Festsetzungen der Schiedsstelle zur Zahlung der ausgehandelten Unterkunfts- und Verpflegungsentgelte verpflichtet.

Zwar ist es nicht von der Hand zu weisen, dass zwischen den pflegebedingten Leistungen und den Unterkunfts- und Verpflegungsleistungen ein Sachzusammenhang bestehen kann, der es nahe legt, die diesbezüglichen Regelungen gemeinsam zu treffen[176], was insbesondere mit den bestehenden Abgrenzungsschwierigkeiten der einzelnen

---

[171] Auch der Vortrag des Revisionsführers zur Entscheidung des BGH vom 8.11.2001 (NJW 2002, 507, 509 f.) merkt im Zusammenhang mit dynamischen Verweisungen auf Rahmenverträge in Heimverträgen kritisch an, dass die Pflegebedürftigen die gegebenenfalls erfolgenden Änderungen »unter Ausschaltung der Privatautonomie und ohne jegliche Einflussnahmemöglichkeit gegen sich gelten lassen müssten.«

[172] Vgl. FRANCKE, S. 8.

[173] SCHULIN VSSR 1994, S. 289; vergleiche hierzu außerdem SCHULIN/NEUMANN Hdb. d. SozVersR – Bd. 4, § 22 Rdnr. 37, der die Vereinbarungen ausdrücklich als Verträge zu Lasten Dritter einordnet; ebenso MASCHMANN, S. 157; WICKENHAGEN, S. 32 spricht in seinem Beitrag sogar von einer »Entmündigung« der Heimbewohner aufgrund der fehlenden Beteiligung an den Pflegesatzvereinbarungen.

[174] SCHULIN VSSR 1994, S. 290.

[175] So auch SCHULIN VSSR 1994, S. 290, 298, der die rechtliche Qualifikation als Vertrag zu Lasten Dritter ablehnt.

[176] SCHULIN/NEUMANN Hdb. d. SozVersR – Bd. 4, § 22 Rdnr. 37; SCHULIN NZS 1994, S. 443.

Leistungsbereiche begründet werden kann. Auch sind die Möglichkeiten der Pflegebedürftigen zur eigenverantwortlichen Vereinbarung der Entgelte häufig begrenzt.[177] Jedoch wird unbestritten durch die Vereinbarung bzw. Festsetzung der Unterkunfts- und Verpflegungsentgelte in ihre Privatautonomie eingegriffen, was nur dann zu rechtfertigen sein kann, wenn ihre Interessen durch einen der Vertragspartner wahrgenommen werden.

(2) Verfahrensbeteiligte

Zur Vereinbarung der Unterkunfts- und Verpflegungsentgelte im Geltungsbereich des SGB XI werden zunächst einheitliche Rahmenverträge auf Landesebene zwischen den Landesverbänden der Pflegekassen und den Vereinigungen der Träger der ambulanten und stationären Pflegeeinrichtungen abgeschlossen (§ 75 I, II Nr. 1 SGB XI), an denen auch der Medizinische Dienst der Krankenversicherung und der PKV-Verband sowie die Sozialhilfeträger beteiligt sind und die für die Pflegekassen und die zugelassenen Pflegeeinrichtungen im Inland unmittelbar verbindlich sind (§ 75 I 4 SGB XI). Sodann werden die Art, Höhe und Laufzeit der Pflegesätze sowie die Entgelte für Unterkunft und Verpflegung von den Pflegekassen, den sonstigen Sozialversicherungsträgern und den Trägern der Sozialhilfe sowie den einzelnen Leistungserbringern ausgehandelt.[178] Darüber hinaus sind auch die Vereinigungen der Pflegeheime im Land, die Landesverbände der Pflegekassen und der PKV-Verband an den Entgeltverhandlungen zu beteiligen.

(a) Legitimation öffentlich-rechtlich organisierter Verbände

Die Einsetzung öffentlich-rechtlicher Verbände, z. B. öffentlich-rechtlicher Körperschaften wie gesetzlichen Kranken- und Pflegekassen (§ 4 SGB V, § 46 SGB XI), zur Wahrnehmung legitimer öffentlicher Aufgaben ist nach der Rechtsprechung des BVerfG verfassungsrechtlich zulässig.[179] Denn es muss auch den Prinzipien der Selbstverwaltung und der Autonomie Rechnung getragen werden. Es ist dabei Sache des gesetzgeberischen Ermessens zu entscheiden, welche Aufgaben der Staat nicht durch seine Behörden, sondern durch eigens gegründete öffentlich-rechtliche Anstalten oder

[177] So auch der BGH in: NJW 2002, 507, 509.

[178] Bemerkenswert ist, dass die Zusatzleistungen im Sinne von § 88 SGB XI im Zusammenhang mit den Pflegesätzen im Gegensatz zur Regelung der Entgelte im Bereich der Unterkunft und Verpflegung gemäß § 87 SGB XI, der in Satz 3 konkret die Verfahrensvorschriften des Pflegesatzverfahrens für anwendbar erklärt, keine Erwähnung finden. Es ist daher davon auszugehen, dass diese nicht von den Pflegesatzparteien im Zusammenhang mit den Pflegesätzen vereinbart werden, sondern *grundsätzlich* wie die Wahlleistungen im Krankenhausbereich privat von Heimträger und Pflegebedürftigem ausgehandelt werden können, was dem Umstand Rechnung trägt, dass hier keine Leistungen der Daseinsvorsorge, sondern darüber hinaus gehende sog. Luxusleistungen erbracht werden, die nicht dem Bereich der für die notwendige Pflege erforderlichen Leistungen unterfallen.

[179] BVerfG NVwZ 2003, 974, 976.

Körperschaften erfüllt. So sind öffentlich-rechtliche Körperschaften mitgliedschaftlich organisiert und verfügen in Gestalt ihrer Mitglieder über ein Verbandsvolk, vom dem her ihre Satzungsgewalt über Wahlen zur Vertreterversammlung im Sinne von Art. 20 II 2 GG legitimiert wird.[180] Hinzu kommt, dass öffentlich-rechtliche Körperschaften der Rechtsaufsicht durch staatliche Stellen unterliegen, die ihre Tätigkeiten auf die Übereinstimmung mit geltendem Recht, insbesondere der Verfassung, überprüfen.

Sowohl die Pflegekassen (siehe § 46 II SGB XI) als auch die Träger der Sozialhilfe nach § 96 BSHG, also die Städte und Gemeinden, sind rechtsfähige Körperschaften des öffentlichen Rechts und somit staatliche Stellen im Sinne der Rechtsprechung des BVerfG. Die Tätigkeit der Pflegekassen unterliegt zudem gemäß §§ 87 ff. SGB IV der staatlichen Aufsicht. Diese wird im Bereich der Pflegeversicherung gemäß § 46 VI SGB XI von den für die Krankenkassen zuständigen Stellen wahrgenommen. Nach § 87 I 2 SGB IV erstreckt sich die Aufsicht auf die Beachtung von Gesetz und sonstigem Recht, das für den Versicherungsträger maßgeblich ist. Die Behörde kontrolliert sowohl die Geschäfts- als auch die Rechnungsführung des Versicherungsträgers (§ 88 I SGB XI). Es handelt sich um eine Rechtsaufsicht.[181] Dabei folgt die Tätigkeit der Aufsichtsbehörde dem Opportunitätsprinzip, d. h. dass die Behörde selbst darüber zu entscheiden hat, ob sie tätig wird. Eine Pflicht zum Einschreiten besteht grundsätzlich nicht. Durch entsprechende Maßnahmen der Staatsaufsicht wird nur der Sozialversicherungsträger selbst unmittelbar betroffen. Versicherte können diese Maßnahmen auch dann nicht angreifen, wenn sie durch die Maßnahme wirtschaftliche Nachteile erleiden.[182]

In Ergebnis kann man davon ausgehen, dass die körperschaftlich organisierten Pflegekassen, Sozialhilfeträger sowie die öffentlich-rechtlich organisierten Einrichtungsträger ausreichend legitimiert sind, da sie in Form der §§ 87 S. 3 i. V. m. 85 SGB XI zudem einen konkreten gesetzlichen Auftrag zur Vereinbarung von Entgelten haben.[183]

(b) Legitimation privat-rechtlich organisierter juristischer oder natürlicher Personen

Problematischer ist die Teilnahme von privat-rechtlich organisierten juristischen oder natürlichen Personen, z. B. Pflegeeinrichtungen, an den Entgeltvereinbarungen. Diesen fehlt es zunächst an jeglicher Legitimation, für Dritte verbindliche Normen zu erlassen. Jedoch können sie gegebenenfalls durch eine Ermächtigung von Seiten des Gesetz-

---

[180] SCHWERDTFEGER, S. 51.

[181] SCHULIN/BLOCH Hdb. d. SozVersR – Bd. 4, § 24 Rdnr. 93.

[182] FINKENBUSCH, S. 150 f.

[183] A. A. HAUCK/NOFTZ/SPELLBRINK, K § 75 SGB XI Rdnr. 15, der davon ausgeht, dass sogar diese Vertragspartner der Rahmenverträge gegenüber den Pflegebedürftigen nicht ausreichend demokratisch legitimiert sind, so wesentliche Regelungen wie beispielsweise den Inhalt der Pflegesachleistung zu treffen.

oder Verordnungsgebers, beispielsweise eine Beleihung, eine abgeleitete demokratische Legitimation erlangen – hierbei ist auf die ununterbrochene Legitimationskette im Sinne der BVerfG-Rechtsprechung zu achten – oder eine mitgliedschaftliche Legitimation durch (privat-rechtliche) Bevollmächtigung von Seiten der durch die Regelung betroffenen Personen erhalten. Letzteres ist allerdings vorliegend nicht der Fall, da die Pflegeeinrichtungen den Pflegebedürftigen für den Abschluss des Pflege- bzw. Heimvertrags als Vertragspartner gegenüber stehen, somit nicht deren Interessen vertreten und außerdem zu einer Interessenvertretung auch nicht konkret bevollmächtigt werden.

Um eine Beleihung der privat-rechtlich organisierten Einrichtungsträger annehmen zu können, müsste zunächst der gesetzliche Auftrag des SGB XI ausreichend bestimmt sind. Die Regelungen des SGB XI nennen jedoch lediglich allgemein die Vertragsparteien der Vergütungsvereinbarungen, also sowohl die Kostenträger als auch die Leistungserbringer, ohne zwischen öffentlich-rechtlichen und privat-rechtlichen Einrichtungsträgern zu differenzieren. Lässt man diese vage gesetzliche Ermächtigung genügen, so erscheint problematisch, ob in der hier strittigen Konstellation überhaupt eine Beleihung vorgenommen werden kann. In der Literatur wird insofern festgestellt, dass nur Verwaltungskompetenzen, nicht aber solche der Rechtssetzung, der Regierung oder der Rechtsprechung beliehen werden (können), da das Grundgesetz diese Funktionen dem Staate und zum Teil autonomen juristischen Personen des öffentlichen Rechts vorbehalten habe.[184]

Zu klären ist daher zunächst, wie die hier zur Diskussion stehenden sog. Normsetzungsverträge in das System der Rechtsnormen einzuordnen sind. Es handelt sich nicht um originäre Gesetzgebung, da den Selbstverwaltungsträgern hierzu ebenfalls die Kompetenz fehlen würde. Vielmehr werden die Normsetzungsverträge als untergesetzliche Normen auf Grundlage der gesetzlichen Ermächtigung der Vorschriften des SGB XI abgeschlossen. Von bloßen Verwaltungsvorschriften unterscheiden sich die Vergütungsvereinbarungen hingegen dadurch, dass sie nicht allein Wirkungen zwischen den beteiligten Vertragsparteien entfalten, sondern aufgrund der Anordnung der unmittelbaren Verbindlichkeit in §§ 87 S. 3 i. V. m. 85 VI 1, 2. Hs. SGB XI auch die Pflegebedürftigen, also an den Verhandlungen nicht beteiligte Dritte, binden. Mit Hilfe der Verträge wird nämlich eine Rechtskonkretisierung, ähnlich einer Rechtsverordnung, durch die Vertragsparteien vorgenommen, indem sie den unbestimmten Rechtsbegriff der Angemessenheit durch die Festlegung von Kriterien zur Entgeltbemessung und die konkrete Vereinbarung von Entgelten inhaltlich ausfüllen. Es handelt sich bei den Normsetzungsverträgen daher um Regelungen eigener Art, die zwischen der Legislative und der Exekutive anzusiedeln sind.

[184] WOLFF/BACHOF/STOBER, § 104 Rdnr. 2 a. E.

Dass diese Regelungen Außenwirkung erzeugen, soll nach einem teilweise in der Literatur vertretenen Ansatz bereits für die Annahme einer Beleihung genügen.[185]

Das Bundessozialgericht hat sich sodann mit der Frage auseinander gesetzt, ob es sich bei »Vertragsärzten« um Beliehene handeln könne. Es führt dazu aus, dass das Gesetz (gemeint ist das SGB V – *Anm. der Verfasserin*) die Konkretisierung des subjektiv öffentlichen Rechts auf Krankenbehandlung »der kassenärztlichen Versorgung« übertragen habe (§§ 72, 73, 75, 92 SGB V). Das BSG geht dabei davon aus, dass im SGB V unbestimmte Rechtsbegriffe verwendet werden, die erst durch die Konkretisierung von Seiten der Kassenärzte einen Anspruch des Versicherten begründen, vorher handele es sich lediglich um »Rahmenrechte« beziehungsweise »Ansprüche dem Grunde nach«. Das Gesetz beleihe (ausschließlich) den vom Versicherten frei gewählten Kassenarzt mit der öffentlich-rechtlichen Rechtsmacht (Kompetenz), die medizinischen Voraussetzungen des Eintritts des Versicherungsfalls für den konkreten Versicherten und die Krankenkasse verbindlich festzustellen. Aufgrund der medizinisch-wissenschaftlichen Komplexität der Rechtsmaterie halte sich der parlamentarische Gesetzgeber stark zurück und gebe lediglich die Rahmenprogramme vor, die dann von den sachnäheren Personen zu konkretisieren seien.[186] Durch die Einordnung der Kassenärzte als Beliehene blieben daneben jedoch die für das Arzt-Patienten-Verhältnis maßgeblichen zivilrechtlichen Regelungen weiterhin anwendbar (§ 76 IV SGB V).[187] Damit entwickelt das Bundessozialgericht das sog. Rechtskonkretisierungskonzept, das die Beliehenenstellung rechtfertigen soll.[188]

Von einer echten Beleihung im genannten Sinne unterscheidet sich das Vereinbarungsmodell des Pflegesatzverfahrens allerdings dadurch, dass hier nicht eine einzelne vom Gesetz- oder Verordnungsgeber mit dieser Aufgabe betraute Person allein eine hoheitliche Aufgabe wahrnimmt und in Form von Verwaltungsakten Regelungen erlässt bzw. unbestimmte Rechtsbegriffe inhaltlich konkretisiert, sondern die getroffenen Regelungen zunächst abstrakt-generell und zudem das Verhandlungsergebnis eines Gremiums sind. Das hier vorliegende Vereinbarungsverfahren ermöglicht somit keine selbständige Entscheidung »eines Partners«, so dass sich die »Rechtsmacht« von der des Beliehenen deutlich unterscheidet. Denn die privaten Einrichtungsträger sind nur ein Vertragspartner der Pflegesatzvereinbarung und haben es nicht allein in der Hand, wie ein Beliehener, der als Behörde tätig wird, eigenständig Rechtsakte mit Außenwirkung zu erlassen. Damit ist eine Beleihung der privaten Einrichtungsträger im Rahmen der Pflegesatzvereinbarung / -festsetzung zu verneinen, weswegen es ihnen sowohl an ei-

---

[185] Zur Bundesärztekammer als Beliehener im Rahmen der Regelungen zur Organtransplantation siehe insofern: JUNGHANNS, S. 195, der seinen Ansatz aus den Entscheidungen des OVG Lüneburg, DÖV 1968, S. 135 ff. (TÜV als Beliehener) sowie dem Ansatz von Steiner herleitet: STEINER, S. 130 ff.

[186] BSGE 73, 271, 278, 280.

[187] BSGE 73, 271, 282.

[188] BSGE 73, 271, 281; Schwerdtfeger übernimmt diese Ansicht: SCHWERDTFEGER, S. 50; zweifelnd, ob tatsächlich ein Beliehenenstatus mit allen Konsequenzen gemeint ist: FRANCKE, S. 6.

ner vom Staat abgeleiteten demokratischen Legitimation zur Rechtssetzung fehlt als auch an einer mitgliedschaftlichen Legitimation durch die Pflegebedürftigen selbst.

(c) Fehlende Interessenvertretung der Pflegebedürftigen

Fraglich ist daher, ob die Interessen der Pflegebedürftigen überhaupt hinreichend in den Vereinbarungen zwischen Leistungserbringern und Kostenträgern vertreten werden. Denn nur dann kann die Anordnung der unmittelbaren Verbindlichkeit der Vereinbarungen, die nach der gesetzlichen Regelung vorgesehen ist, vor der Verfassung Bestand haben.

Nach der Gesetzesbegründung ist der Gesetzgeber davon ausgegangen, dass die Pflegekassen und die übrigen Kostenträger bei der Vereinbarung der Entgelte für Unterkunft und Verpflegung als »Sachwalter« der Pflegebedürftigen handeln.[189] Auch das Bundessozialgericht spricht von einer »treuhänderischen Wahrnehmung der Interessen der Pflegebedürftigen durch die Pflegekassen bei der Festlegung der Pflegesätze«.[190] Erhebliche Bedenken bestehen allerdings in Bezug auf den sich hier aufdrängenden Interessenkonflikt der Kostenträger.

Zwar werden die Interessen der Pflegebedürftigen als Versicherte von den Pflegekassen mit vertreten. Denn die Pflegekassen werden gemäß § 46 I 2 SGB XI bei den (gesetzlichen) Krankenkassen errichtet und stellen somit eine Art Unterabteilung der Krankenkassen dar. Ihre Mittel sind zwar getrennt zu verwalten (Satz 4). Jedoch sind ihre Organe mit denen der Krankenkasse identisch (Abs. 2 S. 2). Gemäß § 44 SGB V sind die Selbstverwaltungsorgane (der Krankenkassen bzw. hier: Pflegekassen) paritätisch je zur Hälfte aus Vertretern der Versicherten und Arbeitgebern zusammengesetzt. Bei den Ersatzkassen besteht die Besonderheit, dass diese sogar ausschließlich aus Vertretern der Versicherten bestehen. Damit soll erreicht werden, dass diejenigen Personen, die die Mittel für die Finanzierung der Ausgaben aufbringen, auch an der Verwaltung der Mittel beteiligt sein sollen (sog. verbandliche Selbstverwaltung).[191] Auf den ersten Blick könnte man angesichts dieser Ausgangssituation darauf schließen, dass aufgrund der Beteiligung der Versicherten an der Meinungsbildung der vertretungsberechtigten Organe der Pflegekassen, also insbesondere der Vertreterversammlung und dem Vorstand, auch die Interessen der Pflegebedürftigen bei der Vereinbarung der Entgelte für Unterkunft und Verpflegung hinreichend von den Pflegekassen mit wahrgenommen werden. So soll gerade durch die mitgliedschaftliche Struktur innerhalb der öffentlichrechtlichen Körperschaft »Pflegekasse« erreicht werden, dass (auch) die Versicherten

[189] BT-Drs. 12/5262, S. 147.
[190] BSGE 87, 199, 201.
[191] FINKENBUSCH, S. 45.

maßgeblichen Einfluss auf die Gestaltung der Verbandsangelegenheiten haben.[192] Dazu kommt, dass es sich bei den Pflegekassen um rechtsfähige Körperschaften des öffentlichen Rechts handelt (§ 44 II 1 SGB XI), die als Behörden tätig werden und der Rechtsaufsicht[193] unterliegen (§ 44 VI SGB XI), ihr Handeln damit eine abgeleitete demokratische Legitimation erfährt.

Jedoch ist zu bedenken, dass es im Interesse der Pflegebedürftigen liegt, möglichst viele Leistungen bereits bei den Vereinbarungen auf Landesebene den Pflegeleistungen zuzuordnen, da diese Leistungen von der Pflegeversicherung und nicht wie die Unterkunfts- und Verpflegungsentgelte von den Pflegebedürftigen privat gezahlt werden.[194] Die Pflegekassen können hingegen durchaus ein Interesse daran haben, über hohe Kosten für Unterkunft und Verpflegung Kostenanteile auf die Pflegebedürftigen oder die Sozialhilfeträger abzuwälzen.[195] Hieraus ergeben sich erhebliche Interessenkonflikte.

Hinzu kommt, dass die genannten Interessen der Pflegebedürftigen denjenigen der anderen durch die Pflegekassen vertretenen Versicherten widersprechen, die noch keine Leistungen in Anspruch nehmen. In deren Interesse liegt es nämlich, dass möglichst wenige Ausgaben durch die Pflegekassen getätigt werden und damit die Beiträge niedrig bleiben. Soweit auch Arbeitgeber in den Pflegekassen als Organe tätig sind, wird dieser Interessengegensatz noch eklatanter. Es ist also unwahrscheinlich, dass die Pflegekassen wirklich die Interessen der Pflegebedürftigen in den entsprechenden Pflegesatzverhandlungen hinreichend vertreten.

Die vom Gesetzgeber beabsichtigte Sachwalterstellung der Pflegekassen und das darauf gestützte Fehlen einer Vertretung der Pflegebedürftigen in den Verhandlungen über die von ihnen zu tragenden Unterkunfts- und Verpflegungsentgelte im Bereich der Inanspruchnahme von stationären Pflegeleistungen besteht daher im Ergebnis nicht. Es ist vielmehr davon auszugehen, dass die Interessen der Pflegebedürftigen aufgrund des sich aufdrängenden Interessenkonflikts der Pflegekassen nicht in hinreichendem Maße wahrgenommen werden.

(3) Fazit

Eine unmittelbar auch für die Pflegebedürftigen und nicht-verbandsangehörige Einrichtungsträger verbindliche Vereinbarung von Leistungserbringern und Kostenträgern

---

192 Vergleiche MAURER, § 23 Rdnr. 40.

193 Für die gesetzliche Krankenversicherung: FINKENBUSCH, S. 148.

194 Mit ähnlichen Bedenken: BGH NJW 2002, 507, 509 f., der allerdings im Ergebnis die durch die Regelung für die Pflegebedürftigen bestehenden Vorteile für überwiegend hält.

195 HAUCK/NOFTZ/SPELLBRINK, K § 87 SGB XI Rdnr. 11, der jedoch meint, dass die Entgeltvereinbarung gemäß der Regelung des § 87 SGB XI eine »recht intelligente Lösung« sei, da durch Beteiligung der Sozialhilfeträger die Angemessenheit der Entgelte weitgehend sicher gestellt werden könne.

bedarf einer wirksamen Interessenvertretung aller von der Regelung betroffenen Personen. An einer solchen fehlt es hinsichtlich der Vertretung der Interessen der Pflegebedürftigen sowie sonstiger betroffener Außenseiter. Die gesetzliche Anordnung der unmittelbaren Verbindlichkeit der getroffenen Vereinbarung ohne nachträgliche staatliche Genehmigung steht daher aufgrund der Verletzung der Rechte der Pflegebedürftigen sowie nicht-verbandsangehöriger Einrichtungsträger mit der Verfassung nicht im Einklang und kann in dieser Form nicht als Vorbild für eine neue Regelung im Bereich nicht-ärztlicher Wahlleistungen dienen.

cc) Urheberrecht

(1) Genehmigungsfreie Vereinbarung verbindlicher gemeinsamer Vergütungsregelungen

Nach § 36 UrhG stellen Vereinigungen von Urhebern zur Bestimmung des angemessenen Vergütungsanspruchs im Sinne von § 32 UrhG mit Vereinigungen von Werknutzern oder einzelnen Werknutzern gemeinsame Vergütungsregeln auf. Allerdings legt § 36 II UrhG fest, dass nur solche Vereinigungen zum Aushandeln gemeinsamer Vergütungsregeln berechtigt sind, die repräsentativ, unabhängig und zur Aufstellung von Vergütungsregeln ermächtigt sind. Nur wenn diese Voraussetzungen erfüllt sind, soll das vereinbarte Entgelt unwiderleglich gemäß § 32 II 1 UrhG als angemessenes Entgelt gelten.[196] Es ist dann für alle betroffenen Urheber und Werknutzer verbindlich.

Ein Schiedsverfahren ist in der Regelung nicht vorgesehen. Vielmehr kann lediglich freiwillig von den Vertragsparteien eine Schlichtungsstelle gebildet werden (vgl. § 36 a UrhG). Es fehlt des Weiteren auch an einem staatlichen Mitwirkungsakt (bspw. einer Genehmigung) der Vereinbarung. Ebenso ist eine subsidiäre Festlegung der angemessenen Vergütungen durch Verordnung nicht vorgesehen.

(2) Legitimation der Vertragsparteien zur verbindlichen Vereinbarung angemessener Entgelte

Die Regelung des § 36 UrhG stellt sich deswegen als problematisch dar, weil die nach der Vorschrift zustande kommende gemeinsame Vergütungsregelung unwiderleglich als angemessene Vergütung im Sinne von § 32 UrhG gelten soll. Der Wortlaut der Vorschrift des § 32 II UrhG (»Eine nach einer gemeinsamen Vergütungsregel ermittelte Vergütung ist angemessen.«) ist insofern eindeutig.[197] Damit ergeben sich wiederum

[196] BT-Drs. 14/6433, S. 17.

[197] Anders noch die Fassung des Gesetzentwurfs, die lautete: »Ist in ... einer gemeinsamen Vergütungsregel im Sinne von § 36 eine Vergütung festgelegt, so wird ihre Angemessenheit vermutet« (siehe BT-Drs. 14/6433, S. 3), woraus *Gounalakis* schloss, dass es sich um eine widerlegbare Vermutung handele (GOUNALAKIS/HEINZE/DÖRR, S. 25 f.).

die in dieser Arbeit bereits mehrfach erörterten Probleme der Bindung außenstehender dritter Personen an Regelungen, an deren Zustandekommen sie nicht beteiligt worden sind. Denn wie im Bereich des Tarifvertragsrechts sind auch im Urheberrecht weder alle Urheber noch alle Werknutzer in Verbänden organisiert. Eine zwischen den Beteiligten nach § 36 I 1 UrhG vereinbarte gemeinsame Vergütungsregel bindet jedoch auch diese an den Vereinbarungen nicht beteiligten Urheber und Werknutzer hinsichtlich der Höhe einer angemessenen Vergütung. Hier wird die Problematik insofern noch offenkundiger als zum Beispiel im Bereich der Pflegeversicherung, da weitgehend private natürliche oder juristische Personen am Zustandekommen der gemeinsamen Vergütungsregel mitwirken, eine demokratische Legitimation somit nicht gegeben ist. Teile der Literatur gehen daher trotz des eindeutigen Wortlauts der Vorschrift des § 32 UrhG mit Hinweis auf die Grundrechte betroffener Außenseiter davon aus, dass eine gemeinsame Vergütungsregel lediglich eine widerlegbare Vermutung der Angemessenheit begründe. *Erdmann* liest daher in die gesetzliche Regelung hinein, dass die Vermutung nur dann gelten soll, wenn sie stillschweigend oder ausdrücklich zum Inhalt des zwischen Urheber und Verwerter geschlossenen Vertrags geworden ist. Der Außenseiter werde dann nicht automatisch, sondern nur bei »Unterwerfung« unter eine gemeinsame Vergütungsregel gebunden.[198] Dies erscheint aufgrund der eindeutigen gesetzgeberischen Entscheidung zweifelhaft.

Die Regelung lehnt sich erkennbar eng an das Tarifvertragsmodell an, ohne allerdings die dort für eine Normsetzung durch Private bestehenden Grenzen zu beachten. Daher mutet die Auffassung etwas seltsam an, die »Einschaltung vom Staat autorisierter Dritter berge keine weiter reichenden Probleme in sich. Irgendwie müsse die Angemessenheit (schließlich) festgelegt werden, und wenn der Staat sich dabei des Sachverstands Dritter bediene, so fördere das eher das Normziel, als wenn er selbst versuchen würde, ein angemessenes Ergebnis zu fixieren. Zu unterscheiden sei nur danach, wer die Geltungsanordnung der gefundenen Vergütungsregelung treffe. Obliege die Anordnung der Verbindlichkeit der Regelung wie in der Neuregelung des Urheberrechtsgesetzes weiterhin dem Staat, so sei gegen eine Delegation der Preisbestimmung verfassungsrechtlich nichts einzuwenden.[199] Es mache nur einen geringen Unterschied, ob der Gesetzgeber die normative Wirkung einer Vereinbarung anordne, oder lediglich vorsehe, dass der eigene normative Geltungsbefehl inhaltlich durch Dritte ausgefüllt werde.«[200]

Vielmehr macht es einen ganz erheblichen Unterschied, ob der demokratisch legitimierte Gesetzgeber eine Materie gesetzlich regelt bzw. der ebenso legitimierte Verordnungsgeber eine konkretisierende Verordnung erlässt oder Private, denen es an einer demokratischen Legitimation fehlt, Regelungen erlassen, die für Dritte verbind-

[198] ERDMANN, S. 926.
[199] THÜSING, S. 209.
[200] THÜSING, S. 206.

lich sein sollen. Private weisen im Regelfall nämlich bloß eine Legitimation auf, für ihre eigenen Mitglieder Regelungen zu erlassen, da sie von diesen durch Verbandsbeitritt oder konkrete Ermächtigung zur Interessenwahrnehmung berufen worden sind. Ebenso verhält es sich in der vorliegenden Konstellation. Auch wenn eine Vereinigung den Anforderungen des § 36 UrhG entspricht, ist damit nicht garantiert, dass sie auch die Interessen der nicht verbandsangehörigen Urheber und Werknutzer in den Verhandlungen vertritt. Zudem bestehen bereits Uneinigkeiten über die Auslegung der in der Vorschrift genannten Merkmale. Es bleibe z. B. völlig im Dunkeln, wie die Repräsentativität einer Vereinigung bestimmt werden solle. Da die Gesetzesbegründung schweige, sei völlig unklar, wie der Begriff auszufüllen sei. Man könne zwar davon ausgehen, dass eine Repräsentativität für die Branche gemeint sei. Jedoch sei schon die Bestimmung der Branche an sich problematisch. Hinzu komme, dass nicht geregelt sei, welchen Organisationsgrad die Vereinigung aufzuweisen habe.[201] Andere bestimmen das Merkmal der Repräsentativität hingegen schon recht konkret. Repräsentativ sei eine Vereinigung dann, wenn sie eine Vielzahl einzelner, typischer Urheber und / oder Leistungsschutzberechtigter für eine ganze Gruppe derartiger künstlerisch Schaffender vertrete. Der repräsentativen Vereinigung müsse dafür wesensmäßig zu eigen sein, die spezifische Eigenart des gesamtem Künstlerkreises und deren Richtung auszudrücken und zu vertreten. Die Vereinigung müsse in ihrer Besonderheit die typische Zusammensetzung dieser Gruppe berücksichtigen und in ihrer Art, Anlage und Ausstattung diese wirkungs- und eindrucksvoll darstellen.[202] Jedoch kann auch dann, wenn man die letztgenannte Auslegung befürwortet, nicht angenommen werden, dass auch die Interessen der nicht-verbandsangehörigen Personen vertreten werden können. Vielmehr fehlt es hierfür an einem entsprechenden Mandat.

Im Sinne der Rechtsprechung des BVerfG wäre daher ein staatlicher Mitwirkungsakt im Sinne einer Allgemeinverbindlicherklärung oder einer Genehmigung der vereinbarten gemeinsamen Vergütungsregel erforderlich, um im Einklang mit der Verfassung die Wirkungen der Vereinbarung auch auf Außenseiter erstrecken zu können. Eine unwiderlegbare Vermutung der Angemessenheit einer Vergütung allein auf der Grundlage einer gemeinsamen Vergütungsregel gemäß § 36 UrhG steht hingegen nicht im Einklang mit dem Grundgesetz.

(3) (Freiwilliges) Schlichtungsverfahren

Des Weiteren ist fraglich, ob das im UrhG vorgesehene Schlichtungsverfahren seinem Zweck, im Falle der Nichteinigung zu einem tragfähigen Kompromiss beizutragen, genügt. Können sich die Parteien nicht auf eine gemeinsame Vergütungsregel einigen,

[201] THÜSING, S. 209.
[202] FLECHSIG/HENDRICKS, S. 425.

so ist ein (freiwilliges[203]) Verfahren vor einer Schlichtungsstelle vorgesehen (§§ 36 III i. V. m. 36 a UrhG). Hierbei handelt es sich um eine private, nicht um eine hoheitliche Schlichtungsstelle.

Das Verfahren vor der Schlichtungsstelle wird auf schriftlichen Antrag einer Partei in Gang gesetzt, wenn die andere Partei nicht binnen drei Monaten, nachdem eine Partei schriftlich die Aufnahme von Verhandlungen verlangt hat, Verhandlungen über eine gemeinsame Vergütungsregel beginnt bzw. wenn Verhandlungen über gemeinsame Vergütungsregeln ein Jahr, nachdem eine Partei schriftlich die Aufnahme von Verhandlungen verlangt hat, ohne Ergebnis geblieben sind oder wenn eine Partei das endgültige Scheitern der Verhandlungen erklärt hat. Die Schlichtungsstelle macht den Parteien dann einen begründeten Einigungsvorschlag, der den Inhalt der gemeinsamen Vergütungsregeln enthält. Dieser Vorschlag gilt als angenommen, wenn ihm nicht innerhalb von drei Monaten nach Empfang des Vorschlags schriftlich widersprochen worden ist. Die Schlichtungsstelle besteht aus den Vereinigungen der Urheber und den Vereinigungen der Werknutzer oder einzelnen Werknutzern (§ 36 a I UrhG). Weitere Verfahrensvorschriften enthält § 36 a V UrhG. Außerdem können die Parteien selbst weitere Einzelheiten des Verfahrens regeln (§ 36 VII UrhG).

Es steht den Parteien frei, den Vorschlag der Schlichtungsstelle anzunehmen oder ihn abzulehnen. Folgen sie ihm nicht, so kann er in einem Rechtsstreit gleichwohl als sachverständige Äußerung ein gewisses indizielles Gewicht haben.[204]

Problematisch ist allerdings, dass es sich hier lediglich um ein freiwilliges Schlichtungsverfahren handelt, das die Vertragsparteien des UrhG eigenständig entwickeln sollen. Es besteht kein Zwang, den Rat einer Schlichtungsstelle einzuholen oder überhaupt zunächst eine solche Stelle einzurichten. Vielmehr obliegt dies der freien Entscheidung der Beteiligten. Damit ist der von einer Schlichtungsstelle grundsätzlich auch auf die Vertragsparteien ausgeübte Druck nicht vorhanden. Es erscheint daher zweifelhaft, ob ein freiwilliges Schlichtungsverfahren seinen Zweck hinreichend erfüllen kann.

(4) Fazit

Die Regelung des Urheberrechts ist deswegen von erheblicher Bedeutung für die vorliegende Arbeit, weil hier allein Privatpersonen Regelungen zur Angemessenheit von Vergütungen treffen, eine Beteiligung von öffentlich-rechtlichen Körperschaften besteht nicht. Damit versucht die Regelung im Bereich des Urheberrechts in besonders innovativer Form, den Sachverstand von Privaten zu nutzen, um zu flexiblen und sachnahen Regelungen zu gelangen. Daher bietet sich die Regelung in besonderem Maße

---

[203] BT-Drs. 14/8058, S. 20.

[204] BT-Drs. 14/8058, S. 20; Jacobs, S. 1909.

als Vergleichsmodell für ein neu zu entwickelndes Vereinbarungsverfahren angemessener Wahlleistungsentgelte an. Die Einbindung Privater bei der hochkomplexen Findung angemessener Preise bzw. Vergütungen ist insofern grundsätzlich zu begrüßen. Auch wenn bislang noch keine Erkenntnisse dazu vorliegen, ob der Einigungsdruck auf die Vertragsparteien bei einer bloß privat-rechtlichen Schiedsstelle und ohne Ersatzvornahmemöglichkeit des Verordnungsgebers groß genug sein wird, zu sach- und zeitnahen Vereinbarungen zu gelangen, erscheint doch die Übertragung derartiger Regelungsbereiche auf die unmittelbar Betroffenen eine fortschrittliche und unterstützenswerte Lösung zu sein. Dies gilt allerdings nur so lange, wie die getroffenen Vereinbarungen lediglich die Mitglieder der vertragschließenden Vereinigungen binden.

Hingegen weist das Regelungssystem gravierende Legitimationsdefizite der beteiligten Vertragsparteien gegenüber ebenfalls durch eine Gemeinsame Vergütungsregel gebundene Außenseiter auf, die auch nicht durch einen staatlichen Mitwirkungsakt im Sinne der Rechtsprechung des BVerfG aufgefangen werden. Weder findet eine Genehmigung der vereinbarten, sodann für alle betroffenen Werknutzer und Urheber (unwiderleglich) als angemessen vermuteten Entgelte statt, noch unterliegen die an den Vereinbarungen beteiligten Vereinigungen der staatlichen Rechts- oder Fachaufsicht. Damit hat sich der Staat einer Einwirkungsmöglichkeit vollständig begeben. Dies steht nicht im Einklang mit der Verfassung und kann daher in diesem Umfang nicht als Vorbild für eine neue Regelung im Bereich nicht-ärztlicher Wahlleistungen dienen.

f) Rechtsschutz

Abschließend bleibt zu erörtern, wie ein effektiver Rechtsschutz für alle Betroffenen bei einer Regelung angemessener Entgelte unter Beteiligung von Privaten nach einer Analyse der vorgestellten Regelungsmodelle ausgestaltet sein muss.

aa) Grundsätze

Wird jemand durch die öffentliche Gewalt in seinen Rechten verletzt, so steht ihm der Rechtsweg offen (Art. 19 IV GG). Mit der öffentlichen Gewalt in diesem Sinne ist die gesamte vollziehende Gewalt gemeint, unabhängig davon, ob sie im Einzelfall der Regierung oder der Verwaltung zugerechnet werden kann.[205]

Regelt der Staat durch Verordnung die Höhe einer angemessenen Vergütung, so greift dies in die Preissetzungs- sowie in die Berufsfreiheit der Betroffenen (Art. 2 I, 12 I GG) ein. Daher ist ihnen der Rechtsweg eröffnet. Genauso stark können Regelungen in die (Grund)Rechte Betroffener eingreifen, die zwar nicht allein durch staatliche Organe,

[205] JARASS/PIEROTH/JARASS, Art. 19 GG Rdnr. 24.

jedoch durch vom Staat dazu ermächtigte Private (z. B. Beliehene) getroffen werden. In den vorliegend untersuchten Fallkonstellationen werden verbindliche Vergütungs- oder Entgeltregelungen von Tarifvertragsparteien, der Gemeinsamen Selbstverwaltung im Pflegesektor oder den Urheber- und Werknutzervereinigungen getroffen. Obwohl hier teilweise privat-rechtlich organisierte Vereinigungen beteiligt sind, binden deren Vereinbarungen durch die gesetzliche Anordnung der unmittelbaren Verbindlichkeit oder durch anschließende staatliche Akte die Mitglieder der Vereinigungen und sog. Dritte oder Außenseiter. Für diese können die Regelungen der Vereinbarungen eine ebenso starke Eingriffswirkung wie eine staatliche Regelung entfalten, so dass sie ebenfalls des Rechtsschutzes im Sinne von Art. 19 IV GG bedürfen. Daher ist im Folgenden zu klären, welche Rechtsschutzmöglichkeiten den Betroffenen offen stehen.

bb) Inzidentkontrolle von verbindlichen Vergütungsvereinbarungen im Individualrechtsstreit

Den Regelfall bildet die Inzidentkontrolle der (durch gesetzliche Anordnung oder staatlichen Akt, z. B. Allgemeinverbindlicherklärung) für verbindlich erklärten (nichtstaatlichen) Vereinbarungen im (zivil-, sozial- oder arbeitsgerichtlichen) Individualverfahren vor den Fachgerichten. So können im individuellen Arbeitsgerichtsprozess des einzelnen Arbeitnehmers gegenüber seinem Arbeitgeber inzident tarifvertragliche Regelungen[206] oder bei Rechtsstreitigkeiten zwischen einem Pflegebedürftigen und einem Heimträger die Inhalte des Heimvertrags und damit die dortigen Unterkunfts- und Verpflegungsregelungen[207] der gerichtlichen Prüfung unterzogen werden. Gleiches gilt für die rechtliche Auseinandersetzung zwischen Urheber und Werknutzer über die angemessene Vergütung für entsprechende Leistungen.

Gerichtlich erfolgt im Verfahren von Amts wegen eine Prüfung der Gültigkeit der tarifvertraglichen Regelungen, der unmittelbar für den Pflegebedürftigen geltenden Unterkunfts- und Verpflegungsentgelte sowie der gemeinsamen Vergütungsregeln gemäß § 36 UrhG, insbesondere hinsichtlich der Übereinstimmung mit höherrangigem Recht. Zu prüfen ist dabei vor allem die Übereinstimmung mit der Verfassung, europäischem Gemeinschaftsrecht, zwingendem Gesetzesrecht, den guten Sitten sowie tragenden Grundsätzen des entsprechenden Rechtsgebiets (sog. Rechtskontrolle).[208] Dagegen erfolgt keine Überprüfung der Zweckmäßigkeit der Regelungen[209] (sog. Billigkeitskontrolle), da den vertragschließenden Parteien ein Ermessensspielraum zugestanden wird.

---

[206] Siehe ausführlich zur gerichtlichen Kontrolle von Tarifverträgen: SCHLIEMANN, insbes. ab S. 143 ff.

[207] Vgl. zur inzidenten Überprüfbarkeit von Rahmenverträgen im Sinne von § 75 I 4 SGB XI: BGH NJW 2002, 507 ff.; vgl. dazu auch ROSSBRUCH, S. 333 f.

[208] Wie weit diese Rechtskontrolle reicht, ist höchst umstritten. Zum Arbeitsrecht siehe: SCHWERDTFEGER, S. 153 ff.

[209] Zum Arbeitsrecht siehe: SCHAUB/KOCH/LINCK/SCHAUB, § 200 Rdnr. 14; ERFURTER KOMMENTAR/SCHAUB, § 1 TVG Rdnr. 130 ff.

Allerdings beschränkt sich die Rechtskraft dieser gerichtlichen Entscheidungen auf die Prozessparteien, so dass jedes andere Gericht davon abweichen kann. Eine darüber hinausgehende Bindungswirkung begegnet hingegen Bedenken hinsichtlich der Beachtung des Rechts auf rechtliches Gehör (Art. 103 I GG) der am Prozess nicht beteiligten und dann trotzdem gebundenen Personen.

cc) Rechtsschutz der an der Vereinbarung beteiligten Vertragsparteien

Rechtsschutz auf kollektiver Ebene findet sich vor allem im Tarifvertragsrecht.[210] Zu nennen sind hier erstens die Klage auf Tariferfüllung sowie die Feststellungsklage gegenüber der anderen Tarifvertragspartei, mit der das Bestehen einer Tarifnorm festgestellt bzw. deren genauer Inhalt ermittelt werden kann. Zweitens kommt der Gewerkschaft gegenüber dem vertragschließenden Arbeitgeberverband ein Anspruch auf Einwirkung auf einen tarifuntreuen (verbandsangehörigen) Arbeitgeber zu, der mit der sog. Einwirkungsklage verfolgt werden kann. Des Weiteren kann in den Fällen, in denen durch eine Betriebsvereinbarung gegen einen Tarifvertrag verstoßen wird, Unterlassungsklage gegen den entsprechenden Arbeitgeber erhoben werden. Das Bestehen oder der Inhalt eines (einschlägigen) Tarifvertrags oder einzelner seiner Teile ist im Rahmen der genannten Klagen von Amts wegen zu ermitteln.[211]

Zudem besteht die Möglichkeit der Verbandsklage nach § 9 TVG, die zwei unterschiedliche Streitfälle erfasst: einerseits können die Tarifvertragsparteien die Gültigkeit des Tarifvertrags überprüfen lassen (Normenkontrollverfahren), andererseits geht es um die Klärung des maßgeblichen Inhalts, also um die richtige Auslegung des Tarifvertrags.[212] Klagebefugt im Verfahren nach § 9 TVG sind nur die Parteien des umstrittenen Tarifvertrags.[213] Dabei beschränkt sich das Verfahren nach § 9 TVG auf einen bestimmten von den Tarifvertragsparteien abgeschlossenen Tarifvertrag. Darüber hinaus gehende Fragen können in dem Verfahren nicht geklärt werden.[214] Auch die Allgemeinverbindlicherkärung kann nicht Gegenstand des Verfahrens nach § 9 TVG sein.[215] Im Verfahren nach § 9 TVG geht es hingegen auch um die Kontrolle der ausgeübten tariflichen Normsetzungsbefugnis.[216] Hinzu kommt, dass § 9 TVG die Bindungswirkung von rechtskräftigen Entscheidungen der Gerichte für Arbeitssachen[217], die in Rechtsstreitigkeiten zwischen Tarifvertragsparteien aus dem Tarifvertrag oder über das

[210] Siehe zu den einzelnen Klagemöglichkeiten auch ausführlich: KITTNER Rechtsschutz für Tarifverträge, S. 250 ff.

[211] GAMILLSCHEG, S. 547 f.

[212] LÖWISCH/RIEBLE, § 9 TVG Rdnr. 8; ERFURTER KOMMENTAR/SCHAUB, § 9 TVG Rdnr. 5 ff.

[213] LÖWISCH/RIEBLE, § 9 TVG Rdnr. 13; ERFURTER KOMMENTAR/SCHAUB, § 9 TVG Rdnr. 6, 8.

[214] RIEBLE, S. 253.

[215] ERFURTER KOMMENTAR/SCHAUB, § 9 TVG Rdnr. 13.

[216] RIEBLE, S. 251.

[217] Für dieses Verfahren sind ausschließlich die Arbeitsgerichte zuständig (GAMILLSCHEG, S. 549).

Bestehen oder Nichtbestehen des Tarifvertrags ergangen sind, auf Rechtsstreitigkeiten zwischen tarifgebundenen Parteien sowie zwischen diesen und Dritten erstreckt.

dd) Rechtsschutz des individuell Betroffenen

Ein Betroffener kann nicht unmittelbar gegen eine auf überindividueller Ebene getroffene Vereinbarung vorgehen. Vielmehr obliegt es lediglich den Parteien selbst, die Vereinbarungsinhalte abzuändern oder beizubehalten. Allerdings ist dem Betroffenen der Verwaltungsrechtsweg eröffnet, wenn eine Vereinbarung auf kollektiver Ebene (z. B. durch die Gemeinsame Selbstverwaltung) anschließend für allgemeinverbindlich erklärt bzw. durch die zuständige Behörde genehmigt worden ist. Dieser staatliche Akt stellt dann nämlich gegenüber dem einzelnen Bürger einen Rechtssetzungsakt eigener Art zwischen autonomer Regelung und staatlicher Rechtssetzung dar, gegen welchen ihm der Verwaltungsrechtsweg eröffnet ist (§ 40 I VwGO), wie im Folgenden näher erläutert wird.

So ist zum Beispiel gegen die Allgemeinverbindlicherklärung eines Tarifvertrags oder deren Ablehnung die Eröffnung des Rechtswegs zu den Verwaltungsgerichten bejaht worden.[218] Denn bei der Allgemeinverbindlicherklärung von Tarifverträgen handele es sich um einen Akt der Rechtssetzung, bei welchem der Staat die Rechtsregeln, die die Tarifvertragsparteien für ihre Mitglieder durch Vertrag geschaffen hätten, in seinen Willen aufnehme und die Verbindlichkeit dieser Regeln auf Personen ausdehne, die bisher vom Tarifvertrag nicht erfasst gewesen seien. Als »staatlichem Hoheitsakt« unterfalle die Allgemeinverbindlicherklärung daher dem öffentlichen Recht. Denn es handele sich bei der Allgemeinverbindlicherklärung um eine Rechtsnorm mit Rang unterhalb eines Gesetzes. Die gerichtliche Kontrolle derartiger rechtssetzender Tätigkeiten der Exekutive obliege den Verwaltungsgerichten.[219]

Wehrt sich der Kläger mit seiner Klage gegen die Ablehnung der beantragten Allgemeinverbindlicherklärung, so begehrt er den Erlass einer untergesetzlichen Rechtsnorm. Ein Anspruch auf Erlass einer Rechtsnorm kann dem Bürger allerdings nur in Ausnahmefällen zustehen. Ein derartiger Ausnahmefall kann jedoch dann gegeben sein, wenn der Bürger bereits durch die Begründung von Befugnissen zur Mitwirkung am Rechtssetzungsverfahren (Antragsrechte, Anhörungsrechte, etc.) am Verfahren beteiligt worden ist. In diesen Fällen steht dem Bürger nach Art. 19 IV GG i. V. m. mit § 40 VwGO bei Rechtsverletzungen, die im Zusammenhang mit dem Erlass untergesetzlicher Rechtsnormen stehen, uneingeschränkt der Verwaltungsrechtsweg offen.[220]

---

[218] BVerwG NJW 1989, 1495 ff.; siehe hierzu des Weiteren die ausführliche Darstellung von: MÄSSEN/MAUER, S. 121 ff.
[219] BVerwG NJW 1989, 1495.
[220] BVerwG NJW 1989, 1495, 1496.

Die geeignete und zulässige Klageart zur Durchsetzung des Klagebegehrens des Klägers ist dabei die Feststellungsklage gemäß § 43 I VwGO.[221] Eine Fortsetzungsfeststellungsklage kommt deswegen nicht in Betracht, weil es sich bei der Allgemeinverbindlicherklärung nicht um einen Verwaltungsakt, sondern wegen deren abstrakt-generellen Charakters um eine Rechtsnorm handelt. Der Kläger begründet vielmehr durch die Stellung seines Antrags auf Allgemeinverbindlicherklärung eines Tarifvertrags ein konkretes Rechtsverhältnis zum beklagten Land (bzw. zum Bund), das der Klärung im Wege der Feststellungsklage zugänglich ist.

ee) Prüfungsumfang im gerichtlichen Verfahren

Fraglich ist des Weiteren, welchem Prüfungsumfang ein gerichtliches Verfahren unterliegt. Um einen effektiven Rechtsschutz im Sinne von Art. 19 IV GG gewährleisten zu können, müsste die in die individuelle Vereinbarung einbezogene Regelung der (nichtstaatlichen) Vereinigungen grundsätzlich einer vollen gerichtlichen Kontrolle unterliegen. Dagegen könnte allerdings sprechen, dass der Staat hier gerade den Selbstverwaltungsgremien einen gesetzlich eng umgrenzten Bereich anvertraut hat, dessen Ausgestaltung sie eigenverantwortlich regeln sollen. Dies kommt insbesondere dort in Betracht, wo Selbstverwaltungsgremien aufgrund ihrer besonderen Fachkompetenz und Sachnähe unbestimmte Rechtsbegriffe durch ihre Vereinbarungen konkretisieren. Es könnte ihnen daher ein Gestaltungsspielraum zukommen, der gerichtlich nicht vollumfänglich überprüfbar wäre.

So hat beispielsweise das BSG entschieden, dass bei Akten der Selbstverwaltung, die die Festsetzung der Höhe und Geltungsdauer von Pflegesätzen betreffen, im Rahmen des gerichtlichen Prüfungsmaßstabs nur von einer eingeschränkten Kontrolldichte auszugehen sei.[222] Demnach unterliege nur der Überprüfung, ob das Verfahren ordnungsgemäß durchgeführt worden sei, der Entscheidung der richtige Sachverhalt zugrunde gelegt wurde und ob die die Entscheidung tragenden Gründe nachvollziehbar dargelegt worden seien.[223]

Die lediglich eingeschränkte Überprüfbarkeit wird damit begründet, dass der Schiedsspruch (gleichermaßen hier auch die Entgeltvereinbarung – *Anm. der Verfasserin*) seiner Natur nach einen Interessenausgleich durch ein sachnahes und unabhängiges Gremium darstelle. Insbesondere mit der paritätischen Zusammensetzung, dem Mehrheitsprinzip und der fachlichen Weisungsfreiheit wolle der Gesetzgeber die Fähigkeit des Spruchkörpers zur vermittelnden Zusammenführung unterschiedlicher Interessen und

---

[221] LÖWISCH/RIEBLE, § 5 TVG Rdnr. 120 sprechen insofern von einer Feststellungsklage sui generis, weil das Urteil entgegen der echten Normenkontrollklage nur inter partes wirke.

[222] BSGE 87, 199, 202; vorgehend: LSG Niedersachsen vom 30.05.2000 Az.: L 3 87/99 (juris-dokumentation: Nr. KSRE066100417), S. 6.

[223] SCHNAPP, S. 95.

zu einer Entscheidungsfindung nutzen, die nicht immer die einzig sachlich vertretbare sei und häufig Kompromisscharakter aufweise. Bei Berücksichtigung dieses Entscheidungsspielraums sei somit gerichtlich ausschließlich zu überprüfen, ob die Ermittlung des Sachverhalts in einem fairen Verfahren unter Wahrung des rechtlichen Gehörs erfolgte, der bestehende Beurteilungsspielraum eingehalten und zwingendes Gesetzesrecht beachtet worden sei.[224] Die Schiedsstellen hätten im Bereich der Festsetzung der Pflegesätze dieselbe Gestaltungsfreiheit wie die Vertragsparteien und unterlägen daher auch denselben gesetzlichen Bindungen.[225]

Auch das BVerwG geht von einer Einschätzungsprärogative der Gemeinschaftlichen Selbstverwaltung aus.[226] Die gerichtliche Kontrolle einer Schiedsstellenentscheidung sei insoweit auf die Nachprüfung beschränkt, ob die Bewertungen der Schiedsstelle dem Sinngehalt des unbestimmten Gesetzesbegriffs gerecht würden und, gemessen daran, in Anbetracht des von der Schiedsstelle vollständig ermittelten Sachverhalts vertretbar seien. Das Gesetz habe mit der paritätischen Besetzung der Schiedsstelle durch Interessensvertreter der betroffenen Gruppen zum Ausdruck gebracht, dass es die Mitglieder der Schiedsstelle als mit der zu regelnden Materie vertraute und zu einer vermittelnden Zusammenführung von unter Umständen gegenläufigen Interessen der Beteiligten berufene Personen für geeignet halte, eine sach- und interessengerechte Lösung zu finden. Diese vom Gesetz gerade ihnen zugetraute Kompetenz gebiete es, die gerichtliche Überprüfung auf die der Schiedsstelle gesetzten rechtlichen Vorgaben zu beschränken und ihr für ihre Bewertungen und Beurteilungen im Rahmen der unbestimmten Rechtsbegriffe (insbesondere Wirtschaftlichkeit, Sparsamkeit, Leistungsfähigkeit, leistungsgerechtes Entgelt) einen Spielraum, eine so genannte Einschätzungsprärogative, zu belassen.

Für die aufgezeigten Meinungen der beiden obersten Bundesgerichte, also eine Einschränkung der gerichtlichen Kontrolle vorzunehmen, spricht, dass im Falle der Übertragung von inhaltlichen Sachentscheidungen auf sachverständige Gremien deren besondere Fachkompetenz und Sachnähe genutzt wird. Zudem kann man davon ausgehen, dass bei paritätischer Besetzung der Gremien und Beteiligung aller von der Materie betroffenen Personen auch alle Interessen gleichgewichtig vertreten werden, so dass das Verhandlungsergebnis einen Kompromiss darstellt, der die Interessen aller Beteiligten wiederspiegelt. Damit unterscheidet sich ein derartiges Verhandlungsergebnis von einer staatlichen Regelung, die gegebenenfalls die Interessen der einen Seite stärker berücksichtigt als die der anderen Seite. Kann gewährleistet werden, dass tatsächlich die Interessen aller Betroffenen gleichgewichtig in der Vereinbarung ver-

---

224 Ähnlich NEUMANN, S. 613.

225 BSGE 20, 73, 81; SCHNAPP, S. 94; ähnlich KASSELER KOMMENTAR/GÜRTNER Sozialversicherungsrecht, § 85 SGB XI Rdnr. 12.

226 BVerwGE 108, 47, 52.

treten worden sind, so erscheint damit die vom BSG und BVerwG vorgenommene Einschränkung der gerichtlichen Kontrolldichte gerechtfertigt.

Werden hingegen die Interessen eines Betroffenen aufgrund fehlender Interessenvertretung im Gremium nur unzureichend berücksichtigt, muss auch hier weiterhin von einem vollen gerichtlichen Prüfungsumfang ausgegangen werden, da die Regelung des Selbstverwaltungsgremiums den Einzelnen genauso in seinen Rechten beeinträchtigen kann wie eine staatliche Regelung.

ff) Ergebnis

Im Ergebnis bleibt festzuhalten, dass auch bei einem Vereinbarungsmodell ein ausreichender Rechtsschutz der von der Regelung betroffenen Personen vorzusehen ist, der den Anforderungen des Art. 19 IV GG und allgemein dem Rechtsstaatsprinzip entspricht.[227] Zu berücksichtigen ist dabei, dass im Gegensatz zu der derzeitigen Regelung der Verbandsklage nach dem KHEntgG (der BPflV a. F.) bei dem hier für die Vereinbarung angemessener Wahlleistungsentgelte vorgeschlagenen Modell für eine direkte Überprüfung der Preisfestsetzung nicht der Zivil- sondern der Verwaltungsrechtsweg eröffnet wäre, da gerichtlich der staatliche Mitwirkungsakt in Form einer Allgemeinverbindlicherklärung oder Genehmigung angegriffen würde, der sich gegenüber dem Betroffenen als Rechtssetzungsakt eigener Art darstellt. Anders könnte diese Frage allenfalls dann bewertet werden, wenn durch Beteiligung eines Patientenvertreters an den Vertragsverhandlungen die anschließende staatliche Genehmigung obsolet würde und man die Vereinbarung aufgrund der zu regelnden Materie als zivilrechtlichen Vertrag einordnen könnte. In jedem Fall verbleibt dem Patienten die Möglichkeit, die festgesetzten Preise im Zivilverfahren im Rahmen einer Inzidentkontrolle überprüfen zu lassen, wenn er sich gegen eine konkrete überhöhte Rechnung zur Wehr setzt.

g) Bewertung des Vereinbarungsmodells

Ein Vereinbarungsverfahren dient dem Zweck, die Fachkompetenz und Sachnähe der mit einer Materie eng vertrauten Personen zu nutzen und durch ein vom Gesetzgebungs- und Verwaltungsverfahren losgelöstes Einigungsverfahren zu flexibleren Lösungen zu gelangen, als dies der Verordnungsgeber zu leisten vermag. Zudem soll mit der nicht-staatlichen Regelung von Materien, die einer dauerhaften Veränderung durch wissenschaftliche, medizinische und technische Forschritte unterliegen, eine rasche Anpassung an neue Entwicklungen erreicht werden, wovon die betroffenen Verkehrskreise profitieren. Im Bereich der nicht-ärztlichen Wahlleistungen hätte

[227] SCHMIDT-ASSMANN, S. 67.

ein Vereinbarungsverfahren zudem das Ziel, die strukturelle Unterlegenheit des Wahlleistungspatienten gegenüber dem Krankenhausträger durch kollektives Handeln auf überindividueller Ebene auszugleichen.

Die Analyse der verfassungsrechtlichen Voraussetzungen einer Normsetzung durch Private sowie die Vergleiche mit den unterschiedlichen Regelungen des kollektiven Arbeitsrechts, des Rechts der sozialen Pflegeversicherung sowie des Urheberrechts haben allerdings gezeigt, dass hinsichtlich der Einführung eines neuen Vereinbarungsmodells vor allem die Legitimation der an einer Vereinbarung beteiligten Personen problematisch sein kann. Da die angestrebte Vereinbarung eines angemessenen Wahlleistungsentgelts auf überindividueller Ebene sowohl in die (Grund)Rechte der Krankenhausträger (Preissetzungs- sowie Berufsfreiheit gemäß Art. 2 I, 12 I GG) als auch in die Rechte der Patienten (Privatautonomie gemäß Art. 2 I GG) eingreift, bedarf es der Sicherstellung einer hinreichenden Interessenvertretung dieser Personen in den Verhandlungen. Zudem ist im Sinne der Rechtssicherheit und -klarheit dafür Sorge zu tragen, dass das Verfahren gesetzlich geregelt ist, eine ausreichende Transparenz aufweist sowie die Ergebnisse der überindividuellen Vereinbarung in hinreichender Form publik gemacht werden und damit für alle Betroffenen zugänglich sind.

Hinsichtlich des zur Anwendung kommenden Verfahrens hat sich insofern deutlich gezeigt, dass das Tarifvertragsmodell am besten geeignet ist, als Grundmodell für die weiteren Erörterungen zu dienen. Alle anderen Regelungen weisen trotz interessanter Einzelaspekte Defizite auf, die bei der Neuregelung der Findung angemessener Wahlleistungsentgelte vermieden werden sollten. Hierbei ist zunächst zu berücksichtigen, dass eine verfassungsrechtliche Verankerung des Vereinbarungsmodells nicht unbedingt erforderlich ist, solange die allgemeinen verfassungsrechtlichen Vorgaben, insbesondere des Demokratie- sowie des Rechtsstaatsgebots, hinreichend beachtet werden. Nach der Rechtsprechung des BVerfG können (natürliche oder juristische) Privatpersonen insofern entweder eine abgeleitete demokratische Legitimation (z. B. als Beliehene) oder eine mitgliedschaftliche Legitimation (durch Verbandsbeitritt ihrer Mitglieder oder autonome Übertragung eines Teils der Rechte dieser Mitglieder auf einen Verband) aufweisen. Im ersteren Fall können die demokratisch legitimierte Personen verbindliche Regelungen auch für Dritte treffen, sofern eine ununterbrochene Legitimationskette zum demokratisch legitimierten Gesetzgeber gewährleistet ist. Im zweiten Fall fehlt es hingegen an einer Legitimation zur Normsetzung gegenüber nicht verbandsangehörigen Personen, also sog. Außenseitern. Eine Bindung dieser Dritten oder Außenseiter bedarf daher eines staatlichen Mitwirkungsakts, innerhalb dessen der Staat die Inhalte der von den Privaten getroffenen Vereinbarung in seinen Willen aufnimmt, überprüft und die Wirkungen sodann als staatliche Regelung auch gegenüber Dritten für anwendbar erklärt (vgl. Allgemeinverbindlicherklärung bzw. Genehmigung). So übernimmt der Staat in diesen Fällen die Letztentscheidung über die Erstreckung der Rechtswirkungen auf Dritte und gleicht damit die fehlende Legitimation der

Vertragsparteien gegenüber den Außenseitern aus. Der staatliche Mitwirkungsakt ist nur dann verzichtbar, wenn alle Betroffenen durch ihre Interessenvertretungen an der Vereinbarung mit eigenen Mitentscheidungsrechten beteiligt werden können. Diesem Modell eines Vereinbarungsverfahrens entspricht in der Reinform lediglich das Tarifvertragssystem. Sowohl das analysierte System der Vereinbarung von Unterkunfts- und Verpflegungsentgelte im SGB XI als auch der Vereinbarung gemeinsamer Vergütungsregeln zur Bestimmung eines angemessenen Entgelts für Urheberleistungen weisen Legitimationsdefizite auf, die gegen eine Übertragung dieser Regelungen auf den (nicht-ärztlichen) Wahlleistungsbereich sprechen. Ein verfassungskonformes Vereinbarungsverfahren (z. B. für angemessene (Wahlleistungs)Entgelte) sollte daher folgendermaßen aufgebaut sein:

Zunächst vereinbaren jeweils Verbände, d. h. die Interessenvertretungen aller Betroffenen, auf überindividueller Ebene die Vertragsbedingungen; dies kann auf Bundes- oder Landes- sowie auf regionaler Ebene geschehen. Hierbei ist sicher zu stellen, dass es sich bei den Vertragsparteien tatsächlich um Interessenvertretungen der jeweiligen Seiten handelt, was im Rahmen des Tarifvertragssystems am eindeutigsten geklärt worden ist, indem von den zu beteiligenden Vereinigungen verlangt wird, dass sie in ihren Satzungen zum Abschluss der entsprechenden Verträge ermächtigt worden sein müssen, so dass sich jedes Mitglied mit dem Beitritt zur Vereinigung bereits der Tatsache bewusst werden kann, dass der Verein für ihn Vertragsverhandlungen führen wird. Des Weiteren sollen die Vereinigungen eine freie, gegnerfreie und unabhängige Organisation und ausreichende Durchsetzungskraft gegenüber dem »Gegner« aufweisen, so dass garantiert ist, dass sie sich in ihrer Interessenwahrnehmung für ihre Mitglieder nicht vom Gegner unter Druck setzen lassen. Dies soll außerdem durch eine ausreichende Leistungsfähigkeit der Organsation sicher gestellt werden. Zuletzt bedürfen die für ihre Mitglieder vertragschließenden Verbände einer demokratisch organisierten Binnenstruktur, die es auch dem einzelnen Mitglied ermöglicht, seine Interessen innerhalb des Verbands wahrzunehmen und damit auf das Vorgehen seiner Interessenvertretung auf überindividueller Ebene Einfluss zu nehmen.

Einige der analysierten Regelungen sehen ein zwingendes (z. B. § 18 KHG) oder freiwilliges (z. B. § 36 UrhG) Schieds- oder Schlichtungsverfahren im Fall der Nichteinigung der Vertragsparteien vor. Dieses dient dem Zweck, das Einigungsverfahren zu beschleunigen und den Einigungsdruck auf die Vertragsparteien zu erhöhen. Zweifelhaft erscheint, ob das genannte Ziel durch ein freiwilliges Schlichtungsverfahren erreicht werden kann. Auf ein freiwilliges Verfahren müssten sich die Vertragsparteien erst einigen, was gerade in den Fällen, in denen die Vertragsverhandlungen aufgrund großer Interessengegensätze ohnehin nicht erfolgversprechend verlaufen, besonders schwierig sein dürfte. Vorzugswürdig erscheint daher ein zwingend angeordnetes Schiedsverfahren, das zudem der Beschleunigung des Einigungsprozesses dienen kann, wenn konkrete Fristen vorgegeben werden, nach deren Verstreichen die Schiedsstelle ihre Tätigkeit aufnimmt.

Ein wesentlich höherer Einigungsdruck auf die Vertragsparteien kann zudem erzielt werden, wenn man eine Ersatzvornahmemöglichkeit für den Verordnungsgeber vorsieht. Mit dieser nachrangigen Regelungsbefugnis des Staates wird die Selbständigkeit der Vertragspartner verdeutlicht, die zunächst aufgrund ihrer hohen fachlichen Kompetenz selbst dazu berufen sein sollen, ihre eigenen Angelegenheiten zu regeln. Hierbei verspricht man sich insbesondere flexible Regelungen, die je nach Veränderung der äußeren Rahmenbedingungen, z. B. Fortentwicklung der medizinischen Erkenntnisse, zeitnah und wesentlich zügiger angepasst werden können als durch ein langwieriges Gesetzgebungs- oder Verordnungsverfahren. Sind die zum Vertragsschluss berufenen Personen jedoch außer Stande, zu einer Einigung zu gelangen, so ist gerade dieser Zweck der Übertragung der Normsetzungsbefugnisse gescheitert, so dass der Staat seine Verpflichtungen, insbesondere Schutzpflichten, gegenüber den betroffenen Bürgern wieder selbst wahrnehmen muss.

Da allerdings auch eine verbindliche Normsetzung durch Private genauso stark in die Rechtspositionen der Betroffenen eingreifen kann wie eine staatliche Regelung ist schließlich ein effektiver Rechtsschutz für die Betroffenen im Sinne von Art. 19 IV GG sicher zu stellen.

Entspricht ein Vereinbarungsverfahren den hier aufgezeigten Anforderungen, so verspricht es flexible Regelungen, die auch zeitnah an neue Entwicklungen angepasst werden können, was es dem Verordnungsmodell überlegen macht. Des Weiteren wird die Fachkompetenz und Sachnähe der Betroffenen effektiv genutzt und der Staat dadurch entlastet. Zudem ist zu erwarten, dass die Akzeptanz der Betroffenen gegenüber einer Regelung durch ihre eigenen Interessenvertreter größer ausfällt als gegenüber einer staatlichen Regelung.

Abschließend bleibt festzuhalten, dass eine Regelung durch die Betroffenen auch der Konzeption des neuen Entgeltsystems entspricht, dessen Entwicklung und zukünftige Anpassung an sich ändernde Bedingungen der Gesetzgeber der Gemeinsamen Selbstverwaltung im Gesundheitssektor übertragen hat. So könnte ein Vereinbarungsmodell für angemessene Wahlleistungsentgelte zwar nicht direkt in das neue Entgeltsystem eingefügt werden, da für die Wahlleistung »Unterkunft« die Entgelte nach wie vor tagesbezogen und nicht behandlungsfallbezogen abgerechnet werden müssen. Jedoch wäre eine Angliederung an die derzeit bereits praktizierten Vereinbarungen denkbar.

X. Regelungsvorschlag

Das Abschlusskapitel setzt sich nunmehr mit der Frage auseinander, wie der oben ausführlich dargestellten strukturellen Unterlegenheit des Patienten gegenüber dem Krankenhaus mit Hilfe neuer Regelungen zum Schutz des Patienten effektiver als bisher begegnet werden könnte. Hier wird insofern ein neues Regelungsmodell entwickelt, das die derzeit geltende einseitige Entgeltfestsetzung durch den Krankenhausträger durch ein kollektives Vereinbarungsverfahren zwischen allen an der Erbringung und Inanspruchnahme nicht-ärztlicher Wahlleistungen beteiligten Personen ersetzen könnte. Zunächst wird insofern noch einmal kurz die nach dem geltenden Recht bestehene Situation des Wahlleistungspatienten dargestellt, woraus sich die Notwendigkeit der Neuregelung ergibt. Sodann werden die Zielsetzungen eines neuen Verfahrens erörtert sowie das neue Regelungsmodell vorgestellt.

1. Notwendigkeit einer effektiven Patientenvertretung bei der Inanspruchnahme nicht-ärztlicher Wahlleistungen

Nimmt der Patient unter den geltenden gesetzlichen Bedingungen Wahlleistungen, insbesondere nicht-ärztlicher Art, in Anspruch, so schließt er zwar eine privatautonome Vereinbarung mit dem Krankenhaus ab, ist aber aufgrund krankenhaus- und sozialrechtlicher Bestimmungen sowie aufgrund seiner eigenen strukturellen Unterlegenheit gegenüber dem Krankenhaus nicht in vollem Umfang in der Lage, selbstbestimmt seine Interessen zu vertreten, wie dies beim Erwerb von Gütern auf dem freien Markt der Fall wäre. In dieser Situation ist der Patient nicht wie im alltäglichen Leben in der Lage, autonom und unabhängig finanziell unter Umständen sehr nachteilige Entscheidungen zu überschauen. Vielmehr bedarf er aufgrund seiner krankheitsbedingt geschwächten Situation des besonderen Schutzes.

Der Patient erkauft sich momentan zu nahezu ausschließlich von den Krankenhäusern vorgegebenen Bedingungen den nicht außergewöhnlichen Luxus, während der Zeit seines krankheitsbedingten Aufenthalts im Krankenhaus sein Zimmer nicht oder allenfalls nur mit einer Person teilen zu müssen. Für diese Leistung des Krankenhauses soll er daher auch lediglich ein der Leistung angemessenes Entgelt bezahlen. Da er wie dargestellt den Preis der Leistung nicht selbst beeinflussen kann, erscheint es angezeigt, das derzeitige System des Zustandekommens der Entgelte für die Wahlleistung »Unterkunft« und sonstige nicht-ärztliche Wahlleistungen zu reformieren.

Bislang hat die einseitige Entgeltfestsetzung durch die Krankenhäuser zu einer Fremdbestimmung des Patienten geführt, die ihn in seiner grundrechtlich geschützten Privatautonomie als Bestandteil der Allgemeinen Handlungsfreiheit (Art. 2 I GG) beeinträchtigt hat. Das neu zu entwickelnde Modell soll dazu führen, dem Patienten, der seine Rechte selbst nicht ausreichend effektiv wahrnehmen kann, einen Interessenvertreter an die Seite zu stellen, der das Kräfteungleichgewicht gegenüber dem Krankenhaus ausgleichen und die Interessen der Wahlleistungspatienten auf einer kollektiven Ebene[1] durchsetzen kann. Dabei wird insbesondere darauf einzugehen sein, wie ein solcher Interessenvertreter zum Tätigwerden ermächtigt werden kann und wie gegebenenfalls gegenüber Einzelnen (z. B. nicht-zusatzversicherten Personen) oder Gruppen bestehende Legitimationsdefizite ausgeglichen werden können.

2. Ziel einer Neuregelung

Wie oben im Kapitel »Inhaltliche Auslegung des Angemessenheitskriteriums« ausführlich dargelegt worden ist, dürfen gemäß der gesetzlichen Regelung des § 17 I 3 KHEntgG die Entgelte für Wahlleistungen in keinem unangemessenen Verhältnis zu den Leistungen stehen. Der unbestimmte Rechtsbegriff der Angemessenheit ist als »leistungsgerechtes Entgelt« zu verstehen, also als Entgelt, das in einem engen Verhältnis zu den angebotenen Leistungen steht. Bei der Ermittlung dieses Entgelts steht zunächst im Vordergrund, wieviel dem Patienten eine einzelne Leistung wert ist. Jedoch werden auch die Anbieterinteressen berücksichtigt, da das Entgelt aus ihrer Sicht ebenfalls leistungsgerecht sein muss. Wäre Letzteres nämlich nicht der Fall, würden Krankenhäuser beispielsweise Wahlleistungen nur noch zum Selbstkostenpreis oder sogar nicht kostendeckend erbringen dürfen, so würden sie ihr Wahlleistungsangebot einstellen, was wiederum nicht im Sinne des von der Angemessenheitsvorschrift bezweckten Patientenschutzes wäre. Fraglich ist nun allerdings, wie das konkrete, angemessene Wahlleistungsentgelt ermittelt werden soll. Denn bislang sind Wahlleistungsentgelte einseitig vom Krankenhausträger festgesetzt worden. Im Folgenden ist nun darzustellen, welche Alternativen sich zur einseitigen Entgeltfestsetzung durch den Krankenhausträger anbieten.

Ziel einer Neuregelung der Entgeltbemessung für nicht-ärztliche Wahlleistungen soll es dabei sein, die Interessen der Wahlleistungspatienten effektiver als bisher in die Entgeltfindung einzubringen. Denn entgegen der Auffassung von *Patt*, Justiziar des

[1] Vgl. zur Wahrnehmung kollektiver Patienteninteressen: TAUPITZ MedR 2003, S. 8 ff.

PKV-Verbands, der bestreitet, dass das derzeitige System keinen ausreichenden Schutz für die Interessen der Wahlleistungspatienten bietet, ist die Verfasserin der Ansicht, dass das geltende Recht noch erhebliche Lücken im Patientenschutz aufweist. Demgegenüber sieht *Patt* keinen Bedarf für eine Neuregelung. Vielmehr sei der durch die Verbandsklagemöglichkeit des PKV-Verbands derzeit bestehende Patientenschutz dem durch ein »Tarifvertragssystem« gewährleisteten mindestens ebenbürtig, da auch dort der Rechtsweg sich noch an die an sich schon kompliziertere Tarifvertragslösung anschließe, während die Verbandsklagelösung eine schnellere gerichtliche Klärung (als auf dem Verwaltungsrechtsweg – Anm. der Verfasserin) ermögliche.

Nach einer Abfrage der Leistungen und Entgelte bei den Krankenhäusern erkläre sich der PKV-Verband mit den Entgeltgestaltungen einverstanden und unterbreite seine abweichenden Vorstellungen. Erfolge dann keine Einigung, etwa im Sinne eines pactum de non petendo hinsichtlich der Verbandsklage, erfolge die Erhebung der Verbandsklage unmittelbar. Dann entschieden demokratisch legitimierte Zivilgerichte. Bedarf für eine Tarifvertragslösung bestehe daher nicht.[2]

Die Verfasserin ist hingegen nicht der Auffassung, dass das geltende Recht den Anforderungen des Patientenschutzes hinreichend gerecht wird möchte mit dem sich anschließenden Regelungsvorschlag einen Beitrag zur angemessenen Entgeltgestaltung leisten; die einseitige Festsetzung von nicht-ärztlichen Wahlleistungsentgelten von Seiten der Krankenhäuser wird den Interessen der Wahlleistungspatienten nicht gerecht, da sie vorrangig die Anbieterinteressen berücksichtigt. Zu diesem Zweck soll die bereits bestehende Regelung weiter entwickelt werden, die es derzeit ermöglicht, dass der PKV-Verband gemeinsam mit der Deutschen Krankenhausgesellschaft Empfehlungen zur Entgeltgestaltung abgibt bzw. der PKV-Verband mit Hilfe der Verbandsklage die Herabsetzung unangemessen hoher nicht-ärztlicher Wahlleistungsentgelte gerichtlich durchsetzt. Dadurch könnte auch eine Anpassung der Regelung an die veränderten Bedingungen der Krankenhausfinanzierung im Rahmen des DRG-Systems erreicht werden.

Ausgangspunkt der folgenden Überlegungen ist dabei, dass eine Einflussnahme des Wahlleistungspatienten, eines Patientenvertreters und des PKV-Verbands sowie eines Vertreters der Beihilfeträger bereits auf der Ebene der Entgeltgestaltung stattfinden sollte. Eine verbindliche Vereinbarung angemessener nicht-ärztlicher Wahlleistungsentgelte könnte insofern zur Rechtssicherheit und -klarheit für alle Beteiligten führen. Hierdurch würde bereits im Vorfeld der Inanspruchnahme nicht-ärztlicher Wahlleistungen eine Klärung hinsichtlich der Angemessenheit der dafür anfallenden Entgelte erreicht, wodurch eine überhöhte Entgeltzahlung des Patienten in den meisten Fällen vermieden und gerichtliche Auseinandersetzungen weitgehend verhindert werden könnten.

---

[2] Stellungnahme von Herrn Dr. Patt, Justiziar des PKV-Verbands, gegenüber der Verfasserin vom 25.7.2003.

Im Einzelnen könnte mit Hilfe eines Vereinbarungsmodells im Bereich der Erbringung nicht-ärztlicher Wahlleistungen eine Standardisierung und Qualitätssicherung im Bereich der Wahlleistung »Unterkunft« erreicht sowie die Transparenz der Leistungserbringung deutlich verbessert werden. So hat auch der BGH in seiner Leitentscheidung vom 4.8.2000 bereits angeregt, Standardmerkmale für die Einstufung eines Ein- oder Zweibettzimmers als Unterkunft mit »unterdurchschnittlichem, durchschnittlichem und (weit) überdurchschnittlichem Wahlleistungskomfort« heraus zu bilden und hierfür jeweils mittels einer Vom-Hundertsatzangabe zum Basispflegesatz – oder möglicherweise (vor allem im oberen Leistungsbereich bei Einbett-Zimmern) in festen Beträgen – allgemeine Höchstpreise[3] anzugeben. Dies sei allerdings nicht Aufgabe des Senates selbst.[4] Da der Basispflegesatz im neuen DRG-System nicht mehr als Bezugsgröße zur Verfügung steht, bedarf es des Weiteren der Entwicklung neuer Kriterien zur Bemessung der »unteren Angemessenheitsgrenze« der Wahlleistung »Unterkunft«, was Inhalt des im Folgenden vorgeschlagenen neuen Verfahrens sein soll.

3. Verfahren zur Vereinbarung angemessener Wahlleistungsentgelte

a) Entscheidung für das Vereinbarungsmodell

aa) Vor- und Nachteile des Verordnungsmodells

Für das Verordnungsmodell spricht, dass es sich dabei um eine anerkannte Rechtssetzungsform handelt, deren Voraussetzungen durch Art. 80 I GG deutlich umrissen werden. Hinzu kommen die oben genannten weiteren Kriterien.[5] Demnach bedarf eine verfassungsgemäße Verordnungsermächtigung einer klar ausgestalteten gesetzlichen Ermächtigungsgrundlage, die insbesondere Inhalt, Zweck und Ausmaß der Ermächtigung deutlich erkennen lässt sowie die für die Verordnung zuständige staatliche Stelle angibt und das einzuhaltende Verfahren regelt. Eine vom Verordnungsgeber gestaltete Preisregelung bietet bei Einhaltung dieser Voraussetzungen den Betroffenen Rechtssicherheit und Rechtsklarheit. Auch dürfte die Legitimation zur Rechtssetzung in dieser Konstellation unbestritten sein.

Allerdings handelt es sich, wie die Darstellung der Diskussion um die Überarbeitung der GOÄ gezeigt hat, um eine recht unflexible Regelungsform. Der Entscheidungsfindungsprozess kann sich gerade in politisch brisanten Bereichen als außerordentlich

[3] Zu einer möglichen Festsetzung von Höchstpreisen anhand des vom PKV-Verband zur Diskussion gestellten Katalogs von 30 Wahlleistungselementen: BORGES/SCHMIDT, S. 237 ff.

[4] BGH NJW 2001, 892, 896.

[5] Siehe oben Kapitel a) ab Seite 184.

schwerfällig erweisen und ermöglicht nicht immer eine zeitnahe Reaktion auf aktuelle Entwicklungen in den betroffenen Gebieten.

bb) Vor- und Nachteile der Vereinbarungslösung

Auch das zweite untersuchte Modell, die Vereinbarung angemessener Entgelte durch die betroffenen Verkehrskreise, weist nicht ausschließlich Vorteile auf. So muss hier die Legitimation der beteiligten Vertragspartner besonders sorgfältig hinterfragt und bei Legitimationsdefiziten eine (ausreichende) staatliche Mitwirkung berücksichtigt werden, um sicher zu stellen, dass die (Grund)Rechte aller Betroffenen in ausreichendem Maße beachtet werden, da für den Bereich der Bemessung nicht-ärztlicher Wahlleistungsentgelte eine grundgesetzliche Ermächtigung der Vertragspartner zur Normsetzung wie im Bereich der Tarifautonomie nicht in Betracht kommt. Je weiter gehende Regelungen getroffen werden sollen und umso größer z. B. die Verbindlichkeit der Regelung sein soll, desto höhere Anforderungen sind daher an die Legitimation der beteiligten Vertragspartner zu stellen. In diesem Zusammenhang könnte vor allem fraglich sein, ob der PKV-Verband auch die Interessen der Wahlleistungspatienten adäquat vertreten kann oder ob die auftretenden Interessenkollisionen dies ausschließen.[6] Des Weiteren ist zu beachten, dass sich die Vereinbarungen je nach Ausgestaltung auch auf nicht verbandsangehörige Leistungserbringer oder private Krankenversicherungsunternehmen erstrecken können.

Diesen Nachteilen des Vereinbarungsmodells stehen allerdings deutliche Vorteile gegenüber. So kann durch die Einbeziehung von bzw. die Übertragung eines genau bestimmten »Normsetzungsauftrags« auf betroffene Verkehrskreise deren Fach-/Sachkompetenz basierend auf Gesichtspunkten wie Vernünftigkeit, Sachgerechtigkeit, Effektivität und Effizienz, Qualitätssicherung und Qualitätssteigerung[7] ausgenutzt werden. Im Idealfall erlangen die so gefundenen Regelungen damit eine Sach- und Zeitnähe sowie eine Flexibilität[8], die durch den Gesetz- oder Verordnungsgeber nur schwer zu erreichen ist. Erforderlich ist hierfür, dass sich Vertragspartner gegenüber stehen, deren Rechts- und Verhandlungsmacht vergleichbar groß ist, so dass sich ein Gegengewicht entfalten kann. Indem eine Regelungsmaterie in der Ausgestaltung ihrer Details den Betroffenen selbst anvertraut wird, kann zudem damit gerechnet werden, dass die Verhandlungsergebnisse auf eine breitere Akzeptanz stoßen als gesetzliche oder Verordnungslösungen.

Ob bei der Entscheidung für ein Vereinbarungsmodell jedoch die Entlastung des Gesetzgebers im Vordergrund stehen sollte, erscheint zweifelhaft. Zwar vertritt das BSG

[6] Siehe hierzu die umfassende Darstellung in Kapitel (b) ab Seite 260.
[7] Aufzählung nach: TAUPITZ MedR 2003, S. 9.
[8] BSG MedR 1997, 123, 129.

die Auffassung, dass es Sachmaterien gebe, aufgrund deren Schwierigkeit der Gesetzgeber überfordert sei, daher sei die Heranziehung von Fachgremien sachgerecht.[9] Dem tritt jedoch eine Auffassung in der Literatur zu Recht entschieden entgegen. Der Gesetzgeber dürfe sich auch bei komplizierten Sachverhalten seiner Aufgaben nicht entziehen und habe wesentliche Grundsatzentscheidungen, die auch den Eingriff in Grundrechte des Bürgers zur Folge haben könnten, selbst zu treffen.[10] Der Gesetzgeber darf sich also durch die Wahl eines Vereinbarungsmodells nicht seiner Verantwortung entziehen. Vielmehr steht im Bereich der Neuentwicklung eines Vereinbarungsmodells für nicht-ärztliche Wahlleistungsentgelte die Erwägung im Vordergrund, dass es sich bei der Erbringung derartiger Leistungen eigentlich um einen der Privatautonomie unterfallenden Bereich der Vertragsgestaltung handelt, der jedoch aufgrund der dargestellten Beschränkungen, insbesondere der strukturellen Unterlegenheit der Wahlleistungspatienten gegenüber den Krankenhäusern, Besonderheiten aufweist. Hier bedarf es damit keiner gesetzlichen Regelung der einzelnen Wahlleistungsentgelte, sondern lediglich eines neuen Verfahrens, das das Machtungleichgewicht der Vertragspartner, Patient und Krankenhaus, kompensiert.

cc) Zwischenergebnis

Damit ist im Ergebnis das Vereinbarungsmodell dem Verordnungsmodell vorzuziehen.

b) Ausgestaltung der Ermächtigungsgrundlage

Erforderlich wäre dafür zunächst die Schaffung einer gesetzlichen Ermächtigungsgrundlage[11], die in das KHG oder das KHEntgG integriert werden könnte. Zum Erlass einer derartigen Ermächtigungsgrundlage wäre der Bundesgesetzgeber gemäß Art. 74 I Nr. 19 a GG ermächtigt, wonach die wirtschaftliche Sicherung der Krankenhäuser und die Regelung der Krankenhauspflegesätze der konkurrierenden Gesetzgebung unterliegt.

aa) Inhaltliche Ausgestaltung der Regelung

Da im vorliegenden Fall die (Grund)Rechte aller Betroffenen tangiert werden, handelt es sich um eine zu regelnde Materie, die den Anforderungen der Wesentlichkeitslehre

[9] BSG MedR 1997, 123, 127.
[10] WIMMER, S. 227.
[11] Siehe zur »Fixierung materieller Ziele und Verteilungskriterien durch Gesetz« (SCHMIDT-ASSMANN, S. 59 f.).

des BVerfG entsprechen muss, weswegen der Gesetzgeber verpflichtet ist, die »wesentlichen Grundentscheidungen selbst zu treffen«. Der Gesetzgeber muss daher Inhalt, Zweck und Ausmaß der Ermächtigung der Vertragspartner hinreichend bestimmt regeln.

Inhaltlich handelt es sich hier um eine nähere Ausgestaltung des unbestimmten Rechtsbegriffs der »Angemessenheit«, der durch den Gesetzgeber bereits im Jahre 1985 in die BPflV a. F. eingeführt wurde und als hinreichend genau bestimmt angesehen wird. Die nähere Ausgestaltung des Angemessenheitsgrundsatzes ist hingegen untergesetzliche Normgebung, die grundsätzlich auf nachgeordnete Stellen übertragen werden kann. Regelungsbedürftig bleibt dabei, welche Personen im Einzelnen an dem Vereinbarungsmodell beteiligt werden sollen, das einzuhaltende Verfahren selbst sowie der gegen die endgültige Regelung zur Verfügung stehende Rechtsschutz.

bb) (Gesetzliche) Ermächtigung der zu beteiligenden Personen

Fraglich ist, welche Personen an einem Vereinbarungsmodell für nicht-ärztliche Wahlleistungsentgelte beteiligt werden sollten. Grundsätzlich sollen alle von der Erbringung und Inanspruchnahme von nicht-ärztlichen Wahlleistungen betroffenen Personen auch an der Entgeltgestaltung beteiligt werden, um zu einem angemessenen Interessenausgleich zu gelangen. In Betracht kommen daher: die Deutsche Krankenhausgesellschaft (DKG) als Interessensvertretung der Krankenhäuser, ein Ärztevertreter, der PKV-Verband als Vertreter der Interessen der privaten Krankenversicherungsunternehmen sowie gegebenenfalls von Patienten-/Versicherteninteressen, ein Vertreter der Beihilfeträger und ein Patientenvertreter für die Wahlleistungspatienten selbst.

(1) Deutsche Krankenhausgesellschaft (DKG)

Die Interessen der Krankenhäuser, die in Zukunft nicht-ärztliche Wahlleistungen erbringen wollen, könnten durch die DKG vertreten werden.

Die DKG ist der Dachverband der Krankenhausträger in Deutschland. Sie vertritt die Interessen der 28 Mitglieder – 16 Landesverbände und 12 Spitzenverbände – in der Bundespolitik und nimmt ihre gesetzlich übertragenen Aufgaben wahr.[12] Sie ist als (gemeinnütziger) privat-rechtlicher eingetragener Verein im Sinne des BGB konzipiert und stellt einen Zusammenschluss von Spitzen- und Landesverbänden der Krankenhausträger dar (vgl. § 2 I der Vereinssatzung).[13] Als Mitglieder können der DKG demnach Spitzenverbände von Krankenhausträgern angehören, deren Arbeitsbereich sich

[12] Siehe zu diesen Angaben die Homepage der DKG: http://www.dkgev.de.

[13] Vgl. hierzu die Satzung der Deutschen Krankenhausgesellschaft in der Fassung vom 16.09.1994 (Beschluss der Mitgliederversammlung).

über mehrere Länder erstreckt sowie Landesverbände von Krankenhausträgern, soweit die Mitgliedschaft allen Krankenhausträgern oder ihren Spitzenverbänden offen steht (vgl. § 3 I der Vereinssatzung). Über die Aufnahme eines neuen Mitglieds entscheidet die Mitgliederversammlung.

Der satzungsmäßige Zweck der DKG ist es, ihre Mitglieder bei der Erfüllung ihrer Aufgaben auf dem Gebiet des Krankenhauswesens zu unterstützen. In diesem Rahmen nimmt sie ihr gesetzlich übertragene Aufgaben wahr. Im Zusammenwirken mit staatlichen und sonstigen Institutionen des Gesundheitswesens sorgt sie für die Erhaltung und Verbesserung der Leistungsfähigkeit der Krankenhäuser. Des Weiteren kommen der DKG Aufgaben im Bereich der Weiterentwicklung des Gesundheitswesens zu. Insbesondere unterrichtet sie die Öffentlichkeit und unterstützt staatliche Körperschaften und Behörden bei der Vorbereitung und der Durchführung von Gesetzen.

Problematisch ist, dass die DKG nur die Interessen der vereinsangehörigen Krankenhausträger vertreten kann. Nur hierzu ist sie durch ihre Mitglieder und gegenüber diesen ermächtigt. Zur Vertretung der Interessen nicht-verbandsangehöriger Krankenhäuser fehlt es allerdings an einer mitgliedschaftlichen Legitimation, so dass diese durch eine Vereinbarung von Wahlleistungsentgelten auch nicht gebunden werden können. Zu einer Erstreckung einer von den Interessenvertretern entwickelten Lösung auf diese nicht-verbandsangehörigen Krankenhäuser bedarf es eines staatlichen Mitwirkungsakts vergleichbar der Allgemeinverbindlicherklärung im Tarifvertragsrecht.

(2) Ärztevertreter

Eine Einbeziehung von Ärztevertretern in eine Vereinbarung von nicht-ärztlichen Wahlleistungsentgelten erscheint nicht angezeigt, da die Erbringung von Leistungen im Bereich der Wahlleistung »Unterkunft« keine medizinischen Elemente enthält. Anders wäre die Frage der Beteiligung von Ärztevertretern gegebenenfalls nur hinsichtlich der (hier nicht betroffenen) wahlärztlichen Leistungserbringung zu beurteilen, deren Entgelte sich jedoch nach der GOÄ richten und somit nicht per Vereinbarung geregelt werden können. Auch ist nicht zu erkennen, dass Ärzte maßgeblich von einer Preisfestsetzung im Bereich der nicht-ärztlichen Wahlleistungen in ihren eigenen Rechten betroffen sein könnten.

(3) Vertreter der Beihilfeträger

Wie oben ausführlich erläutert wurde, war in der Vergangenheit die Inanspruchnahme nicht-ärztlicher Wahlleistungsentgelte ein fester Bestandteil der Beihilfeleistungen von Bund und Ländern für die bei ihnen beschäftigten Beamten. Aufgrund der Notwendigkeit der Kosteneinsparung in den Haushalten von Bund und Ländern wurden diese Beihilfeleistungen zwar teilweise eingeschränkt oder sogar vollständig eingestellt. Jedoch stellen sie im Bund und in denjenigen Ländern, in denen weiterhin Beihilfeleistungen für nicht-ärztliche Wahlleistungen erbracht werden, einen erheblichen Ausgabeposten in den Haushalten dar, so dass auch ein Vertreter zur Wahrnehmung der Interessen der Beihilfeträger wie der PKV-Verband als Vertreter der Interessen der Versicherungsunternehmen an den Vereinbarungen zu angemessenen nicht-ärztlichen Wahlleistungsentgelten beteiligt werden sollte.

So ist bereits in den bundesrechtlichen Beihilfevorschriften vorgesehen, dass die Festsetzungsstelle zur Kostendämpfung mit Personen oder Einrichtungen, die Leistungen erbringen oder Rechnungen ausstellen, mit Versicherungen oder anderen Kostenträgern sowie deren Zusammenschlüssen Verträge über Beihilfeangelegenheiten abschließen kann, wenn dies im Interesse einer wirtschaftlichen Krankenfürsorge liegt (§ 15 III BhV). Dabei sollen auch feste Preise vereinbart werden, die deutlich unter den maßgeblichen Gebührensätzen und Höchstbeträgen liegen.

Es müsste demnach lediglich bestimmt werden, wer als Vertreter der unterschiedlichen Beihilfeträger auftreten soll. Dies könnte durch Wahl ermittelt werden. Ein derartiger Vertreter würde sodann eine von den entsprechend demokratisch legitimierten Gesetzgebungsorganen abgeleitete demokratische Legitimation aufweisen.

(4) Patientenvertreter

Fraglich ist, inwieweit sich eine Vertretung der Interessen der Wahlleistungspatienten durch einen besonderen »Patientenvertreter oder -beauftragten« im Rahmen eines Vereinbarungsmodells verwirklichen lassen könnte. Hierbei ist allerdings zu berücksichtigen, dass entgegen vielfältiger Forderungen in der Literatur[14] bislang gesetzlich lediglich Mit*beratungs*rechte von (speziell zugelassenen) Patientenorganisationen an Entscheidungen im Gesundheitswesen etabliert worden sind (dazu sogleich). Die hier zu fordernden Mit*entscheidungs*rechte existieren im deutschen Rechtssystem derzeit noch nicht.

Grundsätzlich sind drei unterschiedliche Formen der Beteiligung von Patientenorganisationen an Entscheidungen im Gesundheitswesen denkbar: auf der ersten Stufe kommen bloße Informationsrechte in Betracht, auf der zweiten Mit*beratungs*rechte und auf der dritten und höchsten Stufe Mit*entscheidungs*rechte. Hierbei ist zu beachten, dass die entsprechende Patientenorganisation zum Tätigwerden für eine bestimmte oder zumindest bestimmbare Gruppe von Patienten einer Legitimation bedarf. Diese Legitimation lässt sich mit Hilfe der beiden bereits bekannten Ermächtigungsmöglichkeiten erreichen. Entweder bedarf es also einer demokratischen Legitimation (z. B.

[14] Siehe beispielhaft: SOLINGER, S. 20 ff.; TAUPITZ MedR 2003, S. 8 ff.; TAUPITZ Ethische und rechtliche Begründung von Patientenautonomie und Patientenvertretung, S. 38 ff.

einer Bestellung durch die ihrerseits demokratisch legitimierte Bundesregierung oder den Bundestag) oder einer mitgliedschaftlichen Legitimation von Seiten der Patienten selbst. Da nun mit dem GKV-Modernisierungsgesetz die Rechtsfigur eines vom Kabinett zu bestellenden Patientenbeauftragten eingeführt worden ist, bietet es sich an, diese auf Bundesebene zuständige Person auch in ein neu zu gestaltendes Vereinbarungsmodell für nicht-ärztliche Wahlleistungsentgelte einzubinden. Jedoch ist dabei zu beachten, dass der Patientenbeauftragte nach der geltenden Gesetzeslage keine Mitentscheidungsrechte hat, sondern lediglich beratend tätig wird.

Andere in der Literatur entwickelte Modelle zur Wahrnehmung von Patienteninteressen, die darüber hinaus gehende Mitentscheiungsrechte eines Patientenvertreters beinhalten könnten, sind zwar grundsätzlich unterstützenswert, wurden bislang allerdings vom Gesetzgeber noch nicht verwirklicht.[15]

(a) Regelungen zur Patientenvertretung im SGB V

Durch das zum 1.1.2004 in Kraft getretene Gesetz zur Modernisierung der gesetzlichen Krankenversicherung (GKV-Modernisierungsgesetz – GMG)[16] wurden Beteiligungsrechte für Patientenorganisationen in das SGB V eingeführt. So wurden insbesondere Antrags- und Mitberatungsrechte für 9 Patientenvertreter sowie die Bestellung eines Patientenbeauftragten auf Bundesebene gesetzlich vorgesehen (§§ 140 f-h SGB V n. F.).[17]

Die Neuregelungen sehen eine deutliche Stärkung der Patientensouveränität und damit eine Verbesserung der Transparenz durch umfangreiche Beteiligungen von Interessenvertretungen der Patienten gemäß § 140 f SGB V n. F. an Entscheidungsprozessen im Bereich des Gesundheitswesens vor.[18] Insbesondere die Beteiligungsrechte bei den von den Spitzenverbänden der Krankenkassen erlassenen Richtlinien, Empfehlungen und Rahmenempfehlungen, beim Hilfsmittelverzeichnis sowie bei der Bestimmung der Festbetragsgruppen und der Festsetzung der Festbeträge von Arznei- und Hilfsmitteln sollen dabei dazu dienen, die Kompetenz und Erfahrungen der Patienten und der sie beratenden Organisationen einzubringen.[19]

[15] Siehe hierzu z. B. die Dissertation von: GEIGER, der den Patientenbeauftragten an die Konstruktion des Bundesdatenschutzbeauftragten anlehnen möchte; demnach könne es sich bei einem Patientenbeauftragten um eine unabhängige Institution handeln, die gegebenenfalls einem Ministerium anzugliedern wäre. Die Legitimationsstruktur solle sich auf eine öffentlich-rechtliche Konzeption des Patientenvertreters stützen. So könne der Patientenbeauftragte entweder von der Legislative benannt oder durch die Exekutive bestellt werden.

[16] Siehe hierzu die Begründung des Gesetzentwurfs der Fraktionen der SPD, CDU/CSU und des Bündnisses 90/Die Grünen in: BT-Drs. 15/1525.

[17] BRONNER, S. 866.

[18] SCHMIDT, S. 96.

[19] BT-Drs. 15/1525, S. 132 f.

Im Einzelnen erhalten (hierfür zugelassene[20]) Patientenorganisationen gemäß § 140 f SGB V n. F. ein Mitberatungsrecht im Gemeinsamen Bundesausschuss nach § 91 SGB V (und im Beirat der Arbeitsgemeinschaft für Aufgaben der Datentransparenz), ein Antragsrecht bei Beschlüssen des Gemeinsamen Bundesausschusses nach § 91 IV SGB V, ein Mitberatungsrecht in den Landesausschüssen nach § 90 SGB V und den Berufungsausschüssen nach § 97 SGB V sowie ein Beratungsrecht bei Änderungen, Neufassungen oder Aufhebungen von Rahmenempfehlungen, Empfehlungen und Richtlinien der Spitzenverbände der Krankenkassen (z. B. zur Zahnprophylaxe, zu Arzneimittelvereinbarungen, zu Vorsorge- und Rehabilitationsmaßnahmen, Art und Umfang der Krankenhausbehandlung, ambulanter und stationärer Versorgung, Zulassung von und Versorgung mit Heilmitteln, Zulassung von Leistungserbringern, Versorgung mit häuslicher Krankenpflege und Soziotherapie) und einen Anspruch auf eine schriftliche Begründung bei Nichtberücksichtigung der vorgebrachten Anliegen. Zur Wahrnehmung der entsprechenden Rechte benennen die (zugelassenen) Organisationen sachkundige Personen. Die entstehenden Kosten der Beteiligung der Patientenvertreter übernehmen diejenigen Gremien, in denen die sachkundigen Personen ihre Kompetenz einbringen.[21]

Des Weiteren enthält die gesetzliche Neuregelung in § 140 g SGB V n. F. eine Ermächtigung des Bundesministeriums für Gesundheit und Soziales zum Erlass einer Verordnung über die Anerkennung der maßgeblichen Patientenorganisationen sowie zum Verfahren der Patientenbeteiligung mit Zustimmung des Bundesrats. Diese Rechtsverordnung soll nach der gesetzgeberischen Zielrichtung die Einzelheiten zur Organisation, Legitimation und Offenlegung der Finanzierung der zu beteiligenden Patientenorganisationen regeln.[22]

Aufgrund der Ermächtigung in § 140 g i. V. m. § 140 f II SGB V wurde die Verordnung zur Beteiligung von Patientinnen und Patienten (Patientenbeteiligungsverordnung – PatBeteiligungsV)[23] erlassen, in welcher das Bundesministerium für Gesundheit und Soziales unter anderem genauere Anforderungen verordnet, die Patientenorganisationen erfüllen müssen, um die oben genannten Rechte im Rahmen des SGB V ausüben zu dürfen. Nach § 1 der Verordnung müssen Patientenorganisationen demnach nach ihrer Satzung ideell und nicht nur vorübergehend die Belange von Patienten fördern, in ihrer inneren Organisation demokratischen Grundsätzen entsprechen, gemäß ihrem Mitgliederkreis dazu berufen sein, die Interessen von Patienten auf Bundesebene zu vertreten, zum Zeitpunkt der Anerkennung mindestens drei Jahre bestehen und in diesem Zeitraum bundesweit tätig gewesen sein, die Gewähr für eine sachgerechte

[20] Welche Organisationen zur Wahrnehmung von Patienteninteressen im genannten Sinne berechtigt sein werden, bedarf noch der speziellen Regelung im Rahmen einer Verordnung nach § 140 g SGB V n. F.

[21] BT-Drs. 15/1525, S. 133.

[22] BT-Drs. 15/1525, S. 73, 133.

[23] VO vom 19.12.2003 (BGBl. I S. 2753 f.).

Aufgabenerfüllung bieten, durch Offenlegung ihrer Finanzierung nachweisen, dass sie neutral und unabhängig arbeiten und gemeinnützige Zwecke verfolgen.

Von großem Interesse ist außerdem die gesetzliche Einführung des Amtes eines Patientenbeauftragten (§ 140 h SGB V n. F.), welches der politischen Geltendmachung der Interessen der Patientinnen und Patienten dienen soll. Am 17.12.2003 ist dieses Amt erstmals von der Bundesregierung durch Frau Helga Kühn-Mengel besetzt worden. Das Amt ist dem Beauftragten der Bundesregierung für die Belange behinderter Menschen im Sinne von §§ 14, 15 Behindertengleichstellungsgesetz nachgebildet[24] und ebenso wie dieses nicht mit hoheitlichen Verwaltungskompetenzen ausgestattet.[25] So soll auch der Beauftragte für die Belange der Patienten auf Bundesebene durch die Bundesregierung bestellt werden. Ihm werden die erforderlichen Personal- und Sachmittel zur Verfügung gestellt und sein Amt endet bei Zusammentreten eines neuen Bundestags. Seine Aufgabe soll es sein, die Patienten sowie die sie vertretenden Organisationen bei der Wahrnehmung ihrer Rechte auf umfassende und unabhängige Beratung und objektive Information durch Leistungserbringer, Kostenträger und Behörden im Gesundheitswesen und bei Fragen der Sicherstellung der medizinischen Versorgung zu unterstützen.

Mit der Einführung der Neuregelungen zur Stärkung der Patientensouveränität und zur Verbesserung der Transparenz von Entscheidungsprozessen im Gesundheitswesen wird in Ansätzen den langjährigen Forderungen Rechnung getragen, Patienten in die sie betreffenden Entscheidungen mehr einzubinden.[26] Zwar erhalten die Patientenvertreter noch keine Mitentscheidungsbefugnisse im Bereich des Gesundheitswesens. Jedoch können sie ihre Interessen mit Hilfe der neuen Beteiligungsrechte zumindest in den entsprechenden Verhandlungen der Entscheidungsträger der Gemeinsamen Selbstverwaltung einbringen. Ob mit der Verbesserung der Transparenz von Kostenstrukturen im Gesundheitswesen und damit bezweckten Stärkung des Preisbewusstseins der Patienten allerdings eine Kostendämpfung durch eine Veränderung des Nachfrageverhaltens (gerade im Bereich des Arzneimittelkonsums) erreicht werden kann, bleibt abzuwarten.[27]

(b) Fazit

Die durch das GKV-Modernisierungsgesetz in das SGB V eingeführten Regelungen zur Patientenvertretung und zur Bestellung eines Patientenbeauftragten auf Bundesebene etablieren erstmalig Mitberatungsrechte von besonderen, hierfür konkret zugelasse-

[24] Siehe hierzu die Gesetzesbegründung in: BT-Drs. 14/7420, S. 20 und 30 f.

[25] BT-Drs. 15/1525, S. 133.

[26] Siehe hierzu z. B.: TAUPITZ MedR 2003, S. 7 ff.; SOLINGER, S. 20 ff.

[27] Auf die zu Fehlanreizen führenden systemimmanenten Störungen des freien Markts im Bereich des Sachleistungsprinzips der gesetzlichen Krankenversicherung wird auch in der Literatur deutlich hingewiesen. Siehe hierzu z. B.: BECK, S. 50.

nen Patientenorganisationen. Insofern tragen sie dazu bei, die Interessen von Patienten in wichtigen Fragen des Gesundheitswesens wirkungsvoller als in der Vergangenheit in die Entscheidungsprozesse einzubringen. Die Patientenbeteiligungsverordnung gibt dazu Anforderungen vor, die Patientenorganisationen erfüllen müssen, um als Patientenvertreter zugelassen werden zu können. Bemerkenswert sind hier die Parallelen zu den Anforderungen an die Tariffähigkeit von Arbeitgeber- sowie Arbeitnehmervereinigungen.

Für das hier vorgeschlagene Vereinbarungsmodell wäre es allerdings wünschenswert, einen ausreichend legitimierten Patientenvertreter mit echten Mit*entscheidungs*rechten auszustatten, damit er den an ihn gestellten Anforderungen, die Interessen der Patienten in den Verhandlungen wirkungsvoll wahrzunehmen, gerecht werden kann.

(5) PKV-Verband

Da wie soeben erörtert eine wirksame Patientenvertretung zumindest für den Bereich der Wahlleistungen im Krankenhaus bislang nicht existiert, könnten die Interessen der Wahlleistungspatienten gegebenenfalls vom PKV-Verband mit wahrgenommen werden.

(a) Informationen zum Verband

Beim PKV-Verband handelt es sich um einen privat-rechtlich organisierten Verband in der Rechtsform des eingetragenen Vereins. Er setzt sich aus 48 ordentlichen und einem außerordentlichen Mitgliedsunternehmen (Privaten Krankenversicherern) zusammen. Von diesen 49 Mitgliedsunternehmen sind 20 als Versicherungsvereine auf Gegenseitigkeit und 29 als Aktiengesellschaften organisiert.[28]

Der satzungsgemäße Zweck des PKV-Verbands ist die Vertretung und Förderung der Allgemeininteressen der privaten Krankenversicherung und seiner Mitgliedsunternehmen im nationalen und europäischen Umfeld. Der Verband hat ferner die Funktion, die PKV-Position in sozialpolitischen Entscheidungen durch fachliche Stellungnahmen und Teilnahme an Anhörungen im nationalen und europäischen Gesetzgebungsverfahren einzubringen. Insbesondere obliegt es dem Verband, Musterbedingungen unter anderem für die Krankheitskosten- und Krankenhaustagegeldversicherung, die Krankentagegeldversicherung und die Pflegekrankenversicherung zu erarbeiten.[29]

Die Mitgliedsunternehmen werden gegenüber der Aufsichtsbehörde und in staatlichen Gremien, zum Beispiel der sog. Konzertierten Aktion im Gesundheitswesen, vertreten.

---

[28] VERBAND DER PRIVATEN KRANKENVERSICHERUNG E. V. Rechenschaftsbericht 2003, S. 10.

[29] Informationen des PKV-Verbands im Internet unter: http://www.pkv.de.

Ferner findet eine Beratung der Mitgliedsunternehmen in Grundsatzfragen der Tarifgestaltung, zum Beispiel bei Einführung neuer Tarife wie der Pflegepflichtversicherung, statt. Der Verband ist darüber hinaus zuständig für eine unternehmensübergreifende Presse- und Öffentlichkeitsarbeit, zum Beispiel durch Herausgabe einer Verbandszeitschrift und anderer Publikationen.[30]

Allerdings muss berücksichtigt werden, dass zwar der überwiegende Anteil der privaten Krankenversicherungsunternehmen im Verband organisiert ist, jedoch nicht alle. Erklärte man die zu findende Vereinbarung nach dem neuen Modell auch für die nichtverbandsangehörigen Unternehmen für verbindlich, so könnte deren negative Koalitionsfreiheit im Sinne von Art. 9 GG betroffen sein.

(b) Vertretung der Versicherten- / Patienteninteressen?

Fraglich ist, ob sich der PKV-Verband auch zur Wahrnehmung und Vertretung der Interessen (zumindest der versicherten[31]) Wahlleistungspatienten eignet.

Dafür spricht, dass der Gesetzgeber bereits bei Einführung der Gemeinsamen Empfehlungen und der Verbandsklage des PKV-Verbands durch das 2. GKV-NOG[32] davon ausgegangen ist, dass hierdurch ein deutliches Gegengewicht zur einseitigen Entgeltfestsetzung durch den Krankenhausträger geschaffen werden sollte. Dies diene auch dem Patientenschutz.[33] Damit kann man davon ausgehen, dass der Gesetzgeber die Wahrnehmung des öffentlichen Interesses an angemessenen Entgelten hier dem PKV-Verband anvertrauen wollte, was auch dafür sprechen würde, dem Patienten den PKV-Verband zum Ausgleich des strukturellen Ungleichgewichts gegenüber dem Krankenhaus als dem Krankenhaus gleichgewichtigen Interessensvertreter an die Seite zu stellen.[34]

Des Weiteren zeichnet sich der PKV-Verband durch seine enge Mitwirkung an der Ausgestaltung wichtiger Fragen des Gesundheitswesens[35] und durch eine hohe Sachkompetenz im Bereich der Finanzierung von Krankenhausentgelten aus und erscheint daher besonders geeignet, die Interessen der Patienten im Bereich der Wahlleistung

---

[30] Informationen des PKV-Verbands im Internet unter: http://www.pkv.de; MERKENS/BIRGELEN, S. 68.

[31] Am 31.12.2002 hatten 7.931.000 Personen eine Krankheitskostenvollversicherung bei einem privaten Krankenversicherungsunternehmen abgeschlossen. 6.922.300 Personen hatten das Angebot zur Versicherung der Wahlleistungen Ein- oder Zweibettzimmer und Privatarztbehandlung im Krankenhaus (87,3 % der vollversicherten Personen) genutzt (VERBAND DER PRIVATEN KRANKENVERSICHERUNG E. V. Rechenschaftsbericht 2002, 10 ff.).

[32] G vom 23.06.1997 (BGBl. 1997, 1520 ff.).

[33] Vgl. BT-Drs. 13/6087, S. 13, 35.

[34] Vergleiche zur Idee des Gleichgewichts im Rahmen Partizipation von Patientenvertretungen auch: TAUPITZ MedR 2003, S. 13 f.

[35] Vergleiche beispielhaft allein die Tätigkeit bei der Ausarbeitung der Anpassungen der australischen DRGs an das neue Fallpauschalensystem in Deutschland gemäß § 17 b II KHG und BT-Drs. 14/6893, S. 26.

»Unterkunft« wahrzunehmen, was sich auch daraus ableiten lässt, dass private Krankenversicherungen einen großen Anteil der Entgelte im Wahlleistungsbereich begleichen und dadurch Einblicke in die Verfahrensabläufe der Krankenhäuser gewinnen.

Dies entspricht auch dem Selbstverständnis des Verbands. Nach der Auffassung des Justiziars des PKV-Verbands, Herrn Dr. *Patt*, ist der Verband ein »überzeugender Sachwalter der Patienteninteressen«. Dies belegten die seit der Einführung des Verbandsklagsrechts im Jahr 1997 erzielten Ergebnisse. Er nennt insbesondere das BGH-Urteil vom 4.8.2000[36], den BGH-Beschluss vom 31.10.2002[37], eine Vielzahl von weiteren Einzelprozessen mit Krankenhäusern, den Abschluss der Gemeinsamen Empfehlung mit der DKG sowie deren Umsetzung, die Realisierung von 10-prozentigen Einsparungen und den Anstoß zu deutlichen Leistungsverbesserungen der Krankenhäuser.[38]

In ähnlicher Form schlägt auch die Kommission zur Überarbeitung des Versicherungsvertragsgesetzes zur Reform von § 178 b VVG vor, den Versicherer zur Abwehr unberechtigter Entgeltansprüche von Leistungserbringern zu ermächtigen sowie eine Möglichkeit vorzusehen, den Versicherten bei der Durchsetzung von Kunstfehleransprüchen gegen die Leistungserbringer zu unterstützen, den Versicherer mit der Beratung des Versicherten über die Berechtigung von Entgeltansprüchen der Leistungserbringer zu beauftragen und die unmittelbare Abrechnung der Leistungen zwischen Versicherern und Leistungserbringern zu regeln.[39] Auch hier wird also der Versicherer als eine Art »Vertreter von Versicherteninteressen« angesehen.

Auf der anderen Seite ist die rechtliche Kompetenz des PKV-Verbands zur Wahrnehmung der Interessen der Wahlleistungspatienten in der Literatur nicht unumstritten.[40] Dies ist wohl unter anderem auf die Interessenkollisionen zurückzuführen[41], zu denen eine Vertretung von Patienteninteressen durch den PKV-Verband führen kann. So verfolgt eine Versicherung grundsätzlich primär das Ziel der Ausgabenminimierung, was zwar den Interessen der Versicherten an niedrigen Prämien entsprechen kann. Denn die Versicherten haben ein großes Interesse an Wirtschaftlichkeit, wobei gleichzeitig ein erhebliches Interesse an Qualität besteht. Soweit die Versicherten dagegen als potenzielle oder aktuelle Patienten betroffen sind, haben sie ein konkretes nachfrageorientiertes und persönliches (körperbezogenes) Interesse an Qualität, während Wirtschaftlichkeitsinteressen hier vollkommen in den Hintergrund treten.[42] Entscheidend dürfte hier eher sein, dass die entstehenden Kosten möglichst weitgehend von der Versicherung gedeckt werden sollen, so dass dem Patienten keine oder lediglich geringe Selbstbehal-

[36]BGH NJW 2001, 892 ff.
[37]BGH 2003, 209.
[38]Stellungnahme von Herrn Dr. Patt, Justiziar des PKV-Verbands, gegenüber der Verfasserin vom 25.7.2003.
[39]VERBAND DER PRIVATEN KRANKENVERSICHERUNG E. V. Rechenschaftsbericht 2002, S. 25.
[40]HORSTMANN, S. 80.
[41]Zum Problem der Interessenkollision im System der funktionalen Selbstverwaltung siehe: TAUPITZ MedR 2003, S. 10.
[42]TAUPITZ MedR 2003, S. 10.

te verbleiben. Zudem könnten niedrige Wahlleistungsentgelte für den privaten Krankenversicherer sogar nachteilig sein, weil dadurch die Nachfrage nach Versicherungen abnehmen könnte.[43]

Hinzu kommt die schwierige Frage der Herstellung einer ausreichenden Legitimation des PKV-Verbands zum Tätigwerden für den Wahlleistungspatienten. Bei den derzeit bereits existierenden Modellen der Interessenvertretung durch eine Versicherung (z. B. dem dargestellten Modell der sozialen Pflegeversicherung), die für sich in Anspruch nehmen, zum Schutz des Patienten beziehungsweise Pflegebedürftigen ins Leben gerufen worden zu sein, sind nämlich meist die Legititmationsstrukturen ungenügend. Insbesondere erscheint der Hinweis auf die angebliche »Sachwalterstellung« aufgrund der dargestellten Interessenkonflikte nicht als gerechtfertigt.

Es kommen hier vielmehr zwei Legitimationsmöglichkeiten in Frage: einerseits können die Versicherten der privaten Krankenversicherungen den PKV-Verband privatautonom mit der Wahrnehmung ihrer Interessen beauftragen. Zu überlegen wäre diesbezüglich, ob sich die Erteilung einer entsprechenden Vollmacht mit dem Abschluss eines Versicherungsvertrags für die Wahlleistung »Unterkunft« verbinden ließe. Aus dem bloßen Abschluss einer Versicherung ohne konkrete Vollmachtserteilung ist hingegen noch nicht abzuleiten, dass ein Versicherungsnehmer damit seine Versicherung zur Wahrnehmung seiner Interessen beauftragen wollte. Damit besteht das Problem, dass eine aus derartigen Vollmachten abgeleitete Ermächtigung des PKV-Verbands nur für in der Zukunft abzuschließende Neuverträge gelten würde, nicht jedoch für Altverträge.

Als zweite Möglichkeit kommt die Ermächtigung einer Repräsentanz durch demokratische Wahlen in Betracht.[44] Allerdings handelt es sich beim PKV-Verband um eine privat-rechtlich organisierte und daher nicht gewählte Vereinigung, der keine demokratische Legitimation zugute kommt. Vielmehr stützt er seine Legitimation auf seine Mitglieder, nämlich die einzelnen privaten Krankenversicherungsunternehmen. Auch kommt eine Beleihung, die gegebenenfalls eine (abgeleitete) demokratische Legitimation vermitteln könnte, für die hier vorliegende Beteiligung am Vereinbarungsverfahren nicht in Betracht, wie oben z. B. im Rahmen des Vereinbarungsmodells der Pflegeversicherung erörtert wurde.

Damit ist die Legitimation des PKV-Verbands zur Wahrnehmung der Interessen der Wahlleistungspatienten im Ergebnis nicht ausreichend, was einen staatlichen Mitwirkungsakt erforderlich macht.

---

[43] So MÜNZEL, S. 57.

[44] Vgl. hierzu die Darstellung bei TAUPITZ MedR 2003, S. 8 ff.

(6) Zwischenergebnis

Eine für alle Betroffenen verbindliche Vereinbarung angemessener Wahlleistungsentgelte bedürfte der Legitimation der Vertragspartner gegenüber allen von einer Regelung betroffenen Personen. Es bestehen derzeit bereits Interessenvertretungen der verbands-angehörigen Krankenhäuser, der verbandlich organisierten privaten Krankenversicherungsunternehmen sowie der Beihilfeträger. Es fehlt jedoch an einer effektiven Patientenvertretung, die mit Mitentscheidungsrechten ausgestattet an den wichtigen Entscheidungen im Gesundheitswesen mitwirken könnte. Derzeit bestehen hingegen lediglich Mitberatungsrechte für zugelassene Patientenorganisationen. Daher können die Patienteninteressen in einem neuen Vereinbarungsverfahren noch nicht effektiv wahrgenommen werden, insbesondere kommt auch eine »Sachwalterstellung« des PKV-Verbands aufgrund der aufgezeigten Interessenkonflikte nicht in Betracht. Somit werden sowohl die Patienten als auch die nicht-verbandsangehörigen Krankenhäuser und Versicherungen in den Verhandlungen nicht hinreichend vertreten, so dass es ihnen gegenüber an einer Legitimation der Vertragspartner zur Normsetzung fehlt. Diese fehlende Legitimation lässt sich nur durch einen staatlichen Mitwirkungsakt kompensieren, der die Wirkungen der Vereinbarung auch auf nicht an den Verhandlungen beteiligte Personen erstreckt.

(7) Schiedsstelle und Ersatzvornahmemöglichkeit durch den Bundesgesundheitsminister?

Fraglich ist, ob es erforderlich wäre, eine Schiedsstelle und gegebenenfalls sogar eine Ersatzvornahmemöglichkeit durch den Bundesgesundheitsminister vorzusehen. Wenn man in Betracht zieht, dass im derzeit geltenden System die Möglichkeit der Abgabe (freiwilliger, unverbindlicher) Gemeinsamer Empfehlungen bereits seit 1997 bestanden hat, sich die Parteien jedoch erst im Sommer 2002 unter dem erheblichen durch das BGH-Urteil vom 4.8.2000 ausgelösten Druck auf eine erste Stellungnahme einigen konnten, so wird deutlich, dass es sich nach wie vor um eine höchst umstrittene Materie handelt. Die Auffassungen, wie diese strittigen Probleme in Zukunft zu lösen sein könnten, gehen dabei zwangsläufig aufgrund der ausgesprochen konträren Zielsetzungen und Interessen der Betroffenen weit auseinander. Daher ist auch in Zukunft nicht zu erwarten, dass die Meinungsunterschiede unter den Beteiligten geringer werden. Eine Schiedsstelle und auch die als »ultima ratio«-Lösung zu konstruierende Ersatzvornahmemöglichkeit für den Bundesgesundheitsminister erfüllten daher hauptsächlich den Zweck, Einigungsdruck auf die Verhandlungspartner auszuüben. Dies wäre insbesondere dann der Fall, wenn bestimmte Fristen vorgesehen würden, nach deren erfolglosem Ablauf die Schiedsstelle tätig bzw. die Ersatzvornahme vorgenommen würde. Dadurch könnte auch eine gewisse Zeitnähe der entsprechenden Vereinbarungen erreichbar sein. Das BSG hält es zudem für möglich, durch staatliche Kontrollmöglichkeiten und ein Recht zur Ersatzvornahme, z. B. per Verordnung, bestehende Legitimationsdefizite der an der Normsetzung beteiligten Personen zu kompensieren.[45]

Im Ergebnis erscheint daher die Etablierung einer Schiedsstelle und einer Ersatzvornahmemöglichkeit durch den Bundesgesundheitsminister wünschenswert.

(8) Staatlicher Mitwirkungsakt

(a) Verbindlichkeit der angestrebten Regelung und Zweck der »Genehmigung« bzw. »Allgemeinverbindlicherklärung«

Um die erwünschte Wirkung zu erzielen, nämlich den Patientenschutz im Bereich der Inanspruchnahme von nicht-ärztlichen Wahlleistungen entscheidend zu verbessern, sollte die endgültig entwickelte Regelung für alle Betroffenen verbindliche Wirkungen entfalten. Hierbei ist zu beachten, dass durch die Vereinbarung zwischen den beteiligten Vertragspartnern grundsätzlich zunächst nur diese selbst gebunden werden können. Denn nur diese sind mitgliedschaftlich zum Tätigwerden legitimiert. Aus der Vereinbarung hingegen eine noch dazu »unwiderlegbare Vermutung der Angemessenheit« zu konstruieren, die für jedermann gelten soll, wie dies das neue Urheberrechtsgesetz vorsieht, ist daher nicht verfassungsgemäß.[46]

Wie oben bei der Darstellung der zu beteiligenden Vertragspartner ausführlich erläutert wurde, kann auch im Bereich des hier entwickelten Modells nicht umfassend sichergestellt werden, dass alle Betroffenen auch tatsächlich an den Verhandlungen beteiligt bzw. durch die Vertragspartner repräsentiert werden. Es bestehen daher (mitgliedschaftliche) Legitimationsdefizite, vor allem gegenüber nicht-verbandsangehörigen Leistungserbringern und privaten Krankenversicherungen sowie je nach Ausgestaltung der Beteiligung eines Patientenvertreters auch gegenüber den Wahlleistungspatienten.

Die verbindliche Außenwirkung gegenüber nicht beteiligten Personen wie nicht-verbandsangehörigen Krankenhäusern und Versicherungen sowie den Patienten kann daher auch hier erst durch den staatlichen Mitwirkungsakt sowie eine anschließende Bekanntmachung der (genehmigten) Vereinbarung erreicht werden, die das Verhandlungsergebnis der Beteiligten im Sinne der Rechtsprechung des BVerfG demokratisch legitimieren. Dafür kommt insbesondere eine Allgemeinverbindlicherklärung bzw. Genehmigung durch das Bundesgesundheitsministerium in Betracht. Da erst dieser staatliche Akt die Außenwirksamkeit der Vereinbarung und damit ihre Verbindlichkeit für alle Betroffenen herbeiführen würde, läge das Letztentscheidungsrecht allerdings bei einer staatlichen Stelle.

---

[45] BSG MedR 1997, 123, 129; a. A. WIMMER, S. 226.

[46] Vgl. zur Regelung des UrhG die Darstellung in Kapitel (2) ab Seite 211.

Gebunden werden sodann alle betroffenen Krankenhäuser, die ihre Entgeltgestaltung nach dem genehmigten Verhandlungsergebnis ausrichten müssen, die privaten Krankenversicherer und Beihilfeträger, die die von ihnen in den Verhandlungen akzeptierten Entgelte anschließend erstatten müssen, sowie die Patienten. Als angemessen gelten dann die gemeinsam von den Betroffenen entwickelten und genehmigten Entgelte.

(b) Ausgestaltung / Prüfungs- bzw. Kontrollumfang

Zu prüfen ist, welchen Prüfungsumfang eine derartige Allgemeinverbindlicherklärung / Genehmigung haben müsste, um den an sie gestellten Anforderungen Genüge zu tun. Es könnte sich einerseits um eine (reine) Rechts- andererseits um eine umfassende, inhaltliche Zweckmäßigkeitskontrolle handeln.

Bei der Entscheidung dieser Frage ist zu berücksichtigen, dass es sich hier um die Auslegung eines unbestimmten Rechtsbegriffs durch ein »sachverständiges Gremium« handelt, das mit fachlich kompetenten Personen besetzt ist, deren Sachnähe und Kenntnisse gerade zur Lösung der schwierigen Probleme auf diesem Gebiet herangezogen und genutzt werden sollen. Zudem soll die Regelung flexible und zeitnahe Anpassungen an sich verändernde Bedingungen ermöglichen. Würde man nun allerdings im Anschluss an die sachverständigen Beratungen und Kompromissfindungen eine umfassende behördliche Prüfung der Zweckmäßigkeit der Regelungen vornehmen, so würden diese Vorteile der Vereinbarung dadurch wieder zunichte gemacht, da das Verfahren im Ergebnis genauso viel Zeit in Anspruch nähme wie ein reines staatliches Verordnungsverfahren.

Eine reine Rechtskontrolle ist daher im vorliegenden Fall zweckmäßig und ausreichend.[47]

cc) Rechtsschutz des Wahlleistungspatienten

Fraglich ist, welcher Rechtsschutz für die Patienten gegen das genehmigte Entgeltverzeichnis besteht. Hier kann man davon ausgehen, dass den Patienten keine Möglichkeit offen steht, die Vereinbarung zwischen den beteiligten Vertragspartnern selbst anzugreifen. Anders verhält es sich jedoch mit dem staatlichen Mitwirkungsakt, der die Außenwirkung erzeugt. Bei diesem handelt es sich gegenüber dem Patienten um einen Verwaltungsakt, der somit auf dem Verwaltungsrechtsweg angegriffen werden kann.

---

[47] Vgl. hierzu auch die Ausführungen zur Rechtskontrolle von Tarifverträgen in Kapitel bb) ab Seite 237 sowie zur Rechtskontrolle bei genehmigten Pflegesätzen in Kapitel (2) ab Seite 201.

Außerdem kann der Patient auf dem Zivilrechtsweg gegen ein Krankenhaus vorgehen, das die Preise des Verzeichnisses überschreitet. Er kann sich gerichtlich darauf berufen, dass die nunmehr verlangten Entgelte nicht angemessen im Sinne der Vorschriften des KHEntgG bzw. der BPflV a. F. sind und die Forderung höherer Entgelte damit gegen ein gesetzliches Verbot verstößt.

Die ebenfalls zum Zivilgericht führende Verbandsklage des PKV-Verbands verliert daneben an Bedeutung.

c) Ergebnis

Durch das vorgeschlagene Vereinbarungsmodell, unter Beteiligung der DKG, des PKV-Verbands, der Beihilfeträger sowie gegebenenfalls eines Patientenvertreters, könnten die Interessen der Wahlleistungspatienten an einem ausgewogenen Wahlleistungsangebot zu angemessenen Preisen erheblich effektiver wahrgenommen werden als im bisherigen System, das lediglich die Möglichkeit der (unverbindlichen) Gemeinsamen Empfehlungen sowie der Verbandsklage vorsieht. Allerdings ist es erforderlich, einen staatlichen Mitwirkungsakt in Form einer Genehmigung der Verhandlungsergebnisse vorzusehen, in dessen Rahmen eine Rechtskontrolle der Vereinbarung vorgenommen wird. Hierdurch wird sichergestellt, dass Legitimationsdefizite der beteiligten Vertragspartner gegenüber Dritten, z. B. nicht-verbandsangehörigen Krankenhäusern und Versicherungen, sowie gegebenenfalls gegenüber den Wahlleistungspatienten (bei fehlender Verwirklichung der Mitentscheidungsbeteiligung eines Patientenvertreters) im Sinne der Rechtsprechung des BVerfG kompensiert werden können.

4. Reichweite der angestrebten Vereinbarung

a) Räumliche Reichweite der Vereinbarung

Fraglich ist zuletzt, welche räumliche Reichweite die Vereinbarung haben soll. Dies hängt (auch) von der inhaltlichen Form der Gebührenregelung ab. Einerseits ist zu berücksichtigen, dass der Standard der einzelnen Krankenhäuser in der Bundesrepublik Deutschland teilweise stark voneinander abweicht. Auf den ersten Blick spricht dies dafür, individuelle Preisregelungen für jedes einzelne Krankenhaus zu treffen, um die Besonderheiten vor Ort in vollem Umfang berücksichtigen zu können. Andererseits soll das neue Preisfindungsmodell für nicht-ärztliche Wahlleistungen auch mit der vom Gesetzgeber getroffenen Entscheidung für ein (langfristig betrachtet) bundeseinheitliches Fallpauschalensystem harmonieren, was wiederum eine bundeseinheitliche

Regelung der Erbringung und Berechnung von nicht-ärztlichen Wahlleistungsentgelten vorzugswürdig erscheinen lässt. Es sollte daher eine bundeseinheitliche Regelung angestrebt werden, da diese sich reibungslos in das neue System der Krankenhausfinanzierung einpassen würde.

Allerdings bedeutet dies nicht, dass der individuell angebotene Standard oder besondere Qualitätsmerkmale unberücksichtigt blieben. Vielmehr bedarf es der Einstufung der unterschiedlichen Angebote der Krankenhäuser nach festen, nachvollziehbaren Kriterien, ähnlich der Vergabe von Sternen im Hotelgewerbe, die den voneinander abweichenden Standard berücksichtigen und nach außen sichtbar für den Patienten dokumentieren. Aufgabe des neuen Entgeltfindungsmodells wäre somit die Entwicklung der genannten Kriterien.

Zu untersuchen ist des Weiteren, in welcher inhaltlichen Gestaltung dieser Vorgabe am ehesten Rechnung getragen werden könnte.

b) Inhaltliche Ausgestaltung

aa) Angabe von Preisspannen (Mindest- und Höchstpreise)

Die erste Variante lehnt sich an die Gemeinsamen Empfehlungen des PKV-Verbands und der DKG vom 26.7.2002 an und gibt keine konkreten Festpreise vor, sondern Preisspannen. Geklärt werden müsste hier, wie sich die Krankenhäuser mit ihrem jeweils abweichenden Standard und Leistungsangebot innerhalb der Preisspannen platzieren sollen. In der Gemeinsamen Empfehlung ist bislang eine Selbsteinstufung der Krankenhäuser vorgesehen. Dies birgt allerdings auch ein erhebliches Missbrauchsrisiko in sich und ist zudem für den Wahlleistungspatienten nicht besonders transparent. Das Selbsteinstufungsverfahren ist daher zu Recht umstritten.[48] Es ist keine transparente Lösung für die Bildung von Preiskategorien und bietet dem Patienten eine geringere Rechtssicherheit als feste Preise. Dem Patienten wird eher verborgen bleiben, warum ein Krankenhaus an der unteren oder an der oberen Grenze der Preisspannen platziert wurde. Zudem besteht die Gefahr, dass durch die Selbsteinstufung von Krankenhäusern das für die angemessene Preisgestaltung entscheidende Preis-Leistungs-Verhältnis nicht hinreichend Berücksichtigung findet.

bb) Gebührenverzeichnis (Festpreise)

Die zweite Variante der inhaltlichen Ausgestaltung wäre die Erarbeitung eines konkreten Gebührenverzeichnisses, vergleichbar der GOÄ, in welchem jedem Leistungsseg-

[48] Siehe zu der Kritik am Einstufungsverfahren die Ausführungen in Kapitel d) auf Seite 158.

ment direkt eine konkrete Gebührenziffer im Sinne von Festpreisen zugeordnet wäre. Der unterschiedliche Standard der einzelnen Krankenhäuser könnte über Steigerungssätze berücksichtigt werden.

Die Vorteile dieser Regelungsvariante liegen auf der Hand: sie bietet den Betroffenen, vor allem den Wahlleistungspatienten Rechtssicherheit, ist übersichtlich und soweit die Einstufung des jeweiligen Krankenhauses in eine bestimmte Kategorie nach außen erkennbar ist, dürften auch die Steigerungssätze ungefähr für den Patienten abschätzbar sein.

Auf der anderen Seite hätte diese Form der Preisregelung für die einzelnen Krankenhäuser den Nachteil, dass ihre individuellen Kosten keine Rolle bei der Abrechnung nicht-ärztlicher Wahlleistungen mehr spielen würden. Diese würden lediglich bei der Erarbeitung des Gebührenverzeichnisses indirekt berücksichtigt, da die Kosten jeder Preisgestaltung durch einen Leistungsanbieter zugrunde liegen und daher in die Verhandlungen mit einfließen. Regional abweichende Gestehungskosten, die den letztendlich angebotenen Qualitätsstandard nicht berühren, könnten hingegen nicht berücksichtigt werden.

cc) Ergebnis

Im Ergebnis erscheint eine Anlehnung an die GOÄ mit ihrem Festpreissystem und bestimmten Steigerungssätzen im Sinne des Patientenschutzes vorzugswürdig, da es dem Patienten Rechtssicherheit bietet sowie transparent und übersichtlich ist. Allerdings muss berücksichtigt werden, dass die zu erzielenden Preise zunächst für die Krankenhäuser (unter der Voraussetzung einer wirtschaftlichen Kalkulation) kostendeckend sind und ihnen zudem einen angemessenen Gewinnrahmen belassen.

Zusammenfassung der wesentlichen Ergebnisse

I. Inhalt von Wahlleistungen

1. Die Erbringung von Wahlleistungen und deren Berechnung erfolgt insbesondere nach den Bestimmungen des Krankenhausentgeltgesetzes. Danach sind wahlärztliche Leistungen und nicht-ärztliche Wahlleistungen zu unterscheiden, wobei letztere in die Wahlleistung »Ein- oder Zweibettzimmer« und die »sonstigen nicht-ärztlichen Wahlleistungen« aufzugliedern sind. Die vorliegende Arbeit behandelt vorrangig die nicht-ärztlichen Wahlleistungen. Nach der Rechtsprechung des BGH zeichnet sich die Wahlleistung »Ein- oder Zweibettzimmer« vor allem durch den Umstand aus, dass der Patient das Zimmer allein oder lediglich gemeinsam mit einer weiteren Person nutzt. Als wertbildende Faktoren sind insbesondere die Größe, Lage und Ausstattung des Zimmers zu berücksichtigen. Nicht direkt mit dem Zimmer verbundene Komfortelemente, z. B. ein größeres Angebot im Bereich der Verpflegung, können darüber hinaus als sonstige nicht-ärztliche Wahlleistungen vereinbart werden.
2. Eine gesonderte Berechnung als Wahlleistung ist nur möglich, soweit es sich um Leistungen handelt, die über die allgemeinen Regelleistungen des Krankenhauses hinausgehen. Da das Krankenhaus die allgemeinen Regelleistungen im Rahmen seines Versorgungsauftrags vorrangig zu erbringen hat, dürfen Wahlleistungen zudem nur dann angeboten werden, wenn die Erbringung der allgemeinen Regelleistungen dadurch nicht gefährdet wird. Bei der Abgrenzung allgemeiner Regelleistungen und Wahlleistungen kommt es unter anderem auf den jeweiligen Standard des Krankenhauses an. Unterfällt eine Leistung somit dem allgemeinen Standard eines Krankenhauses, so ist sie nicht gesondert berechenbar. Des Weiteren kann nicht als Wahlleistung erbracht werden, was im Einzelfall medizinisch notwendig für die Heilbehandlung ist.
3. Außerdem unterliegt die gesonderte Abrechenbarkeit von Wahlleistungen strengen formalen Voraussetzungen, bei deren Missachtung der Anspruch des Krankenhauses auf eine besondere Vergütung entfällt. So ist bereits vor der Inanspruchnahme von Wahlleistungen eine ausdrückliche, schriftliche Vereinbarung mit dem Patienten abzuschließen, die nicht von dem allgemeinen Krankenhausvertrag umfasst ist, sondern in einem gesonderten Formular vorgelegt und von beiden Seiten unterzeichnet werden muss. Zudem ist der Patient detailliert über

die angebotenen Wahlleistungen und die im Einzelnen dafür anfallenden Entgelte zu unterrichten. Es muss dem Patienten deutlich dargelegt werden, welche Leistungen in dem entsprechenden Krankenhaus als Wahlleistungen angeboten werden und wie sich diese von den allgemeinen Regelleistungen unterscheiden. Nur nach einer umfassenden Unterrichtung ist der Patient in der Lage, eine selbstbestimmte Entscheidung über die Inanspruchnahme von Wahlleistungen zu treffen. Hierfür ist dem Patienten ein Kostenvoranschlag zu unterbreiten, der ihm verdeutlicht, welche Kosten im Einzelnen auf ihn zukommen werden. Zudem ist nach dem so genannten Koppelungsverbot zu beachten, dass die Inanspruchnahme von Leistungen im Bereich der Wahlleistung »Unterkunft« nicht von der Inanspruchnahme anderer Wahlleistungen, insbesondere einer Chefarztbehandlung, abhängig gemacht werden darf.

II. Die an der Entgeltzahlung beteiligten Parteien

1. Über die Erbringung und Inanspruchnahme von Wahlleistungen wird ein privatrechtlicher Vertrag zwischen Patient und Krankenhaus abgeschlossen, in welchem sich das Krankenhaus zur Erbringung der vereinbarten Wahlleistungen und der Patient zur Zahlung der entsprechenden Entgelte verpflichtet. Daneben steht es dem Patienten frei, bei einer privaten Krankenversicherung für die Inanspruchnahme von Wahlleistungen eine Zusatzversicherung abzuschließen. Teilweise besteht überdies eine Erstattungsmöglichkeit von Wahlleistungsentgelten im Rahmen der beamtenrechtlichen Beihilfeleistungen.

2. Obwohl das Vertragsverhältnis zwischen Krankenhaus und Patient dem Privatrecht zuzuordnen ist, unterliegt es diversen krankenhaus- und sozialrechtlichen Beschränkungen, die insbesondere ein Aushandeln der vom Patienten zu zahlenden Entgelte nicht zulassen. Nach dem derzeit geltenden Recht gibt daher der Krankenhausträger bei Abschluss der Wahlleistungsvereinbarung einseitig das Entgelt für die angebotenen Leistungen in Form eines Krankenhaustarifs vor. Dem Patienten bleibt nur die Möglichkeit, das Entgelt unter den angebotenen Bedingungen zu akzeptieren oder auf die Inanspruchnahme von Wahlleistungen während seines Krankenhausaufenthalts zu verzichten. Hinzu kommt, dass der Patient, der sich zu einer medizinischen Heilbehandlung in ein Krankenhaus begibt, im Regelfall keine oder nur eine eingeschränkte Wahlfreiheit zwischen mehreren Einrichtungen hat, da hauptsächlich die medizinischen Möglichkeiten des Krankenhauses ausschlaggebend für die Inanspruchnahme der Dienste einer bestimmten Einrichtung sein werden oder sogar (bei gesetzlich versicherten Patienten) eine Einweisung in ein konkretes Krankenhaus vorliegt.

Zwischen dem Krankenhaus und dem Patienten besteht zudem bei Vertragsabschluss über die Inanspruchnahme von Wahlleistungen ein »strukturelles (Kräfte)Ungleichgewicht« bzw. eine »gestörte Vertragsparität«, welches den Wahlleistungspatienten in besonderem Maße schutzbedürftig macht.

3. Des Weiteren ist festzustellen, dass es sich bei der Wahlleistungsvereinbarung »Unterkunft« um eine selbständige Zusatzvereinbarung zum Krankenhausvertrag handelt, die hauptsächlich nach mietrechtlichen Grundsätzen zu beurteilen ist. Dabei stellt die Wirksamkeit des Krankenhausvertrags die Geschäftsgrundlage der Wahlleistungsvereinbarung dar. Hierfür spricht, dass es für die Inanspruchnahme von Wahlleistungen und deren besondere Berechenbarkeit einer gesonderten Vereinbarung in einer eigenen Urkunde bedarf, dass unter Umständen der Zeitpunkt der Vereinbarung vom Abschluss des Krankenhausvertrags abweicht sowie dass eine unabhängige Kündigungsmöglichkeit besteht. Auch unterliegen Krankenhausvertrag und Wahlleistungsvereinbarung höchst unterschiedlich strengen formalen Voraussetzungen. Ein »Durchschlagen« von Formfehlern der Wahlleistungsabrede auf den allgemeinen Behandlungsvertrag würde zudem nicht den Interessen des Patienten entsprechen.

4. Der Patient kann zur Abdeckung anfallender Wahlleistungsentgelte im Krankenhaus eine private Zusatzversicherung bei einem Krankenversicherungsunternehmen abschließen. Bei dieser Versicherung handelt es sich entweder um einen Bestandteil einer privaten Krankheitskostenvollversicherung oder um eine die gesetzliche Versicherung ergänzende private Zusatzversicherung als selbständige Teilversicherung. Anwendung finden die Vorschriften des VVG zur Krankenversicherung (§§ 178 a ff. VVG), die MBKK 94 sowie die Allgemeinen Versicherungsbedingungen des einzelnen Krankenversicherungsunternehmens und die Bedingungen des individuell gewählten Tarifs. Von großer Bedeutung für den Patienten / Versicherungsnehmer ist allerdings, dass auch eine »100prozentige Abdeckung von Wahlleistungen« nicht in jedem Fall eine Erstattung jeglicher durch die Inanspruchnahme von Wahlleistungen entstehenden Kosten nach sich zieht. Vielmehr ist die Versicherung lediglich verpflichtet, Rechnungen im Rahmen der gesetzlichen, insbesondere der versicherungsrechtlichen und -vertraglichen, Grenzen zu erstatten. Damit gilt auch hier das Angemessenheitskriterium des KHEntgG (der BPflV a. F.), da nach den Prinzipien der konkreten Bedarfsdeckung sowie dem versicherungsrechtlichen Bereicherungsverbot nur diejenigen Rechnungsbeträge zu erstatten sind, die der Versicherungsnehmer gegenüber seinem Vertragspartner auch tatsächlich schuldet. Darüber hinausgehende Zahlungen lassen sich allenfalls dem Bereich der Kulanzleistungen zuordnen.

5. Die genannte Erstattungsbegrenzung kann allerdings gerade dann zu Problemen führen, wenn die Angemessenheit eines Entgelts, wie dies bei der Wahlleistung

»Unterkunft« lange Jahre der Fall gewesen ist, höchst umstritten ist. Das Risiko, eine überhöhte Rechnung bereits bezahlt zu haben, die von der Versicherung jedoch nicht abgedeckt wird, trägt damit der Versicherungsnehmer, der im »Dreiecksverhältnis Krankenhaus – Versicherung – Patient / Versicherungsnehmer« die geringsten Einblicke in die Abrechnungspraxis der Krankenhäuser hat. Nur durch Einreichung unbezahlter Rechnungen bei der Versicherung oder eine Anfrage vor Begleichung der Rechnung kann er sich davor schützen, den (gegebenenfalls tatsächlich) überhöhten Teil der Rechnung zunächst selbst tragen zu müssen. Zwar steht dem Patienten in jedem Fall die Möglichkeit offen, entweder gegen das Krankenhaus einen Prozess auf Rückzahlung überhöhter Beträge zu führen oder seine Versicherung im Deckungsprozess auf Zahlung der Restsumme in Anspruch zu nehmen. Jedoch zeigt die Praxis, dass viele Patienten / Versicherungsnehmer vor gerichtlichen Auseinandersetzungen zurückschrecken und damit schlussendlich auch die überhöhten Rechnungsanteile selbst tragen.

6. Die Beihilfefähigkeit von Wahlleistungsentgelten ist auf Bundes- und Länderebene höchst unterschiedlich ausgestaltet, was jedoch mit der Verfassung im Einklang steht. Die Gewährung von Beihilfen wird zwar aus der Fürsorgepflicht des Dienstherrn gegenüber den Beamten und deren Familienangehörigen abgeleitet (vgl. Art. 33 IV GG). Jedoch ist sie im Gegensatz zur Fürsorgepflicht selbst kein hergebrachter Grundsatz des Berufsbeamtentums, den der Gesetzgeber zu berücksichtigen hätte (Art. 33 V GG). Damit ist der Gesetzgeber nicht verpflichtet, weiterhin eine Erstattung von Wahlleistungsentgelten über die Beihilfe vorzusehen. Hinzu kommt, dass die Fürsorgepflicht selbst eine Einbeziehung von Wahlleistungsentgelten in die Beihilfe nicht gebietet, da lediglich die medizinische Vollversorgung des Beamten oder seiner Angehörigen sicher gestellt werden muss. Da die unterschiedlichen Regelungen zur Beihilfefähigkeit von Wahlleistungen in den Ländern zudem auch mit der Kompetenzordnung des Grundgesetzes im Einklang stehen, sind sogar völlige Ausschlüsse von Wahlleistungen aus den Beihilfekatalogen mit der Verfassung vereinbar. Zwar muss der einzelne Beamte in denjenigen Bundesländern, in denen Wahlleistungsentgelte nunmehr nicht mehr beihilfefähig sind, falls er weiterhin eine Erstattung von Wahlleistungsentgelten wünscht, für sich und seine Familienangehörigen auch für diesen Anteil der Entgelte eine private Zusatzversicherung abschließen, deren Prämien er aus seinen laufenden Besoldungs- und Versorgungsbezügen bestreiten muss. Darin liegt jedoch kein Verstoß gegen die Grundrechte der Beihilfeberechtigten aus Art. 33 V GG (Berücksichtigung der hergebrachten Grundsätze des Berufsbeamtentums), Art. 3 I GG (Gleichheitssatz bezogen auf die unterschiedlichen Landesregelungen) und Art. 6 I GG (Schutz von Ehe und Familie aufgrund der zusätzlichen Belastungen durch private Krankenversicherungsprämien für Familienangehörige).

7. Soweit Wahlleistungsentgelte auf Bundes- und Landesebene noch beihilfefähig sind, ist die zu gewährende Beihilfe der Höhe nach auf das Entgelt eines Zweibettzimmers beschränkt worden. Grundsätzlich sind allerdings auch Wahlleistungsentgelte für Einbettzimmer beihilfefähig. Die Beihilfefähigkeit ist jedoch ebenfalls an die Notwendigkeit und Angemessenheit der Leistungen und Entgelte geknüpft, wenn auch die Beihilfevorschriften selbst das Angemessenheitskriterium nicht näher spezifizieren. Vielmehr obliegt die Beurteilung der Angemessenheit der Entgelte der jeweiligen Festsetzungsstelle. Diese Stellen sind des Weiteren dazu befugt, zur Kostendämpfung Verträge mit den Leistungserbringern abzuschließen, die eine wirtschaftliche Krankenfürsorge gewährleisten. Dabei sollen u. a. feste Preise vereinbart werden, die deutlich unter den maßgeblichen Gebührensätzen und Höchstbeträgen liegen (§ 15 III 2 BhV).

III. Die Angemessenheitsregelung im Bereich der Wahlleistung »Unterkunft«

1. Das Gebot der Angemessenheit wurde erstmalig in die BPflV von 1985 eingefügt und in der Neufassung von 1995 nur leicht verändert übernommen. Durch das 2. GKV-NOG erhielt die Vorschrift des § 22 I 3 BPflV a. F. ihren heutigen Wortlaut: »Die Entgelte für Wahlleistungen dürfen in keinem unangemessenen Verhältnis zu den Leistungen stehen.« Ab dem 1.1.2005 wurde die Vorschrift mit unverändertem Wortlaut in das geltende KHEntgG übernommen und damit in das System der diagnose-orientierten Fallpauschalen (DRGs) eingefügt.
2. Die Angemessenheitsregelung des KHEntgG stellt nicht lediglich eine Ordnungsvorschrift mit Appellcharakter dar, sondern ist ein zwingendes Verbotsgesetz im Sinne von § 134 BGB, auch wenn nach der Rechtsprechung des BGH ein Verstoß gegen das Angemessenheitsgebot nicht zur Nichtigkeit der gesamten Wahlleistungs(preis)abrede führt, sondern das überhöhte Entgelt bloß auf ein angemessenes Maß herabgesetzt wird (siehe § 134 2. Hs. BGB). Dabei verweist die Angemessenheitsvorschrift nicht nur auf Vorschriften des allgemeinen bürgerlichen Rechts, wie z. B. den Wucher- oder den Sittenwidrigkeitstatbestand (§ 138 I und II BGB), die Billigkeitskontrolle gemäß § 315 III BGB oder die Vorschriften zu allgemeinen Geschäftsbedingungen (§§ 305-310 BGB), sondern stellt eine eigenständige Regelung dar.
3. Zur näheren Inhaltsbestimmung der Angemessenheitsregelung kommen drei Ansätze in Betracht: Zunächst könnte ein angemessenes Entgelt an den Kosten ausgerichtet werden, die dem Anbieter der Leistung entstehen, sodann käme eine Auslegung als »Marktpreis« der entsprechenden Leistungen in Frage und

schließlich die Interpretation als leistungsgerechtes Entgelt, die insbesondere den Wert der Leistung für den Patienten berücksichtigt.

4. Bei einem angemessenen Wahlleistungsentgelt sollte es sich um ein leistungsgerechtes Entgelt handeln. Nur bei diesem stehen die vom Wahlleistungspatienten zusätzlich aufzuwendenden Kosten in einem angemessenen Verhältnis zu den in Anspruch genommenen Leistungen, so dass der Schutzgedanke der Angemessenheitsvorschrift sich verwirklichen kann, der strukturellen Unterlegenheit des Wahlleistungspatienten und der besonderen krankenhausrechtlichen Situation Rechnung zu tragen. Im Rahmen des leistungsgerechten Entgelts ist zudem kein Platz mehr für sachfremde, in die Entgeltgestaltung einfließende Erwägungen wie die Quersubventionierung im Krankenhaus oder die Unterstützung unterfinanzierter allgemeiner Regelleistungsbereiche durch die Wahlleistungspatienten. Das leistungsgerechte Entgelt bietet hingegen »unternehmerisch nutzbare Preisspielräume« für Krankenhäuser mit einem qualitativ hochwertigen Angebot, die auf der anderen Seite allerdings durch den Angemessenheitsgrundsatz als einer »Preisschranke im Sinne des Verbraucherschutzes« beschränkt sind.

5. Hingegen wird weder der allein auf den Kosten der Leistungsanbieter basierende noch der auf den Marktpreis abstellende Ansatz dem Schutzgedanken, der hinter der Angemessenheitsvorschrift des KHEntgG steht bzw. auch bereits der BPflV a. F. gestanden hat, in gleichem Maße gerecht. Berücksichtigt man nämlich ausschließlich die Erbringungskosten des Anbieters, so muss der Wahlleistungspatient gegebenenfalls für eine unwirtschaftliche Betriebsführung des Krankenhauses hohe Entgelte in Kauf nehmen. Dies widerspräche der im neuen Entgeltsystem besonders hervorgehobenen Bindung der Entgelte an das Wirtschaftlichkeitsgebot. Ebenso wenig zielführend erscheint eine Anknüpfung an den Marktpreis. Denn nicht-ärztliche Wahlleistungsangebote stehen hinter der für den Patienten viel wichtigeren medizinischen Ausstattung eines Krankenhauses bei der Wahl der Einrichtung völlig im Hintergrund. Hinzu kommt, dass der Patient aufgrund krankenhausrechtlicher Bestimmungen das für ihn in Frage kommende Krankenhaus vielfach nicht frei auswählen kann. So besteht die Gefahr, dass sich im Krankenhaussektor ein hohes Preisniveau durch eine fehlende Regulierung von Seiten des »Marktes« einpendelt, was bei alleiniger Berücksichtigung eines durchschnittlichen Marktpreises vom Wahlleistungspatienten getragen werden müsste. Des Weiteren weist der Markt auch durch das Mitwirken der privaten Versicherungsunternehmen an der Entgeltzahlung Besonderheiten auf. Versicherte Patienten werden sich nämlich vielfach keine Gedanken darüber machen, wie hoch ein Entgelt für eine von ihnen in Anspruch genommene Leistung ist, weil die Versicherung »schon zahlen wird«. Dadurch besteht wiederum die Gefahr, dass die Entgelte sich auf einem hohen Niveau einpendeln und nur begrenzt durch den »Markt« reguliert werden. Die hohen Entgelte gehen

dann zu Lasten nicht-versicherter Patienten, also der Selbstzahler, und belasten die gesamte Versichertengemeinschaft durch steigende Prämien.

6. Im Ergebnis soll an dem zwei-stufigen Modell des BGH (»Bezugsgröße Unterkunft« + zusätzliche Komfortelemente), das auch als Grundlage für die erste Gemeinsame Empfehlung von DKG und PKV-Verband gedient hat, festgehalten werden. Jedoch muss die Bezugsgröße Unterkunft unabhängig von der Kostenausgliederungsgröße der BPflV a. F. bzw. dem Basispflegesatz neu bestimmt werden. Hierzu ist ein sachverständiges Gremium einzusetzen, das aus Vertretern aller von der Regelung Betroffenen besteht (dazu sogleich im Rahmen des Regelungsvorschlags). Welche Angebote darüber hinaus im Rahmen der nicht-ärztlichen Wahlleistungen zusätzlich berechnet werden dürfen, ist an den Prioritäten der Patienten auszurichten. Hierbei muss berücksichtigt werden, dass der Standard der einzelnen Krankenhäuser teilweise erheblich differiert. Dies sollte sich auch bei den nicht-ärztlichen Wahlleistungsentgelten niederschlagen. Hier ist zu überlegen, ob ein Klassifizierungssystem wie bei der Vergabe von Sternen im Hotelbereich auch für Wahlleistungszimmer im Krankenhäuser möglich wäre. So könnte auch der Befürchtung begegnet werden, eine Pauschalierung im nicht-ärztlichen Wahlleistungsbereich führe zu einer Absenkung des Niveaus. Die Kosten, die dem einzelnen Krankenhaus hingegen für die Bereitstellung der (nicht-ärztlichen) Wahlleistungen entstanden sind, können zunächst ohnehin nur dann berücksichtigt werden, wenn es sich nicht bereits um vom Land getragene Investitionskosten im Rahmen der dualen Krankenhausfinanzierung handelt. Auch sonstige vom Krankenhaus aufgewendete Kosten können allenfalls dann in die Entgeltbemessung einfließen, wenn es sich um die Kosten eines wirtschaftlich arbeitenden Krankenhauses handelt. Hierdurch wird verhindert, dass hohe, durch eine unwirtschaftliche Betriebsführung verursachte Kosten, auf den Wahlleistungspatienten abgewälzt werden.

7. Die Angemessenheitsregelung des KHEntgG (der BPflV a. F.) ist entgegen vielfach in der Literatur geäußerter Bedenken verfassungsgemäß. Zwar wird durch die Vorschrift in die Preissetzungsfreiheit als Teil der Berufsausübungsfreiheit der Krankenhäuser gemäß Art. 12 I GG eingegriffen. Jedoch ist dieser Eingriff durch die überwiegenden Belange des Patientenschutzes, insbesondere bei Berücksichtigung der Grundsätze zur strukturellen Unterlegenheit eines Vertragspartners, gerechtfertigt. Art. 14 I GG findet hingegen auf den vorliegenden Sachverhalt keine Anwendung. Nach der hier vertretenen Auffassung sind zudem alle Aspekte der Vertragsfreiheit, die in der Literatur vielfach im Rahmen der Prüfung von Art. 2 I GG erörtert werden, bereits im Rahmen der Berufsfreiheit berücksichtigt worden, so dass sich eine weitere Untersuchung einer möglichen Verletzung von Art. 2 I GG erübrigt.

IV. Derzeitiges Regelungssystem des KHEntgG (der BPflV a. F.)

1. Das derzeitige System der Sicherstellung angemessener nicht-ärztlicher Wahlleistungsentgelte wurde im Jahr 1997 durch das 2. GKV-NOG eingeführt. Es eröffnet dem PKV-Verband die Möglichkeit, mit der DKG Gemeinsame Empfehlungen zur Bemessung der Entgelte für nicht-ärztliche Wahlleistungen zu vereinbaren. Des Weiteren wurde dem PKV-Verband ein Anspruch eingeräumt, von Krankenhäusern, die unangemessen hohe Entgelte für Wahlleistungen verlangen, die Herabsetzung dieser Entgelte auf eine angemessene Höhe zu verlangen. Diesen Anspruch kann der PKV-Verband per Verbandsklage auf dem Zivilrechtsweg durchsetzen.

2. Eine Gemeinsame Empfehlung zwischen PKV-Verband und DKG ist erstmalig am 26.7.2002 abgeschlossen worden. Sie spricht aufbauend auf dem zweistufigen Entgeltbemessungsmodells des BGH Empfehlungen zur Bemessung der Entgelte für eine Wahlleistung »Unterkunft« im Krankenhaus aus, die sich an diejenigen Krankenhäuser richten, die dem Anwendungsbereich dem KHEntgG (der BPflV a. F.) unterfallen, die Unternehmen der privaten Krankenversicherung, sonstige Kostenträger sowie die Wahlleistungspatienten. Außerdem wird eine detaillierte Aufschlüsselung unterschiedlicher Komfortelemente vorgenommen, die die Transparenz der Entgeltgestaltung im Wahlleistungsbereich deutlich erhöht. Allerdings handelt es sich bei den Gemeinsamen Empfehlungen lediglich um eine unverbindliche Vereinbarung zwischen den beiden genannten Spitzenverbänden. Des Weiteren ist das bisher praktizierte Selbsteinstufungsverfahren für Krankenhäuser rechtlich zweifelhaft.

3. Mit der Einführung des Verbandsklagerechts für den PKV-Verband sollte ein Korrektiv gegenüber der einseitigen Festlegung der Höhe der nicht-ärztlichen Wahlleistungsentgelte durch den Krankenhausträger geschaffen werden. Daher ist dem PKV-Verband ein materieller Anspruch auf Herabsetzung eines unangemessenen Krankenhaustarifs für nicht-ärztliche Wahlleistungen eingeräumt worden, zu dessen Durchsetzung ihm der Zivilrechtsweg eröffnet worden ist. Jedoch fehlt es an Verfahrensvorschriften, weswegen offen bleibt, welche personellen, inhaltlichen und zeitlichen Bindungswirkungen ein rechtskräftiges Urteil im Verbandsklageprozess insbesondere hinsichtlich sich anschließender Individualverfahren entfaltet sowie welche Verjährungs- oder Ausschlussfristen gelten sollen.

4. Es lassen sich lediglich aus allgemeinen zivilprozessualen Grundsätzen Schlussfolgerungen für die PKV-Verbandsklage ziehen. Um den Belangen des Patientenschutzes besonders wirkungsvoll gerecht werden zu können, müsste sich ein

einzelner Patient, der die Angemessenheit eines Wahlleistungsentgelts gerichtlich klären lassen wollte, auf eine rechtskräftige Entscheidung in einem vorangegangenen PKV-Verbandsklageverfahren berufen können. Allerdings ist er am PKV-Verbandsklageverfahren nicht beteiligt gewesen und konnte damit seine Interessen dort nicht vertreten. Aufgrund des auftretenden Interessenkonflikts liegt keine Interessenvertretung durch den PKV-Verband vor. Da es an einer gesetzlichen Anordnung fehlt, ist deshalb sowohl eine Rechtskrafterstreckung einer Entscheidung im PKV-Verbandsklageverfahren auf den einzelnen Patienten als auch eine präjudizielle Bindungswirkung abzulehnen. Außerdem lassen sich aus der Einordnung der Entscheidung als Gestaltungsurteil keine Bindungswirkungen für den Patienten ableiten, da ansonsten sein (Grund)Recht auf rechtliches Gehör gemäß Art. 103 I GG verletzt würde. Allerdings wäre es wünschenswert, dass der Gesetzgeber eine positive Bindungswirkung, also eine Bindungswirkung zu Gunsten des individuell klagenden Wahlleistungspatienten, gesetzlich anordnen würde. Eine negative Bindungswirkung ist hingegen aufgrund der Betroffenheit von Art. 103 I GG abzulehnen.

V. Alternative Modelle zur angemessenen Preisfestsetzung

1. Die Entgelte für nicht-ärztliche Wahlleistungsentgelte könnten zunächst durch Verordnung geregelt werden, soweit der Gesetzgeber eine Ermächtigungsgrundlage hierfür (gegebenenfalls im KHEntgG) schaffen würde. Insbesondere bedürften Inhalt, Zweck und Ausmaß einer hinreichenden Bestimmung im Rahmen des den Verordnungsgeber ermächtigenden Gesetzes. Inhaltlich fiele die Materie in den Aufgabenbereich des Bundesgesundheitsministeriums. Des Weiteren wäre das einzuhaltende Verfahren näher zu regeln. In diesem Rahmen könnte beispielsweise eine Anhörung der betroffenen Verkehrskreise, also der Deutschen Krankenhausgesellschaft und des PKV-Verbands, vorgesehen werden. Derartige staatliche Verordnungsmodelle haben den entschiedenen Vorteil, dass sie zu für die Betroffenen verbindlichen Regelungen führen und damit sowohl Rechtsklarheit als auch Rechtssicherheit erreichen. Auf der anderen Seite zeichnen sie sich häufig dadurch aus, dass sie unflexibel sind und auf Veränderungen aufgrund der erforderlichen politischen Abstimmungsprozesse erst mit erheblichen zeitlichen Verzögerungen reagieren können. Dies hat die Analyse der Entwicklungen im Bereich der GOÄ deutlich gezeigt. Ähnliche Reformüberlegungen wie dort werden auch hinsichtlich diverser anderer Gebührenordnungen gehegt. Insbesondere sind ebenfalls mangelnde Anpassungen der Gebührenverzeichnisse Mittelpunkt der Kritik. Bis es zu Neuregelungen oder Überarbeitungen von Gebühren- und Vergütungssätzen kommt, vergehen häufig Jahre. Hinzu kommt, dass Betroffene

Verordnungslösungen meistens als starken Eingriff in ihre Vertrags- und Preissetzungsfreiheit empfinden.

2. Daher ist ein Vereinbarungsmodell unter Einbeziehung aller von der Regelung betroffenen Personen die vorzugswürdige Alternative. Auch zur Übertragung der Kompetenz zur Preisfestsetzung auf diesen Personenkreis ist es erforderlich, dass gesetzlich umfassend bestimmt ist, welche Personen im Einzelnen zur Preisfestsetzung befugt sein sollen und welchen Anforderungen diese Personen gerecht werden müssen. Des Weiteren muss sich aus der Regelung der genaue Gegenstand und die Bedingungen für das Zustandekommen der Preisfestsetzung ergeben. Sie muss demnach dem Bestimmtheitsgrundsatz entsprechen. Dem Gesetzgeber obliegt es außerdem, die Rechte der Betroffenen dadurch zu schützen, dass er ein Verfahren zur Verfügung stellt, dass die Berücksichtigung der gegenseitigen Interessen garantiert sowie den Betroffenen einen ausreichenden gerichtlichen Rechtsschutz im Sinne von Art. 19 IV GG zur Verfügung stellt. Anzustreben ist zur Erreichung der erforderlichen Rechtssicherheit und -klarheit ein Vereinbarungsverfahren, das eine verbindliche Regelung der Bemessung von Wahlleistungsentgelten zum Ziel hat. Daher erscheint es sinnvoll, ein zwingendes Schiedsverfahren vorzusehen, das bei Nicht-Einigung der Vertragsparteien eingreift. Sollte auch dieses nicht zum Ziel führen, kann nachrangig eine Ersatzvornahme im Rahmen einer Verordnung durch den Bundesgesundheitsminister in Betracht kommen. Von erheblicher Bedeutung ist es, die Legitimation der beteiligten Personen sicher zu stellen. Dies spielt eine umso größere Rolle, wenn es bis dahin nicht gelingt, einen entsprechend mit Mitentscheidungsrechten ausgestatteten Patientenvertreter zu benennen. Fehlt es an einem solchen Patientenvertreter, bedarf die Regelung zum Ausgleich der Legitimationsdefizite der Beteiligten eines staatlichen Mitwirkungsakts in Form einer Genehmigung, durch welche nach einer Rechtskontrolle die getroffene Vereinbarung Außenwirkung erlangt.

VI. Regelungsvorschlag

1. Der Regelungsvorschlag hat zum Ziel, den Patientenschutz auf dem Gebiet der Erbringung und Inanspruchnahme von nicht-ärztlichen Wahlleistungen im Krankenhaus fortzuentwickeln und zu verbessern. Die bisherige einseitige Entgeltfestsetzung durch die Krankenhäuser berücksichtigt die Interessen der Wahlleistungspatienten nicht in ausreichendem Maße und die Verbandsklagemöglichkeit des PKV-Verbands kann erst dann eingreifen, wenn bereits unangemessene Entgelte durch ein Krankenhaus verlangt und gegebenenfalls von Patienten bezahlt worden sind. Hinzu kommt, dass die Umstellung der Krankenhausfinanzierung

von tagesbezogenen Pflegesätzen auf diagnose-orientierte Fallpauschalen zu einem Wegfall der vom BGH in seiner Leitentscheidung gewählten Bezugsgröße des Basispflegesatzes zur Bemessung der unteren Angemessenheitsgrenze von nicht-ärztlichen Wahlleistungsentgelten geführt hat, so dass eine Anpassung an die neuen Gegebenheiten bzw. die Neuentwicklung von Kriterien erforderlich wird, die in Zukunft eine angemessene Entgeltgestaltung im Bereich der nicht-ärztlichen Wahlleistungsentgelte ermöglichen.

2. Die Entwicklung derartiger Kriterien für eine Bezugsgröße »Unterkunft« und im Rahmen der Entgeltbemessung berücksichtigungsfähiger Komfortelemente sowie die zukünftige zeitnahe und flexible Anpassung der Regelungen an veränderte tatsächliche Bedingungen sollte in Form einer Vereinbarung durch die betroffenen Verkehrskreise geschehen. Zur Umsetzung dieses Vereinbarungsmodells bedarf es zunächst der Schaffung einer gesetzlichen Ermächtigungsgrundlage, die im neuen KHEntgG verortet werden könnte. Diese Ermächtigungsgrundlage hat insbesondere den genauen »Auftrag« der Vertragspartner zu bestimmen sowie klarzustellen, wer an der Vereinbarung beteiligt sein soll. Darüber hinaus muss sie das einzuhaltende Verfahren regeln und die zur Verfügung stehenden Rechtsschutzmöglichkeiten verdeutlichen.

3. Im Einzelnen sollte die neue Regelung eine »Vereinbarung der Kriterien der angemessenen Entgeltbemessung für nicht-ärztliche Wahlleistungen auf Bundesebene« vorsehen, die gegenüber den Betroffenen eine verbindliche Wirkung entfalten sollte, da nur so die angestrebte Rechtssicherheit erreicht und eine größere Transparenz der Angebote für den Wahlleistungspatienten geschaffen werden kann. Auch wären dadurch die privaten Krankenversicherungen sowie die Beihilfeträger verpflichtet, die als angemessen angesehenen Entgelte tatsächlich später zu erstatten. An der Vereinbarung wären als Vertragspartner mit Entscheidungsbefugnissen zunächst die Deutsche Krankenhausgesellschaft und der PKV-Verband (als gleichgewichtige Vertragspartner) sowie ein Vertreter der Beihilfeträger beteiligt. Erstrebenswert wäre außerdem die Beteiligung eines (hinreichend legitimierten) Patientenbeauftragten, der ebenfalls mit Mitentscheidungsbefugnissen ausgestattet sein sollte. Solange es die Rechtsfigur eines derartigen Patientenbeauftragten allerdings noch nicht gibt, sollte zumindest ein Mitberatungsrecht des nunmehr nach § 140 h SGB V bestellten Patientenbeauftragten in der Regelung vorgesehen werden. Darüber hinaus könnte sowohl die Etablierung einer Schiedsstelle als auch eines Ersatzvornahmerechts des Bundesgesundheitsministers den Einigungsdruck auf die Beteiligten erhöhen sowie die tatsächliche Erarbeitung der besagten Kriterien sicherstellen.

4. Da allerdings nicht ausgeschlossen werden kann, dass sich die so entwickelten Kriterien auch auf Personen auswirken können, die an dem Vereinbarungsverfahren nicht beteiligt gewesen sind (z. B. nicht verbandsangehörige Einrich-

tungsträger oder Versicherungen und – je nach Ausgestaltung der Patientenvertretung – der Wahlleistungspatienten selbst), bedarf es eines abschließenden staatlichen Mitwirkungsakt, durch den die Vereinbarung erst ihre Rechtswirksamkeit erlangt. Im Rahmen der Überprüfung der Vereinbarung sollte allerdingsEndgueltigeFassung3.pdf lediglich eine Rechtskontrolle stattfinden, die dem Beurteilungsspielraum der Vertragspartner gerecht wird. Hinsichtlich des Rechtsschutzes ist zu berücksichtigen, dass sich die genehmigten Preise gegenüber den Wahlleistungspatienten als Rechtssetzungsakte eigener Art darstellen. Gegen den staatlichen Mitwirkungsakt ist der Verwaltungsrechtsweg eröffnet. Schließlich kann der Wahlleistungspatient die genehmigten Entgelte inzident im Rahmen eines zivilrechtlichen Gerichtsverfahrens überprüfen lassen.

Literaturverzeichnis

Adomeit, Klaus, Die gestörte Vertragsparität – ein Trugbild, in: NJW, 1994, S. 2467–2469

Andreas, Manfred, Mehr Sicherheit bei der Honorarabrechnung, in: ArztR, 2000, S. 240–247

Ansey, Siegfried/Koberski, Wolfgang, Die Allgemeinverbindlicherklärung von Tarifverträgen, in: ArbuR, 1987, S. 230–237

Axer, Peter, Normsetzung der Exekutive in der Sozialversicherung, Tübingen, 2000

Bach, Peter/Moser, Hans, Private Krankenversicherung – MB/KK- und MB/KT-Kommentar, 3. Auflage, München, 2002

Battis, Ulrich, Bundesbeamtengesetz, 3. Auflage, München, 2004

Baumbach, Adolf et al., Zivilprozessordnung, 61. Auflage, München, 2003

Beck, Jürgen, Festsetzung von Festbeträgen in der GKV, in: Soziale Sicherheit, 2003, S. 50–52

Behrends, Behrend/Gerdelmann, Werner, Bundespflegesatzverordnung, in: **Bihr, Dietrich et al. (Hrsg.)**: Handbuch der Krankenhaus-Praxis, Stuttgart/Berlin/Köln, 2001, S. 135–157

Belling, Detlev, Die Verantwortung des Staats für die Normsetzung durch die Tarifpartner – Zur Grundrechtstreue und Legalitätskontrolle von Tarifnormen, in: ZfA, 1999, S. 547–615

Bengelsdorf, Peter, Arbeitsrechtlicher Aufhebungsvertrag und gestörte Vertragsparität, in: BB, 1995, S. 978–984

Biermann, Elmar/Ulsenheimer, Klaus/Weißauer, Walther, Liquidation wahlärztlicher Leistungen – rechtliche Grundlagen –, in: MedR, 2000, S. 107–113

Blank, Hubert/Schmidt-Futterer, Wolfgang, Mietrecht, 8. Auflage, München, 2003

Blomeyer, Arwed, Rechtskrafterstreckung infolge zivilrechtlicher Abhängigkeit, in: ZZP, 75 1962, S. 1–27

Blomeyer, Arwed, Zivilprozessrecht: Erkenntnisverfahren, 2. Auflage, Berlin, 1985

Borges, Peter/Löhr, Udo/Schmitz, Harald, Differenzierung durch Service- und Wahlleistungen – Hoher Komfort rechtfertigt einen hohen Preis, in: f & w, 2000, S. 606–610

Borges, Peter/Schmidt, Ralf, Die Kliniken müssen mehr bieten – Nach dem BGH Urteil zu den Wahlleistungen: Antworten auf viele offene Fragen, in: f & w, 2001, S. 236–243

Breitmeier, Ingo et al., Düsseldorfer Kommentar zur BPflV, 3. Auflage, Düsseldorf, 2000

Breitmeier, Ingo et al., Düsseldorfer Kommentar zur BPflV 1995, 1. Auflage, Düsseldorf, 1995

Breitmeier, Ingo et al., Düsseldorfer Kommentar zur BPflV, 2. Auflage, Düsseldorf, 1999

Brohm, Winfried, Sachverständige Beratung des Staates, in: **Isensee, Josef/ Kirchhof, Paul (Hrsg.)**: Handbuch des Staatsrechts, Band 2, Heidelberg, 1987

Bronner, Dorothea, Struktur und Aufgaben des Gemeinsamen Bundesausschusses nach § 91 II SGB V, in: das Krankenhaus, 2003, S. 866–868

Brück, Dietrich et al., Gebührenordnung für Ärzte, Band 1, 3. Auflage, Köln, 1 Januar 2003

Bühren, Hubert W. van (Hrsg.), Handbuch Versicherungsrecht, 2. Auflage, Bonn, 2003

Bundesministerium für Gesundheit, Einführung eines DRG-Fallpauschalensystems im Krankenhaus, in: f & w, 2001, S. 112–120

Bundesrechtsanwaltskammer, Bundesanwaltschaft begrüßt Entwurf zur Modernisierung der Rechtsanwaltsvergütung, in: Pressemitteilung Nr. 21 vom 28. August 2003

Clade, Harald, GOÄ-Reform: In der Sackgasse, in: DÄBl. 2000, S. A–1370–1371

Clade, Harald, Still ruht der See, in: DÄBl. 2001, S. A–1855–1856

Clemens, Thomas, Normenstrukturen im Sozialrecht – Unfallversicherung, Arbeitsförderungs- und Kassenarztrecht, in: NZS, 1994, S. 337–347

Dahlem, Otto et al., Das Heimgesetz, Band 1, 31. Auflage, Köln/Berlin/Bonn/München, Dezember 2003

Debong, Bernhard, Unterrichtung des Wahlleistungspatienten über die GOÄ – Anmerkung zum Urteil des BGH vom 19.12.1995 (III ZR 233/94), in: ArztR, 1996, S. 75–77

Debong, Bernhard, Anforderungen an eine Wahlleistungsvereinbarung, in: ArztR, 2003, S. 12–17

Deutsch, Erwin/Spickhoff, Andreas, Medizinrecht – Arztrecht, Arzneimittelrecht und Medizinprodukterecht, 5. Auflage, Berlin/Heidelberg/New York, 2003

Deutsche Krankenhausgesellschaft, Muster Allgemeiner Vertragsbedingungen (AVB) für Krankenhäuser, Düsseldorf, 2003

Deutscher Beamtenwirtschaftsring e. V., Die Beihilfe, 5. Auflage, Düsseldorf, 2004

Dietz, Otmar/Bofinger, Werner, Krankenhausfinanzierungsgesetz, Bundespflegesatzverordnung und Folgerecht, Band 2, Wiesbaden, Oktober 2003

Dietz, Otmar/Quaas, Michael, Die Bundespflegesatzverordnung 1995, in: NJW, 1995, S. 764–768

Dietz, Ottmar/Bofinger, Werner, Krankenhausfinanzierungsgesetz, Bundespflegesatzverordnung und Folgerecht, Band 1, Wiesbaden, Oktober 2003

Dreier, Horst (Hrsg.), Grundgesetz – Art. 1-19, Band 1, Tübingen, 1996

Eberle, Martina/Groß, Frank/Heumann, Martin, Entgeltverhandlungen 2005 – wird jetzt alles einfacher? in: das Krankenhaus, 2005, S. 106–115

Ebert, Dieter, Strukturreform der BRAGO – Entwurf der Expertenkommission für ein Rechtsanwaltsvergütungsgesetz, in: BRAK-Mitt. 2001, S. 284–287

Eilfort, Susanne, Der Verbraucherschutzgedanke in der deutschen privaten Krankenversicherung nach der Dritten Richtlinie Schaden – Die Entwicklungsgeschichte der Richtlinien und rechtspolitischer Ausblick, Berlin, 1999

Elfes, Klaus, Kostenunterdeckung im Ambulanz- und Wahlleistungsbereich? in: das Krankenhaus, 1983, S. 462–467

Elfes, Klaus, Zur Angemessenheit der Höhe von Wahlleistungszuschlägen, in: f & w, 1990, S. 386–396

Elfes, Klaus, BGH-Urteil bringt Krankenhäuser in Bedrängnis, in: das Krankenhaus, 2000, S. 744–745

Erdmann, Willi, Urhebervertragsrecht im Meinungsstreit, in: GRUR, 2002, S. 923–931

Erfurter Kommentar, zum Arbeitsrecht, 3. Auflage, München, 2003

Fastrich, Lorenz, Richterliche Inhaltskontrolle im Privatrecht, München, 1992

Fichtner, Otto/Wenzel, Gerd, Bundessozialhilfegesetz, 2. Auflage, München, 2003

Finkenbusch, Norbert, Die Träger der Krankenversicherung – Verfassung und Organisation, 4. Auflage, Sankt Augustin, 1994

Flechsig, Norbert P./Hendricks, Kirsten, Konsensorientierte Streitschlichtung im Urhebervertragsrecht – Die Neuregelung der Findung gemeinsamer Vergütungsregeln via Schlichtungsverfahren, in: ZUM, 2002, S. 423–432

Francke, Robert, Richtlinien, Normsetzungsverträge und neue Behandlungsmethoden im Rechtskonkretisierungskonzept des Bundessozialgerichts, in: SGb, 1999, S. 5–10

Francke, Robert/Hart, Dieter, Bürgerbeteiligung im Gesundheitswesen, Baden-Baden, 2001

Fürst, Walther (Hrsg.), Beamtenrecht des Bundes und der Länder, Richterrecht und Wehrrecht, Band 2 b, Berlin, Oktober 2004

Galuszka, Pawel/Patt, Joachim, Urteilsanmerkung zur Entscheidung des OLG München vom 25.6.2002 (5 U 5113/01), in: MedR, 2003, S. 51–52

Gamillscheg, Franz, Kollektives Arbeitsrecht – Grundlagen / Koaltionsfreiheit / Tarifvertrag / Arbeitskampf und Schlichtung, Band 1, München, 1997

Geiger, Daniel, Die rechtliche Organisation kollektiver Patienteninteressen, Berlin/Heidelberg/New York, 2005

Geiß, Karlmann/Greiner, Hans-Peter, Arzthaftpflichtrecht, 4. Auflage, München, 2001

Genzel, Herbert, Urteilsanmerkung zu den Entscheidungen des AG Kiel vom 25.8.2000 (106 C 174/00) und des LG Kiel vom 15.2.2001 (1 S 206/00), in: MedR, 2001, S. 369–370

Gilles, Peter, Prozessrechtliche Probleme von verbraucherpolitischer Bedeutung bei den neuen Verbraucherverbandsklagen im deutschen Zivilrecht, in: ZZP, 98 1985, S. 1–31

Gitter, Wolfgang/Schmitt, Jochem, Sozialrecht, 5. Auflage, München, 2001

Gitter, Wolfgang/Schmitt, Jochem, Heimgesetz – Gesetz über Altenheime, Altenwohnheime und Pflegeheime für Volljährige, Band 1, Starnberg, 1 September 2003

Gounalakis, Georgios/Heinze, Meinhard/Dörr, Dieter, Urhebervertragsrecht – Verfassungs- und europarechtliche Bewertung des Entwurfs der Bundesregierung vom 30.5.2001, Berlin, 2001

Gramlich, Bernhard, Mietrecht, Bürgerliches Gesetzbuch, Wirtschaftsstrafgesetz, Heizkostenverordnung, Zweite Berechnungsverordnung mit Erläuterungen, 8. Auflage, München, 2001

Greiner, Christoph, Die Class Action im amerikanischen Recht und deutscher Ordre Public, Band 2289, Frankfurt a.M./Berlin/Bern/New York/Paris/Wien, 1998

Groeschke, Peer, Urteilsanmerkung zur Entscheidung des BGH vom 26.4.1994 (Akz. XI ZR 184/93), in: BB, 1994, S. 1312–1314

Haberstroh, Dieter, Formnichtigkeit der Wahlleistungsvereinbarung und Unwirksamkeit des Chefarztvertrages, in: VersR, 1999, S. 8–15

Haberstroh, Dieter, Grundfragen und aktuelle Probleme des privatärztlichen Gebührenrechts, in: VersR, 2000, S. 538–548

Hänlein, Andreas, Rechtsquellen im Sozialversicherungsrecht – System und Legitimation untergesetzlicher Rechtsquellen des deutschen Sozialversicherungsrechts, Berlin/Heidelberg/New York, 2001

Hauck, Karl/Noftz, Wolfgang, Sozialgesetzbuch XI – Soziale Pflegeversicherung, Band 2, Berlin, April 2002

Hentze, Joachim/Kehres, Erich, Kosten- und Leistungsrechnung in Krankenhäusern, 3. Auflage, Stuttgart/Berlin/Köln, 1996

Herbold, Wilhelm/Fischbach, Karl/Kissenkötter, Herbert, Zur Höhe nichtärztlicher Wahlleistungen, in: das Krankenhaus, 1990, S. 492–495

Herbold, Wilhelm/Horstmann, Patrick/Kissenkötter, Herbert, Deckelung der Wahlleistungsentgelte? – Zur gerichtlichen Überprüfung von Ein- oder Zweibettzimmerzuschlägen –, in: das Krankenhaus, 1993, S. 175–178

Hess, Renate, Konzept für die GOÄ-Reform und Positionspapier der BÄ zum Vorschlagsmodell GOÄ, in: DÄBl. 2003, S. A-372–375

Hildebrandt, Helmut et al., Wahlleistung Unterkunft: Differenzierung der Komfortangebote, in: krankenhaus Umschau, 2001, S. 1111–1114

Hönn, Günther, Kompensation gestörter Vertragsparität, München, 1982

Horstmann, Patrick, Nichtärztliche Wahlleistungen und Verbandsklage der PKV – rechtliche Auswirkungen und Analysen, in: das Krankenhaus, 1998, S. 77–81

Hütt, Stephan, Urteilsanmerkung zur Entscheidung des BGH vom 12.3.2003 (Akz. IV ZR 278/01), in: VersR, 2003, S. 982–984

Igl, Gerhard, Das neue Pflegeversicherungsrecht, München, 1995

Igl, Gerhard, Urteilsanmerkung zur Entscheidung des BGH vom 4.8.2000 (III ZR 158/99), in: SGb, 2001, S. 266–268

Isensee, Josef/Kirchhof, Paul (Hrsg.), Handbuch des Staatsrechts, Band 5, 2. Auflage, Heidelberg, 2000

Isensee, Josef/Kirchhof, Paul (Hrsg.), Handbuch des Staatsrechts, Band 6, 2. Auflage, Heidelberg, 2001

Jacobs, Rainer, Das neue Urhebervertragsrecht, in: NJW, 2002, S. 1905–1909

Janiszewski, Johannes/Pfaff, Martin, Das DRG-Kalkulationsmodell, in: f & w, 2001, S. 221–228

Jarass, Hans D./Pieroth, Bodo, Grundgesetz für die Bundesrepublik Deutschland, 3. Auflage, München, 1995

Jörg, Michael, Konfliktuöse Leistungszuständigkeit nach dem Sozialgesetzbuch V und dem Bundessozialhilfegesetz bei Krankheit, Behinderung und Pflegebedürftigkeit, Hamburg, 1997

Jox, Rolf, Probleme der Bindung an Gerichtsentscheidungen im Rahmen von §§ 111, 113 BetrVG, in: NZA, 1990, S. 424–428

Jung, Karl, Neue Dimensionen in der Pflegeversicherung: Mit zwei Gesetzesvorhaben zu mehr Qualität und Verbraucherschutz, in: KrV, 2001, S. 8–14

Junghanns, Ray, Verteilungsgerechtigkeit in der Transplantationsmedizin, Frankfurt/Berlin/Bern/Bruxelles/New York/Oxford/Wien, 2001

Kasseler Kommentar, Sozialversicherungsrecht, Band 1, München, September 2003

Kasseler Kommentar, Sozialversicherungsrecht, Band 2, München, September 2003

Kirchhof, Ferdinand, Private Rechtsetzung, Berlin, 1987

Kittner, Michael, Rechtsschutz für Tarifverträge, in: **Farthmann, Friedhelm (Hrsg.)**: Arbeitsgesetzgebung und Arbeitsrechtsprechung – Festschrift zum 70. Geburtstag von Eugen Stahlhacke, Neuwied/Kriftel/Berlin, 1995, S. 247–259

Kittner, Michael, Schuldrecht, 3. Auflage, München, 2003

Koch, Harald, Kollektiver Rechtsschutz im Zivilprozeß – Die class action des amerikanischen Rechts und deutsche Reformprobleme, Frankfurt a. M., 1976

Krauskopf, Dieter, Urteilsanmerkung zur Entscheidung des BGH vom 4.8.2000 (III ZR 158/99), in: LM Heft 1, 2001, Bl. 148–149

Kritter, Thomas, Der Ausschluß des Arztes von der Rechnungserstattung in der privaten Krankenversicherung, Frankfurt a. M./Berlin/Bern/Bruxelles/New York/Wien, 2000

Kuhla, Wolfgang, Voraussetzungen der Wirksamkeit von Wahlleistungsvereinbarungen, in: MedR, 2002, S. 280–285

Kuhla, Wolfgang/Voß, Lutz G., Gerichtlicher Rechtsschutz für Krankenhäuser im Pflegesatzverfahren, in: das Krankenhaus, 1998, S. 689–698

Kuhlmann, Jens-M., Die Wahlarztvereinbarung, in: PKR, 2000, S. 6–10

Kunz, Eduard/Butz, Manfred/Wiedemann, Edgar, Heimgesetz, 9. Auflage, München, 2003

Künzl, Reinhard, Zum Begriff der üblichen Vergütung bei Beschäftigungen im öffentlichen Dienst und zur Geltung tariflicher Ausschlussklauseln gegenüber nicht tarifgebundenen Vertragsparteien, in: EWiR, 1991, S. 15–16

Laufs, Adolf/Uhlenbruck, Wilhelm, Handbuch des Arztrechts, 3. Auflage, München, 2002

Leipold, Dieter, Urteilsanmerkung zur Entscheidung des BAG vom 10.11.1987 (Akz. 1 AZR 360/86), in: AP, 1989, § 113 BetrVG 1972 (Nr. 15) Bl. 726–728

Looschelders, Dirk, Schuldrecht – Allgemeiner Teil, Köln/Berlin/Bonn/München, 2003

Loritz, Karl-Georg, Urteilsanmerkung zur Entscheidung des BGH vom 24.2.1994 (Akz. IX ZR 227/93), in: DNotZ, 1994, S. 543–547

Löwisch, Manfred/Rieble, Volker, Tarifvertragsgesetz, München, 1992

Mangoldt, Hermann/Klein, Friedrich/Starck, Christian, Bonner Grundgesetz – Präambel, Art. 1-19, Band 1, 4. Auflage, München, 1999

Marotzke, Wolfgang, Urteilswirkung gegen Dritte und rechtliches Gehör, in: ZZP, 100 1987, S. 164–211

Maschmann, Frank, Grundfragen des Rechts der Leistungserbringung in der sozialen Pflegeversicherung, in: SGb, 1996, S. 149–157

Mäßen, Christian/Mauer, Reinhold, Allgemeinverbindlicherklärung von Tarifverträgen und verwaltungsgerichtlicher Rechtsschutz, in: NZA, 1996, S. 121–126

Maurer, Hartmut, Allgemeines Verwaltungsrecht, 14. Auflage, München, 2002

Medicus, Dieter, Schuldrecht II, Besonderer Teil, 11. Auflage, München, 2003

Meister, Jörg, Urteilsanmerkung zur Entscheidung des LG Kiel vom 15.02.2001 (1 S 206/00), in: das Krankenhaus, 2002, S. 220–222

Meister, Jörg, Aktuelle Anforderungen an Behandlungsverträge, Wahlleistungsvereinbarungen, Patientenerklärungen, etc. in: das Krankenhaus, 2003, S. 476–479

Meister, Jörg/Wagener, Andreas/Beume, Christiane; Robbers, Jörg (Hrsg.), Die Krankenhausbehandlung – Praxiskommentar zur Vertragsgestaltung, Band 1, Düsseldorf, 1999

Merkens, Günther/Birgelen, Werner von, Die private Krankenversicherung – die private Pflegeversicherung: eine Arbeitshilfe für die GKV, 2. Auflage, Sankt Augustin, 1999, Fortbildung und Praxis: Schriftenreihe der Zeitschrift: Wege zur Sozialversicherung

Miebach, Jürgen/Patt, Joachim, Persönliche Leistungserbringung und Vertretung des Chefarztes bei wahlärztlichen Leistungen, in: NJW, 2000, S. 3377–3385

Mierzwiak, Hans-Georg/Wittig, Wahlleistungszuschläge – Was ist die Höhe? in: f & w, 1991, S. 211–214

Müller, Gerhard et al., Das Beamtenrecht in Baden-Württemberg, Band 1, Stuttgart/München/Hannover/Berlin/Weimar/Dresden, April 2004

Münch, Ingo von/Kunig, Philip, Grundgesetz-Kommentar, Band 1, 5. Auflage, München, 2000

Münchener Kommentar, zum Bürgerlichen Gesetzbuch, Schuldrecht – Allgemeiner Teil, Band 2, 3. Auflage, München, 1994

Münchener Kommentar, zum Bürgerlichen Gesetzbuch, Schuldrecht – Besonderer Teil II, Band 4, 3. Auflage, München, 1997

Münchener Kommentar, zur Zivilprozessordnung, Band 1, 2. Auflage, München, 2000

Münchener Kommentar, zum Bürgerlichen Gesetzbuch, Allgemeiner Teil, Band 1, 4. Auflage, München, 2001

Münchener Kommentar, zum Bürgerlichen Gesetzbuch, Schuldrecht – Allgemeiner Teil, Band 2, 4. Auflage, München, 2001

Münchener Kommentar, zum Bürgerlichen Gesetzbuch, Schuldrecht – Allgemeiner Teil, Band 2 a, 4. Auflage, München, 2003

Münzel, Hartmut, Wahlleistungsentgelte – zu den Auswirkungen des BGH-Urteils vom 4.8.2000, III ZR 158/99, auf die Krankenhäuser –, in: PKR, 2001, S. 57–59

Neumann, Herbert/Hellwig, Andreas, Fallpauschalen im Krankenhaus – Das Ende der »Barmherzigkeit der Intransparenz«, in: DÄBl. 2002, S. A–3387–3391

Neumann, Volker, Der Anspruch auf Krankenhausbehandlung – ein Rahmenrecht? in: SGb, 1998, S. 609–614

Ossenbühl, Fritz, Die Freiheiten des Unternehmers nach dem Grundgesetz, in: AöR, 115 1990, S. 1–32

Pakirnus, Bernd, Urteilsanmerkung zur Entscheidung des BGH vom 11.1.1984 (VIII ARZ 13/83), in: ZMR, 1984, S. 329–334

Palandt, Otto, Bürgerliches Gesetzbuch, 63. Auflage, München, 2004

Papier, Hans-Jürgen, Der Wesentlichkeitsgrundsatz - am Beispiel des Gesundheitsreformgesetzes, in: VSSR, 1990, S. 123–137

Patt, Joachim, Aktuelle Fragen des § 22 BPflV. Zur Angemessenheit von Wahlleistungsentgelten und zum Verbandsklagerecht des Verbandes der privaten Krankenversicherung – Anmerkung zum Urteil des LG Hannover vom 26.3.1999, in: NZS, 2000, S. 71–76

Patt, Joachim, Urteilsanmerkung zur Entscheidung des BGH vom 4.8.2000 (III ZR 158/99), in: MedR, 2000, S. 597–598

Patt, Joachim, Gebührenminderung bei stationären Leistungen – Urteilsanmerkung zur Entscheidung des BGH vom 13.6.2002 (Akz. III ZR 186/01), in: NJW, 2002, S. 2929–2930

Patt, Joachim, Rechtliche Grenzen der Preisgestaltung von Privatkliniken, in: MedR, 2002, S. 180–184

Patt, Joachim, Urteilsanmerkung zur Entscheidung des OLG Frankfurt vom 10.10.2001 (7 U 192/00), in: VersR, 2002, S. 224–225

Pieroth, Bodo/Schlink, Bernhard, Grundrechte – Staatsrecht II, 18. Auflage, Heidelberg, 2002

Pitschas, Rainer, Fallpauschalen im Krankenhaus – Rechtsfragen leistungsbezogener Krankenhausentgelte, in: NZS, 2003, S. 341–346

PKV-Verband/DKG/etc., Nur Komfort rechtfertigt einen hohen Preis – Wie die Fachöffentlichkeit auf das BGH-Urteil vom 4. August zu der Höhe der Wahlleistungen reagiert, in: f & w, 2000, S. 437–438

Plagemann, Hermann, Neue Anwaltsgebühren im Sozialrecht, in: NJW, 1990, S. 2717–2720

Prölss, Erich R./Martin, Anton, Versicherungsvertragsgesetz, 26. Auflage, München, 1998

Prölss, Erich R./Martin, Anton, Versicherungsvertragsgesetz, 27. Auflage, München, 2004

Prölss, Jürgen, Urteilsanmerkung zur Entscheidung des BGH vom 12.3.2002 (Akz. IV ZR 278/01), in: VersR, 2003, S. 981–982

Quaas, Michael, Zur Angemessenheit von Wahlleistungsentgelten für die Komfortunterbringung im Krankenhaus, in: PKR, 1999, S. 41–47

Quaas, Michael, Das unangemessen hohe Wahlleistungsentgelt, in: NJW, 2001, S. 870–871

Quaas, Michael, Aktuelle Fragen des Krankenhausrechts, in: MedR, 2002, S. 273–279

Quaas, Michael/Dietz, Otmar, Was wird aus dem Wahlleistungsentgelt für das Ein- und Zweibettzimmer? in: f & w, 2001, S. 176–181

Quaas, Michael/Dietz, Otmar, Erste Urteile zum Komfortzuschlag für die Wahlleistung Einbett- und Zweibettzimmer, in: f & w, 2002, S. 77–81

Quaas, Michael/Dietz, Otmar, Empfehlungsvereinbarung zur Bemessung der Entgelte für die Wahlleistung »Unterkunft« – Bestimmt der »Schuldner« den Preis? in: f & w, 2003, S. 289–293

Reichsthaler, Thomas, Zur Effizienz von Krankenhäusern – Wirtschaftlichkeitsvergleiche auf der Basis statistischer Methoden, Aachen, 2001

Rieble, Volker, Tarifnormenkontrolle durch Verbandsklage, in: NZA, 1992, S. 250–257

Robbers, Jörg/Wagener, Andreas, Urteilsanmerkung zur Entscheidung des LG Kiel vom 13.1.1992 (9 O 195/91), in: das Krankenhaus, 1993, S. 99–100

Rosenberg, Leo/Schwab, Karl Heinz/Gottwald, Peter, Zivilprozessrecht, 16. Auflage, München, 2004

Roßbruch, Robert, Urteilsanmerkung zur Entscheidung des BGH vom 8.11.2001 (III ZR 14/01), in: PflR, 2002, S. 333–334

Roth, Günter/Rothgang, Heinz, Die Auswirkungen des Pflege-Versicherungsgesetzes auf die Entwicklung der Heimentgelte, in: Zeitschrift für Gesundheitswissenschaften, 1999, S. 306–334

Rychter, Alexander, Novellierung des Heimgesetzes – Neuerungen zum Schutze von Senioren und Behinderten, in: FWW, 2000, S. 195–197

Sachs, Michael, Grundgesetz, 3. Auflage, München, 2003

Schack, Haimo, Drittwirkung der Rechtskraft? in: NJW, 1988, S. 865–873

Scharf, Ulrich, Die Gebührenvorschläge des DAV – Allgemeine Regeln und Gebühren für die außergerichtliche Anwaltstätigkeit, in: AnwBl. 2000, S. 722–724

Schaub, Günter/Koch, Ulrich/Linck, Rüdiger, Arbeitsrechts-Handbuch, 10. Auflage, München, 2002

Schellhorn, Walter et al., Das Bundessozialhilfegesetz, 16. Auflage, Neuwied/Kriftel/Berlin, 2002

Schimmelpfeng-Schütte, Ruth, Richtliniengebung durch den Bundesausschuss der Ärzte und Krankenkassen und demokratische Legitimation, in: NZS, 1999, S. 530–537

Schlarmann, Hans/Schieferdecker, Bernd, Die Honorarminderung nach § 6 a GOÄ für privatärztliche Leistungen niedergelassener Ärzte, in: MedR, 2000, S. 220–225

Schliemann, Harald, Arbeitsgerichtliche Kontrolle von Tarifverträgen, in: Brennpunkte des Arbeitsrechts 2000, 2001, S. 141–164

Schlosser, Peter, Gestaltungsklagen und Gestaltungsurteile, Bielefeld, 1966

Schmid, Michael J., Entgelterhöhungen nach dem Heimgesetz bei Selbstzahlern, in: NJW, 1995, S. 436–439

Schmidt, Ulla, Modernisierung des Gesundheitswesens im Interesse der Patienten: Aus Betroffenen werden Beteiligte, in: KrV, 2003, S. 95–99

Schmidt-Aßmann, Eberhard, Grundrechtspositionen und Legitmationsfragen im öffentlichen Gesundheitswesen, Berlin/New York, 2001

Schmolz, Ulrich, Die Novellierung des Heimgesetzes, in: PKR (Pflege- und Krankenhausrecht), 2001, S. 85–92

Schmolz, Ulrich, Die Regelungen des Pflege-Qualitätssicherungsgesetzes – Teil 2: Stationäre Pflege, in: PKR (Pflege- & Krankenhausrecht), 2001, S. 36–40

Schnapp, Friedrich E., Rechtsetzung durch Schiedsämter und gerichtliche Kontrolle von Schiedsamtsentscheidungen, in: Probleme der Rechtsquellen im Sozialversicherungsrecht – Teil II, Frankfurt/Berlin/Bern/Bruxelles/New York/Wien, 1999, (Bochumer Schriften zum Sozialrecht), S. 77–98

Schnellenbach, Helmut, Die Fürsorgepflicht des Dienstherrn in der Rechtsprechung des Bundesverfassungsgerichts, in: **König, Klaus/Laubinger, Hans-Werner/ Ziekow, Jan (Hrsg.)**: Verwaltungsrecht im Dienste der Verfassung – 50 Jahre Bundesverfassungsgericht, Köln/Berlin/Bonn/München, 2002, S. 3–26

Schulin, Bertram, Handbuch des Sozialversicherungsrechts – Krankenversicherungsrecht, Band 1, München, 1994

Schulin, Bertram, Die soziale Pflegeversicherung des SGB XI – Grundstrukturen und Probleme, in: NZS, 1994, S. 433–444

Schulin, Bertram, Verträge mit Leistungserbringern im Pflegeversicherungsrecht (SGB XI), in: VSSR, 1994, S. 285–307

Schulin, Bertram, Handbuch des Sozialversicherungsrechts – Pflegeversicherungsrecht, Band 4, München, 1997

Schwerdtfeger, Gunther, Die Leistungsansprüche der Versicherten im Rechtskonkretisierungskonzept des SGB V – Teil 1, in: NZS, 1998, S. 49–53

Solinger, Helga, Die Wahrnehmung kollektiver Patientenrechte und Patienteninteressen, in: **Evangelische Akademie Bad Boll (Hrsg.)**: Patientenautonomie – Patientenvertretung: Begründung und Ansätze zu ihrer Verwirklichung, Bad Boll, 2002, S. 20–29

Spellbrink, Wolfgang, Wirtschaftlichkeitsprüfung im Kassenarztrecht, Neuwied/Kriftel/Berlin, 1994

Stadler, Astrid, Empfehlen sich gesetzgeberische Maßnahmen zur rechtlichen Bewältigung der Haftung bei Massenschäden? in: Verhandlungen des 62. Deutschen Juristentages, II/1 1998, S. I 35–63

Stadler, Astrid, Bündelung von Verbraucherinteressen im Zivilprozeß, in: **Brönneke, Tobias (Hrsg.)**: Kollektiver Rechtsschutz im Zivilprozeßrecht, 2001, S. 1–51

Staudinger, Julius v., Bürgerliches Gesetzbuch, Band §§ 293-327, 13. Auflage, Berlin, 1995

Staudinger, Julius v., AGB-Gesetz, 13. Auflage, Berlin, 1998

Stein, Friedrich, Zivilprozessordnung, Band 3, §§ 253-299 a, 21. Auflage, Tübingen, 1997

Stein, Friedrich, Zivilprozessordnung, Band 4/1, §§ 300-347, 21. Auflage, Tübingen, 1998

Steiner, Udo, Öffentliche Verwaltung durch Private, Hamburg, 1975

Summer, Rudolf, Urteilsanmerkung zur Entscheidung des BVerfG vom 7.11.2002 (Akz. 2 BvR 1053/98), in: ZBR, 2003, S. 207–208

Taupitz, Jochen, Vertragsfreiheit im privatärztlichen Gebührenrecht, in: MedR, 1996, S. 533–541

Taupitz, Jochen, Ethische und rechtliche Begründung von Patientenautonomie und Patientenvertretung, in: **Evangelische Akademie Bad Boll (Hrsg.)**: Patientenautonomie – Patientenvertretung: Begründung und Ansätze zu ihrer Verwirklichung, Bad Boll, 2002, S. 34–51

Taupitz, Jochen, Die Vertretung kollektiver Patienteninteressen, in: MedR, 2003, S. 7–13

Teubner, Andreas/Henze, Uta, Urteilsanmerkung zur Entscheidung des OLG Jena vom 16.10.2002 (4 U 277/02), in: GesR, 2003, S. 83–84

Thieme, Werner, Die Angemessenheit von Entgelten in Einrichtungen der Altenhilfe, in: NVwZ, 1985, S. 73–77

Thüsing, Gregor, Tarifvertragliche Chimären – Verfassungsrechtliche und arbeitsrechtliche Überlegungen zu den gemeinsamen Vergütungsregeln nach § 36 UrhG n. F. in: GRUR, 2002, S. 203–212

Trefz, Ulrich, Beurteilung der Entgelthöhe für nichtärztliche Wahlleistungen unter Berücksichtigung des Begriffs der »Angemessenheit«, in: PKR, 2002, S. 57–62

Trefz, Ulrich, Rechtliche Möglichkeiten und Grenzen der gesonderten Berechnung von medizinischen Wahlleistungen, in: das Krankenhaus, 2003, S. 628–632

Tuschen, Karl Heinz/Quaas, Michael, Bundespflegesatzverordnung, 5. Auflage, Stuttgart/Berlin/Köln, 2001

Tuschen, Karl Heinz/Trefz, Ulrich, Krankenhausentgeltgesetz, Stuttgart, 2004

Udsching, Peter, SGB XI – Soziale Pflegeversicherung, 2. Auflage, München, 2000

Uhlenbruck, Wilhelm, Die rechtlichen Auswirkungen der neuen Bundespflegesatzverordnung auf den Krankenhausaufnahmevertrag, in: NJW, 1973, S. 1399–1402

Uleer, Christoph/Miebach, Jürgen/Patt, Joachim, Abrechnung von Arzt- und Krankenhausleistungen, 2. Auflage, München, 2000

Uleer, Christoph/Patt, Joachim, Unangemessen hohe Wahlleistungsentgelte im Bereich der Krankenhausunterbringung – § 10 BPflV als gesetzliches Verbot, in: NZS, 1992, S. 56–59

Uleer, Hans Christoph, Wie hoch dürfen Wahlleistungszuschläge sein? in: f & w, 1990, S. 382–385

Ulmer, Peter et al., AGB-Gesetz, 9. Auflage, Köln, 2001

Verband der privaten Krankenversicherung e. V., Rechenschaftsbericht 2000, Köln, 2001

Verband der privaten Krankenversicherung e. V., Rechenschaftsbericht 2001, Köln, 2002

Verband der privaten Krankenversicherung e. V., Rechenschaftsbericht 2002, Köln, 2003

Verband der privaten Krankenversicherung e. V., Zahlenbericht 2002/03, Köln, 2003

Verband der privaten Krankenversicherung e. V., Rechenschaftsbericht 2003, Köln, 2004

Wagener, Andreas et al., Wahlleistung »Unterkunft«: Die BGH-Entscheidung zur Angemessenheit der Entgelte und ihre Folgen, in: das Krankenhaus, 2000, S. 683–686

Wandtke, Artur-Axel/Bullinger, Winfried, Urheberrecht, München, 2002

Wickenhagen, Ernst, Rechte der Bewohnerinnen und Bewohner und Heimvertragsgestaltung, in: Beiträge zum Recht der sozialen Dienste und Einrichtungen (RsDE), 1997, S. 28–34

Wiedemann, Herbert, Urteilsanmerkung zur Entscheidung des BVerfG vom 19.10.1993 (Akz. 1 BvR 567 u. 1044/89), in: JZ, 1994, S. 411–413

Wimmer, Raimund, Urteilsanmerkung zur Entscheidung des BSG vom 20.3.1996 (Akz. 6 RKa 62/94), in: MedR, 1997, S. 224–227

Wolf, Manfred/Horn, Norbert/Lindacher, Walter F., AGB-Gesetz, 4. Auflage, München, 1999

Wolff, Hans J./Bachof, Otto/Stober, Rolf, Verwaltungsrecht II – Besonderes Organisations- und Dienstrecht, 5. Auflage, München, 1987

Zöller, Richard, Zivilprozessordnung, 23. Auflage, Köln, 2002

Zöllner, Wolfgang, Regelungsspielräume im Schuldvertragsrecht, Bemerkungen zur Grundrechtsanwendung im Privatrecht und zu den sogenannten Ungleichgewichtslagen, in: AcP, 196 1996, S. 1–36

Zöllner, Wolfgang/Loritz, Karl-Georg, Arbeitsrecht – Ein Studienbuch, 5. Auflage, München, 1998

Zuck, Rüdiger/Quaas, Michael, Rechtsgutachten wegen verfassungsrechtlicher Beurteilung des Urteils des BGH vom 4.8.2000 zur Wahlleistung Unterkunft, 5 April 2001

Peter Lang · Europäischer Verlag der Wissenschaften

Oliver Esch

Rechtsfragen der Erbringung und Vergütung rettungsdienstlicher Leistungen

Frankfurt am Main, Berlin, Bern, Bruxelles, New York, Oxford, Wien, 2005. 367 S.
Europäische Hochschulschriften: Reihe 2, Rechtswissenschaft. Bd. 4198
ISBN 3-631-54065-5 · br. € 56.50*

Nach Abgrenzung der einzelnen Leistungsarten untersucht die Arbeit den rechtlichen Rahmen rettungsdienstlicher Leistungserbringung einschließlich Europarechtlicher Bezüge. Es wird nach Ermittlung der Rechtsetzungskompetenzen das rechtliche Aufgabenspektrum erörtert und anschließend unter Berücksichtigung der landesrechtlichen Regelungsmodelle die Anwendbarkeit des Vergaberechts einschließlich der Bestandsproblematik laufender Verträge untersucht. Die Geltung des Vergaberechts bejaht die Arbeit weitreichend. Die Zulässigkeit der Funktionsschutzklauseln wird auf die Leistung Notfallrettung beschränkt. Ferner werden Grundlagen und Probleme der Finanzierung des öffentlichen Rettungsdienstes dargestellt. Schließlich befasst sich die Untersuchung mit der Problematik der Vergütung der staatsunabhängigen Leistungserbringung außerhalb der öffentlichen Rettungsdienste.

Aus dem Inhalt: Rechtlicher Rahmen rettungsdienstlicher Leistungserbringung · Rechtsetzungskompetenzen · Rechtliche Aufgabenbestimmung · Durchführungsübertragung im öffentlichen Rettungsdienst · Geltung des Vergaberechts · Privilegierungsregeln und Vergaberecht · Eingreifen in laufende Einbindungsverträge · Genehmigungserteilung außerhalb der öffentlichen Rettungsdienste · Wirksamkeit und Anwendung der Funktionsschutzklauseln · Grundlagen der Finanzierung des öffentlichen Rettungsdienstes · Erfordernis und Inhalt von Vergütungsvereinbarungen nach § 133 SGB V · Bestimmung der Entgelthöhe · Grundsatz der Beitragssatzstabilität · Gerichtliche Festsetzungsbefugnis · Gleichbehandlung von öffentlichem Rettungsdienst und staatsunabhängiger Leistungserbringung · Allgemeiner Gleichheitssatz, Art. 3 Abs. 1 GG · Gesetzliche Krankenkassen als Unternehmen i.S.d. Art. 81 ff. EG-Vertrag

FSC
www.fsc.org
MIX
Papier | Fördert gute Waldnutzung
FSC® C083411

Kolibri 360 GmbH
Ferdinand-Jühlke-Straße 7
99095 Erfurt, Deutschland
produktsicherheit@kolibri360.de

Druck:
CPI Druckdienstleistungen GmbH
im Auftrag der
Kolibri 360 GmbH
Ferdinand-Jühlke-Str. 7
99095 Erfurt